감성과학

Science of Emotion and Sensibility
Toward Understanding Human Being

저자 약력

부산대학교 심리학과 졸업

고려대학교 대학원 심리학과 졸업

미국 텍사스대학교 의과대학 연구원

연세대학교 의과대학 생리학교실 교수

한국뇌신경과학회 총무이사

한국감성과학회 회장

감성과학

Science of Emotion and Sensibility
Toward Understanding Human Being

머리말

이성과 함께 인간의 본성을 구성하고 있는 감성은 인류의 역사와 함께 오래전부터 인간의 주된 관심사가 되어왔다. 과학기술이 급속도로 발전하고 있는 오늘날 인간의 본성, 특히 인간 감성의 이해는 인간의 삶과 불가분의 관계에 있으며, 국내외적으로 많은 연구가 진행되고 있다.

한국에서 감성과학의 모태가 된 감성공학은 1991년 G7 전문가 기획단에서 기반기술 개발과제로 선정되었으며, 1996년도에 G7 과제로 채택되었다. 이어 1997년도에는 한국감성과학회가 창립됨으로써 명실공히 한국에서 감성을 과학적으로 연구하는 학술단체가 출범하게 되어 현재까지 이어져 오고 있다.

한국의 감성과학 연구는 한국감성과학회와 맥을 같이 하고 있다. 그러나 한국감성과학회가 창립된 지 20년의 세월이 흘렀지만, 감성과학에 관한 학술서가 아직 전혀 없다. 그러므로 국내외 감성과학과 관련된 연구 동향을 파악하고 이를 현장에서 사용할 수 있는 지침서가 필요하여 본 저서를 출간하게 되었다.

본 학술서를 기획하고 발간하기까지 수년 걸렸지만 당초 의도한 바를 반영하기에는 역부족임을 느낀다. 감성의 정의도 어려운 문제이지만, 감성과학과 관련된 용어도 통일되지 않은 상황이라 더욱 어려운 문제였다. 어찌 보면 방대한 연구 분야와 방대한 자료에 허우적거린 것 같다. 감성과학 분야의 연구에 매진해 온 분들께 존경을 표한다. 본 서는 감성과학과 관련된 기존의 연구결과들을 단순히 종합하여 독자들에게 전달하는 기능을 할 뿐이다. 이러한 과정에 용어의 사용, 내용의 표현상 오류 문제, 마땅히 소개될 가치가 있는 훌륭한 연구결과의 누락, 기타 제안이 있으면 언제든지 연락 주시기 바란다. 의견을 반영하여 다음에 기회 닿는 대로 보다 나은 내용을 담도록 하겠다.

하지만, 본 저서가 많은 분들의 도움으로 발간이 이루어지게 되어 다행으로 생각된다. 우선 본 저술에 사용되도록 기탄없이 자료를 제공해 주신 분들께 깊이 감사를 드린다. 자료 정리 및 원고의 교정에 많은 도움을 준 차명훈·이경희·원란 교수와 김은정·권민지·박효진·김경민·최송연·이춘여·손민영에게 깊이 감사하며, 국내외적으로 어려운 시기에 출판을 맡아주시고 편집 과정에 노고 많으셨던 범문에듀케이션 이재선 팀장님과 이경민·윤희영 차장님을 비롯한 편집진에 깊이 감사드린다. 특히 본서의 간행은 한국연구재단의 지원으로 가능하게 되었다.

아무쪼록 본 학술서가 감성과학을 알리고, 나아가 감성과학을 발전시키는 데 있어서 미력이나마 일익을 담당할 수 있게 되길 기대한다.

2019년 5월

이배환

차례

제3부
인지와 감성

제4부 사회적 상호작용과 감성

제5부 생활과 감성

제6부
감성 병리 및 치료

감성과 감성과학

01

오래 전부터 인간의 본성은 이성과 감성으로 구분되어 왔다. 이와 같이 감성은 인간의 본성을 구성하는 중요 요소로서 아주 큰 부분을 차지하고 있다. 본 서에서는 우선 감성의 개념이 무엇이며 감성과학이 어떠한 학문인지 알아보고자 한다.

이를 위해 제1장에서는 인간 본성으로서의 감성이 인류 역사를 통해 어떻게 규정되고 연구되어 왔는가를 살펴볼 것이다. 또한 감성과 관련된 많은 국내외의 연구결과에도 불구하고, 감성에 관한 명확한 정의가 없는 실정에서 현재까지의 연구결과와 미래의 연구 방향을 고려하여 다양한 견해를 소개하고, 감성에 관한 통합적인 정의를 모색해 보고자 한다. 이러한 정의는 지금까지의 연구결과를 이해하는 것은 물론 향후 감성과 관련된 연구의 방향 설정에 많은 도움이 될 수 있을 것이다.

제2장에서는 감성과학이 전체 학문분야에서 어떠한 위치에 있으며, 다른 학문과 어떠한 관련성이 있는가를 살펴보고자 한다. 감성과학은 인문과학, 사회과학, 자연과학, 공학, 의학, 예술 등 다양한 학문분야를 포함하는 융복합 학문적 성격을 지니고 있으며, 나아가 더욱 다양하고 새로운 학문 및 기술 분야들과 융합적 접근을 시도하고 있기 때문이다.

제3장에서는 감성과학을 연구하는 다양한 방법론에 대해서 알아보고자 한다. 그 대표적인 사례로 감성의 심리학적, 인간공학적 연구 방법, 감성 데이터의 통계학적 접근, 감성의 생리학적 반응 분석 등을 들 수 있다. 오늘날 과학기술의 발달과 더불어 감성과학의 연구에도 다양한 연구방법론이 개발되어 감성과학의 발달에 이바지하고 있다.

제1부

제 1 장

인간 본성과 감성

인간에게 있어서 감성은 이성에 대비되는 것으로 독자적인 영역을 지니고 있는 매우 중요한 개념이지만 감성을 명확하게 정의하기는 쉬운 일이 아니다. 본 장에서는 감성이 이성과 관련하여 어떤 위치에 있으며, 감성을 정의하고자 하는 다양한 노력들을 살펴볼 것이다. 또한 감성을 분류하는 모형에 관한 다양한 견해를 살펴보고 감성을 설명하는 서로 다른 이론들을 개관하고자 한다.

1. 인간의 본성: 이성과 감성

인간의 감성sensibility, Sinnlichkeit은 이성과 함께 인간의 본성 중 하나로서 근대 서구 철학에서 매우 중요한 자리를 차지해 왔다. 근대 독일에서 이야기하는 이성이란 근본적으로 생각하는 능력이다. 칸트는 이성적 능력으로서 이성vernunft과 오성verstand을 구분하여 사용한다. 오성은 사유의 능력이며 개념을 만들어내고 사용하는 능력으로서, 인식에 직접적으로 기여하는 특성이 있다. 이와는 달리 이성은 사유의 능력이고 추론의 능력이며 오성이 제공하는 규칙들을 통합한다는 의미에서 오성보다 상위의 능력으로 간주된다 이병찬, 2013. 칸트Kant, 1956에 의하면, 이성은 개념을 자발적으로 구성하고, 이것을 바탕으로 인식한다. 감성은 감각을 매개로 하여 외부 사물을 받아들이는 능력으로서 수용성을 가지고 있다. 이러한 측면에서 감성은 외부 세계와 인간을 이어주는 역할을 한다. 따라서 감성을 통해 외부 대상이 우리에게 들어오며, 이성을 통해 우리는 사고한다. 인간이 인식할 때 외부 대상들을 받아들이는 과정으로서의 감성은 대상들을 생각하는 과정인 이성보다 선행한다Kant, 1956. 이러한 의미로 볼 때, 인간의 인식 과정에 있어서, 감성은 이성적 사고를 위한 감각적 정보를 제공하고, 실천적 도덕적 생활에 있어서는 이성과 상호작용하며, 미적 인식에 있어서는 그 자신의 순수한 모습을 나타냄으로써 인간의 삶에 큰 의미를 지닌다고 할 수 있다김광명, 1998. 그러므로 감성은 인간 인식 과정의 많은 부분과 관련을 맺고 있으면서 매우 독자적인 영역을 차지하고 있다.

동양의 유학, 특히 성리학性理學에서는 심성론心性論에서 사단설四端說과 칠정七情을 논했다. 사단은 "측은한 마음은 인仁의 단서요, 부끄럽고 미워하는 마음은 의義의 단서요, 사양하는 마음은 예禮의 단서요, 옳고 그름을 가리는 마음은 지智의 단서이다"라고 한 맹자孟子의 말에서 유래한다. 이때 사四는 인仁·의義·예禮·지智를 가리키고, 단端은 단서端緖를 의미한다. 맹자는 사단四端을 확충하여 발전시키면 국가의 안정을 도모할 수 있다고 주장하였다. 이러한 사단설四端說은 맹자가 주창한 성선설性善說의 근간을 이루며, 그의 사상의 핵심이 되었다. 사단四端이란 대개 형이상학적인 개념으로 통용되는데, 측은惻隱·수오羞惡·사양辭讓·시비是非의 마음으로서 각각 인仁·의義·예禮·지智의 착한 본성(덕德)에서 나오는 정감이며, 인仁·의義·예禮·지智는 성性으로서, 성性이 선善한 것은 마음의 선善함에서 비롯되는데, 이것은 곧 인仁·의義·예禮·지智가 마음에 근거하고 있기 때문이라는 것이다. 동정심, 창피함, 사양하는 마음, 시비를 가리는 마음은 도덕이나 사회적 정서를 의미하기도 한다.

칠정七情은 『예기禮記』의 〈예운〉편에 처음 나타나는데, 인간의 여러 감정들을 기쁨 희喜, 노여움 노怒, 슬픔 애哀, 두려움 구懼, 사랑 애愛, 싫어함 오惡, 바람 욕欲의 일곱으로 묶어 나타내었다. 칠정七情은 형이하학적인 개념으로 통용되며, 인간의 본성이 사물에 접할 때 표현되는 감정을 말한다. 『예기禮記』에서는 사람의 정情으로 이 칠정七情을 들고, 배우지 않아도 능能한 것으로 타고난 것이라 설명하였다. 후대에서는 『중용中庸』에서 말하는 기쁨 희喜, 노여움 노怒, 슬픔 애哀, 즐거움 락樂을 포함하여 칠정이라 하였다.

중용에서는 '희노애락'이 아직 드러나지 않은 것을 중中이라 하고喜怒哀樂之未發謂之中, 드러나 모두 절도에 맞는 것을 화和라 한다發而皆中節謂之和. 즉 희노애락의 정감이 발현하기 전의 상태를 미발未發이라 일컫고, 정감이 발현된 후의 상태를 이발已發이라 일컫는다. 이때 '희노애락'이라고 말하는 것은 기쁨, 노여움, 슬픔, 즐거움의 네 가지 감정에만 국한된 것이 아니라 인간이 지닌 모든 반응체계를 총괄하는 개념으로서, '성性'과 대비되는 측면에서 '정情'을 의미한다. 주자朱子는 이러한 사단四端과 칠정七情을 「성정론性情論」으로 발전시켜, "움직이는 것은 정情이고, 움직이지 않는 것은 성性"이라고 하였는데, 물이 고요하여 움직이지 않는 상태는 '성性'에 속하고, 움직여 물결이 출렁이는 상태는 '정情'이라고 하였다. 성性이란 인仁·의義·예禮·지智·신信을 일컫고, 정情은 희喜·노怒·애哀·구懼·애愛·오惡·욕欲을 의미한다. 이후 사단칠정론은 미발이발설未發已發說, 이기설理氣說, 인심도심설人心道心說 등 복잡다단한 논쟁을 야기하기에 이르렀다.

조선의 성리학性理學에서는 이 사단칠정론이 성性과 정情의 개념을 서로 달리하고, 또 서로 다른 이理·기氣의 개념에 사단四端과 칠정七情을 분속分屬시킴으로써 많은 논쟁이 일어나게 되었다. 특히 유학자인 퇴계退溪 이황李滉은 인간의 이성으로서 사단을, 감성으로서 칠정을 인용하고 이理와 기氣로서 인간 본성의 근원을 밝히고자 하였다. 사단과 칠정에 대한 논쟁은 이황과 이황의 제자인 고봉高峰 기대승奇大升에서 시작되었다. 이황에 따르면 '사단'은 "이가 발함에 기가 따르는 것(이발이기수지理發而氣隨之)"이며, '칠정'은 "기가 발함에 이가 탄 것(기발이이승지氣發而理乘之)"이라는 것이다. 이황은 이기호발理氣互發의 기본 전제에서 사단四端은 이理가 발현된 것으로 순선純善이며 곧 도심道心이라 하였고, 칠정七情은 기氣가 발현된 것으로 선善과 악惡을 겸한 것이며 곧 인심人心이라 하였다. 이황은 이기이원론의 입장에서 이理의 순수성을 기發와는 엄격하게 구별해야 한다는 입장에서 이발理發을 기발氣發과 구분하려는 것인데, 반면 기대승은 그렇게 되면 발하는 근원처가 두 곳이 되므로 부당하다는 견해에서 어느 것도 이기理氣의 공발共發이라는 입장을 취하였다. 이러한 기대승의 논리를 율곡栗谷 이이李珥가 발전시켜 이기일원론의 입장에서 사단칠정 모두 "기가 발함에 이가 타는 것(기발이이승지氣發而理乘之, 기발이승일도氣發理乘一途)"으로 해석하면서 사단四端과 칠정七情은 모두 기氣가 발현된 것이라 주장하고, 또한 칠정七情이 사단四端을 포함한다고 논파하였다. 이후 사단칠정론은 주리파와 주기파의 양대 계파로 나누어져 지속적인 논쟁을 거치면서 크게 발전하게 되었다.

2. 감성의 정의

흔히 감성感性은 이성理性에 대한 반대어로 사용되고 있다이순요와 양선모, 1996. 이와 같이 이성에 대비되는 것으로서 감성은 독자적인 영역을 지니고 있는 매우 중요한 개념이지만, 감성을 정의하기는 쉬운 일이 아니다.

우선, 두산백과사전에 의하면, 감성sensibility, 感性은 이성 또는 오성悟性과 함께 인간의 인식능력을 구성한다. 감성은 수동성을 내포하며, 인간과 세계를 잇는 원초적 매개 수단으로서 인간 생활의 기본적 영역을 열어 주는 역할을 한다. 이론적 인식에서는 이성적 사고를 위한 감각적 소재를 제공하고, 실천적·도덕적 생활에서는 이성의 지배와 통솔을 받을 감정적 소지를 마련하며, 미적 인식에서는 자신의 순수한 모습을 나타냄으로써 상징적 징표가 된다. 그러나 오늘날 제반 학문의 발전 단계에서는 감성을 감성이 아닌 것으로부터 분리시킨다는 것은 불가능한 일이며, 오히려 감성을 인간의 생을 포괄적으로 영위하는 데 있어서 가장 기본적인 한 국면으로 고찰하는 것이 일반적인 경향이다두산백과, 2014.

철학사전에 의하면 감성sensibility은 감각 기관이 외계로부터 자극을 받아 감각·지각을 생기게 하는 감수성을 말한다철학사전, 2009. 인식론에서는 감성이 외부 세계를 알게 되는 첫걸음이고 인간은 이것을 통해 외부 세계와의 연결이 가능하다고 말한다. 관념론적인 감성론은 독일의 칸트Kant가 대표자이다. 칸트에 따르면 감성은 자발적으로 작용하는 오성·이성과 구별되며, 외부 세계로부터 촉발되고 그것을 받아들이는 과정이다. 그런데 이렇게 받아들이는 방법은 감성의 선천적으로 갖추어지는 형식, 즉 시간과 공간으로 규정된다. 인간의 인식은 이것을 발판으로 하여 가능하게 된다. 결국 인간의 인식은 시간·공간이라는 형식으로 규정된 감성에 근거하지 않으면 성립될 수 없다는 것이다철학사전, 2009.

칸트에 있어서 감성sinnlichkeit은 감정gefuhl과 구분되는 개념이다. 인간의 감성적 차원에 대하여 말할 때는 여기에 감정이 포함된다. 칸트의 감성은 직관의 능력으로서 시간과 공간상에 존재하는 개별적 대상을 표상하는 능력이다Kant, 1956.

심리학에서는 심리적인 상태를 동기적, 정서적, 인지적인 측면으로 구분한다정찬섭, 1998. 동기적 측면은 특정 목표를 향해 행동하도록 만드는 심리적 과정이나 상태를 의미한다. 정서적 측면은 인간의 내적 상태 가운데 심장 박동과 같은 생리적 변화나 표현적 행동에 자주 수반되는 감정이나 사고의 역동적 양상을 의미한다. 인지적인 측면은 두뇌에서 일어나는 정보처리 과정을 의미한다. 이들 심리적 측면 가운데 '정서'가 '감성'에 가장 근접한 개념이다. 그렇지만, '정서emotion'는 '감성'과 동일한 개념이기 보다는 감성에 내포된 개념이라 할 수 있다정찬섭, 1998. 정찬섭1998에 의하면 '감성'을 심리학적으로 정확하게 정의할 수 있는 개념은 없다. 좁은 의미로 정의할 때에는 '감성'은 '정서emotion'와 동일한 것으로 볼 수 있고, 넓은 의미로 정의할 때에는 비인지적인non-cognitive 내적 상태internal states와 동일한 것으로 볼 수 있지만 애매모호한 측면이 많다.

조길수와 박혜준2012에 의하면, 감성은 외부의 물리적 자극에 의한 감각 또는 지각으로부터 인간의 내부에서 일어나는 고도의 심리적 체험으로서 쾌적감, 고급감 등의 복합적인 감정, 외부로부터의 감각 정보에 대하여 직관적이고 반사적으로 발생되는 복합적인 감정, 여러 가지 감각이 합성되어 종합된 것으로 생리적인 특성을 중시하는 감각과 심리적인 특성으로서의 느낌이 다중으로 통합된 것, 정보화 사회에서 다른 사람이 느끼거나 생각하고 있는 것을 받아들이는 능력, 즉 정보를 취득하고 지각하고 인지하고 거르는 능력, 다른 사람의 마음을 이해하고, 타인에게 자기의 마음을 전달하는 능력 등으로 정의될 수 있다. 그런데, 이들 정의에서 마지막 두 가지는 감성 보다는 이성에 더 가까운 의미를 지닌 것으로 볼 수 있지만, 나머지는 감성을 포괄하는 것으로서 감성이라는 개념에서 시사하는 바가 크다.

현재로서는 '감성'의 의미에는 감각, 느낌, 감정 등이 포괄적으로 포함되어 있다고 할 수 있다. 그렇지만, '감성'을 객관적으로 받아들일 수 있는 수준으로 정의하기는 쉬운 일이 아니다.

감성에 해당하는 영어 단어로는 우선 sensibility가 있다. sensibility는 감각 자극을 감지하거나 느끼는 능력을 일컬으며, 감각 자극에 대한 반응성 또는 감수성을 의미한다. 위에서 언급한 철학사전에 의하면 sensibility는 감각 기관이 외부 세계로부터 자극을 받아 감각·지각을 생기게 하는 감수성을 말하는 것으로, 독일어 *sinnlichkeit*에 해당하며, 이는 칸트가 말한 바와 같이 외부 세계로부터 촉발되고 그것을 받아들이는 과정이다. 이러한 의미에서 sensibility는 넓은 의미에서는 감성을 나타낼 수 있지만, 좁은 의미에서는 감각 과정 내지 지각 과정을 의미하는 것으로 우리말로는 '감수성' 정도가 이에 가까운 표현이라고 할 수 있다.

감성에 해당하는 다른 영어 단어로는 emotion이 있다. emotion은 심리학에서 흔히 '정서'로 표현한다. emotion의 어원은 라틴어 *e+motio*에서 유래된 단어로 이것은 '밖으로 움직이다move, 흥분하다excite, 동요시키다agitate'라는 의미를 가지고 있다. 이것이 뜻하는 바는, 정서가 인간에게 발생한 어떤 사건의 직접적인 결과이기보다는 인간의 마음속에서 생각한 것이 밖으로 나타난 것이라고 할 수 있다. 하지만 '정서'를 정의하기란 쉽지 않다. 미국 심리학의 창시자인 윌리엄 제임스William James가 1884년 『정서란 무엇인가?』란 제목의 논문을 낸 이후 100년도 훨씬 지난 후에도 심리학자들은 동일한 질문을 한다. 그만큼 정서를 정확하게 정의하기 어렵다는 것이다. 이저드Izard, 1971에 의하면 정서는 신경생리적, 신경근육적, 현상학적 측면을 가진 복잡한 개념이다. 짐바르도Zimbardo, 1980는 정서를 환경자극에 의해 유발될 수 있으며 생리적 활동이 매개할 수 있는 복잡하고 주관적이며 심리적인 과정이라고 주장하였다. 다마시오Damasio, 1994는 정서를 서로 다른 자극에 대한 반응으로서 신체와 뇌에서 일어나는 상태의 변화라고 정의하였다. 브로어켄스Broekens와 브린크만Brinkman, 2013에 의하면, 정서는 환경 변화를 극복하기 위한 적응적 반응이며, 짧은 시간에 강하게 일어나는 것으로, 원인이 되는 요인이 분명히 존재하는 특징이 있다고 한다. 그러므로 정서를 단정적으로 정의하기는 어렵고 연구자에 따라 서로 다른 측면을 강조하기도 한다.

심리학자들은 또한 mood는 '기분'을 의미하는 것으로 사용하는 데, '기분'은 원인이나 대상이 없는 막연한 느낌으로, 정서보다는 오래 지속되고 느끼는 강도도 낮다. 대표적인 예가 울적한 기분이다. 하지만 정서와 기분의 경계는 모호하다. 예를 들어 슬픔과 불안 같은 것은 정서로도 기분으로도 생각될 수 있다.

feeling은 우리말로 '느낌'을 의미하는데, 자극에 대한 지각과 이어서 나타나는 감정 상태와 사고의 복합체로 정의할 수 있다Damasio, 1994.

affect라는 용어는 우리말 '감정'에 해당하는데 사전적인 의미는 어떤 현상이나 일에 대하여 일어나는 마음이나 느끼는 기분을 의미한다. 브로어켄스Broekens와 브린크만Brinkman, 2013에 의하면, affect는 두 가지 의미를 가지고 있는데, 첫째는 기분mood, 정서

emotion, 성격personality, 성향disposition을 포함하는 용어이다(그림 1-1). affect에 대한 크린겔바흐Kringelbach와 필립스Phillips, 2014의 정의도 이와 동일하다. 둘째는, 정서, 기분, 감정적인 성향 등의 근간을 이루는 핵심 부분을 의미한다. 이때 affect는 '핵심 감정core affect'Russell, 2003; Russell과 Mehrabian, 1977을 의미하는 것으로 잘 알려져 있다. 이러한 의미에서 보면, 후자에서 이야기하는 좁은 의미에서의 '감정affect'은 '핵심 감정'에 해당하지만, 전자에서 이야기하는 넓은 의미의 '감정'은 '감성'에 좀 더 가까운 용어라고 할 수 있다.

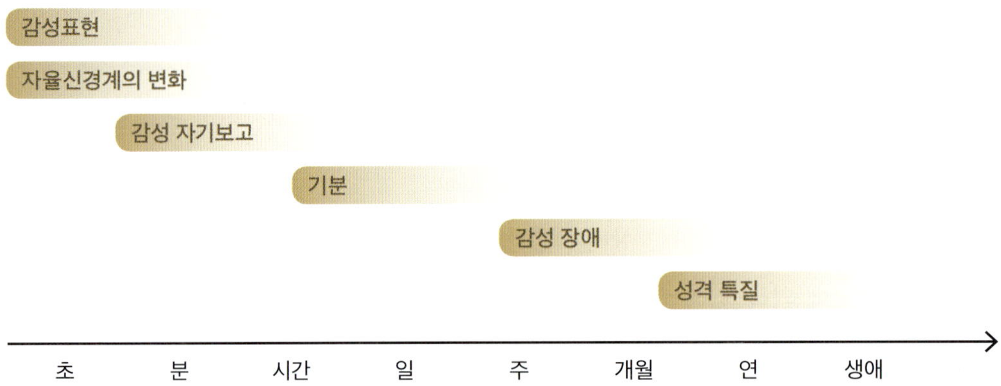

〔그림 1-1〕 감성과 관련된 용어의 시간과의 관련성

위 사실들을 함께 고려하면, 감성은 '인간 본성 내지 의식의 감정적인 측면'을 의미한다. 이것은 '외부 자극에 대한 반응으로 나타나거나 내면에서 자생적으로 일어나는 감정상의 변화 내지 생리적·행동적 변화로 나타날 수 있는 마음의 정동적情動的 상태'라고 할 수 있다. 나가마치 미주오長町三生, Mizuo Nagamachi, 1997에 의하면 '감성'은 감각에 비해 좀 더 종합적인 것으로서, 일례로 음식물에 대해서 '맛있다'는 감성은 미각과 관계되는 것으로 달콤하다는 느낌이나 깔끔하다는 느낌 이외에 식탁 위의 색채나 접시 위에 담아 놓은 음식물의 모양과도 관계되는 것이며, 그 사람의 인생관이나 라이프스타일에도 관계되는 것이라고 한다.

앞서 살펴본 바와 같이 sensibility는 감각 자극을 감지하거나 느끼는 능력으로서 감각 자극에 대한 '반응성' 또는 '감수성'을 의미하므로, 이는 넓은 의미에서는 감성을 나타낼 수 있지만, 좁은 의미에서는 '감각 과정' 내지 '지각 과정'과 관계되는 개념을 의미한다고 할 수 있다. '정서emotion'는 '감수성sensibility'에서와 같이 외부 자극에 대한 반응도 포함되지만, 내부에서 발생하는 현상도 포함된다. 이러한 정서는 감성과 동일한 개념이기 보다는 감성에 내포된 개념이라 할 수 있다정찬섭, 1998. 한편 '감정affect'은 정서와 기분 및 개인적 성향까지 포함하는 것이라 '감성'에 보다 더 근접한 개념으로 볼 수 있다. 그러므로 넓은 의미의 '감수성sensibility'이 감성을 의미하는 것으로 말할 수 있으며, 좁은 의미의 감성은 '정서emotion'와 동일시 할 수 있으나 넓은 의미의 감성은 정서 이외의 개념도 포함된다. 이 때문에 emotion은 '정서'이지만 종종 '감성'으로 번역되기도 하고, sensibility는 '감수성'의 의미이나 때로는 '감성'으로 번역되기도 한다. 한편 '감정affect'이 감성에 가장 근접한 개념이지만 이것도 감성에 일치하는 것은 아니다. 따라서 '감성'은 '감정'을 포함한 개념이고, 더욱이 '정서'와 '감수성'도 여기에 포함되는 개념이다. 그러므로 이들 용어 중 어느 하나로 표현할 수는 없다.

이러한 이유로 '감성'을 영어 단어로 표현할 때에도 한국감성과학회에서는 emotion and sensibility로 표현하고 있다. 감성을 한 단어로 잘 표현할 수 있으면 좋겠지만, 아직 그러한 단어가 없어 아쉽다. 어쩌면 sensibility의 sens와 emotion을 합친 합성어로서 *sensemotion*과 같은 새로운 단어가 탄생하여 감성을 의미하는 단어로 사용될 수 있으면 좋을 것 같다. 본 서에서는 좁은 의미에서의 감성은 때로 emotion 또는 affect를 의미하는 것으로, 때로는 sensibility를 의미하는 것으로 표현하기도 할 것이다. 참고로, 감성과학 연구가 매우 활발한 일본에서도 '감성'에 해당하는 영어 단어가 없기 때문에 '감성'의 일본식 발음을 사용하여 'kansei'라는 용어를 독자적으로 사용하고 있다. 감성에 해당하는 우리말식 발음을 영어로 표현할 때에는 'gamsung'을 사용하고 있다.

인간의 감성에 영향을 미치는 것은 개인적인 요인 이외에도 사회적, 문화적 요인이 매우 중요한 비중을 차지한다. 따라서 개인의 감성을 이해하기 위해서는 개인 자체뿐만 아니라 개인이 속한 사회와 문화에 대한 이해가 필연적이며, 이와 동시에 현대의 개인생활 환경에서 큰 비중을 차지하고 있는 과학기술의 영향도 반드시 고려해야한다. 이러한 측면에서 본 저술에서는 개인에 대한 이해뿐만 아니라 사회적 환경적 요인들을 함께 다루고 있다.

3. 감성의 분류

인간이 느끼는 감성은 신체적인 고통을 수반하는 통증을 비롯하여 불안감, 죄책감, 수치심은 물론 성적 쾌감, 즐거움, 자부심 등 다양하다. 이러한 다양한 감성은 생리적 행동적으로 표현될 수 있으며, 이러한 것을 바탕으로 우리는 자신이나 타인의 감성을 판단할 수 있다. 통상적으로 눈물을 흘리게 되면 슬픈 감성을 의미하는 것이지만, 종종 기뻐서 눈물을 흘리기도 한다. 이와 같이 우리는 다양한 감성을 경험하게 되는데, 이러한 감성을 분류하는 모형model을 살펴볼 필요가 있다.

3.1. 기본 감성 모형

감성에 대한 자연관찰적인 연구는 찰스 다윈Charles Darwin에서 시작한다고 할 수 있다. 다윈은 감성에 대한 실험과 관찰 결과를 1872년 발간한 그의 저서 『The Expression of the Emotions in Man and Animals』에 제시하였다. 다윈은 모든 동물에는 감성 표현 간에 유사성이 있다고 주장하였다. 다윈에 따르면 서로 다른 감성은 각각 독특한 정신적 상태를 반영하는 것으로서 이는 신체적 표현 및 얼굴 표정으로 나타난다는 것이다. 이러한 다윈의 입장은 이후 감성 연구에 있어서 '기본 감성'이라는 접근법이 나오게 된 계기가 되었다.

1950년대 초, 톰킨스Silvan Tomkins는 사람들에게 공포fear, 분노anger, 슬픔sadness, 역겨움disgust, 놀람surprise, 행복happiness과 같은 특정한 감성을 나타내는 얼굴 표정을 사진으로 보여주었는데, 사람들은 이들 감성을 쉽게 인식한다는 것을 발견하였다. 그 후 에

크먼Paul Ekman, 1975은 많은 계층의 서로 다른 문화적 배경을 가진 사람들에게 이와 유사한 사진들을 보여주고 판단하게 하였는데, 감성의 표현expression과 강도intensity에 있어서 일관성이 많다는 것을 발견하였다. 이에 에크먼은 기쁨, 분노, 역겨움, 슬픔, 놀람, 공포의 여섯 가지 감성을 기본 감성이라고 하였다Ekman, 1992(그림 1-2). 또한 그는 감성표현이 유전되는 것으로, 문화권이 달라도 차이가 나지 않는다고 주장하였다.

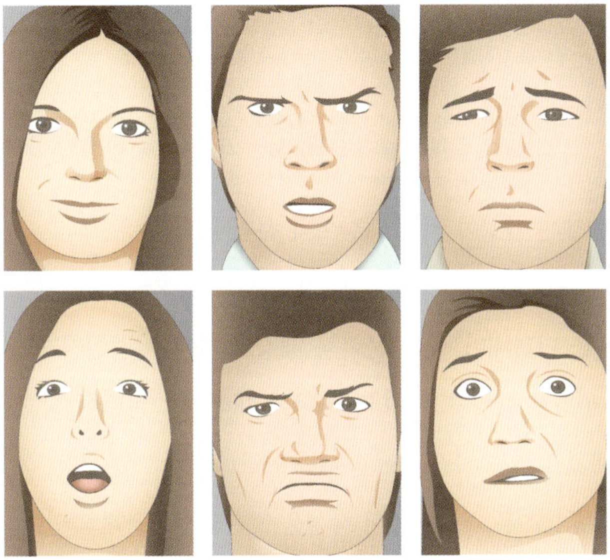

〔그림 1-2〕 에크먼의 여섯 가지 기본 감성

한편, 앞서 살펴본 바와 같이 동양에서도 감성에 관한 연구를 해왔는데, 동양철학에서 이야기하는 '사단칠정론'에서 칠정七情이 의미하는 희喜·노怒·애哀·구懼·애愛·오惡·욕欲은 에크먼의 여섯 가지 기본 감성과 유사하다. 다만 에크먼의 여섯 가지 기본 감성에 '욕망'이 더 포함된 차이가 있을 뿐이다.

많은 연구자들은 기본적인 감성 범주에 공포, 분노, 슬픔, 역겨움, 행복을 흔히 포함시킨다. 하지만 기본 감성을 구성하는 것이 어떤 것이냐에 대해서는 서로 다른 주장이 많이 있다. [표 1-1]은 기본 감성에 대한 다양한 주장을 요약한 것이다.

〔표 1-1〕 기본 감성 범주

연 구 자	기 본 감 성
James (1950)	공포(fear), 비통(grief), 사랑(love), 분노(rage)
Ekman (1992)	분노(anger), 역겨움(disgust), 공포(fear), 기쁨(joy), 슬픔(sadness), 놀람(surprise)
Panksepp (1998)	기대(expectancy), 공포(fear), 분노(rage), 공황(panic)
Plutchik (1980)	수용(acceptance), 분노(anger), 기대(anticipation), 역겨움(disgust), 기쁨(joy), 공포(fear), 슬픔(sadness), 놀람(surprise)
Tomkins (1962)	분노(anger), 흥미(interest), 모욕(contempt), 역겨움(disgust), 비탄(distress), 공포(fear), 기쁨(joy), 부끄러움(shame), 놀람(surprise)
Izard (1994)	분노(anger), 모욕(contempt), 역겨움(disgust), 비탄(distress), 공포(fear), 죄책감(guilt), 흥미(interest), 기쁨(joy), 부끄러움(shame), 놀람(surprise)

기본 감성 모델은 감성이 외부 대상이나 사건에 의해 유발되고, 유발된 특정 감성은 특정한 신체적 반응을 개시한다고 가정한다. 따라서 개별 감성은 동일한 유형의 행동, 신체적 활성, 얼굴 표정을 나타내며, 이를 문화적 배경이 다른 사람일지라도 쉽게 인식하게 된다는 것이다. 그런데 기본 감성이 보편타당하냐에 대해서는 논란이 되고 있다. 그렇지만, 감성의 보편성에 대해 옹호하는 사람들도 상당히 있다.

한편 손선주 등2012은 한국어에서 감성을 표현하는 504개의 단어 목록을 만들고, 이를 11개의 범주(슬픔, 분노, 기쁨, 놀람, 공포, 혐오, 지루함, 흥미, 통증, 중성, 기타)로 분류하였다. 그 결과 504개의 감정 표현 단어 중 한 가지 감정으로만 구분되는 426개의 단어 중에는 '슬픔'에 해당하는 단어가 128개로 가장 많았고, '분노'가 84개, '기쁨'이 83개 순으로 많게 나타났다. 두 가지 감정 범주로 구분되는 72개의 단어 중, '분노'와 '혐오'를 동시에 나타내는 단어가 16개 단어로 가장 많았으며, 흥미롭게도 7개의 단어는 '슬픔'과 '공포'를, 또 다른 7개 단어는 '기쁨'과 '흥미'를 동반하여, 이 단어들은 두 감정을 동시에 표현할 확률이 큰 것으로 나타났다. 마지막으로, 세 가지 감정 범주로 구분되는 6개의 단어 중 동일한 감정 범주로 일관되게 나타나는 어휘는 '놀람', '흥미', '기쁨'을 동시에 나타내는 '아하'와 '전율하다'의 2개였다. 나머지 세 범주의 단어들은 각기 다른 조합으로 나타나 일관성 있는 감정 범주로 묶이지 않았다.

3.2. 차원 모형(dimensional model)

기본 감성 모형은 보편적이고 정형화된 방식으로 감성을 규정하고자 하였다. 그러나 감성에는 이러한 범주의 모형에 잘 맞지 않는 복잡하고 미묘한 측면이 많이 존재한다. 이 때문에 감성을 특정한 범주가 아니라 어떤 척도나 스펙트럼 상에 놓을 수 있는 개념으로 보려는 움직임이 일어났다. 하지만 감성은 단일 차원이 아니라 다차원 척도 multidimensional scale 상에 위치한다고 한다.

일찍이 과학적인 심리학을 창시한 분트Wilhelm Wundt, 1897(그림 1-3)에 의하면 각각의 감성은 쾌/불쾌pleasant/unpleasant, 각성/침잠arousing/subduing, 긴장/이완strain/relaxation이라는 세 가지 독립적인 특성이 조합을 이루어 나타난 결과라고 한다. 이때 각 감성은 이들 세 가지 척도 가운데 각 척도를 따라 어떤 지점이나 어떤 범위에 위치할 수 있으며, 이는 세 개의 축을 사용하여 그리게 되면 공간상에 위치하게 된다.

러셀James Russell은 1980년에 원형 모형circumplex model을 제안하였다. 그는 사람들에게 짝지어진 감성 단어들이 얼마나 유사한지 평가하게 하고 어떤 감성들이 함께 나타나는지 관찰하고 이들 감성 단어들의 상대적인 관계를 원에 그렸다. 그러면 유사한 감성들

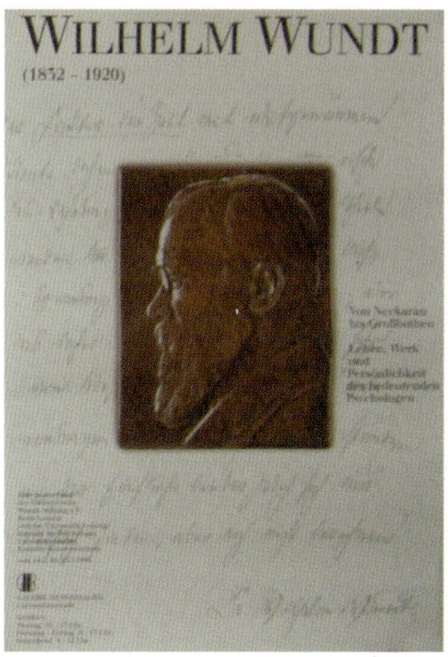

〔그림 1-3〕 심리학 창시자 Wilhelm Wundt

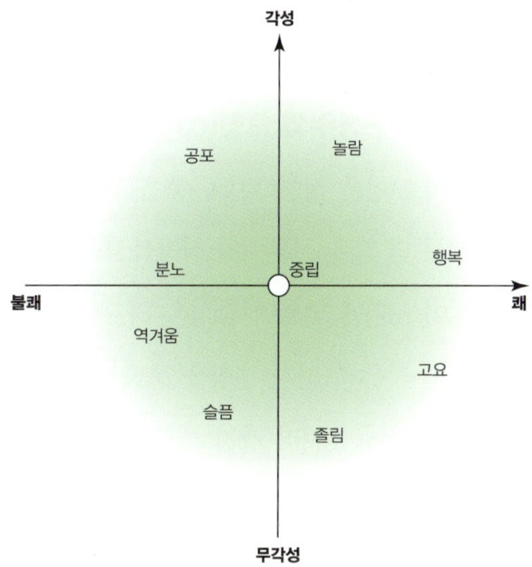

〔그림 1-4〕 러셀의 원형 모형

은 함께 모이게 된다. 그 결과 러셀은 각성arousal의 정도와 쾌pleasure의 정도라는 두 개의 축/차원이 감성을 가장 잘 설명할 수 있다고 주장하였다(그림 1-4). 이 모형을 사용하면 행복과 기쁨 등은 쾌와 각성의 조합으로, 분노와 긴장 등은 불쾌와 각성의 조합으로 설명할 수 있다.

플러칙Robert Plutchik, 1980은 8개의 일차 감성 범주가 존재한다고 제안하였는데, 이들은 유사성에 따라 배열되어 있으며, 상반되는 개념이 마주보도록 4개의 쌍으로 구성되어 있다(그림 1-5). 예를 들어 기쁨의 반대는 슬픔이고, 분노의 반대는 공포이다. 이들은 강도intensity가 척도 상에서 매우 강한 정도(예: 황홀 ecstasy)에서 약한 강도(예: 평온 serenity)에 이르기까지 점차 변화되도록 배열되어 있다. 이들 일차 감성 사이의 경계 지역에는 사랑love과 같은 혼합 감성이 위치한다. 서로 이웃한 감성이 합쳐지면 경계 지역에 있는 감성이 된다. 사랑love은 수용acceptance과 평온serenity이 합쳐진 것이며, 마찬가지로 복종submission은 수용acceptance과 걱정apprehension이 합쳐져 이루어진 것이고, 낙관optimism은 기쁨joy과 기대anticipation가 합쳐진 것이다. 이 모형은 흥미로운 것이지만, 아직은 이론에 머물러 있다. 장차 이 이론을 입증하는 많은 연구결과들이 나와야 할 것이다.

3.3. 구성주의 모형(constructionist model)

이 모형은 정형화된 반응을 가진 감성은 존재하지 않는다는 것을 가정한다. 대신 감성은 모두 더 작은 근본적인 심리적 또는 생리적 구성요소로부터 만들어지는 것이라고 한다.

이 모형에 따르면 감성은 타고난 정신적 범주가 아니라, 공포나 분노와 같은 감성이 나타나는 것은 우리가 경험을 통해 학습을 하기 때문이라는 것이다. 분노와 같은 감성을 나타내는 단어는 여러 가지 서로 다른 기본 과정의 활동으로 나타나는 정신 작용에 해당하는 통상적인 이름으로 만들어진 것이다. 이때 기본 과정이라는 것은 기본적인 신경 구조나 신경회로가 될 수 있지만 그러한 감성에 반드시 특정적으로 작용하는 것은 아니다. 윌리

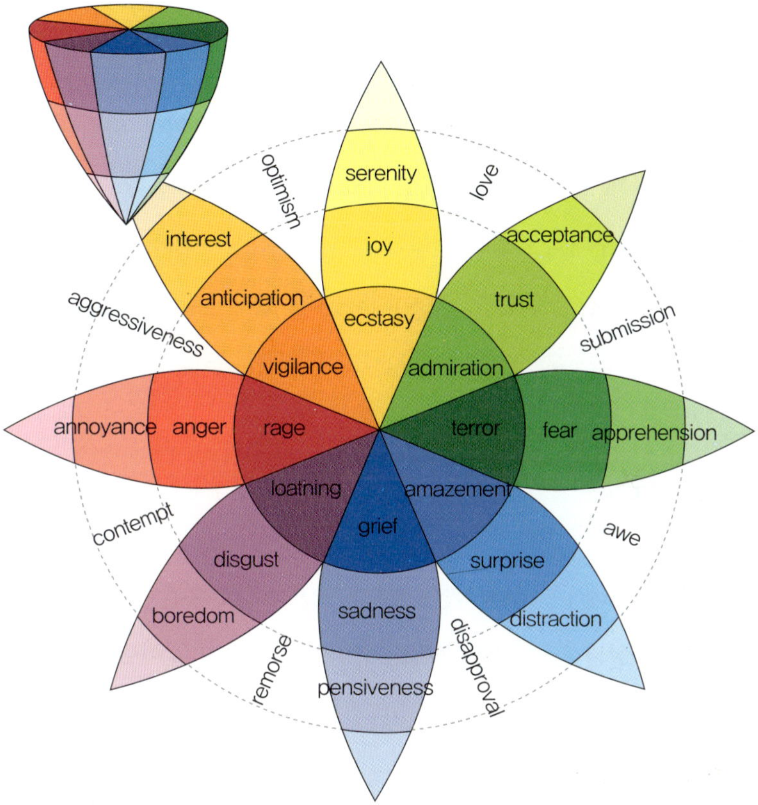

〔그림 1-5〕 플러칙의 8가지 범주 감성

엄 제임스William James, 1950에 의하면 감성은 뇌의 운동이나 감각 중추에서 일어나는 보다 일반적인 과정들로부터 발생하는 것이다.

심리학자인 엘리자베스 더피Elizabeth Duffy, 1934는, 다소 극단적이지만, 감성이 실제로 독특한 특성을 가지고 있지 않을 수도 있다며, 느낌, 신체적 변화, 행동과 같은 감성 구성요소는 비감성적 상태에도 존재할 수 있다고 주장하였다. 더피는 감성에 대한 연구는 감성과 비감성 상태를 구분하는 요소들을 찾지 말고 특정한 정신 상태에 대한 심리적 구성요소를 찾아야 한다고 주장하였다.

감성에 대한 구성주의 모형 중 하나는 1987년 클라우스 슈어러Klaus Scherer가 제안한 '성분 과정 모형component process model'이다. 슈어러에 따르면, 감성은 5개의 성분을 가지고 있는데, 감성에 대한 평가, 신체적 증상, 동기, 운동 표현, 주관적 느낌이 그것이다. 이 모형에 의하면 감성은 이들 성분이 반영된 결과로 나타나는 것이다. 따라서 특정한 감성은 상황에 따라 서로 다르게 느낄 수 있고 서로 다르게 보일 수 있다.

감성에 대한 구성주의적 모형은 전형적인 사례의 감성에 대하여 생각해 온 습관 때문에 다소 낯설지 모르지만 감성을 설명하고 이해하는 데 있어서 많은 잠재력을 가지고 있다.

4. 감성 생리 이론

감성을 경험하는 데에는 신체적인 변화가 필연적으로 수반된다. 이러한 신체적 변화에 동반되는 생리적 현상과 감성 간에는 어떤 관련성이 있는지 알아보자.

4.1. James-Lange 이론

현대 미국 심리학의 아버지로 불리는 윌리엄 제임스William James는 감성이란 특정 상황에 대해 신체가 반응하는 방식에 우리가 붙인 명칭이라고 주장하였다. 제임스1884에 따르면 흥분을 일으키게 하는 사건을 지각하면 곧이어 신체적 변화가 따르고, 이러한 신체적 변화에 대한 느낌이 감성이라는 것이다. 제임스와 동일한 시기에 덴마크의 심리학자인 칼 랑게Carl Georg Lange, 1885 역시 이와 비슷한 주장을 하여 이러한 이론은 James-Lange 이론으로 알려져 있다(그림 1-6). 이 이론에 따르면 우리는 "슬프기 때문에 눈물을 흘리는 것이 아니라 눈물을 흘리기 때문에 슬프다"는 것이다. James-Lange 이론에서는 신체로부터 오는 감각이 감성의 경험에 필수적이다. 감각이 감소하면 감성이 따라 감소한다. 이 이론에 의하면 서로 다른 감성은 서로 다른 생리적 변화와 행동에 의해 나타난다.

〔그림 1-6〕 James-Lange 이론

그런데 무서운 동물을 만나면 우리는 자동적으로 도망가는 것은 아니다. 도망가는 원인은 무서운 동물 자체가 아니라 상황에 대한 평가이다. 이에 제임스는 그러한 상황을 도망을 요구하는 것으로 평가할 때 도망가기 위한 노력을 시작한다고 수정하였다. 이러한 신체적 변화에 대한 지각이 공포라는 감성으로 나타난다는 것이다. 이를 도식화하면 다음과 같다(그림 1-7).

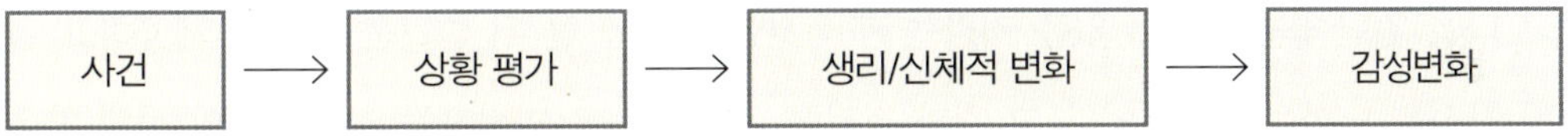

〔그림 1-7〕 수정된 James-Lange 이론

4.2. Cannon-Bard 이론

생리학자인 월터 캐넌Walter Cannon, 1927과 필립 바드Philip Bard, 1934는 비슷한 시기에 James-Lange 이론에 대한 대안 이론을 제안하였다. Cannon-Bard 이론에 따르면 감성은 생리적 변화나 행동과는 별개로 독립적으로 일어난다는 것이다(그림 1-8). 예를 들어 무서운 동물을 만나면 우리는 공포의 느낌과 별도로 생리적인 변화와 도피 행동이 유발된다는 것이다. 이 이론은 James-Lange 이론보다도 상식과는 거리가 더 멀고, 이에 반대되는 많은 증거들도 밝혀졌다.

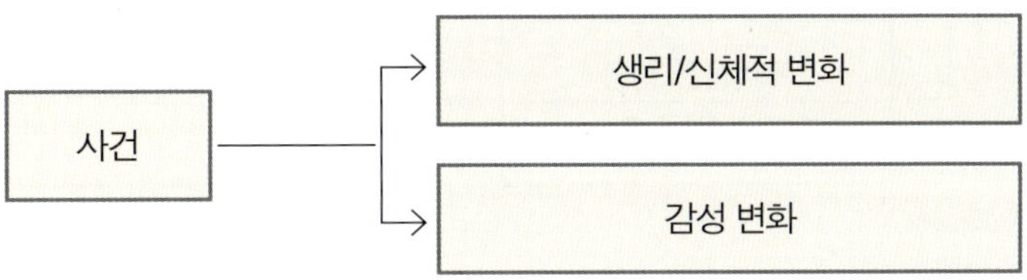

〔그림 1-8〕 Cannon-Bard 이론

4.3. Schachter-Singer 이론

스탠리 샤흐터Stanley Schachter와 제롬 싱어Jerome Singer가 제안한 Schachter-Singer 이론에 의하면, 감성은 감성에 동반되는 생리적 각성은 감성이 얼마나 강한지를 결정하는 데는 필수적이지만, 그것이 어떤 감성인지 알게 해주지는 못한다는 것이다. 이 이론에서는 모든 감성이 유사한 생리적 변화를 유발하기 때문에 생리적 내지 신체적 변화를 관찰하는 것만으로 특정한 감성을 판단할 수 없다. 대신 상황에 대하여 가지고 있는 정보에 근거하여 평가하게 되면 어떤 감성을 느끼고 있는지 알 수 있다는 것이다.

샤흐터와 싱어1962는 피험자들에게 생리적 각성을 증가시키는 에피네프린 epinephrine을 주사한 뒤 한 집단에는 떨리고 심장이 두근거릴 것이라는 적절한 설명을 하고 다른 집단에는 감각이 없을 거라는 부적절한 설명을 한 뒤 즐거운 환경을 제공하고 어떤 감성을 느끼는지를 물었다. 그 결과 적절한 설명을 들은 피험자들은 자신들의 신체 반응에 귀인시켜 즐겁지 않다고 대답하였으며, 부적절한 설명을 들은 피험자들은 자신들의 신체 반응에 귀인시키지 못하고 상황에 귀인시켜 이 상황 때문에 즐겁다고 대답하였다. 이는 상황에 대한 해석이 중요하다는 것을 의미한다(그림 1-9).

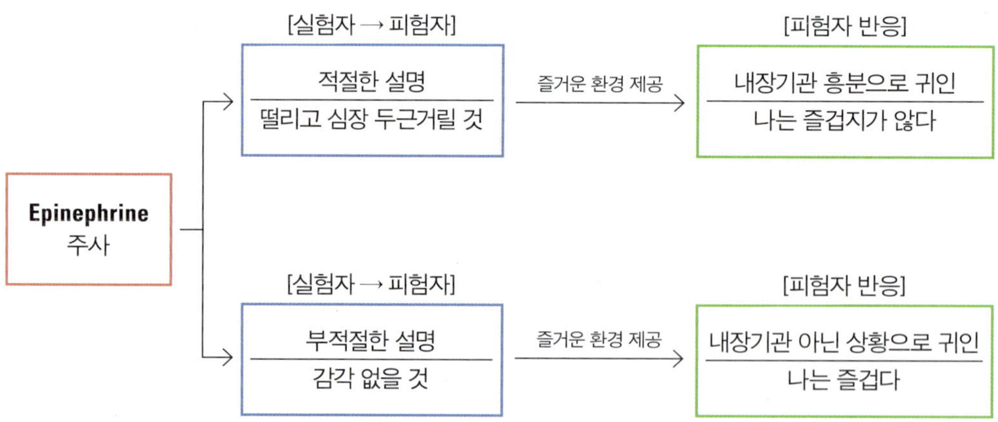

〔그림 1-9〕 Schachter-Singer 이론

제1부

제 2 장

감성과학의 본질

감성과학은 인간의 정서와 감정을 비롯한 감성을 연구하는 학문으로서 감성의 유발, 인식, 행동 등에 관한 제반 원리를 규명하고 활용하는 학문 분야이다. 이러한 감성과학은 인문과학, 사회과학, 생활과학, 예술, 공학, 의학 등과 밀접한 관련이 있다. 감성에 관한 연구는 감성에 대한 체계적인 연구가 수행되기 훨씬 오래 전부터 철학자들의 주된 관심사 중의 하나였을 정도로 오랜 역사를 가지고 있다. 그렇지만 한국에서의 감성과학 연구는 역사가 그렇게 오래되지 않았다. 본 장에서는 감성과학이 어떠한 특징을 가졌으며, 역사적으로 어떻게 발전되어 왔는지 알아보고자 한다.

1. 감성과학

일찍이 독일의 유명한 철학자인 바움가르텐Baumgarten, 1714-1762은 이성적 인식에 관한 학문인 '논리학logica'에 상대되는 것으로서 감성적 인식의 학문인 '감성학aesthetica'을 구분하였다. 이성학으로서 논리학의 목표가 진위판단의 문제라고 한다면, 감성학의 주된 문제는 미적 인식이라고 할 수 있다김광명, 1998.

이성적 인식이 추상적 사고를 통해 얻어지는 데 반해, 감성적 인식은 감각이나 지각 등 사물의 직접적 작용에 의해 주어지는 대상 인식이라 할 수 있다김광명, 1998. 감성적 인식은 감각, 지각, 표상이라는 세 가지 형태로 구성된다. 이러한 감성의 인식 과정을 연구하는 학문이 감성과학이라고 할 수 있다. 그렇지만, 앞서 제1장에서 살펴본 바와 같이 감성이란 용어의 정의가 쉽지 않은 만큼 감성과학을 한마디로 정의하기란 쉽지 않다.

위키백과2014에 의하면, '감성과학science of emotion & sensibility'은 기계중심, 물질중심적 패러다임에서 벗어나 인간중심, 감성중심으로 인간이 추구하는 높은 삶의 질을 구현하기 위한 과학이다. 감성과학은 인문사회, 생활과학을 비롯하여 다양한 정보기술, 기계기술 분야와 문화기술 분야가 다학제적으로 만나 연구하는 접합점 역할을 하며, 기술과 문화가 융합된 새로운 문명을 이루기 위해 노력하는 과학분야이다. 예전에는 흔히 감성공학이라 불렸으나, 공학적 관점에서 탈피하여 더 넓은 관점으로의 연구와 발전을 위해 지금의 이름으로 바뀌어 불리게 되었다.

본 저자가 정리하여 2009년 한국연구재단을 통해 소개한 바에 의하면, 감성과학은 인간의 정서와 감정을 비롯한 감성을 연구하는 과학으로서 감성의 유발, 인식, 행동 등에 관한 제반 원리를 규명하고 활용하는 학문 분야이다. 이에 따라 감성과학은 환경 자극에 따른 심리, 생리, 행동적 반응을 포함한 현상을 과학적으로 측정하고 분석함으로써 감성 유발, 감성 인식, 감성 경험, 감성 행동 등과 관련된 법칙을 규명하며, 그 결과들을 환경이나 제품 등에 적용하여 인간에게 보다 편리하고, 심미적이고, 안락하며, 쾌적한 것들을 개발하려는 연구 분야이다.

한국감성과학회의 홈페이지에 소개된 바에 따르면, '감성과학'은 심리학, 생리학, 문화인류학, 사회학, 디자인학, 재료공학, 환경공학, 기계공학 등 매우 넓은 학제적 스펙트럼을 지닌 융합과학에 속하는 학문 영역으로 학문의 성격상 여러 분야 간의 체계화된 교류 속에서 과학과 실천이라는 두 가지 측면을 동시에 견지하여 왔다.

이상에서 살펴본 바와 같이 '감성과학'은 인문과학, 사회과학, 생활과학, 예술, 공학, 의학 등과 밀접한 관련이 있으며(그림 2-1), 이들 분야의 많은 연구자들이 감성과학과 관련된 연구를 수행하고 있다. 이들 분야에는 인지과학, 심리학, 의류학, 영상예술, 의학, 뇌과학, 식품공학, 산업공학, 냉동건조공학, 정보통신학, 인간공학, 디자인 등 많은 분야가 포함되어 있으며, 최근에는 화장품공학, 인간과학, 소프트웨어공학, 음향진동공학, 군사학, 사회복지학, 교육학 등 많은 새로운 분야에서 감성관련 연구를 수행하고 있다박성배, 2012.

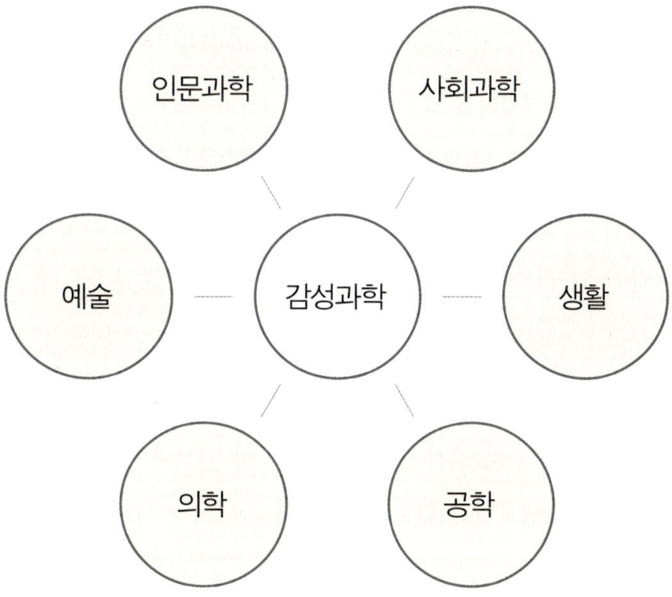

〔그림 2-1〕 감성과학과 인접 학문과의 연관성

2. 감성과학의 배경

감성과학은 다양한 분야에서 발전되어온 첨단과학기술을 바탕으로 감성과 과학을 연결시키려는 과정에서 탄생하였다. 인간의 마음속에 작용하는 감성을 파악하고 이해한다는 점에서는 심리학과 관련이 있으며, 감성 과정에서 인간의 마음 작용이 일어나는 머리 안쪽을 들여다본다는 점에서는 신경과학 및 뇌과학과 관련이 있다. 또한 감성을 구체적으로 형상화하고 표현한다는 점에서는 디자인과, 감성이 형상화된 것을 현실에서 구현할 수 있는 요인들을 추출해 내어 인간생활에 적용할 수 있도록 기술적으로 구현해낸다는 점에서는 공학과, 사람들로 하여금 매력적으로 느끼게 하여 구매에 이르도록 하는 방략을 개발하는 점에서는 마케팅과 관계가 있다. 이와 같이 감성과학은 여러 학문 분야가 어우러진 다학제적 연구를 전제로 한다. 그러므로 다양한 입장에서 감성과 과학을 연결시키기 위해 다루어야 할 정보의 종류와 양도 그만큼 많고 복잡하다.

사회 환경에서 볼 때 생산자와 소비자의 제품에 대한 개념이 변화함에 따라 감성과학이 대두되게 되었으며, 여기에 첨단기술의 발달에 바탕을 둔 급격한 산업패러다임의 변화와 뇌 과학의 발달이 감성과학을 발전시키는 원동력이 되었다. 예전에는 감정이나 감성과 같은 개념을 과학적으로 연구하는 것은 어려운 문제였으나 뇌과학의 발달에 따라 인간의 뇌를 과학적으로 이해할 수 있는 시대가 되어 감성을 과학적으로 연구하는 것이 가능해졌다. 또한 기술의 발전에 힘입어 제품의 기능과 성능이 좋아짐에 따라 이제는 제품이 가지고 있는 감성적 가치가 그 제품의 우수성을 결정하는 중요한 척도가 되었다. 따라서 감성적 제품을 제작하는데 노력을 기울이게 되었고, 이는 곧 인간 중심의 제품을 지향하는 것이다. 그러므로 오늘날에는 아름다움, 즐거움과 같이 인간의 마음을 감동시키는 제품을 생산하게 되었는데, 이는 우리가 생활하고 있는 현 시대가 감성의 가치를 중시하는 감성의 시대이기 때문이다.

3. 감성과학의 역사

3.1. 감성 연구의 역사

감성이란 개념은 감성에 대한 체계적인 연구가 수행되기 훨씬 오래 전부터 철학자들의 주된 관심사 중의 하나였다. 기원전 5세기에서 3세기 경 소크라테스, 플라톤, 아리스토텔레스와 같은 그리스 철학자들은 행복, 선행, 정의의 본질은 무엇인가, 우리가 어떻게 하면 잘 살 수 있는가 등의 의문을 품었다. 이러한 문제를 해결하기 위하여 철학자들은 영혼, 도덕, 감정 및 감성 등에 관한 이론을 발달시키게 되었다. 그들에게 있어서 정서 또는 감성은 인생 그 자체가 되었다고 해도 과언이 아니다. 이러한 관점은 오랜 세월이 지난 오늘날에도 이어지고 있다.

중세에서는 감성의 개념에 대한 철학적인 논의가 더욱 활발히 전개되었다. 프랑스의 데카르트는 영혼과 육체가 분리되어 있다는 이원론을 주장한 점 때문에 간혹 잘못 이해되는 측면이 있지만, 감성 분야에 많은 영향을 미쳤다. 이탈리아의 토마스 아퀴나스Thomas Aquinas는 감성에 대한 동기적 측면의 중요성을 강조하였는데, 이는 오늘날에도 중요한 개념이 되고 있다. 네덜란드의 바르흐 스피노자Baruch de Spinoza, 영국의 데이비드 흄David Hume, 영국의 토마스 홉스Thomas Hobbes와 같은 철학자들은 우리가 어떻게 삶을 영위해야 하는가, 그리고 쾌락의 추구와 같은 감성을 어떻게 영위해야 하는가와 같은 문제에 의문을 품었다. 그러면서 그들은 우리의 도덕성morality이라는 것은 감성에서 우러나오는 것이라고 주장하였다.

1920년대에 오스트리아 정신과 의사이자 정신분석학의 창시자인 지그문트 프로이드Sigmund Freud에 따르면 우리의 정서 내지 감성은 본능적인 충동에서 유래하는 것이며, 어떤 충동이 막히게 되면 정서 또는 감성이 나타나게 된다고 하였다. 프로이드는 정서 내지 감성은 일종의 방출된 형태를 띠고 있으며 대체로 무의식적인 것이라고 하였으며, 따라서 정서 내지 감성은 우리의 무의식적인 충동과 사고작용을 드러낼 수 있다고 하였다.

관찰적인 학문 분야로서 감성과학의 역사는 찰스 다윈Charles Darwin에서 시작되었다고 할 수 있다. 다윈1872은 『The Expression of the Emotion in Man and Animals』라는 책에서 알 수 있는 바와 같이 감성에 대한 실험과 관찰을 수행한 최초의 과학자 중 한 사람이다. 다윈은 모든 동물들 간에 정서적인 표현에서 유사성이 있다는 것을 연구하여 종들 간에 연속성이 있다는 증거를 제시하였는데, 이는 자연도태natural selection에 의한 진화론의 근간이 되었다.

다윈의 책이 출간된 지 얼마 되지 않아 미국의 윌리엄 제임스William James, 1884는 뇌에서 감성(정서)이 어떻게 발생하는가에 관한 이론을 제시하였다. 이러한 사실은 현대적인 개념으로서의 정서 및 감성에 관한 연구가 활발하게 수행되게 된 계기가 되었다.

3.2. 한국감성과학회의 역사

한국에서 감성과학의 모태가 된 감성공학은 1991년 G7 전문가 기획단에서 기반기술개발과제로 선정됨으로써 정식으로 시작되었다. 이는 인간의 감성 연구를 국가가 지원하는 세계 최초의 사례로 알려져 있다. 그 후 감성공학은 1996년에 제2차 G7 과제로 정식으로 채택되어 감성요소기술, 감성측정평가를 위한 시뮬레이터, 감성제품 및 환경응용기술 등 감성공학과 관련된 기반기술을 우선적으로 개발하게 되었다강인구, 1998; 이순요와 양선모, 1996. 이는 감성을 과학적으로 연구하는 학술단체가 출범하게 된 계기가 되었다.

한국감성과학회는 여러 다양한 분야의 연구를 수행하는데 필요한 공통의 목적과 이 목적의 달성을 위한 학문분야 사이의 공동 협력 연구를 위한 장을 마련함으로써, 회원 상호간의 감성과학 관련 학술 및 연구 정보의 교환을 통하여 감성과학의 발전을 도모하고, 21세기의 중요한 과학기술로 자리 잡고 있는 감성과학기술의 발전을 선도하고자 1997년 6월 충남대학교에서 87명의 발기인을 중심으로 설립하게 되었다. 한국감성과학회는 인간의 감성을 정량적으로 측정하고 분석하여 이것을 제품개발이나 생활환경에 적용함으로써 인간의 삶을 더욱 편리하고 쾌적하게 도모하기 위한 것을 목적으로 설립되었다.

돌이켜보면, 한국감성과학회는 지난 20년간 많은 발전을 이루었다. 역대 회장 및 임

원진과 회원들의 땀 어린 노력 덕분에 현재의 면모를 갖추게 되었다. 그 동안 한국감성과학회가 사단법인으로 등록됨으로써 명실공히 공공법인으로서의 면모를 갖추었다. 어려운 환경 속에서도 한국감성과학회는 매년 춘계 및 추계 학술대회를 성공적으로 개최함으로써 회원 상호간의 친목을 도모하고 학술 및 연구 정보의 교류를 위한 장을 마련해왔다.

국제적인 학술교류도 활발하게 전개되어, Korea-Japan Joint Symposium on Emotion & Sensibility, International Sensibility Ergonomics Symposium, International Symposium for Emotion and Sensibility 등을 개최하였으며, 한국감성과학회의 공식적 정기 국제학술대회로는 2015년에 개최된 The 1st International Conference on Emotion and Sensibility ICES 2015를 시작으로, 2017년 10월에는 제2회 국제학술대회가 중국 시안에서 개최되었다. 이러한 국제학술대회 개최는 단순한 회원 수의 증가뿐만 아니라 재정 확충은 물론 한국감성과학회의 국제적 위상을 높이는 계기가 되었다.

한국감성과학회에서 공식적으로 발간하는 학술지인 『감성과학』은 국내에서는 유일하게 인간과 생활환경 사이의 관계를 총체적으로 다루는 학술지로서 인간의 감정이나 감성에 관한 연구들에 초점을 두고 이와 관련한 연구발표의 장 역할을 담당하고 있다. 학술지에 게재되는 논문의 연구내용은 심리학, 디자인학, 경영학, 사회학 등의 인문사회계열과 생리학, 의학, 의류학, 기계공학, 정보학 등의 이공계열 학문 분야가 상호 융합하여 인간의 '감성'을 주제로 발표되고 있다.

『감성과학』은 1998년 창간호가 발행된 이후 2002년부터는 연 4회 발간이 시작되었으며, 2008년에는 연구윤리규정이 제정되어 연구를 수행하는 연구자의 연구윤리를 확립하게 되었다. 『감성과학』의 영문 명칭은 창간호 이후 〈Korean Journal of the Science of Emotion & Sensibility〉였으나, 학술지의 국제화를 위해 2015년부터 〈Science of Emotion & Sensibility〉로 변경되었다. 또한 『감성과학』은 한국연구재단의 등재학술지로 선정되어 그 위상을 유지해 오고 있으며, 학술지 게재 논문은 Google Scholar Service에 연동되게 되었고, Cross-Check/Reference 및 표절방지 절차의 강화를 통해 창의적이고 우수한 논문의 발간에 힘을 쏟고 있다. 2016년, 학회의 새로운 홈페이지 구축과 더불어 온라인 투고 및 심사가 원활하게 되었고 학회의 제반 업무도 획기적으로 개선되었다.

감성을 반영한 우수 제품과 디자인, 서비스 등을 시상하기 위해 2014년 시작된 '한국감성과학대상Korea Emotion & Sensibility Awards'은 해를 거듭할수록 많은 성장을 이루었으며, 머지않아 권위 있는 큰 시상식으로 발전할 것으로 기대된다. 한편 2016년부터 한국감성과학회의 주관으로 '감성품질 우수제품 선정 및 인증 사업'을 시행하게 된 것 또한 매우 뜻깊은 일이다.

이와 같이 한국감성과학회는 지금까지 정기적인 학술대회 개최, 한일 공동 심포지엄 및 국제학술대회 개최, 학술지 발간, 정부기관 및 기업체와 공동 협력사업 추진, 국내외 감성 관련 단체와의 교류 등을 통해 꾸준히 발전해왔다. 앞으로 한국감성과학회는 다양한 학문 분야와의 협력을 통해 감성과학 연구를 극대화하고, 융합학문으로서의 감성과학을 더욱 발전시키며, 국내외에서 대두되고 있는 4차 산업혁명을 선도하는 데 있어 일익을 담당하는 등 중요한 역할을 수행함은 물론, 보다 눈부신 발전이 기대된다.

4. 감성과학의 특성

감성과학에서는 사용자가 원하는 제품에 대한 이미지와, 설계자가 가지고 있는 이미지를 제품으로 만들기 위해서 구체적인 요소, 즉 색채, 모양, 기능, 소재 등에 대해 어떤 것을 어떻게 사용하는 것이 적절한가를 추출해 내는 과정이 중요하다. 감성을 제품에 구체화시키기 위해서는 제품의 감성에 관한 정보를 분석하고, 대상의 특징으로부터 추출한 물리적 정보를 최종 제품의 설계 사양인 물리량으로 바꾸는 과정이 필요하다. 우리는 이러한 정보들을 제품이나 환경 또는 사람으로부터 감각기관을 통해 전달되어오는 정보의 형태로 받아들이는데 이를 '감성정보'라고 한다.

'감성정보'는 심리적, 생리적, 물리적 정보로 나뉘는데, 이들은 다양한 특성을 가지고 있다. 감성정보는 첫째, 동일한 대상이 사람에 따라 다르게 평가되거나 해석될 수 있는 '주관성'을 가지고 있다. 둘째, 주관성의 결과로 나타나는 것으로 동일한 어휘나 데이터가 두 가지 이상의 의미를 지니는 '의미의 다양성'이 있다. 셋째, 감성을 언어로 표현하였을 때, 동일한 언어가 사람에 따라 다르게 해석되는 경우가 있어 그 의미가 명확하지 않은 '애매함'이 있다. 넷째, 물리적 측정이 간단하게 이루어질 수 있는 '단일 정보'에서부터 측정이 곤란한 '복합 정보'가 혼재하는 '다각성'이 있다. 따라서 감성과학에서는 이러한 감성정보의 다양한 특성을 고려하여 그 활용 목적에 맞추어 이를 적절하게 사용하여야 한다.

5. 감성과학의 분야

감성측정/평가/이론 분야는 감성의 이론적 기초를 제공하고, 감성을 측정하고 평가하는 방법론을 연구한다. 감성측정/평가/이론 분야는 다시 감성측정, 감성평가, 감성표준, 감성이론, 감성교육, 감성방법론으로 나뉜다.

감성심리/생리 분야는 외부 환경에 대한 인간의 감성적 반응에 관한 심리 및 생리학적 연구 분야이다. 감성심리/생리 분야는 다시 감각/인지, 감성심리, 감성생리, 감성병리, 감성치료 등으로 구분된다.

감성디자인/콘텐츠 분야는 인간에게 보다 편안하고 쾌적한 디자인을 개발하며, 감성과 관련된 다양한 콘텐츠를 개발하는 연구 분야이다. 감성디자인/콘텐츠 분야는 다시 감성색채, 감성제품, 감성건축, 감성인테리어, 감성문화콘텐츠, 감성미디어 등으로 나뉜다.

감성융합 분야는 인간과 기계 간의 인터페이스, 로보틱스 등 공학적 측면과, 문화·사회·예술 등 감성과 관련된 다학제간의 연구를 수행한다. 감성융합 분야는 감성정보처리, 감성데이터베이스, 감성시뮬레이션, 감성인터페이스, 감성인터랙션, 감성로보틱스, 감성기술 및 공학, 감성커뮤니케이션, 감성문화 및 사회, 감성표현 및 예술 등으로 구분된다.

감성의류/산업/환경 분야는 인간의 감성과 관련된 것으로 인간의 삶의 질을 높이기 위한 의류, 제품, 주거, 환경 등을 구현하려는 연구 분야이다. 이는 다시 감성의류, 감성소재, 감성경영, 감성마케팅, 감성품질, 감성환경, 감성헬스 및 레저로 구분된다.

6. 감성과학의 접근 방법

감성과학은 다학제적 성격을 가지고 인간의 본성 중 하나인 감성을 연구하는 학문이다. 이러한 감성을 연구하기 위해 접근하는 방법은 크게 세 가지로 나눌 수 있다(그림 2-2). 첫째, 심리적 접근이다. 이는 우리가 감성을 어떻게 느끼고 인식하는가에 대한 평가를 포함하며, 감성 과정에서 일어나는 심리적 역동성과 그 특성을 연구한다. 감성의 철학적 이론 연구, 인지과학적 감성 연구 등이 여기에 해당한다. 둘째, 생리적 접근이다. 심리적 접근법이 주관성이 강한 반면, 감성에 관련된 생리적인 측정을 통해 감성을 보다 객관화시킬 수 있으며, 감성의 신체·생리적 기전을 연구한다. 감성에 대한 신체의 반응이나 감성과 관련된 뇌 기전에 관한 연구 등이 여기에 포함된다. 셋째, 공학적 접근이다. 현대의 고도로 발달한 과학기술을 이용하여 감성을 연구하는 접근 방법이다. 증강현실 구현, 감성제품 개발 등 감성 측면에서 인간의 삶의 질을 증진시키고자 하는 공학적 연구가 여기에 포함된다.

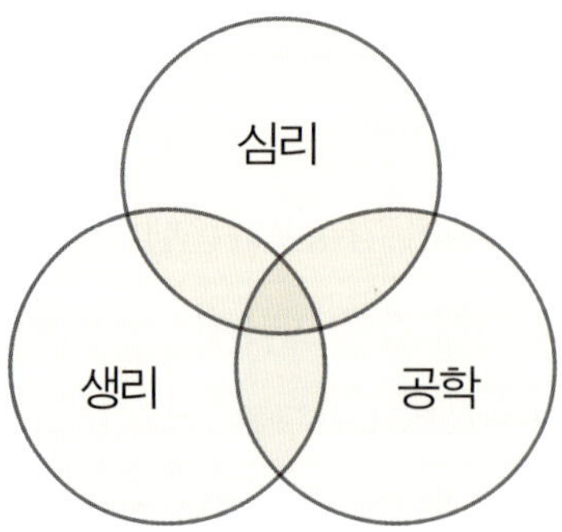

〔그림 2-2〕 감성과학 접근 방법

이들 세 가지 접근 방법은 나름대로의 독특한 방식으로 감성 연구에 적용될 수 있다. 그렇지만 이들은 상호 연관성도 매우 깊다. 이를테면 심리적 접근은 심리적 접근이 가진 주관성을 보완하기 위하여 생리적인 접근을 함께 취할 수 있으며, 심리적 접근을 고도화하기 위하여 공학적 접근 방법을 이용할 수 있다. 생리적 접근에서는 생리적 접근 자체가 객관적인 감성 연구를 추구한다고 하더라도 진정한 의미의 감성을 알아보기 위해서는 심리적 접근을 취하지 않을 수 없다. 또한 생리적 접근을 위해서는 공학기술의 뒷받침 없이는 어렵다. 더욱이 바이오피드백이나 뉴로피드백neurofeedback과 같은 분야는 생리적 접근과 공학적 접근이 결합된 전형적인 예가 될 수 있다. 공학적 접근이 인간의 감성 생활을 향상시키는데 많이 활용되고 있지만, 여기에는 심리적인 이론과 연구방법이 필요하며, 생리적인 기전에 대한 이해 및 측정·평가가 큰 기여를 할 수 있다. 그러므로 오늘날 감성을 연구하는 데 있어서 심리적, 생리적, 공학적 접근이 상호 유기적 관련을 맺으며 감성에 대한 연구가 활발히 이루어지고 있다.

7. 감성공학

7.1. 감성공학이란?

감성공학이란 감성과 공학을 결부시키는 기술로서 인간의 감성을 분석하여 이를 제품설계에 이용하여 사람에게 기쁨과 만족을 줄 수 있는 제품을 공학적으로 만드는 분야를 말한다이순요와 양선모, 1996. 감성공학과 기존 기술체계와의 근본적인 차이는 '감성적 충족'과 '물리적 편리성'에 있다. 이는 다시 말해서 인간이 물리적 편리성을 극단적으로 추구한다고 해서 반드시 사람이 감성적으로 만족하지는 않는다는 점을 과학 기술자들이 깨닫게 된 데에서부터 감성공학이 나타나게 된 것이다. 감성공학은 인간의 마음속에 있는 이미지를 파악한다는 점에서는 심리학과 관련이 있으며, 이를 형상화하는 점에서는 인간공학과 관련이 있다. 그리고 이를 구체적으로 사용할 수 있는 것으로 만드는 점에서는 공학 그 자체라고 할 수 있다이순요와 양선모, 1996.

감성공학에 대한 영어 단어는 아직 없다. 일본에서는 일본식 발음인 칸세이kansei를 영어식으로 표기한 Kansei Engineering이 있는데, 우리나라에서는 G7 프로젝트를 수행하기 위한 기획 단계에서 감성공학을 Human Sensibility Ergonomics라고 부르기로 하였다이순요와 양선모, 1996.

감성공학은 감성의 원리를 이용하여 제품 개발 및 마케팅에 활용하는 응용학문 분야이다. 감성공학은 감성과학의 성장과 더불어 발전하게 되었다. 더욱이 최근에는 소비자가 자신의 심리적 욕구를 만족시키는 제품을 찾고 있다. 이에 따라 기업에서는 소비자의 심리적 욕구, 즉 감성적 욕구를 알지 않으면 안 되게 되었고, 그 결과 감성공학이 산업 전반에 걸쳐 각광받는 분야로 자리잡게 되었다.

소비자는 물건을 구매할 때 다양한 욕망을 가지고 구매를 하게 된다. 기업 입장에서는 상품을 만들기 전에 미리 소비자의 감성을 알아내고 이를 상품의 디자인, 상품 제작과 마케팅에 이용할 필요가 있다. 만일 이렇게 할 수 있다면 처음부터 성공할 수 있는 상품을 만들어 낼 수 있어 시간과 노력 및 경비를 크게 절감할 수 있다. 이러한 필요성 때문에 감성을 측정하고 이를 상품에 적용하려는 노력, 즉 감성공학적 연구의 중요성이 커지게 되었다.

감성공학은 사회·문화적 환경을 분석하고 이를 토대로 인간의 감성에 초점을 맞추어 신제품·신기술을 개발함으로써 인간이 보다 편리하게 제품이나 기술을 사용할 수 있도록 하려는 것이다. 이를 위해서는 개인 이외에도 사회적, 문화적 요인이 개인의 감성에 매우 중요한 영향을 미치기 때문에, 개인을 이해하기 위해서는 그 개인이 속한 사회와 문화를 비롯한 현대 과학기술에 대한 이해가 반드시 필요하다. 즉, 인간공학, 생리학, 심리학 등에 기반을 둔 학제적 연구와 기술 개발이 요구된다. 감성공학의 주된 관심 영역은 인간과 제품 또는 인간과 환경 사이의 인터페이스이므로, 인간의 심리적, 생리적 특성을 고려하여 인간과 관련되는 전체 시스템의 효율과 편의성, 쾌적함을 향상시키는 것이 필요하다.

7.2. 감성공학의 역사

감성공학感性工學이라는 개념이 사용되기 이전에 일본 히로시마 대학의 나가마치長町三生 교수는 당시 발달한 물질문명 다음에는 반드시 마음의 만족을 추구하는 정서emotion 시대가 올 것을 예측하여 1970년에 정서공학emotional engineering이란 표현을 사용하였다김철중과 이남식, 1992.

'감성공학感性工學; Kansei Engineering'이라는 용어를 최초로 사용한 사람은 일본 마쯔다松田 자동차의 야마모토 켄이치山本健一; 1922-2017 회장으로, 1986년 10월 23일, 미국의 미시간 대학에서 "자동차 문화론自動車 文化論"을 강연하면서 감성공학을 이용한 자동차 설계를 소개하였다. 그는 승차감이나 내장 면에서 차를 이용하는 사람의 요구나 감성에 적합화시킨 차를 만들 것을 제안하였으며, 이 회사의 요코하마 연구소에 감성연구실을 창설하였고 새로운 승용차를 개발하였다이순요, 1992.

야마모토 회장은 또한 1986년 자동차의 본고장이라 할 수 있는 미국 디트로이트에서 새로운 스포츠카 "미야타"의 개발과정을 설명하면서 감성공학이란 단어를 설명하였다이순요와 양선모, 1996. 이 스포츠카는 당시 미국 시장에서 선풍적으로 인기를 끌어 사람들이 실물을 보기도 전에 선금을 주고 계약을 하기도 하고 웃돈을 주고 거래를 할 정도로 큰 히트를 쳤다고 하며, 이 차가 나왔을 때 가장 아름다운 차로 선정되는 등 소비자들에게 인정을 받았으며, 이와 더불어 '감성공학'이란 단어도 널리 알려지게 된 계기가 되었다이순요와 나가마치, 1996.

1970년에 정서공학이란 표현을 사용했던 나가마치 교수는 1988년 호주 시드니에서 개최된 제10회 국제인간공학회에서 정서공학의 명칭을 감성공학으로 개명하고 연구결과를 발표하였다김철중과 이남식, 1992.

일본은 감성공학을 제품개발에 응용하여, 1980년대 후반부터 과학기술과 인간과의 조화에 주안점을 두고 과학기술정책을 추진해 왔다. 1989년에는 통산성과 산업기술진흥협회가 공동으로 인간생활과학기술연구추진협회를 설립하고 생체, 인간, 생활, 환경 등의 영역에서 다학제적 기술을 개발하였다. 1990년부터 9년간 공업기술원이 주도하여 200억 엔의 연구비를 투입하며 인간감각계측기술발전사업을 수행하였다. 이는 인간의 형태, 동작, 인지능력, 판단, 선호도 등의 특성을 정량적으로 파악하여 제품의 기능, 성능, 형상, 색채, 소재 등을 인간에게 쾌적하고 적합하며 친화성을 갖도록 만들게 하기 위한 기술개발 프로젝트이다김철중과 이남식, 1992.

선진 7개국G7에서는 '휴먼 프론티어 사이언스 프로그램Human Frontier Science Program; HFSP'이 공동으로 진행되어 왔다. HFSP는 1987년 베니스 정상회담에서 합의된 프로젝트로서 생체기능의 메커니즘을 연구하고, 이를 응용한 새로운 과학기술체계를 만들기 위한 것이다이순요, 1992.

한국에서 감성공학은 1991년 G7 전문가 기획단에서 기반기술개발과제로 선정됨으로써 정식으로 시작되었다. 이는 앞서 언급한 바와 같이 인간의 감성 연구를 국가가 지원하는 세계 최초의 사례로 알려져 있다. 1996년도에는 감성공학이 제2차 G7 과제로 정식으로 채택되어 감성요소기술, 감성측정평가를 위한 시뮬레이터, 감성제품 및 환경응용기술 등 감성공학과 관련된 기반기술을 개발하게 되었다이순요와 양선모, 1996. 이후 감성공학은 인간감성측정, 산업디자인, 가상현실을 비롯하여 첨단 가전제품, 미래형 자동차, 시뮬레이터 개발, 환경제어시스템 등 다양한 영역에서 많은 연구가 진행되어 왔다.

7.3. 감성공학 연구 영역

감성공학에서 연구하는 감성은 크게 네 가지로 나눌 수 있다. 첫째, '기능적 감성'으로서 이는 제품의 기능이 주는 편리함에서 느끼는 감성이다. 둘째, '감각적 감성'으로서 제품의 디자인, 색채, 향기, 균형의 심미적인 요인으로 생기는 감성이다. 셋째, '사회적 감성'으로, 청바지가 젊은 세대를 상징하는 것처럼, 제품이 창출하는 새로운 사회적 결속을 나타내는 감성이다. 넷째, '문화적 감성'으로, 저탄소 소비 상품이나 바이오에너지 그리고 유기농 상품에 대한 가치관과 같이, 제품이 창출하는 새로운 라이프스타일이나 가치 기준 등을 말한다김대식, 2007.

감성공학은 인간의 본성인 감성을 제품에 반영하는 것이다. 즉, 소비자의 감성을 추출하여 제품을 제작할 때 이를 반영한다. 그러나 오늘날 감성공학 연구 분야는 크게 확대되었다. 예를 들어 감성공학은 마케팅, 로봇, 인공지능, 가상현실 분야의 연구로까지 광범위하게 확장되었다. 이에 따라 인간의 감각과 감성을 연구하는 것이 우선적으로 선행되어야 한다. 먼저 우리가 어떤 방식으로 어떻게 느끼는가를 알아야 한다. 다시 말하면, 우리는 기본 감각, 즉 시각, 청각, 촉각, 미각, 후각 등이 어떤 과정을 거쳐 작용하는가를 연구해야 한다. 이러한 연구 결과는 인간처럼 작동하는 로봇을 만들고 더 똑똑한 컴퓨터를 제작하고 가상현실 세계를 연구하는 데 필요한 기초 자료가 된다. 그러므로 이러한 상황과 관련하여 살펴볼 때, 감성공학을 연구하는 데 있어서 감성과학의 역할이 얼마나 중요한가를 알 수 있다.

8. 감성과학의 전망

인간이 추구하는 삶의 질을 구현함에 있어 감성은 매우 중요한 요소이다. 이러한 인간의 감성을 연구하는 감성과학은 순수한 단일 학문이라기보다는 여러 분야의 학문이 공존하며 협동하는 융복합 학문으로서 종합과학이라 할 수 있다. 여기에는 심리학, 디자인학, 경영학, 사회학 등의 인문사회계열과 생리학, 의학, 의류학, 공학, 정보학 등의 이공계열 학문 분야가 포함된다.

돌이켜보면, 감성과학은 그동안 많은 발전을 이루었다. 과거의 감성과학에 비해 오늘날의 감성과학은 급격한 성장을 이루었으며, 미래에는 더 큰 발전을 이룰 것이다. 이러한 감성과학의 발전은 사회적 환경의 변화와 함께한다. 현재 우리는 3차 산업혁명으로 불리는 인터넷 혁명으로 이루어진 연결사회의 시대에 살고 있다. 이러한 사회 환경의 변화와 더불어 과거에는 가능하지 못했던 사물인터넷, 모바일 커뮤니케이션, 다양한 웨어러블 장치의 개발 및 보급, 원격 진료 등이 가능하게 되었으며, 가상현실이나 증강현실의 구현, 로봇의 개발 및 활용이 이루어지게 되었다. 또한 3차 산업혁명 이전의 사회 환경인 off-line 사회에서는 물질, 소유, 자원이 중요한 개념이었다면, 3차 산업혁명으로 인한 on-line 사회에서는 정보, 공유, 관계가 중요한 개념이다. 이러한 변화는 인간의 감성에 대한 이해 없이는 불가능한 일이며, 우리 사회에서의 변화는 한국감성과학회의 탄생과 밀접한 관련이 있다. 한국감성과학회의 탄생 이전과 이후를 살펴보면 이는 자명해진다. 그만큼 우리 사회의 발전에 감성과학이 직간접적으로 큰 기여를 해 온 것은 사실이다.

보는 견해에 따라서는 그 정의와 시기가 다를 수 있지만, 이미 4차 산업혁명이 도래하고 있으며, 미래 사회는 이러한 4차 산업혁명의 결과로 많은 변화를 겪게 될 것이다. 3차 산업혁명이 연결사회라면, 4차 산업혁명으로 형성되는 사회는 초연결 지능 사회로 규정할 수 있다. 이러한 사회에서는 인공지능의 발달과 함께 기계학습이 가능하게 된다. 과학 기술의 발달로 인해 전문화가 더욱 진행되는 반면, 개인화가 더욱 심화될 수 있다. O2O 융합이 급속히 진행되며 공유 경제가 활성화될 것이다. 3D 프린팅 기술이 보편화되며, 빅데이터의 활용이 증대되고, 로보틱스의 발달과 함께 산업 현장 및 가정에 이르기까지 다양한 분야에서 로봇이 실용화될 것으로 예상된다. 인간의 생체 인식 기술의 발달과 더불어 생체 데이터를 활용한 산업이 발달하며, 현실과 가상의 융합이 활발히 진행될 것이다. 이러한 변화는 결국 인간의 행복을 추구하는 방향으로 진행되게 마련이다. 이러한 4차 산업혁명으로 인한 사회적 변화에도 감성과학이 중요한 역할을 수행하게 된다는 것은 의심의 여지가 없다.

제1부

제 3 장

감성과학 연구방법

인간의 감성 측정은 근본적으로 다른 두 가지 각도에서 접근할 수 있다.
첫째, 측정 대상자의 행동과 생리적 신호를 측정함으로써 그 사람에 대한 감성 정보를 추론할 수 있다. 이 방법은 간접측정법(implicit or indirect measurement)이라고 부를 수 있다. 이는 보통 특정인에서 나오는 여러 가지 측정치로부터 감성 정보를 해석해야 하기 때문에 간접적인 감성 측정 방법이라 할 수 있다. 여기에는 심박률(heart rate), 피부전도도(skin conductance)와 같은 생리적 측정 자료를 사용하거나, 안면표정(facial expression), 음성(voice), 행동 등을 관찰하여 수집된 다양한 측정 자료를 사용하여 감성을 추론한다.
둘째, 측정 대상자로 하여금 직접 감성 정보를 제공하도록 요청할 수 있다.
이것은 직접측정법(explicit or direct measurement) 또는 자기보고(self-report)라 부를 수 있는데, 왜냐하면 측정 대상자에게 직접 자신의 감성을 판단하도록 요청하기 때문이다. 이것은 구두(verbal)로 할 수도 있으며, 질문지를 사용할 수도 있고, 그림이나 애니메이션을 기반으로 하는 방법을 사용할 수 있는 등 다양하다.
이와 같이 감성을 측정하는 데에는 다양한 방법이 사용될 수 있다.
제3장에서는 안면표정, 음성, 행동 등 관찰법을 먼저 서술하고, 자기 보고를 비롯한 심리적 측정 방법을 설명하며, 마지막으로 생리적 측정 방법을 서술하고자 한다.

1. 관찰법

관찰법은 안면표정이나 몸짓과 같이 겉으로 드러나는 신체 반응을 분석하여 감성을 연구하는 방법이다. 인간의 행동에서 안면표정은 감성을 가장 잘 나타내면서 쉽게 드러나기 때문에 관찰이 용이하여 안면표정과 감성의 관련성에 관한 연구가 활발하게 이루어져 왔다. 또한 사람의 행동을 관찰하는 것은 무의식적이거나 언어로 표현될 수 없는 감성 측면을 이해하는 데 도움이 된다.

1.1. 안면표정 관찰법

사람의 안면에는 근육이 있어 다양한 표정을 만들 수 있다. 이러한 표정은 그 사람의 감성을 반영하게 되는데, 우리는 안면표정으로 그 사람의 감성을 잘 읽을 수 있다. [그림 3-1]에는 사람의 안면에 분포하는 근육들을 보여준다.

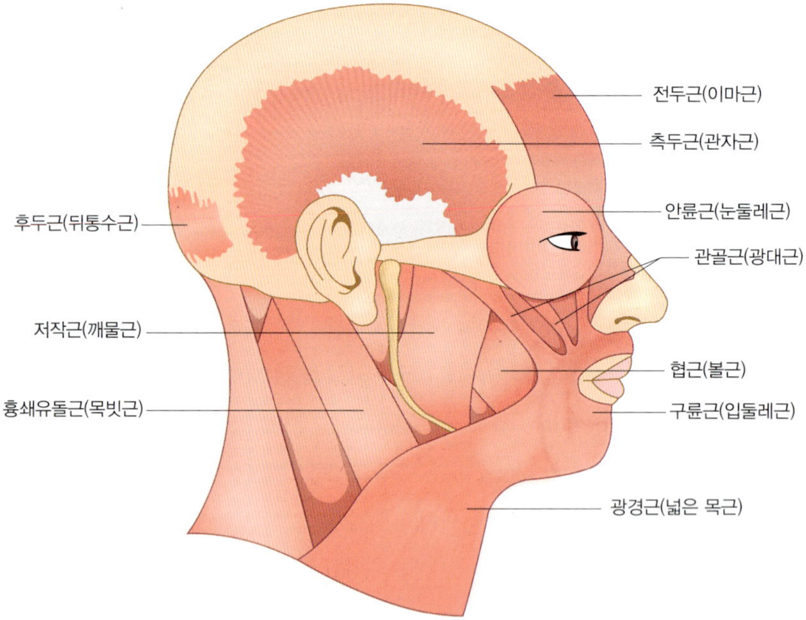

〔그림 3-1〕 안면의 근육을 움직이는데 관여하는 근육

안면에 분포하는 근육은 크게 저작근mastication muscle과 표정근expressive muscle으로 나눌 수 있다. 저작근은 삼차신경trigeminal nerve이 신경지배하며, 뼈에 붙어 있어 음식물을 먹거나 말을 할 때 턱을 움직이는 작용을 한다. 이들 저작근은 정서 표현에는 최소한의 역할만 수행한다. 표정근은 안면신경facial nerve이 신경지배하며, 피부에 붙어 있어 안면의 피부와 특정 부위를 움직여 전형적인 안면표정을 만들게 된다. 이 표정근들은 비언어적인 감성 표현에 중요한 역할을 수행한다.

[그림 3-1]에서 음식을 먹거나 말을 할 때 중요한 역할을 하는 근육으로서 저작근깨물근, masseter은 하악골을 끌어올리는 작용을 하고, 측두근관자근, temporalis은 하악골을 끌어올린다. 한편 흉쇄유돌근목빗근, sternocleidomastoid은 머리를 한쪽으로 당기거나 가슴 쪽으로 당기거나 흉골을 끌어올리는 작용을 한다.

[그림 3-1]에서 표정근으로서 전두근이마근, frontalis은 눈썹을 올리고 이마의 가로주름을 만들며, 안륜근눈둘레근, orbicularis oculi은 눈을 감게 한다. 관골근광대근 zygomaticus은 입술의 양끝을 올라가게 하고, 협근볼근, buccinator은 뺨을 안쪽으로 밀어준다. 구륜근입둘레근, orbicularis oris은 입술을 닫고 앞으로 튀어나오게 하고, 광경근넓은목근, platysma은 입을 아래로 끌어내리며, 후두근뒤통수근, occipitalis은 안면 피부를 뒤로 당겨 소름 돋는 형상을 하게 한다. 이와 같이 안면의 표정근은 인간의 감성 표현에 매우 중요한 역할을 수행하는데, 이러한 표정근의 움직임으로 나타나는 안면표정의 변화를 관찰하게 되면 특정한 사람의 감성을 평가할 수 있다.

이에 에크만Ekman과 프리센Friesen, 1978은 해부학적 지식을 바탕으로 안면표정을 관찰함으로써 감성을 평가하는 방법을 개발하였다. '안면 감성 부호 도식Facial Affect Coding Scheme; FACS'으로 알려져 있는 이것은 안면근육의 미세한 움직임을 작용단위action unit, AU로 나타내었다. '안면 감성 부호 도식'은 안면 근육의 44가지 움직임을 바탕으로 공포, 분노, 기쁨, 놀람, 슬픔, 역겨움과 같은 6개의 기본감성을 분류한다.

1.2. 행동관찰법

행동관찰법은 사람의 행동을 관찰하고 기록하여 분석하는 방법으로 감성평가 대상 인물의 행동을 관찰하여 감성을 평가하는 것이다(그림 3-2). 행동관찰법에는 TV나 라디오의 시청 행동을 분석하거나, 소비자의 행동 관찰, 대상 인물의 면담 등이 이용된다. 행동관찰법은 실제 상황에서 인간의 행동을 통해 내면세계의 감성을 유추하는 것이 가능하고, 피평가자 입장에서는 자신의 감성을 명확히 인식하지 못하는 경우에도 사용할 수 있다는 장점이 있다. 그렇지만, 많은 양의 데이터에서 의미 있는 결과를 도출해내는 데에는 시간과 노력 및 비용이 많이 소요되고, 관찰이 불가능한 상황이나 행동이 있을 수 있으며, 피평가자의 행동이 가변적이기 때문에 정확하게 기록하고 분석하는 것이 어려운 단점이 있다.

감성 행동을 시각적으로 관찰하는 방법 이외에도 음성의 특성을 분석하는 음성분석법이 있다. 음성분석법은 음성이 특정 사람의 감성 상태와 관련 있다는데 근거하며, 매우 유용한 감성 측정 방법으로 알려져 있다. 하지만 음성으로부터 감성을 인지하는 것은 쉬운 일이 아니다. 페트러쉰Petrushin, 2000에 의하면, 인간이 음성으로부터 다섯 가지 감성(중립, 행복, 분노, 슬픔, 근심)을 인지하는 것은 평균 정확도가 63.5%라고 한다.

〔그림 3-2〕 영화 속의 감성 행동. 영화의 감성적 장면을 시청하는 사람의 행동을 관찰하는 방법 또한 감성과학에서 행동관찰법으로 활용된다. (출처: shutterstock)

1.3. 감성 행동 데이터베이스

인간 행동을 자동으로 분석하는 기술의 발달에 따라 오디오 또는 비디오를 통해 감성을 자동으로 탐지하는 기술을 이용하여 감성을 연구하게 되었다개관: Zeng 등, 2009. 자발적 자료에 근거하여 두 가지의 데이터베이스가 사용되어 왔는데, 하나는 럿거스 대학Rutgers University에서 개발된 RE-FACS databaseBartlett 등, 2006이고, 또 하나는 DS-118 database이다Rosenberg 등, 1998. 하지만 이들 데이터베이스는 온라인으로 접근하기 어렵다. 학술 분야에서 온라인으로 접근하기 용이한 데이터베이스로는 SEMAINE databaseMckeown 등, 2010, MMI-Facial Expression databasePantic 등, 2005가 있다.

2. 심리적 평가

감성을 심리적으로 평가하는 방법은 숫자나, 언어, 또는 기호를 사용하여 수량화한다. 숫자를 사용하여 감성을 평가하는 대표적인 방법으로는 쌍별 비교법paired comparison method, 순위법rank order method, 크기 추정법magnitude estimation method 등을 들 수 있으며, 언어를 사용하는 방법으로는 감성 형용사를 이용한 리커트척도법Likert scale method, 의미미분척도법semantic differential scale method, 관능검사 등을 들 수 있다. 하지만 언어를 사용하는 것 역시 측정치는 수치로 표현된다. 한편 기호나 그림을 사용하여 감성을 측정하는 방법으로는 자기평가 마네킹법self-assessment manikin method, 감성버튼AffectButton method을 들 수 있다.

2.1. 쌍별 비교법(paired comparison method)

여러 개의 평가 대상 제품을 평가항목에 따라 2개씩 짝을 지어 비교하는 방법이다. 이를테면, 전체 평가대상 중에서 두 개의 한 쌍씩 짝을 지어 둘 중 어느 것을 선호하는지를 전체 수에서 2개를 뽑는 조합의 수만큼 평가하여 그 결과로부터 감성 측정치를 산출하는 방법이다. '쌍별 비교법'은 비교가 꽤 쉽기 때문에 감성평가에 많이 사용되고 있다. 그렇지만 평가대상의 수가 많은 경우에는 평가해야 할 짝을 이루는 조합의 수도 많아지게 된다.

2.2. 순위법(rank order method)

특성이 조금씩 다른 여러 개의 평가대상을 무선적으로 제시하여 심리적 내지 감성적 크기나 강도에 따라서 순위를 매기는 방법을 말한다. 비교 대상이 많지 않은 경우에는 순위법이 다른 방법에 비해 일반인들이 응답하기 비교적 쉬운 방법이다. 하지만 비교 대상이 많아지게 되면 비교해야 하는 경우의 수가 급증하게 되어 응답을 하는 데에 어려움이 생기게 된다.

2.3. 크기 추정법(magnitude estimation method)

크기 추정법은 물리적 자극에 대한 심리적 감성적 크기를 측정하기 위한 정신물리적인 측정방법이다. 이 방법은 대상 자극에 대하여 피험자가 느끼는 주관적 인식을 숫자로 평가하는 것이다.

크기 추정법은 많은 수의 자극을 효과적으로 평가할 수 있는 방법으로 알려져 있다. 여기에는 '고정기준 크기 추정법fixed modulus magnitude estimation'과 '자유기준 크기 추정법free modulus magnitude estimation'의 두 가지 방법이 있다. 우선 '고정기준 크기 추정법'은 기준이 되는 대상 자극에 대한 심리적인 양에 특정한 숫자를 부여한 다음, 이것과 비교하여 다음에 제시되는 대상 자극 상의 양을 숫자로 평가하는 방법이다. 이 방법은 기준 자극 대비 평가 대상 자극에 대한 평가자의 감각 내지 감성 상의 차이를 직접 수치화한다. 반면에 '자유기준 크기 추정법'은 어떤 대상 자극에 대한 심리적 감성적 양의 범위나 기준을 정하지 않고, 그 대상 자극에 대하여 느끼는 심리적인 양을 자유롭게 숫자로 표현하여 평가하는 방법이다. '자유기준 크기 추정법'으로 산출된 결과는 동일한 자극에 대한 평가라 하더라도 평가자마다 기준이 다르기 때문에 평가된 숫자의 범위와 크기가 다르므로 표준화가 필요하다.

2.4. 리커트 척도법(Likert scale method)

평가 대상에 대하여 평가자가 느끼는 감성 특성의 정도를 척도로 표현하는 방법이다. 리커트R. Likert와 그의 동료들이 개발하여 리커트 척도Likert scale라 불리며, 흔히 5점 척도나 7점 척도가 사용된다. 리커트 척도는 어떤 개념에 대해 하나의 문항만 만들지 않고, 여러 개의 문항을 만들어 사용한다. 일반적으로 리커트 척도는 각 문항이 모두 비중이 같은 것으로 가정하고 전체의 합을 단순 합산 값으로 사용하거나, 각 항목에 대한 평가치의 평균으로부터 측정 결과를 얻을 수 있다. 전체 문항과 개별 문항 사이에는 높은 상관성이 있어야 좋은 척도이다. 리커트 척도는 만들기가 어렵지 않고 평가자가 이해하기도 쉬워 평가대상의 감성 특성을 측정하기가 용이하다.

2.5. 의미미분 척도법(semantic differential scale method)

의미미분 척도법은 오스굿Osgood 등이 1957년에 소개한 것으로, 의미공간에서 특정한 감성 특성의 위치를 상대적으로 비교하고 분석하기 위해 사용되는 척도이다. 이 척도는 측정하고자 하는 대상과 관련된 형용사 쌍을 양 극단에 배치하고, 그 사이에 평가자가 느끼는 정도를 표시할 수 있는 자리를 만들어 평가자의 반응을 표시하게 하는 척도다. 여기서 모든 형용사는 공통적인 평가의 의미를 가지고 있어야 한다.

의미미분 척도에서 측정치 간의 분산이 발생하는 주된 원천은 감성 특성, 척도, 평가자의 세 가지가 될 수 있다. 그러므로 의미미분 척도에서 얻은 측정치를 분석하는 데 있어서도 이러한 분산의 원천이 어디인가를 고려하여 감성 특성 간, 척도 간, 평가자 간에 상호 비교할 수 있다.

의미미분 척도법은 기본적으로 형용사의 의미 차이를 통해 평가 대상의 특성이나 평가자의 감성을 주관적으로 측정하는 방법이므로, 그 결과는 평균치를 비교하는 프로파일분석profile analysis과 거리군집분석distance-cluster analysis을 사용하여 차이를 파악할 수 있다. 또한, 한 가지 감성 특성이라 할지라도 다양한 형용사로 표현할 수 있으므로 요인분석factor analysis을 통해, 어떤 감성 특성을 나타내는 형용사 단어들 중에서 독립성이 높은 단어 집단을 추출하고, 그 그룹을 대표하는 단어를 선정함으로써 평가대상의 감성 특성을 나타낼 수 있다.

2.6. 관능검사(sensory test)

평가 대상이 갖고 있는 특성을 인간의 오감五感; 시각, 청각, 촉각, 미각, 후각에 의하여 평가하는 검사방법이다. 특히 식품, 음료, 화장품 등은 제품의 특성으로 보아 본질적으로 감각에 의존하지 않고는 평가하기 어렵기 때문에 관능검사가 자주 사용된다. 검사방법으로는 검사 목적에 따라서 순위법, 역치법, 차이식별검사, 기호척도hedonic scale 등 다양한 방법이 있다김광옥과 이영춘, 1998; 장건형, 1997. 오늘날 평가 대상의 특성을 수량화하기 위한 척도의 개발 등 과학적 접근의 발달에 따라 식품뿐만 아니라 직물의 결texture, TV의 화질, 음향기기의 음질 등의 검사에도 널리 사용되고 있다.

한편 나가마치1997에 의하면, 관능검사에는 분석형分析型과 기호형嗜好型이 있다. 분석형은 감각이 지니는 생리적 센서로서의 특성을 갖고 있으며, 기호형은 심리적 센서로서의 특성을 가지고 있다. 청각에 의한 사운드에 대한 느낌이라든가 노이즈 느낌, 그리고 후각에 의한 향기, 미각에 의한 맛에 대한 느낌 등은 분석형에 해당하며, 쾌적성이라든가 호감 등은 기호형에 해당한다.

2.7. 자기평가 마네킹법(self-assessment manikin method)

자기평가 마네킹법은 랭Lang, 1980이 고안한 절대적인 평가 기준을 활용한 대표적인 측정방법이다. 쾌pleasure 또는 유인가 valence, 각성arousal, 지배dominance의 세 가지 감성을 측정하는 자기평가 마네킹법은 언어나 문화적인 제한 없이 감성을 측정할 수 있다는 장점을 갖고 있다. 자기평가 마네킹법은 당초 컴퓨터를 사용하는 프로그램으로 개발되었으나 그 후 집단검사를 위해 지필용paper-and-pencil version으로 사용할 수 있도록 확장되었다(그림 3-3).

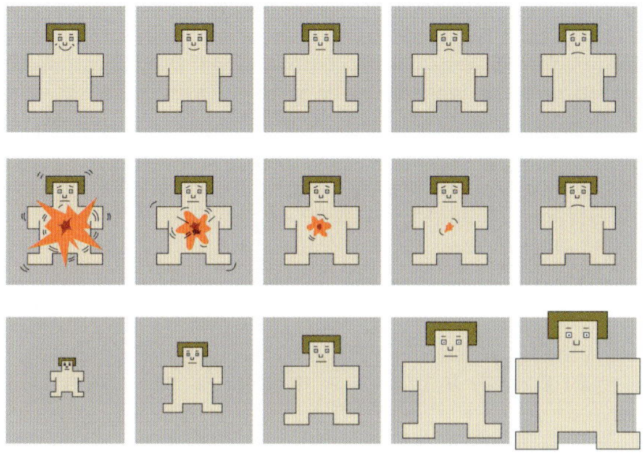

〔그림 3-3〕 자기평가 마네킹(self-assessment manikin). 윗줄은 유인가(valence), 중간 줄은 각성(arousal), 아랫줄은 지배성(dominance)을 나타낸다.

2.8. 감성버튼법(AffectButton method)

감성버튼AffectButton은 감성을 나타내는 간단한 버튼button으로 개발되었으며, 마우스를 사용하여 사람들은 단 한 번의 클릭으로 자신의 감성 상태를 보고할 수 있다Broekens와 Brinkman, 2013. 마우스의 x, y 좌표는 쾌pleasure 또는 유인가 valence, 각성arousal, 지배력dominance or control의 값을 나타낸다. 따라서 매핑mapping은 [x, y] 좌표값에서 [P, A, D](P=pleasure, A=arousal, D=dominance) 좌표값으로 변환되어 나타난다. [그림 3-4]에서 왼쪽 위는 윈도우 화면에 나타난 모형이며, 오른쪽 위는 극단적인 감성 상태를 나타낸다. 아래 네 줄은 마우스의 커서(+)가 움직임에 따라 중립에서부터 극단까지 나타나는 감성 상태를 보여준다(커서 위치에 따른 PAD(pleasure, arousal, dominance) 상태를 나타내는 실제 수치도 나타난다). 극단적인 상태는 의기양양elated; PAD=1,1,1{좌표값}, 걱정afraid; -1,1,-1, 놀람surprised; 1,1,-1, 슬픔sad; -1,-1,-1, 분노angry; -1,1,1, 이완

relaxed; 1,-1,-1, 만족content; 1,-1,1, 좌절frustrated; -1,-1,1이다.

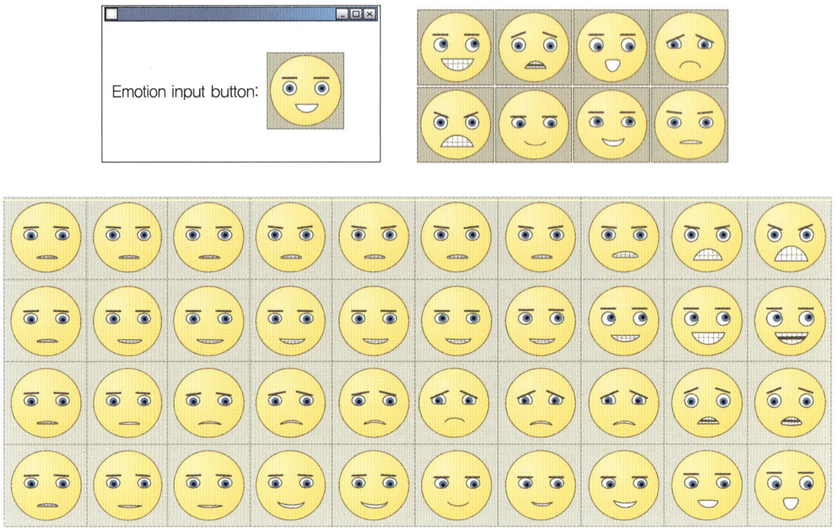

〔그림 3-4〕 감성버튼(AffectButton). 왼쪽 위는 윈도우 화면에 나타난 모형이며, 오른쪽 위는 극단적인 감성 상태를 나타낸다. 아래 네 줄은 마우스의 커서(+)가 움직임에 따라 중립에서부터 극단까지 나타나는 감성 상태를 보여준다.

3. 생리적 평가

우리의 감성은 우리 마음작용의 산물이다. 우리의 마음작용은 뇌를 비롯한 우리 신체 내부에서 일어난다. 이 때문에 우리 마음작용을 반영하는 감성은 신체적 변화를 동반하게 된다.

그런데 감성을 평가하는 데 있어서 심리적 평가는 우리의 감성을 직접 평가하는 방법이지만 이것은 그 특성상 주관적이다. 우리의 마음작용, 특히 감성에 동반되는 신체적 변화는 심리적인 주관성을 배제할 수 있다. 그러므로 감성을 측정하는 데 있어서 생리적인 신호를 측정하고 분석하는 것은 매우 중요하다.

과학기술의 발달에 따라 인간의 감성에 따른 신체의 생리적 반응을 측정하는 기법이 급속하게 발전하고 있다. 이러한 생리적 신호를 측정하여 감성을 평가하는 기법으로는 근전도EMG, 심전도ECG, 피부전기활동electrodermal activity, 혈류량, 뇌전도EEG, 뇌파, 기능적 자기공명영상fMRI, 양전자단층촬영술PET, 뇌자도MEG 등 다양한 측정방법이 사용되고 있다.

3.1. 근전도(electromyogram; EMG)

사람의 감성은 안면 근육의 움직임을 반영하는 안면표정에 잘 나타난다. 그러므로 우리는 안면표정을 관찰함으로써 그 사람의 감성을 잘 파악할 수 있다. 그렇지만, 안면표정을 육안으로 관찰함으로써 우리가 그 사람의 감성을 항상 파악할 수 있는 것은 아니다. 육안으로 관찰할 수 없는 미세한 근육의 움직임은 이들 근육으로부터 나오는 전기적인 신호를 기록함으로써 관찰할 수 있다. 이와 같이 근육의 움직임으로 발생하는 전기신호를 기록하는 방법을 근전도electromyogram; EMG라고 한다. 이 방법을 사용하면 안면 근육의 움직임을 객관적으로 측정할 수 있다. 안면 이외에도 팔이나 손가락, 다리, 발가락 등 신체의 다른 부위로부터도 근전도를 측정할 수 있다. 일반적으로, 근전도는 긴장되거나 각성 상태에서는 증가하고, 이완 상태에서는 감소한다.

3.2. 심전도(electrocardiogram; ECG)

심장을 구성하고 있는 심근세포가 수축하게 되면 활동전위가 발생하는데, 이러한 전기 신호는 심장에서 온몸으로 퍼져나간다. 이러한 전기 신호를 피부표면에 부착된 전극을 통해 기록하는 것을 심전도electrocardiogram; ECG라고 한다.

심전도는 특징적인 파형을 나타내는데, 이들은 P, Q, R, S, T로 불리는 일정한 형태의 파형을 가지고 있다. 심전도는 감성과 관계 깊은 자율신경계의 활동을 반영한다. 그러므로 심전도를 측정하면 자율신경계의 기능을 파악할 수 있으며, 이는 감성의 측정에 널리 활용하고 있다.

자율신경의 기능은 일반적으로 심전도 파형에서 연속된 R피크peak들 사이의 시간 간격R-R interval을 통하여 측정할 수 있는 '심박률 변이도R-R interval variability 또는 heart rate variability'를 통해 측정한다.

심박률 변이도는 미세하게 변화하며, 자율신경계의 교감신경계와 부교감신경계에 의해 주기가 변동성이 있기 때문에 교감신경과 부교감신경의 활성 정도를 측정할 수 있다. 따라서 심박률 변이도는 자율신경계 반응과 관련된 심리적 과정과 생리적 기능과의 관련성을 연구하는 지표로 많이 활용되고 있다.

교감신경과 부교감신경에 자극이 가해지면, 교감신경은 부교감신경에 비해 반응시간이 지연되어 나타난다. 따라서 R-R간격의 느린 변화패턴은 교감신경의 활동을 반영하고, 상대적으로 빠른 변화패턴은 부교감신경의 활동을 반영한다. 전자는 심전도에서 저주파 성분Low Frequency component; LF, 0.04~0.15 Hz을 의미하며, 후자는 고주파 성분High Frequency component; HF, 0.15~0.4 Hz을 의미한다. 평상시에는 교감신경과 부교감신경이 균형을 이루고 있는데, 어느 한쪽이 지나치게 활성화되면 다른 쪽이 이를 억제하여 균형을 이루게 된다. 이러한 조절 기능이 정상적으로 잘 이뤄지고 있는지는 부교감신경HF에 대한 교감신경LH 활동의 비율LF/HF ratio을 통해 교감신경계와 부교감신경계 사이의 균형sympatho-vagal balance, 교감-미주신경 균형에서의 변화를 관찰하면 알 수 있다Pagani 등, 1984, 1986. 하지만 여기에 대해서는 반론도 있다Billman, 2013.

3.3. 피부전기활동(electrodermal activity; EDA)

다양한 감성은 다양한 생리 신호를 발생시킨다. 이러한 감성 과정은 신경계에 영향을 미치게 되고 그 영향은 피부에서도 측정할 수 있다.

피부전기활동EDA은 피부의 전류, 전기저항, 전도율을 측정하는 것이 포함되며, 자율신경계의 활동을 나타내는 척도로 사용된다. 피부전기활동EDA을 측정하는 데에는 피부저항반응Galvanic Skin Response; GSR, 피부전도반응Skin Conductance Response; SCR

등이 사용된다. 피부저항반응GSR은 손바닥의 땀 분비에 의한 전기저항의 변화를 측정하는 방법으로, 이를 이용하여 각성-이완 상태의 변화를 관찰할 수 있다. 피부전도반응SCR은 피부 전도성의 변화를 측정하는 것으로 각성 상태가 높아지면 전도성이 높게 나타나며, 각성 상태가 낮아질수록 피부전도수준도 낮아진다.

3.4. 혈류량 측정법

혈류량의 변화는 심장에서 동맥을 통해 전신으로 내보내는 혈액량과 정맥을 통해 심장으로 다시 돌아오는 혈액량으로 결정되는데, 감성 상태에 따라 교감신경계 활동과 부교감신경의 반응이 달라지므로 혈류량도 변화한다. 따라서 감성 상태가 변화되면 손가락의 혈류량에 변화가 생기게 되는데, 이를 측정하여 감성 파라미터로 사용할 수 있다. 혈량도plethysmography, 맥파는 주로 손가락이나 이마에서 혈류 변화를 기록하는 것인데, 혈류량의 증가는 말초혈관이 이완vasodilation되면 혈류량이 증가하고, 반대로 말초 혈관이 수축vasoconstriction되면 혈류량이 감소한다. 이러한 변화는 각각 교감신경계의 활동 억제와 흥분에 의해 발생한다.

광혈량도photoplelysmography; PPG, 광맥파는 혈류량 측정 기법 중 하나로서, 비침습적인 방법으로 가장 많이 사용되고 있는 방법이다. 손가락의 한쪽에 발광 다이오드Light Emitted Diode; LED를 부착하고 적외선을 방사하면, 뒤쪽의 센서가 이를 감지하여 손가락의 혈류량finger pulse volume을 측정하게 된다. 감지된 빛의 양은 말초 혈관에 흐르는 혈류량에 의해 결정되는데, 혈류는 빛을 흡수하기 때문에 혈류량이 많을수록 반사되는 빛의 양이 적어져 센서에 감지되는 빛의 양은 감소하게 된다. 이러한 원리에 의해 특정한 감성 상태에 따라 나타나는 자율신경계의 활동이 혈류량의 변화로 측정될 수 있다.

3.5. 뇌전도(Electroencephalogram; EEG, 뇌파)

뇌전도electroencephalography; EEG, 뇌파는 두피에 전극을 부착하여 부착된 전극 아래의 전기 신호의 변화를 측정함으로써 뇌의 활동을 관찰하는 기술이며, 독일의 신경생리학자인 한스 베르거Hans Berger가 처음으로 측정하였다. 뇌전도는 뇌에 존재하는 신경세포들에 의해 발생하는 뇌의 미세한 전기적 활동을 뇌파계electroencephalograph를 사용하여 증폭시켜 나타낸 것이다.

뇌전도를 기록할 때, 머리 두피에 여러 쌍의 전극을 설치하여 짝을 이룬 특정한 두 전극 사이의 전위차가 뇌파계로 보내지면 전위차의 규칙적인 흐름이 뇌전도 상의 파형으로 나타난다. 신경세포의 활동이 있는 부위에 부착된 전극은 활성전극, 활동이 없는 귓불에 붙이는 전극은 비활성전극 또는 기준전극이라 한다. 뇌파 측정을 위해서는 국제뇌전도학회 방식에 의한 10-20전극 체계ten-twenty electrode system을 표준으로 사용하여 전극을 배치한다(그림 3-5). [그림 3-6]은 수면을 연구할 때 뇌전도를 측정하는 장면이며, 이때 근전도EMG, 심전도ECG, 안전도electroocular gram; EOG, 호흡도 함께 측정되며, 카메라를 통해 행동도 관찰된다.

뇌전도는 끊임없이 변하는 뇌의 기능 상태를 잘 나타내므로, 뇌의 생리학적 기능을 측정하는 데 주로 사용되어왔으며, 오늘날 감성의 주된 측정 방법 중의 하나가 되었다. 그렇지만, 뇌전도는 부착된 전극에 가까운 뇌 부위의 신경세포 활동에 관한 정보를 매우 빠르게 제공할 수 있지만, 깊은 뇌 부위에서의 활동은 기록하지 못하는 단점이 있다.

뇌전도의 파형은 사람의 의식 상태에 따라 달라진다. 이는 주파수와 진폭에 의하여 다음과 같이 구분할 수 있다이배환 등, 1997. [표 3-1]은 대표적인 뇌전도의 주파수와 의식 수준을 보여주고 있다.

〔표 3-1〕 뇌전도의 대표적인 주파수 대역과 의식 수준

파형	주파수(Hz)	의식 수준
Alpha 파	8-13	눈 감은 이완 상태
Beta 파	14 - 30	정신적 활동
Theta 파	4-17	얕은 수면 상태
Delta 파	0.5 - 3.5	깊은 수면 상태

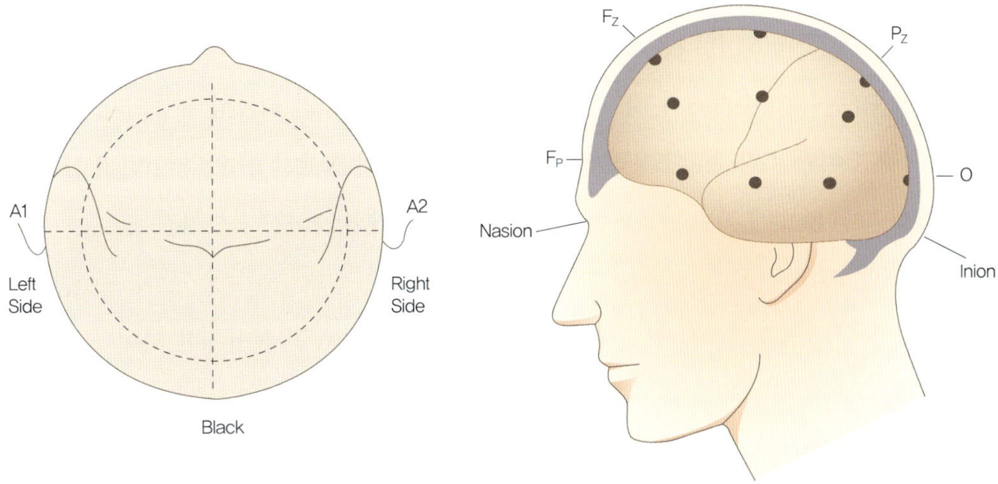

〔그림 3-5〕 뇌전도 측정을 위한 전극 배치법(국제뇌전도학회 10-20 전극법)

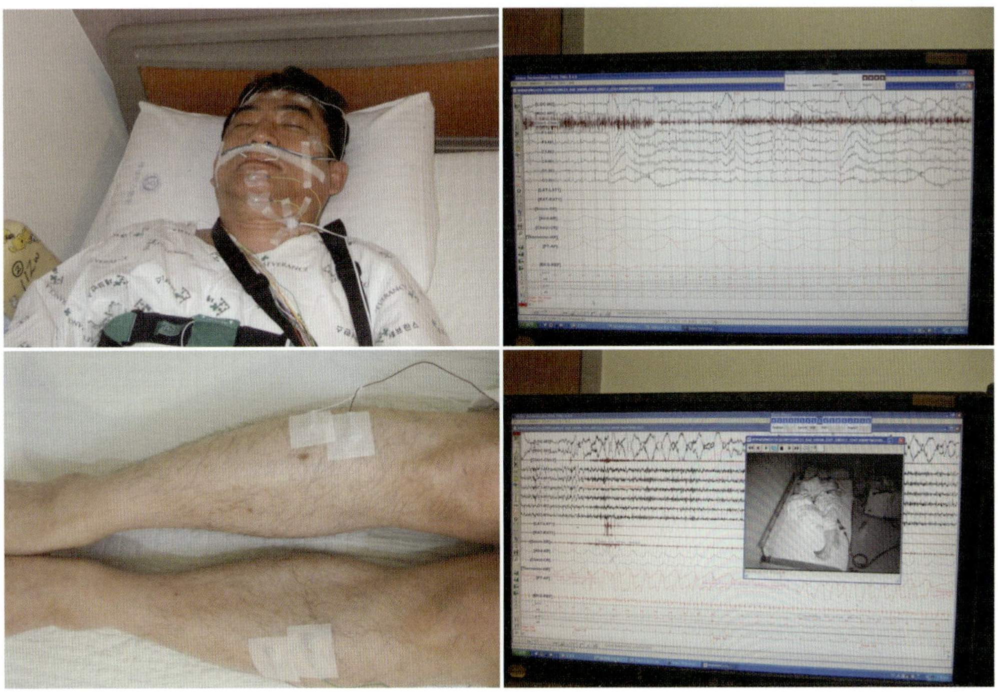

〔그림 3-6〕 뇌전도를 이용한 수면의 연구. 수면 연구에 사용되는 수면다원검사에는 뇌전도와 함께 근전도(EMG), 심전도(ECG), 안전도(EOG), 호흡, 행동관찰 등도 이용된다. 전극 부착 위치는 뇌전도의 경우 두피, 근전도는 턱 주변 근육을 덮고 있는 피부, 심전도는 양팔과 양다리, 안전도는 눈 주변의 피부에 부착되었다. 호흡은 흉곽을 둘러싸고 있는 밴드 타입의 장치와 코에 위치한 튜브를 통해 호기와 흡기의 이산화탄소 농도를 통해 측정되었고, 행동은 CCD 카메라를 통해 관찰되었다.

3.5.1. 알파파(alpha wave)

알파파는 주파수가 8~13 Hz, 진폭은 대략 20~60 uV인 리듬성 진동이다. 이 파형은 눈을 감고 이완된 자세로 조용히 앉아 있는 사람에게서 발생될 수 있다. 어떤 정신적 또는 육체적 활동을 하게 되면 알파파는 일반적으로 크기가 감소하거나 사라진다.

3.5.2. 베타파(beta wave)

베타파는 그 주파수가 14~30 Hz, 진폭은 약 2~20 uV인 불규칙한 파이다. 베타파는 보통 정신적 또는 신체적 활동을 할 때 나타난다.

3.5.3. 델타파(delta wave)

델타파는 주파수가 0.5~3.5 Hz, 진폭이 20~200 uV인 파로서, 정상인에서는 주로 깊은 수면 동안에 나타난다.

3.5.4. 세타파(theta wave)

세타파는 주파수가 약 4~7 Hz, 진폭은 20~100 uV 정도이다. 이 파는 어른에서 보다는 어린이의 자발적인 EEG에서 훨씬 더 많이 발생하는 것으로 보고되었다. 월터Walter, 1953는 이 파가 젊은 성인에서는 불쾌, 쾌, 그리고 졸음 상태에서 발생하는 것을 발견하였으며, 몰스비Maulsby, 1971는 즐거운 사건을 경험하는 아기에게서 100 uV의 크기를 가진 세타파가 관찰된다고 보고하였다.

3.5.5. 카파파(kappa wave)

케네디Kennedy 등1948는 사고thinking와 관련 있는 약 10 Hz의 파를 발견하였다. 그들은 이 파가 약 30%의 피험자에게서 발생한다고 보고하였다.

3.5.6. 람다파(lambda wave)

에반스Evans, 1952와 가스토Gastaut, 1951는 인간에서 람다파를 발견하였다. 이 파는 시각피질 위에서 기록되었는데, 이것은 사람의 시야에 존재하는 어떤 대상의 움직이는 심상shifting imaging으로부터 유발되는 어떤 형태의 시각 반응을 나타내는 것으로 생각된다. 이 파는 모양이 삼각형이며, 진폭은 20~50 uV인데, 자극에 대한 반응으로서 150~250

msec 동안 지속된다.

3.5.7. 뮤파(mu wave)

뮤파는 가스토Gastaut, 1952가 보고하였으며, 날카로운 정점peak과 둥근 모양의 음극부round negative portion를 가지고 있다. 이것은 전체 인구 중 약 7%의 정상적인 EEG에서 나타나며, Rolando 열fissure of Rolando 위에서 기록될 수 있다. 주파수는 보통 9~11 Hz이다. 코시노Koshino와 니에더메이어Niedermeyer, 1976는 인간이 형태 자극patterned stimulus을 주시할 때 뮤파가 증가한다는 것을 발견하였다. 이들은 또한 2,284명의 피험자 중 182명(8.1%)에서 뮤파가 나타났다고 보고하였다.

3.6. 기능적 자기공명영상(fMRI)

자기공명영상Magnetic Resonance Imaging; MRI은 인체 내부 기관의 단층 영상을 얻는 장비이다. 자기공명영상은 물과 지방의 분포 비율이 다른 인체의 뼈, 근육, 장기 등 내부 기관에 존재하는 수소분자의 분포를 자기장을 이용하여 측정하여 구조적인 영상을 만드는 장치이다(그림 3-7).

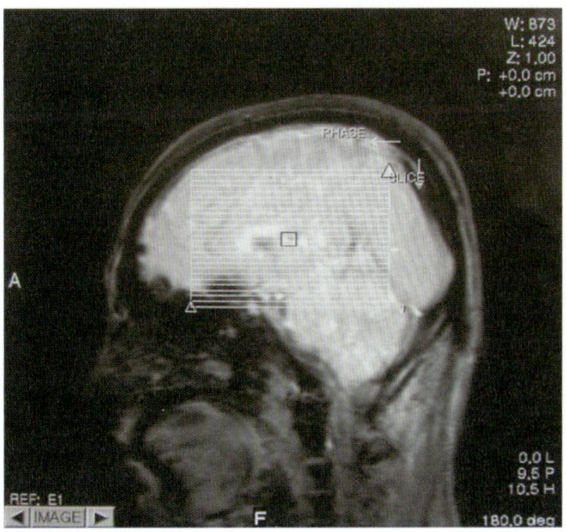

〔그림 3-7〕 뇌의 자기공명 영상

Oxyhemoglobin과 deoxyhemoglobin의 스펙트럼 차이에 근거하여 뇌 활동을 측정하는 기능적 자기공명영상functional Magnetic Resonance Imaging; fMRI은 기능function을 영상화한다. 특정한 기능을 수행할 때 뇌의 어느 부분이 활성화되는가에 대한 정보를 '지도화mapping'하는 장치이다.

fMRI는 간단한 자극에 대하여 반응하는 뇌의 활성을 관찰할 수 있는 것은 물론 고도의 인지기능이나 추리, 판단, 계산과 같은 기능도 판별할 수 있으며, 감성과 관련된 연구에도 활발하게 이용되고 있다. fMRI는 시간적으로는 EEG 만큼 빠르지는 않지만, 공간적으로는 EEG보다 훨씬 더 큰 정확성을 가지는데, 뇌의 심부 영역을 1~2 mm의 정확성으로 활성화되는 위치를 관찰할 수 있다. 그렇지만 fMRI는 공명 영상을 얻기 위한 시끄러운 장치 속에 피험자가 움직이지 않고 누워 있으면서 검사를 받아야 하기 때문에 검증할 수 있는 감성의 종류가 제한되는 문제가 있다.

한편, 뇌의 기능을 연구하는 데 있어서 뇌의 신경 회로를 규명하는 것이 매우 중요하다. 이러한 측면에서 볼 때 뇌의 중요 영역 간의 연결 역시 관건이라 할 수 있다. 회백질로 이루어진 뇌 영역 간의 연결은 주로 백질로 연결된다. 이러한 백질을 영상화하는 기법으로는 확산텐서영상difussion tensor imaging; DTI 방법이 많이 사용되고 있다. 이것은 어떤 특정 기능을 수행할 때 작용하는 뇌 회로를 탐색하는 중요한 기법으로서 뇌의 기능적 역동성functional dynamics를 연구하는데 필수적이다. 이러한 것을 통칭하는 것으로 커넥톰connectome: 신경망을 도식화하는 방법에 대한 연구가 활발히 진행되고 있어 많은 뇌 기능을 밝혀내는데 큰 기여를 하고 있다.

3.7. 양전자방출단층촬영술(Positron Emission Tomography; PET)

양전자방출단층촬영술PET은 양전자를 방출하는 방사성 동위원소를 혈관에 주사한 후, 전신에 흡수된 양전자로부터 방출되는 감마선을 검출하여 영상을 얻는 방법이다. 이것은 인체에 대한 생리적, 화학적, 기능적 영상을 3차원으로 나타낼 수 있어 매우 각광받고 있다(그림 3-8). 하지만 PET는 시간적 해상도가 낮을 뿐만 아니라 공간적 해상도가 낮기 때문에 PET의 영상정보를 컴퓨터단층촬영Computed Tomography ; CT에서 제공되는 해부학적인 영상과 결합시켜 인체 내부의 정확한 기능적 영상을 촬영하는 양전자방출-컴퓨터단층촬영검사Positron Emission Tomography- Computed Tomography ; PET-CT가 보급되어 인체 내부의 보다 정확한 기능적 영상을 얻게 되었다. 또한, 최근에는 PET를 자기공명영상MRI과 결합시켜 보다 고해상도의 기능적 영상을 관찰할 수 있게 되었다.

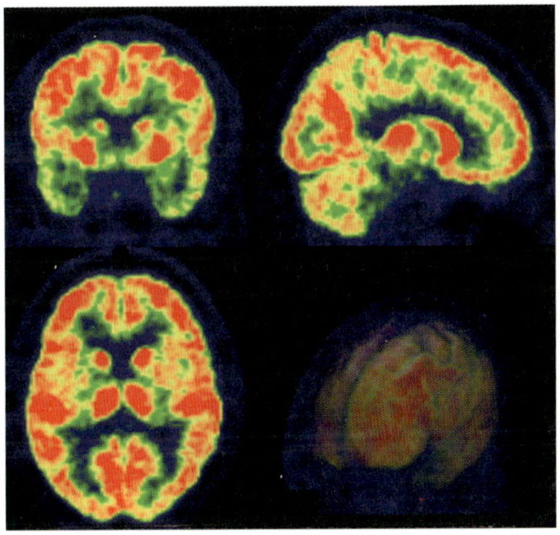

〔그림 3-8〕 양전자방출단층촬영 영상(연세대 박해정 교수 제공)

3.8. 뇌자도(magnetoencephalogram; MEG)

뇌자도magnetoencephalogram; MEG는 신경세포가 활성화되면 전기신호와 더불어 자기장이 발생한다는 사실을 이용하여 두개골의 표면에 많은 전극을 부착시켜 뇌의 활동을 측정하는 방법이다(그림 3-9). 즉, 뇌자도는 뇌의 신경세포에서 발생하는 전자기 신호를 관찰하는 것으로, fMRI나 PET에 비해 시간적 해상도temporal resolution가 높기 때문에 매우 빠른 신호 수집이 가능하므로 fMRI나 PET의 느린 시간 해상도를 보완할 수 있는 기법으로 감성 연구에 많은 활용되고 있다(그림 3-9). 그렇지만, fMRI에 비해 공간적 해상도

spatial resolution가 낮기 때문에 국소적인 뇌 부위, 특히 심부 뇌 부위의 활성 영역을 정확하게 찾아내기는 어려운 단점이 있다.

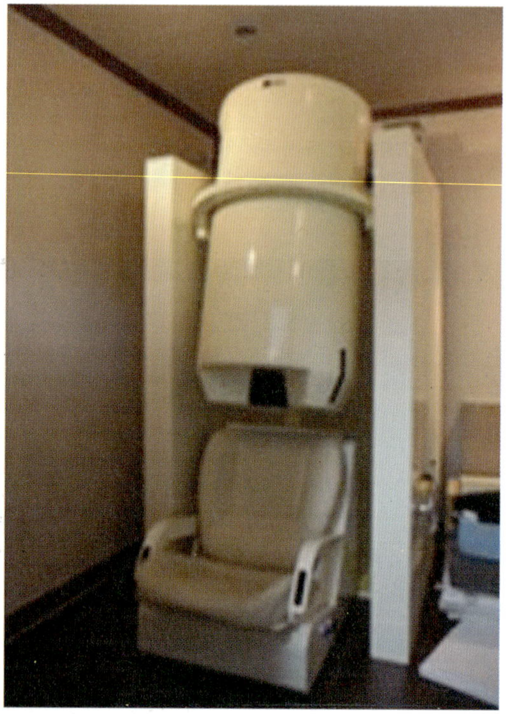

〔그림 3-9〕 뇌자도 실험 장면(가톨릭관동대 김봉수 교수 제공)

감각과 감성

02

인간의 환경은 매우 다양하다. 눈으로 볼 수 있는 것은 물론 귀로 들을 수 있는 소리, 우리의 혀를 자극하고 식욕을 돋우는 음식, 냄새 맡을 수 있는 자극물, 피부로 느낄 수 있는 감촉, 운동을 통해 느낄 수 있는 고유감각, 신체의 평형 유지와 관련된 전정감각 등 매우 많은 스펙트럼이 포함된다.

인간은 감각기관을 통해 외부 환경으로부터 정보를 받는다. 이러한 정보는 말초의 수용기 세포에서 감지되고 구심성 신경을 통해 중추신경계로 들어간 다음 궁극적으로 뇌에서 해석되어 비로소 외부 환경 자극이 인식되고 해석된다. 그 결과 환경 자극에 대한 감성이 유발되고 적절한 행동을 통해 반응을 하게 된다.

제2부에서는 인간의 감각과정을 이해하고, 이와 연관된 감성을 논하고자 한다. 제4장부터 제10장까지 우리의 감각과 관련된 감성을 시각, 청각, 미각, 후각, 체성감각, 전정감각 및 운동감각과 관련하여 먼저 각 감각 양상별로 감각계를 통한 감각정보의 지각 과정을 살펴보고, 각 감각 양상과 관련된 감성에 대하여 알아보고자 한다.

제2부

제 4 장

시각과 감성

인간은 눈을 통해 외부로부터 많은 정보를 받아들인다. 인간의 시각은 다양한 감각 중에서도 가장 관심을 많이 끈다. 이는 특히 시각이 다른 감각에 비해서 세상에 대한 훨씬 더 풍부한 정보를 제공해 주기 때문일 것이다. 그러므로 인간에게 있어서는 어떤 다른 감각 양상보다도 시각이 더 우세하다고 할 수 있다. 환경에 대한 풍부한 정보를 제공해 주는 이 감각 양식은 가장 중요한 영역이지만, 그 작용은 간단하지 않다. 본 장에서는 시각을 통한 정보처리 과정을 살펴보고 시각과 관련된 감성의 연구 동향을 알아보고자 한다.

1. 시각 자극

우리의 눈은 빛 자극을 탐지한다. 인간이 볼 수 있는 빛은 전자기 방사선 스펙트럼 중에서 매우 좁은 범위에 있다. 우리가 볼 수 있는 가시광선은 380 nm에서 760 nm 사이의 파장을 가지고 있다(그림 4-1).

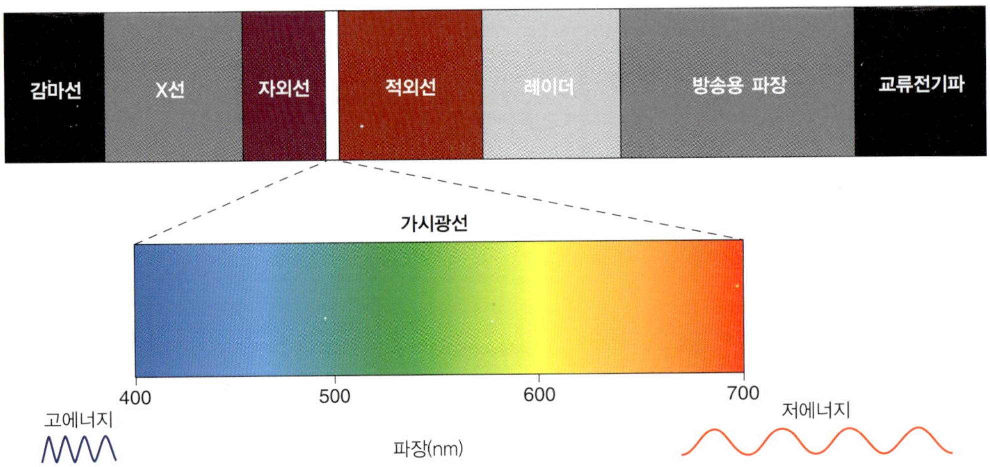

〔그림 4-1〕 시각 자극 스펙트럼

빛의 속도는 매우 빨라 초당 300,000 km 정도이다. 우리가 감지할 수 있는 가시광선, 즉 빛은 색상, 명도, 채도라는 세 가지 차원을 가지고 있다. 빛의 파장은 색상hue을 결정한다. 빛의 파장에 따라 색상이 달라진다. 명도brightness는 빛의 강도로 결정된다. 빛의 강도가 증가하면 더 밝아진다. 채도saturation는 지각되는 빛 자극의 상대적인 순도를 의미한다. 빛이 한 파장으로만 이루어져 있으면, 채도가 가장 높다. 반대로 우리가 보는 빛에 모든 파장이 함께 뒤섞여 있으면, 색상이 제대로 지각되지 않고 희게 보이게 된다.

2. 시각 정보의 지각 과정

2.1. 눈에서의 시각 정보 처리 과정

우리가 외부 세계로부터 정보를 받아들이는 일차적인 기관은 눈이다(그림 4-2). 이 눈은 두개골의 앞쪽 부위에 위치한 안와orbit에 자리를 잡고 있다. 눈동자(안구)를 움직일 때에는 6개의 근육안외근, extraocular muscle이 작용하는데, 이들 근육은 눈의 바깥쪽에 있는 흰색의 공막sclera이 붙어있다. 공막은 불투명하기 때문에 빛을 통과시키지 못한다.

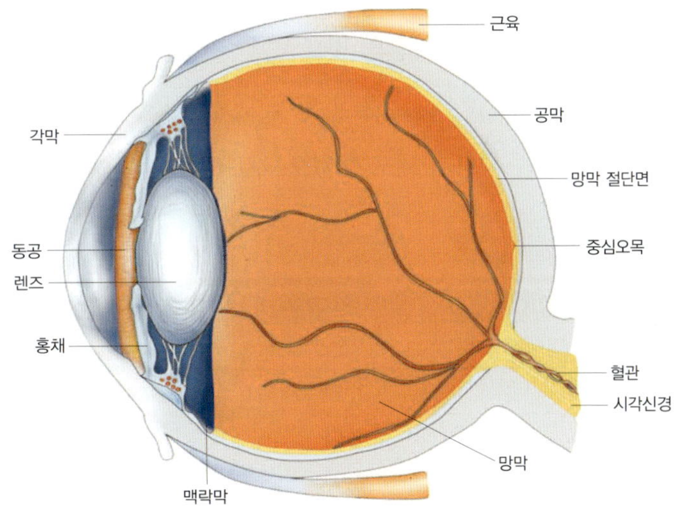

[그림 4-2] 눈의 구조

눈 앞쪽에는 각막cornea이 있는데, 이것은 투명하여 빛이 잘 통과한다. 눈으로 들어가는 빛의 양은 동공pupil의 크기에 의해 조절되는데, 동공은 각막 뒤에 위치한 둥근 모양의 구조를 하고 있는 근육인 홍채iris의 중앙에 존재하는 구멍이다. 홍채 바로 뒤에는 수정체lens가 있는데, 수정체 주변에 있는 모양근ciliary muscle이 수축하여 수정체의 모양이 변화된다. 수정체의 모양이 변화함으로써 가까이 또는 멀리 있는 물체의 상이 망막에 정확하게 맺힐 수 있게 된다. 이 과정을 조절accommodation 작용이라 한다.

수정체를 지난 다음 빛은 눈의 대부분을 차지하며 맑고 끈끈한 초자체액vitreous humor, 유리체액을 통과한 다음 눈 뒤쪽의 안쪽 면을 둘러싸고 있는 망막retina에 도달한다. 빛 자극은 눈의 망막에 있는 광수용기photoreceptor에서 감지되는데, 광수용기에는 간상체rod와 추상체cone가 있다. 인간의 망막에는 약 1억 2천만 개의 간상체와 6백만 개의 추상체가 존재한다. 간상체는 정교하지는 못하지만 빛에 훨씬 더 민감하다. 매우 희미한 환경에서 우리는 간상체를 이용한 시각을 사용한다. 간상체에 비해 숫자는 적지만, 주변 환경에 대한 대부분의 정보는 추상체가 제공한다. 추상체는 밝은 환경에서의 시각을 담당하고 세밀한 정보를 제공한다. 망막의 중심부인 중심와forvea에는 추상체만 존재한다. 또한 추상체는 색채 지각에 관여하여 다양한 파장의 빛을 변별해 내는데 사용된다[표 4-1]. 망막에는 또한 시각 정보를 전달하는 축삭axon들이 함께 모여 눈을 떠나는 부위에 시신경원판optic disk이 있는데, 여기에는 수용기 세포가 없으므로 맹점blind spot이 된다.

[표 4-1] 망막 광수용기의 특성 비교

구 분	간상체(rod)	추상체(cone)
숫자	1억 2천만 개	6백만 개
망막 상의 위치	주변	중앙
약한 빛에 대한 민감도	높다	낮다
색채에 대한 반응	무반응	반응
세밀한 자극에 대한 반응	낮다	높다

망막은 광수용기층, 양극세포층, 신경절세포층 등 세 개의 층으로 구분된다. 빛이 광수용기층에 도달하려면 위에 놓여있는 층들을 통과해야만 하는데, 다행히도 이 층들은 투명하기 때문에 빛이 통과하는 데에는 문제가 없다(그림 4-3).

망막의 광수용기에서 감지된 시각 정보는 양극세포bipolar cell와 수평세포horizontal cell로 전달된다. 광수용기와 양극세포에서는 활동전위가 발생하지 않고 막전위의 값에 따라 신경전달물질 방출이 조절되는데, 탈분극depolarization되면 전달물질 방출

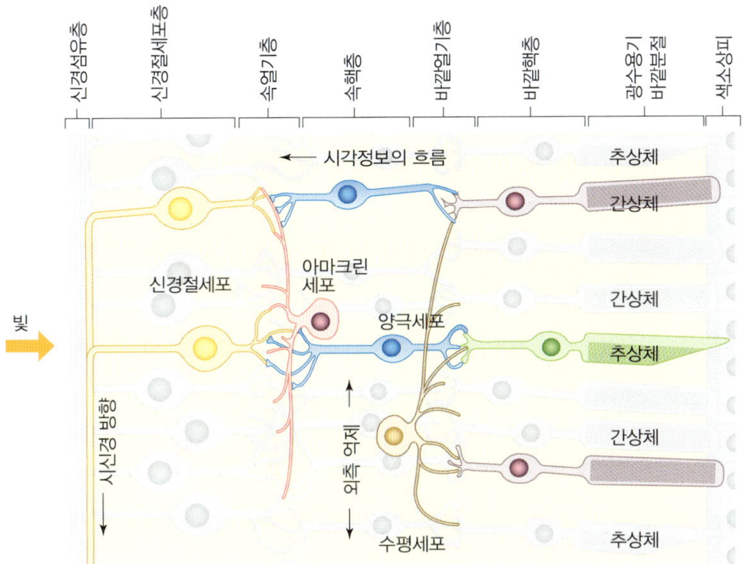

(그림 4-3) 눈 망막의 수용기세포.

이 증가하고 과분극hyperpolarization이 되면 방출이 감소한다. 광수용기에서 방출된 신경전달물질은 보통 양극세포의 수상돌기를 과분극시키기 때문에 신경전달물질 방출이 감소하면 양극세포 막은 탈분극된다. 따라서 빛자극에 의해 광수용기는 과분극되고 양극세포는 탈분극된다. 양극세포가 탈분극되면 양극세포의 종말에서 전달물질을 더 많이 방출하게 되고, 이들 방출된 전달물질에 의해 신경절세포ganglion cell의 막은 탈분극되어 활동전위action potential의 발화율을 증가시킨다. 그러므로 광수용기에 빛자극이 들어오면 결과적으로 양극세포와 신경절세포가 흥분하게 된다.

신경절세포는 빛에 반응하여 활동전위의 발화율이 증가하지만, 빛에 대한 반응으로서 활동전위의 발화율이 감소하는 신경절세포도 있다. 여기에는 양극세포의 전후에 존재하는 수평세포horizontal cell와 아마크린세포amacrine cell, 무축삭세포가 측면, 즉 옆 방향으로 정보를 전달하는 외측억제ateral inhibition 작용이 일어나기 때문이다.

2.2. 빛 자극에 대한 시각 신경세포의 반응

시각 신경세포는 빛 자극에 대하여 반응한다. 특정 신경세포에 반응을 일으키는 그 신경세포 외부의 자극 영역을 해당 신경세포의 수용야receptive field, 수용장라고 하는데, 시각계에서는 특정 시각 신경세포가 빛 자극에 의해 (흥분 또는 억제적) 영향을 받을 수 있는 망막 상의 영역이 된다.

망막의 신경절세포에 있어서 수용야의 중심 영역에 제시된 빛 자극은 주변 영역과는 다르게 반응을 일으킨다. 수용야의 중심 영역에 빛 자극을 제시하면 신경절세포의 활동이 증가하고(흥분 영역) 주변 영역에 빛을 제시하면 감소하는데(억제 영역), 이러한 수용야를 흥분-중심, 억제 주변 수용야excitatory-center, inhibitory-surround receptive field 라 부르며, 흥분 영역과 억제 영역은 동심원을 이룬다. 이러한 성격의 수용야를 가진 세포는 'ON 세포'라 부른다. 중심 영역이 자극되면 억제되고 주변 영역이 자극되면 흥분되는 정반대의 '억제-중심, 흥분-주변 수용야inhibitory-center, excitatory-surround receptive field'도 있는데, 이러한 세포는 'OFF 세포'라 부른다(그림 4-4). 이러한 특성은 중심 영역과 주변 영역이 서로 길항작용을 하고 있기 때문인데, 이를 중심-주변 길항작용center-surround antagonism이라고 한다. 이는 위에서 언급한 외측억제의 작용으로 일어난다. 이러한 수용야의 특성은 형태 지각의 근간을 이루는 것으로, 어떤 패턴의 빛이 시각계의 각 수준에 있는 신경세포의 반응을 생성해 내는 데 가장 효과적인지를 관찰함으로써 시각 정보의 처리 과정을 규명하는데 큰 도움이 된다.

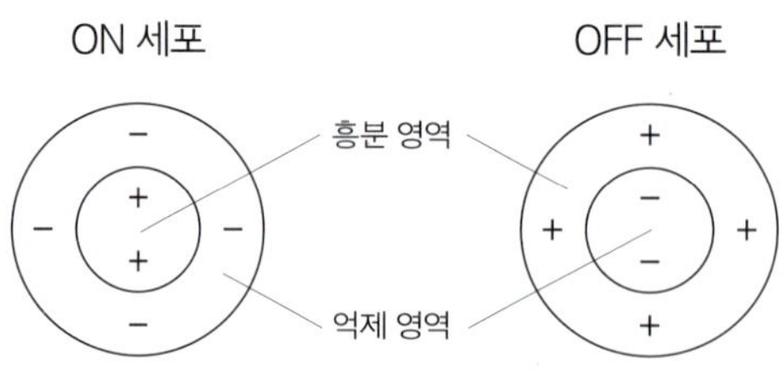

〔그림 4-4〕 빛 자극에 대한 ON 세포와 OFF 세포의 반응 특성. '+'는 흥분반응을 일으키는 자극 영역을, '-'는 억제반응을 일으키는 자극 영역을 나타낸다.

망막에서는 명암 정보뿐만 아니라 색채 정보도 처리된다. 색채 시각에 대한 이론으로서 1802년 영국의 토마스 영Thomas Young은 망막에는 특정한 파장의 단일 색상에 대하여 반응하는 세 가지 형태의 수용기가 존재하기 때문에 우리가 다양한 색채를 감지할 수 있다고 제안하였는데, 이것을 삼원색 이론trichromatic theory이라고 한다. 우리 망막에는 세 가지 유형의 추상체cone가 있는데, 이들이 실제로 가장 민감하게 반응하는 빛의 파장은 대략 419 nm, 531 nm, 558 nm이다(그림 4-5).

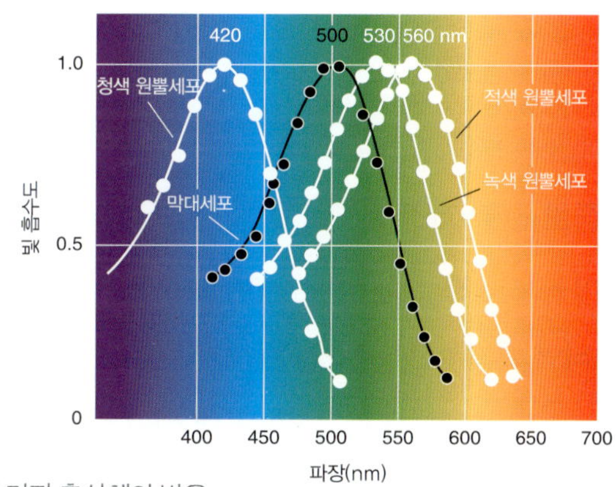

〔그림 4-5〕 빛에 대한 세 가지 추상체의 반응

색채 지각에 대한 또 하나의 이론은 독일의 에발트 헤링Ewald Hering이 제안하였는데, 이는 '상반과정 이론opponent-process theory, 대립과정 이론'으로 알려져 있다. 이 이론에 따르면 빨강과 초록, 노랑과 파랑이 대립적인 반응을 일으켜 색채가 지각된다는 것이다. 실제로 망막에서는 수용기 세포에서 적용되던 삼원색 이론이 신경절세포에서는 상반과정 이론으로 변환된다. 색채에 민감한 신경절세포는 대부분 중심-주변center-surround 방식으로 반응한다(그림 4-6). 이를테면, 특정 신경세포는 수용야의 중심 영역에 빨강이 오면 흥분하고 주변에 초록이 오면 억제되며, 또 다른 세포는 그 반대로 작용한다. 노랑이 중심에 오면 흥분하고 주변에 파랑이 오면 억제되는 세포도 있는 반면 그 반대로 작용하는 세포도 있다. 이러한 특성은 세 가지 종류의 추상체가 두 가지 종류의 신경절세포와 연결되는 회로의 특성에 인한 것인데, 여기에는 양극세포, 수평세포, 무축삭세포 등이 중요한 역할을 수행하며, 외측억제 기전이 작용한다.

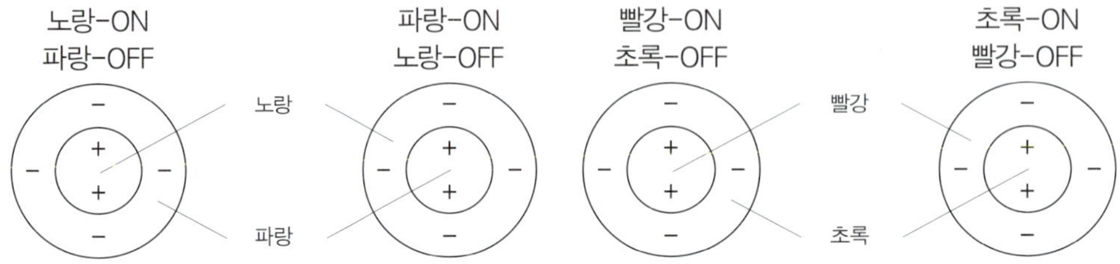

〔그림 4-6〕 색채 자극에 대한 신경절세포의 반응 특성. '+'는 흥분반응을 일으키는 자극 영역을, '–'는 억제반응을 일으키는 자극 영역을 나타낸다.

2.3. 일차 시각 정보 전달 과정

신경절세포의 축삭은 시신경optic nerve, 2번 뇌신경을 이루어 시각 정보를 뇌로 전달한다. 이러한 과정 중, 뇌의 기저부에서는 양쪽 눈에서 들어오는 시신경이 함께 만나서 X자 모양의 시교차optic chiasm를 형성한다. 망막의 내측(코쪽) 절반을 담당하는 신경절세포에서 나온 축삭은 시교차를 통해 교차하여 반대쪽 뇌의 외측슬상핵lateral geniculate nucleus으로 들어간다. 슬상핵膝狀核이라는 것은 핵의 모양이 굽은 모양의 무릎을 닮았기 때문에 붙여진 이름이다. 'genu'는 무릎을 의미한다. 외측슬상핵은 여섯 개의 층으로 이루어져 있는데, 안쪽 두 개의 층에 있는 신경세포는 크기가 크고거대세포층, magnocellular layer, 바깥쪽 네 개 층의 신경세포는 크기가 작다소세포층, parvocellular layer.

시각 정보가 망막에서 시교차를 지나 외측슬상핵으로 들어갈 때, 망막의 바깥쪽 절반에서 나온 축삭은 같은 쪽 뇌의 외측슬상핵으로 그대로 들어간다. 외부 시야에 제시된 상은 볼록렌즈인 수정체에 의해서 상하좌우가 역전되어 망막으로 투사된다. 망막의 내측 절반에서 나온 축삭은 교차되어 반대쪽 뇌로 들어가고, 망막의 바깥쪽 절반에서 나온 축삭은 같은 쪽 뇌로 들어가기 때문에, 각각의 대뇌 반구는 양쪽 눈에서 각각 반대쪽 시야에서 들어오는 정보를 받게 되는 것이다. 즉, 사람이 똑바로 앞을 응시하고 있을 때, 우반구는 시야의 좌측 절반에서 정보를 받고 좌반구는 우측 절반에서 정보를 받게 되는 것이다(그림 4-7).

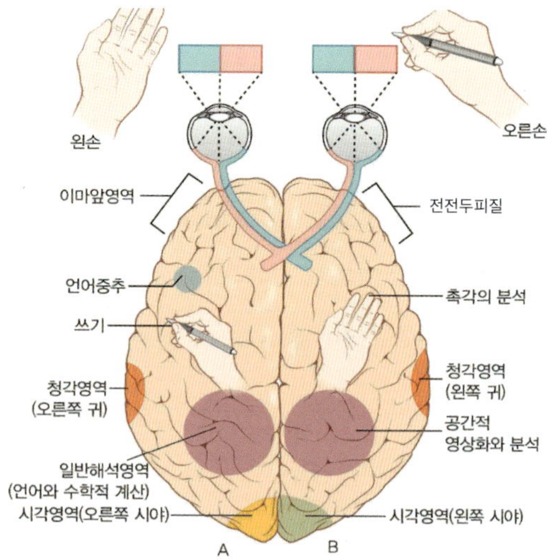

〔그림 4-7〕 시야의 좌우측에 제시된 시각정보가 양쪽 대뇌반구로 전달되어 가는 과정.

시상의 외측슬상핵lateral geniculate nucleus에 도달된 시각 정보는 시방사optical radiation를 거쳐 조거구calcarine fissure의 주변 영역에 위치한 일차 시각 피질primary visual cortex로 들어간다(그림 4-8).

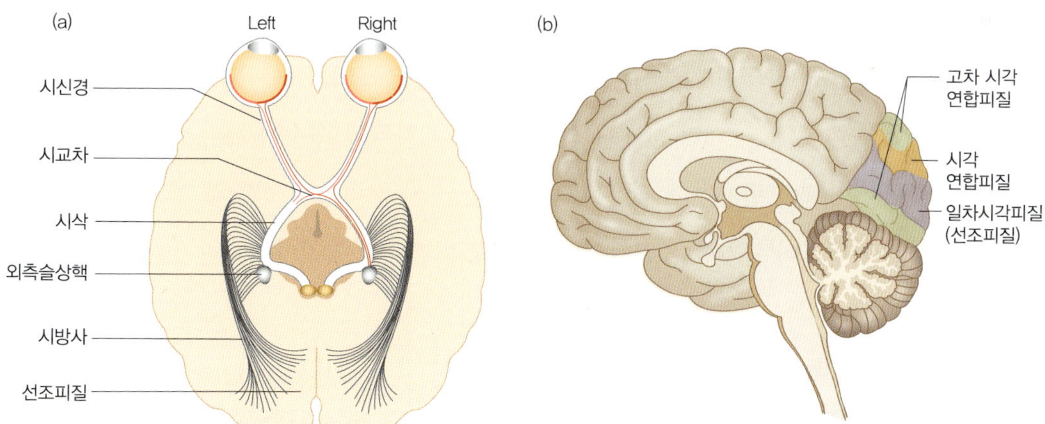

〔그림 4-8〕 시각정보의 전달 과정. (a) 눈의 망막에서 뇌 일차 시각 피질까지의 시각정보 전달 통로, (b) 뇌의 시각 영역.

2.4. 일차 시각 피질에서의 정보 처리

뇌의 일차 시각 피질은 여섯 개의 층이 표면과 수평하게 띠의 형태로 배열되어 있다. 이 층들은 염색을 하게 되면 밝거나 어두운 띠로 보인다. 이 때문에 일차 시각 피질은 선조피질striate cortex로 불리기도 한다. 피질에는 망막에 맺힌 상에 대응하는 부위가 있어 이를 지도로 나타낼 수 있는데, 이러한 지도를 망막대응지도retinotopic map라고 한다. 망막대응지도에서 망막 위의 서로 인접한 영역은 보통 피질과 같은 시각계 구조에서 서로 인접한 위치에 표상된다. 망막의 중심와는 망막에서 매우 작은 부분이지만, 시각 정보가 일차 시각 피질로 들어갈 때 선조피질의 약 25%에 해당하는 부분으로 투사한다.

2.4.1. 형태 및 공간주파수 정보 처리

일찍이 하버드 대학의 데이비드 후벨Hubel과 토르스튼 비젤Torsten Wiesel은 시각피질에 있는 신경세포가 단순히 빛의 점들에 반응하는 것이 아니라, 시각세계의 특정형태feature에 선택적으로 반응함을 발견하였다. 시각피질내의 신경회로는 여러 다른 신경절 세포의 축삭들로부터 들어온 정보들을 결합하기 때문에 단일 신경절세포의 수용야보다 더 큰 형태를 탐지할 수 있다.

선조피질에 있는 대부분의 뉴런들은 방향orientation에 민감하게 반응한다. 어떤 신경세포는 수직선에 잘 반응하고, 다른 신경세포는 수평선에 또 다른 신경세포는 그 사이의 특정 방향에 있는 선 자극에 가장 잘 반응한다. 이들 신경세포들은 단순세포simple cell라 불린다. 복잡세포complex cell라 불리는 신경세포는 선 자극이 수용야receptive field 내에서 움직이는 동안 계속 반응한다. 많은 복잡세포는 선 자극이 특정 방향의 각도에서 수직으로 움직일 때 반응이 증가한다. 따라서 이들 세포는 움직임 탐지기motion detector로 작용한다.

후벨과 비젤의 초기 연구에서는 일차 시각 피질의 신경세포들이 선과 모서리를 탐지한다고 알려졌지만, 후속 연구에서 밝혀진 바에 따르면 그러한 신경세포들은 실제로 사인파 줄무늬에 가장 잘 반응함이 밝혀졌다. 사인파 줄무늬는 공간주파수로 표현된다. 그러나 시각 자극이 망막에 맺히는 영상은 눈에서 얼마나 떨어져 있느냐에 따라 크기가 달라지기 때문에 이웃한 주기간의 물리적 거리 대신 일반적으로 시각 각도visual angle가 사용된다. 따라서 사인파 줄무늬의 공간주파수spatial frequency는 일정한 시각 각도 내에 몇 개의 주기cycle가 포함되어 있느냐는 수치로 나타낼 수 있다. 선조피질에 존재하는 대부분의 신경세포는 특정한 공간주파수를 가지고 있는 사인파 줄무늬에 가장 잘 반응하며, 각 신경세포는 서로 다른 공간주파수를 탐지한다. 방향에 민감한 신경세포는 이러한 공간주파수를 가진 줄무늬가 특정한 각도로 배열되어있을 때 가장 잘 반응한다.

2.4.2. 깊이지각(공간지각) 정보 처리

인간은 삼차원 공간(깊이)을 잘 지각한다. 인간이 깊이지각depth perception하는데 있어서 크게 두 가지의 단서를 사용한다. 하나는 단안 단서monocular cue를 사용하고, 다른 하나는 양안 단서binocular cue를 사용하는 것이다. 깊이지각에서 많은 부분은 단안 단서로 이루어진다. 이를테면, 망막에서의 상대적 크기relative size, 한 물체가 다른 물체를 가리게 되면 가리는 물체가 가까운 것으로 인식하는 중첩interposition, 먼 것은 흐리고 가까운 것은 선명하게 느끼는 상대적 명확성relative clarity, 머리를 움직일 때 망막에 맺힌 상이 서로 다르게 움직이는 것relative motion 또는 relative parallax, 멀리 있는 것은 결이 곱고 가까운 것은 거친 경향이 있는 결의 구배texture gradient, 가까운 것은 낮아 보이고 먼 것은 높아 보이는 상대적 높이relative height, 철길과 같이 멀어질수록 가까이 모이게 되는 선형 조망linear perspective, 가까운 물체는 먼 것 보다 빛을 더 많이 반사하여 눈에 더 많은 빛이 들어오게 하고 희미한 것은 멀리 있는 것처럼 보이는 빛과 그림자light and shadow 등이 깊이지각에 관여하는 것으로 단안 단서에 속한다. 여기에는 한쪽 눈으로도 가능한 것이며, 양쪽 눈이 필요하지 않다. 이에 반해 우리는 양쪽 눈을 사용하는 입체시각의 처리과정, 즉 입체시stereopsis 과정을 통해 생생한 깊이지각을 할 수 있다. 이는 우리가 외부 물체를 볼 때 양쪽 눈의 망막에 맺히는 상image이 동일하지 않고 약간 다르게 보이는 것으로 이를 '망막 불일치retinal disparity'라고 부른다. 선조피질에 있는 대부분의 신경세포는 양안시binocular이다. 즉, 이들 신경세포는 양쪽 눈으로 들어오는 시각자극에 모두 반응한다. 이들 세포는 외측슬상핵의 거대세포층으로부터 입력을 받으며, 양쪽의 각 눈이 약간 떨어진 위치에서 동일한 자극을 볼 때 가장 잘 반응한다. 즉 이들 신경세포는 '망막 불일치'에 반응한다. 그것이 바로 입체시를 위한 정보이다. 각각의 눈은 다소 다르게 삼차원적 장면을 본다. 망막불일치가 존재함으로써 여러 물체가 관찰자에게서 각각 얼마나 떨어져있는 가를 알 수 있다. 참고로, 또 다른 양안 단서로는 수렴convergence이 있는데, 이는 가까운 물체를 볼 때에는 두 눈의 초점이 안쪽으로 쏠림으로써 야기되는 신경근육 단서이다. 두 눈이 안쪽으로 쏠릴수록 물체는 가까이 있는 것이다.

2.4.3. 색채 정보 처리

망막의 신경절세포에서 나온 색채 정보는 외측슬상핵의 소세포층parvocellular layer으로 들어가고, 이는 다시 일차 시각 피질의 블롭blob이라 불리는 특수한 세포 집단으로 전달된다. 블롭은 선조피질에서 물방울 무늬의 기둥 모양을 한 것으로, 각 기둥은 단면이 약 150x200 ㎛의 지름을 가진 타원형으로서 0.5 mm 간격으로 분포한다. 각 블롭 안에 있는 신경세포는 특별한 기능을 수행하는데, 이들은 빛 자극에 대해 색상에만 민감하게 반응하고 다른 특징들은 무시한다. 각 블롭의 바깥쪽에 존재하는 신경세포는 빛 자극의 방향, 움직임, 공간주파수, 양안 불일치 등에는 민감한 반응을 보이지만 색상에 대해서는 반응하지 않는다.

2.5. 시각연합피질의 고차 정보 처리

일차시각영역이 시각 정보의 처리에 매우 중요한 부위이지만, 시각 정보의 전체적인 지각이 선조피질에서 일어나는 것은 아니다. 우리가 어떤 물체나 전체적인 시각 장면을 지각하려면 개개의 시각 정보가 통합되어야하는데, 이러한 통합이 일어나는 곳은 시각연합피질이다.

선조피질에 존재하는 신경세포는 선조외피질extrastriate cortex, 즉 선조피질을 둘러싸고 있는 시각연합피질visual association cortex 영역으로 축삭을 보낸다. 이에 따라 시각 정보는 선조피질에서 시각연합피질로 전달되어 시각 정보에 대한 분석이 이루어지게 되는데, 시각연합피질에서 두 방향으로 분석이 이루어진다. 두 방향의 흐름은 모두 선조피질에서 시작하여 선조외피질에서 분리되기 시작한다. 하나는 아래쪽으로 향하여 하측두피질inferior temporal cortex로 가고, 다른 하나는 위쪽으로 올라가서 후두정피질posterior parietal cortex에 종지한다. 아래쪽 방향 통로는 물체가 무엇인지를 식별하게 하고, 위쪽 방향으로 가는 통로는 물체가 어디에 있는지를 식별하게 한다. 위쪽 방향의 통로는 대부분 거대세포계에서 입력을 받고, 아래쪽 방향의 통로는 거대세포계와 소세포계의 두 체계에서 거의 비슷하게 입력을 받는다.

3. 일차 시각 통로 이외의 시각 관련 통로

위에서 설명한 시각정보 전달 통로는 일반적인 시각 정보 처리과정을 담당하는 일차 시각 통로이다. 하지만 우리 시각계에는 일차시각 통로 이외 다른 통로도 존재한다. 이를테면, 망막에서 시상하부시교차상핵, suprachiasmatic nucleus로 들어가는 통로는 동물의 활동주기를 24시간 주야 리듬에 맞추어 수면/각성 주기를 조절하는 생물학적 시계biological clock의 역할을 수행한다이배환 등, 2007. 또한 시개tectum와 전시개핵pretectum으로 들어가는 통로는 홍채iris와 수정체lens의 움직임을 조절하고, 눈의 움직임을 조화롭게 만들어 주는 역할을 하며, 시야 주변에서 갑작스런 움직임이 있을 때 이를 감지하고 거기에 주의를 돌리도록 하는 시각반사 작용을 수행한다.

4. 시각 감성

망막에서부터 뇌에 이르는 시각 정보 처리 체계를 통해 다양한 시각 정보가 전달된다. 이를테면 명암은 물론 형태 지각, 색채 지각, 자극의 움직임 등 다양한 시각 특성이 처리된다. 이들 시각 특성들은 뇌의 고차적인 기능을 통해 시각적인 감성을 유발한다. 이러한 시각 감성은 다양한 뇌 부위와 관련이 있으며 오늘날 이러한 뇌 부위에 대한 연구는 물론 말초의 생리적 반응에 관한 연구가 활발하게 이루어지고 있다.

오늘날 자동차, 통신기기, 건축, 의류와 관련된 디자인은 시각적인 감성을 활용한 분야에 속한다. 이 외에도 시각 감성은 멀티미디어, 게임, 증강현실, 로봇산업 등 다양한 분야에서 활용되고 있다. 여기서는 시각적인 감각 장애 문제를 해결하여 시각적인 감성을 증진시키려는 노력에서부터 시각적 감성을 활용한 산업에 이르기까지 시각 감성과 관련된 연구 결과들을 소개하고자 한다.

4.1. 색상과 인간 감성

빛 자극이 가지고 있는 주된 속성으로서 색채color는 인간의 생활에 많은 영향을 미치고 있다. 우리 주변 환경에는 다양한 색채가 존재하며, 우리는 또한 자신의 신체적 상태나 기분 상태에 따라 색채를 선택하는 경우가 많다. 이를테면, 자신의 취향에 따라 집안의 인테리어를 바꾸기도 하고, 매일매일 마음에 드는 색채의 옷을 바꾸어 입기도 한다. 또한 아름다운 꽃이 피거나 울긋불긋한 단풍이 든 산을 찾기도 하고 푸른 바다를 보러 가기도 한다. 때로는 특정한 색채를 좋아하기도 하고 싫어하기도 한다.

색채 중 1차색은 빨강, 노랑, 파랑을 의미한다. 이러한 1차색은 우리의 감성과 밀접한 관련이 있다오상은과 이현주, 2010. 우선, 빨강은 생명, 불 등을 상징하며, 또한 위험, 열정, 사랑, 환희, 원기, 활동력을 상징한다박영순 등, 2007. 강렬한 자극의 특성으로 인하여 정열, 흥분, 적극성 등의 심리적 작용을 하며문은배, 2002, 따뜻하고, 강하고, 화려하고, 예리하고, 무겁고,

품위 있고, 유쾌하고, 확대되는 성격을 갖고 있다박은주, 1989. 동적-정적 차원에 대해서는 빨강이 속도감에 있어 빨리 움직이는 것처럼 지각된다박은주, 1989.

노랑은 햇살을 연상시키고, 황금색으로 인하여 부와 권위를 나타낸다. 번개가 연상되어 임기응변과 즉흥성을 지닌다고 하며, 경고의 의미도 지니고 있다. 긍정적인 의미로 햇빛, 젊음, 기쁨, 즐거움의 색이며, 부정적인 의미로는 시기, 질투, 배신, 거짓의 색이다박영순 등, 2007. 노랑은 대체로 따뜻하고, 확대되고, 화려하고, 부드럽고, 약하고, 가볍고, 유쾌한 이미지를 가지고 있다박은주, 1989.

파랑은 하늘과 바다를 나타내는 색으로, 평온한 느낌을 주며 활기 있는 색으로 청결, 맑음, 순수, 깨끗한 이미지를 갖고 있다. 한편으로는, 우울함을 상징하기도 하며, 이때는 무겁고 침체되는 감성을 표현한다. 또 다른 측면에서는 첨단적이며, 미래의 이미지를 가지고 있다박영순 등, 2007. 파랑은 또한 시원하고, 습하고, 예리하고, 단단하고, 수축되고, 품위 있고, 유쾌한 색채이다박은주, 1989. 파랑은 느리게 움직이는 것 같이 지각된다박은주, 1989.

다양한 색상과 감성의 관련성을 알아보기 위하여 이애영과 이선화2012는 일곱 가지 무지개 색상을 색채와 색광 자극이라는 두 가지 자극 유형으로 나누어 사람에게 제시하며 뇌파를 측정하고, 색상이 인간의 생리 및 정서적 반응에 미치는 효과를 연구한 결과 색채 자극을 통해 나타난 뇌파의 변화로 볼 때, 빨강, 주황, 노랑에서 주로 인지적, 감성적 측면에서 긴장을 일으키는 각성 효과가 나타났으며, 반면, 초록, 파랑, 남색, 보라에서는 주로 시각적인 부분에서 이완 효과가 나타남을 발견하였다. 또한 색광자극을 통해 나타난 뇌파 변화에서는 빨강, 주황, 남색에서 각성 효과가 나타나고, 노랑, 초록, 파랑, 보라는 시각적인 부분에서 이완 효과가 나타났다. 여기에서 보면 노랑과 남색은 색채 자극에서와는 반대 결과를 보였다. 한편, 자극 유형별 일곱 가지 색상에 대한 뇌파 반응의 차이점을 통해 보았을 때 노랑, 파랑, 보라는 색채 자극이 각성 효과를 나타내었으며, 이완을 유도하는 데에는 색광자극이 더 효과적이었다. 빨강과 남색은 색광자극이 각성을, 색채자극이 이완에 더 효과적이었다이애영과 이선화, 2012. 이러한 결과로 볼 때 서로 다른 색상은 서로 다른 감성을 유도하지만, 이는 자극의 유형에 따라서도 달라질 수 있다는 것을 의미하는 것으로 감성 연구에 시사하는 바가 크다.

오상은과 이현주2010는 빨강, 노랑, 파랑의 3가지 색채와 형태가 결합하였을 때 감성에 어떠한 영향을 미치는가를 연구한 결과, 이들 두 요인이 상호작용한다는 것을 발견하였다(표 4-2). [표 4-2]는 네 가지의 형태를 각각 동적인 형태와 정적인 형태, 부드러운 형태와 딱딱한 형태로 구분하고 빨강, 노랑, 파랑이 이들 형태에 따라 동적인 순서, 딱딱한 순서로 어떤 서열이 존재하는가를 보여주고 있다.

먼저, 동적인 순서를 볼 때, 동적인 형태에서는 노랑, 빨강, 파랑의 순서로 동적 감성을 느끼고, 정적인 형태에서는 빨강, 노랑, 파랑의 순서로 동적 감성이 느껴지며, 부드러운 형태에서는 노랑이 가장 동적이고 그 다음으로는 빨강과 파랑이 동일한 정도이다. 딱딱한 형태에서는 노랑, 파랑, 빨강의 순서로 노랑이 가장 동적인 것으로 나타났다. 동적인 순서에서 이를 전반적으로 볼 때, 노랑을 동적으로 인식한다고 볼 수 있지만, 정적인 형태의 경우에는 노랑보다 빨강일 때 더 동적인 감성으로 인식되었다. 한편, 파랑을 대체적으로 정적으로 인식한다고 볼 수 있었지만, 딱딱한 형태일 때에는 파랑보다 빨강을 정적인 것으로 인식하였다.

[표 4-2] 각 형태에서 동적인 감성과 딱딱한 감성으로 느껴지는 색채의 순서

형 태	동적인 형태 	정적인 형태 	부드러운 형태 	딱딱한 형태 
동적인 순서	노랑〉빨강〉파랑	빨강〉노랑〉파랑	노랑〉빨강=파랑	노랑〉파랑〉빨강
딱딱한 순서	파랑〉노랑=빨강	파랑〉빨강〉노랑	빨강=파랑〉노랑	빨강=파랑〉노랑

(출처: 오상은과 이현주, 2010)

다음으로 딱딱한 순서를 볼 때, 동적인 형태에서는 파랑이 가장 딱딱하고, 노랑과 빨강은 비슷하다고 느꼈으며, 정적인 형태에서는 파랑, 빨강, 노랑의 순서로 딱딱한 감성을

유발하였고, 부드러운 형태에서는 빨강과 파랑이 동일한 정도로 딱딱하고, 노랑이 가장 덜 딱딱하다. 동적인 형태에서는 파랑을 상대적으로 딱딱하게 느끼면서 노랑과 빨강을 부드럽게 느끼는 정도가 같았지만, 부드러운 형태에서는 빨강과 파랑이 딱딱하게 느껴지는 정도가 거의 같았고, 노랑을 부드럽게 느끼는 정도의 차이가 커지는 것을 알 수 있다. 딱딱한 형태에서도 빨강과 파랑이 딱딱하게 느껴지는 정도가 거의 같은 반면, 노랑을 부드럽게 느끼는 정도의 차이가 커지는 것을 알 수 있다.

4.2. LED 조명과 감성

LED light emitting diode, 발광 다이오드는 양극(+) 단자에 전압을 걸어주면 한 방향으로만 전류가 흐르게 되고, P(+)쪽에서는 정공이, N(-)쪽에서는 전자가 공급되며, 접합부 근처에서 전자와 정공이 재결합하여 입자가 가지고 있던 에너지를 자외선, 가시광선, 적외선 등의 빛으로 전환시키는 반도체 소자를 말한다. 열을 발생시켜 빛을 내는 기존의 전구와 달리 전기가 반도체를 통해 지나가면서 빛으로 전환된다. 형광등과 달리 수은이 포함되어있지 않고 온실가스 배출량이 줄어들어 친환경적이다. 또한 단파장 발광으로 순도 높은 색상을 표현할 수 있으며, 빨강, 초록, 파랑 LED 조명등을 사용하여 다양한 색상을 쉽게 만들어낼 수 있다.

김경태 등2014은 LED 면조명flat lighting을 이용하여 감성 조명을 제공하는 시스템을 개발하였으며, 이를 이용하여 20대 남성을 대상으로 생리적 반응을 분석하였는데, 그 결과, 무채색, 빨간색, 주황색, 노란색의 LED 면조명 자극 시 체열이 증가하였고, 초록색, 파란색, 보라색의 LED 면조명 자극 시 피부의 온도가 감소하였다. LED 색상별 면조명 자극에 따른 심박률변이도 분석에 의하면, 무채색, 빨간색, 주황색, 노란색의 LED 면조명을 사용한 실험에서 HF/LF 비율이 감소하였는데, 이는 교감신경의 활동이 증가하였음을 의미한다. 반면에 초록색, 파란색, 보라색의 LED 면조명을 사용했을 때에는 HF/LF 비율이 증가하였다. 이는 부교감신경의 활성이 증가하였음을 의미한다. 마지막으로 뇌파의 분석 결과, 무채색, 빨간색, 주황색의 LED 면조명을 사용하였을 때는 α파의 비율이 감소하고, 초록색, 파란색, 보라색의 LED 면조명을 사용하였을 때에는 α파의 비율이 증가하였다. 그러므로 서로 다른 LED 색상은 인간의 감성에 대하여 서로 다른 생리적 반응을 유발한다는 것을 알 수 있다.

한편 우리 생활환경에서는 조명의 색상뿐만 아니라 조도intensity of illumination 또한 매우 중요하다. 국가표준 조도기준인 KSA3011에서는 거실 및 공부방의 표준 조도의 최하기준을 400 lx, 최고 기준을 1,000 lx로 규정하고 있다.

우리의 환경에서 빛의 조도와 과제의 난이도는 모두 장기기억의 기억률에 유의미한 영향을 미치는 것으로 밝혀졌다. 이충원과 김진호2018에 따르면, 특히 빛의 조도는 상대적으로 밝은 조건보다 어두운 조건에서 장기기억이 우수한 것으로 나타났다. 이러한 결과는 밝은 조건에서는 긴장이 증가하고, 어두운 조건에서는 이완되어 과제 수행능력이 높아지는 경향을 설명한다고 할 수 있다.

4.3. 입체시각과 감성

2009년 개봉된 3차원3D 입체영화 「아바타Avatar」를 계기로 대중의 관심 증대와 더불어 입체 영상 제작과 관련 산업이 발달하게 되었다. 「아바타」가 개봉되기 이전에도 3D 영상이 제작되었지만, 단편적으로만 사용되어 왔다. 그러나 「아바타」가 개봉된 이후에는 영화를 막론하고 TV에서도 3D 영상이 도입되는 등 사회 전반적으로 3D 영상의 바람이 불었다.

3D 입체 영상을 만드는 데에는 크게 네 가지 방법이 있다Lee와 Choi, 2011. 첫째, 실사를 할 때 두 대의 카메라를 사용하여 촬영하는 방법이 있고, 둘째, 컴퓨터그래픽CG을 이용한 입체 렌더링 방식으로 가상공간에 3D 모델링을 하고, 여기에서 두 장의 이미지를 뽑아 입체 영상을 제작하는 방법이 있다. 세 번째 방법으로, 그래픽과 실사를 합성하는 방법이 있고, 네 번째로, 특수 보정용 소프트웨어를 사용하여 기존의 2차원2D 이미지나 영상을 3D로 변환하는 방식이 있다. 이 가운데, 2차원에서 3차원2D-to-3D으로 변환 시에는 '깊이

맵depth map'을 이용하는 보정 방법이 가장 많이 활용되고 있는데, 이러한 깊이맵을 사용하는 기법의 경우 제작되는 깊이맵의 정밀도에 따라 영상의 품질도 크게 달라진다. 이 중 네 번째 방법인 2D-to-3D 방식에 따라 기존의 많은 영화가 3D로 재탄생하게 되었다.

2D-to-3D 방식에 사용되는 깊이맵은 255개의 명암으로 나타내는 그레이 스케일 이미지이다Sung, 2011. 기존의 2D 이미지에서 시청자로부터 가까운 부분은 밝게, 먼 부분은 어둡게 표현한다. 혹은 이와 반대로 할 수도 있다. 이런 방식으로 생성된 깊이맵을 2D 이미지에 적용시킨 후 왜곡 정도를 보정해 주게 되면 밝은 부분은 돌출되어 보이고, 어두운 부분은 함몰되어 들어가 보이는 효과가 나타나 입체로 지각될 수 있다. 이때 사용되는 깊이맵의 정밀도는 영상의 품질과 직결될 뿐만 아니라 시청자가 느끼는 실제 입체 효과와 감성에

〔그림 4-9〕 2D 이미지 (출처: Lee 등, 2013)

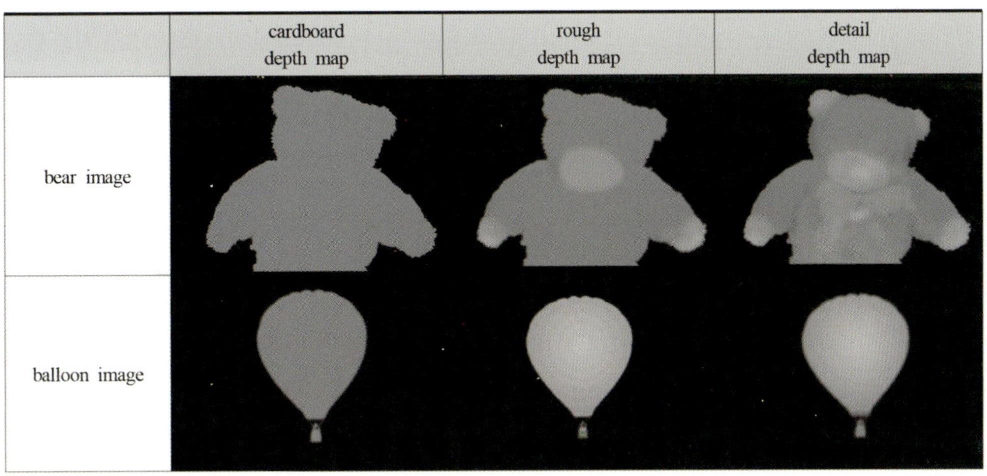

〔그림 4-10〕 깊이 맵의 quality 수준 (출처: Lee 등, 2013)

영향을 미칠 수 있다. 이를테면, [그림 4-9]은 3D로 변환해야 할 원본 사진이며, [그림 4-10]은 이를 변환하는 과정에서 설정한 여러 수준의 깊이맵을 보여주는 것으로 왼쪽은 단색 깊이맵cardboard depth map, 중간 것은 간략한 깊이맵rough depth map, 오른쪽은 세밀한 깊이맵detail depth map을 보여준다. 이를 이용하여 Lee 등2013이 분석한 결과 피사체(곰, 애드벌룬)의 절대적 위치와, 피사체-배경간의 상대적 거리 차이가 달라짐에 따라 깊이맵의 상세도가 시청자의 깊이감, 볼륨감 등 감성에 미치는 영향력이 달라지는 것을 보고하였다. 단색 깊이맵cardboard depth map의 경우는 피사체의 절대적 깊이위치에 상관없이 전반적으로 볼륨감이 크게 나빠졌고, 중앙의 간략한 깊이맵rough depth map이나 오른쪽의 세밀한 깊이맵detail depth map과 같이 다른 상세한 깊이맵에 비해 깊이감도 크게 저하되었다. 또한 세밀한 깊이맵과 간략한 깊이맵을 적용하였을 때에는 시청자가 입체감을 잘 느꼈다.

4.4. 시각적 정보 기억과 감성

긍정적 감성은 시각적 자극에 대한 기억을 증진시킬 수 있다. 시각 자극에 대한 기억은 얼굴 표정이 가지고 있는 긍정적 감성에 의해 향상될 수 있는데, 이를 입증한 연구는 한지은과 현주석2011에 의해 수행되었다. 이들 연구자들은 시각적 작업기억working memory에 대하여 얼굴 자극이 가지고 있는 긍정적, 부정적 그리고 중립적 감성이 기억 정확성에 미치는 영향을 조사하였다. 이들은 피험자들에게 유쾌한 표정, 불쾌한 표정, 무표정의 세 가지 표정 유형 중 하나가 무선적으로 포함된 얼굴들 표정을 기억한 후 잠시 후 제시된 검사용 얼굴에서 기억항목과 검사항목 간에 얼굴 표정 상 변동이 있는지를 보고하게 하였다. 얼굴 표정이 변화되었는지에 대한 정확도를 측정한 결과 기억항목의 노출시간이 500 ms이었을 경우, 부정적 표정이나 중립적 표정에 비해 긍정적 표정을 가진 기억항목에 대한 탐지가 더 정확했다. 반면에 노출시간이 1,000 ms로 길어지자 이러한 차이는 관찰되지 않았다. 이러한 결과는 얼굴에 대한 긍정적 감성이 시각적인 작업기억의 정확성을 향상시킬 수 있음을 의미한다. 특히 긍정적 정서에 의한 기억 증진 효과는 기억표상 형성에 요구되는 시간이 비교적 짧은 경우에 나타남을 알 수 있다.

4.5. 색채 감성과 문화

인간은 외부에서 들어오는 시각정보를 그대로 받아들이는 것이 아니라 자기자신 나름대로의 기억과 사고를 통해 느끼게 된다. 색채에 대한 선호도는 개인의 성향으로 나타나지만, 다른 한편으로는 민족이나 집단으로서의 성향이 존재한다. 따라서 사람들은 대부분 각자 좋아하는 색과 싫어하는 색이 있는데, 이는 개인의 내적 요인에 따라 다르다. 하지만, 개인을 떠나 보편적으로 공감되는 색채가 존재하는데, 색에 대한 감성은 성별, 연령, 지역, 민족, 시대 상황, 교양 수준, 경제 수준, 사회적 집단 등과 관련된 외적 요인에 따라 달라질 수 있다.

한국과 중국은 같은 동양문화권에 속하고 있어서, 청색, 적색, 황색, 백색, 흑색의 다섯 가지로 구성된 오색을 존귀한 색으로 생각하였으며, 예복으로 이들 색상의 옷감을 사용하였다. 이 가운데에서 적색, 즉 빨강은 음양오행사상에 의거하여 양陽을 상징하는 색으로 힘과 정열을 의미하였고, 나아가 절대적인 권력과 풍요, 생명의 상징으로 여겨졌다Kwon과 Lee, 2003. 오래전부터 한국은 빨간색을 부적에 사용하면서 신비롭고도 강한 힘을 가진 색으로 여겼으며, 최근에는 젊은이들에게는 정열과 사랑을 표현하는 색인 동시에 반항적인 이미지로 사용되기도 한다Kim, 2008. 한편, 중국인에게 있어서 붉은색은 왕의 예복에 사용함으로써 고급감이 있고, 또한 태양을 상징하는 의미로 따뜻하고 행복한 이미지를 연상시키는 것으로 알려져 있다반홍우와 최종명, 2015.

한국인을 대표하는 색이 무엇인가에 관해 2012년 한국색채연구소에서 대학생을 대상으로 한 설문조사에서 응답자의 41%는 빨강을, 33%는 백색을, 22%는 파랑을 선택함으로써 빨간색이 가장 선호하는 색으로 나타났다오승진, 2015. 연령별로 보면, 40대는 빨강과 백색이 거의 비슷하였으며, 50대 이상은 백색의 선택 비율이 높았다. 그런데, 유사한 조사를 1998년에 실시한 결과에 의하면 백색이 49%, 빨강이 15%로 백색에 대한 선호도가 가장 높았다. 이는 2002년 한-일 월드컵 열풍으로 빨간색에 대한 선호 경향이 급속히 높아진 것으로 볼 수 있다. 그렇지만, 약 1/3 정도는 여전히 백색을 선호하고 있었다. 1970년대 이후 산업화가 되기 전까지 우리 민족을 지칭할 때 일반적으로 백의민족이라는 표현을 즐겨 사용할 만큼 우리나라 사람들은 흰색에 대한 사랑과 애정이 특별했다.

4.6. 시각 장애 개선을 통한 감성 증진을 위하여 개발된 인공망막(artificial retina)

우리 눈의 망막은 외부 시각 자극에 대한 상image이 맺히는 곳으로 시지각에 있어서 매우 중요한 일차적인 부위다. 그런데 망막에 이상이 생기면 시지각에 중대한 문제가 생기며, 이에 대한 특별한 치료법이 아직 없다. 하나의 예로서, 망막의 이상으로 인해 시력이 상실되는 '망막색소변성증retinitis pigmentosa'이라는 질병이 있다. 이 질병은 망막의 광수용체photoreceptor 세포의 기능에 문제가 생겨 결국 시력을 잃게 되는 질환이다. 이 질병은 망막의 기능은 제대로 잘 되지 못하지만, 시신경optic nerve 자체는 남아있기 때문에 망막에서 빛 자극을 전기신호로 바꾸어 시신경에 전달하는 문제만 해결된다면 시력을 되찾을 수 있다. 이러한 역할을 대신 할 수 있는 것이 인공망막artificial retina이다.

미국 사우스캘리포니아 대학의 마크 후마윤 박사가 개발하고, 세컨드사이트메디컬프로덕트Second Sight Medical Product; SSMP사가 생산하는 인공망막인 아르구스 2Argus 2는 FDA의 승인을 얻어 환자에게 시술할 수 있다. 이 장치는 안경 형태로 제작된 특수 카메라가 포착한 영상을 휴대형 영상 장치로 보내어 처리한 다음 안경다리에 장착한 전송장치를 이용하여 시신경과 연결된 인공 망막으로 전송하는 방식으로 작동한다. 이것은 시각 장애 연구의 미개척 분야에 큰 발전을 이룬 것으로 평가받고 있다. FDA는 아르구스 2의 시술 대상을 원래 정상적인 시각과 시력을 갖고 있었지만 후천적으로 시력을 잃은 25세 이상의 망막색소변성증retinitis pigmentosa 환자들로 제한하였다. 그렇지만, 인공망막 기술이 더 발전하게 되면, 노화에 따른 시력 감퇴에도 사용될 수 있을 것이다.

독일 튜빙겐 대학University of Tuebingen에서는 'Alpha-I ms'라는 사방 3 mm 크

기의 작은 마이크로칩을 환자의 망막에 이식하여 시력을 회복하는 방법을 개발하였는데, 이것은 기존 제품보다 해상도가 더 높다.

한편 이탈리아 기술연구원Italian Institute of Technology의 파비오 벤페나티Fabio Benfenati와 굴리엘모 란자니Guglielmo Lanzani 연구팀은 유기전도성 고분자organic conducting polymer 광전소재photovoltaic polymer를 사용하여 부드럽고 유연한 인공망막을 개발하는데 성공하였다. 이 인공망막에서는 빛에 의해 고분자 코팅 층에서 전기 신호가 발생하고, 이 신호에 망막 신경세포가 반응하며, 빛에 민감한 유기전도성 고분자가 사용되어 이식했을 때 생체 적합성을 향상시킬 수 있고, 광센서에 동력을 전달하기 위한 배선과 배터리가 필요하지 않다. 이러한 인공망막의 개발에 따라 시각장애인들의 일상생활에 큰 도움이 될 전망이다.

4.7. 감성 연구를 위한 시각 자극 데이터베이스

시각적 자극을 이용하여 감성을 연구하기 위하여 다양한 데이터베이스가 개발되었다. 우선 International Affective Picture System(IAPS, Eye-APS라 발음)은 그림을 이용하여 감성을 연구하기 위하여 플로리다 대학University of Florida 소재 NIMH Center for Emotion and Attention의 랭Lang 등 1997이 개발한 것이다. 그런데 이 데이터베이스는 무료로 이용할 수 있지만, 자유로이 이용하기에는 다소 까다롭다. 이러한 문제를 해결하기 위하여 제네바 대학University of Geneva의 댄-글라우서Dan-Glauser와 쉬어러Scherer, 2011는 730개의 그림으로 이루어진 The Geneva affective picture database(GAPED)를 개발하였으며, 하버드 대학Harvard University의 쿠르디Kurdi 등 2017은 900개의 이미지를 가지고 있는 Open Affective Standardized Image Set(OASIS)를 개발하였다. 한편, 플로리다 대학University of Florida 소재 NIMH Center for Emotion and Attention의 브래들리Bradley와 랭Lang, 1999a은 영어 어휘를 사용하여 감성을 연구할 수 있는 Affective Norms for English Words(ANEW)를 개발하였다.

제2부

제 5 장

청각과 감성

인간에게 있어서 청각은 시각 못지않게 중요한 감각이다. 환경으로부터 청각 정보를 받아들임으로써 우리는 외부 상황 변화에 적절히 대처할 수 있으며, 다른 사람들과의 의사소통에서는 청각이 시각보다 더 중요한 역할을 수행할 수 있다. 청각 자극은 눈에 보이지 않는 대상에 관한 정보도 제공해 주며, 어둠속에서도 청각은 엄청난 기능을 수행한다.

본 장에서는 청각 정보의 처리과정을 알아보고 청각과 관련된 감성에 관하여 살펴보고자 한다.

1. 청각 자극

우리는 청각 자극으로서 소리를 듣는다. 소리는 물체가 진동하여 공기 분자를 움직임으로써 발생한다. 물체가 진동하게 되면, 진동으로 인한 파장이 우리 귀 속에 있는 수용기 세포를 자극하게 되고, 우리는 이를 소리로 지각한다. 청각 자극에서 지각되는 음고pitch는 헤르츠 Hz로 측정되는 주파수로 결정된다. Hz라는 단위를 쓰게 된 것은 19세기 독일 물리학자인 하인리히 헤르츠Heinrich Hertz의 이름을 따서 붙여진 것이다. 우리는 16 ~ 20,000 Hz 정도의 주파수 대역의 소리를 듣는다. 소리의 크기loudness는 자극의 강도로 결정되는데, 강도란 공기가 압축되었을 때와 늦추어졌을 때의 차이가 어느 정도인가를 나타내는 것이다. 음색timbre은 특정 소리의 독특한 속성을 의미하는 것으로 진동수의 특정한 혼합 양상에 따라 결정된다.

2. 청각 정보의 지각 과정

2.1. 귀를 통한 청각 정보의 처리 과정

소리는 우리의 귀로 들어오면서 외이外耳의 귓바퀴에서 모인 다음 이도耳道를 따라 들어가 고막tympanic membrane에 닿으면 고막이 소리에 따라 진동한다(그림 5-1). 우리는 마음대로 귀를 움직이지 못하지만, 머리의 방향을 움직임으로써 귀의 수용기에 도달하는 소리를 조절할 수 있다. 중이中耳, 가운데귀에 있는 작은 뼈들을 청소골ossicles, 이소골이라 하는데, 추골malleus, 망치뼈과 침골incus, 모루뼈, 등자골stapes, 등자뼈이 그것으로, 고막에 의해 진동하게 된다. 이들 뼈의 진동은 내이內耳로 들어가서 수용기가 있는 달팽이관cochlea, 와우관으로 전달된다. 중이의 청소골이 연쇄적으로 연결되어 있으므로 소리 에너지는 아주 효율적으로 전달될 수 있다. 등자골의 기판은 난원창oval window 뒤에 있는 막

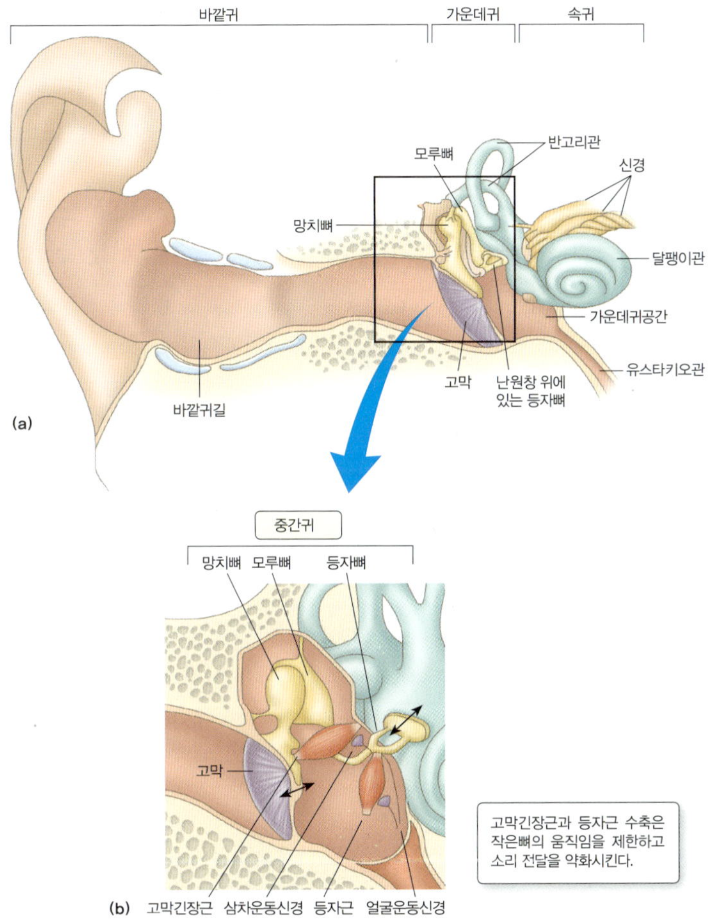

〔그림 5-1〕 소리가 전달되어 들어가는 인간의 귀

에 물리적 힘을 가한다.

달팽이관cochlea, 와우관이란 명칭은 '달팽이'를 의미하는 그리스어 *Kokhlos*에서 유래한다. 달팽이관은 내이inner ear에 있으며, 액체로 가득 차 있어서 공기를 통해 전달된 소리가 전달되는 매개체이다. 이 달팽이관은 끝 쪽으로 갈수록 점차 좁아지는 원통 모양의 구조가 감겨 있어 달팽이 모양을 하고 있다. 달팽이관은 세 부분으로 구분되어 있는데, 코르티기관organ of Corti으로 알려진 수용기관은 기저막basilar membrane, 유모세포, 개막

蓋膜, tectorial membrane, 덮개막으로 이루어져 있다. 기저막에는 유모세포hair cell가 있는데, 이 유모세포는 청각 수용기세포로서 이들은 막대처럼 생긴 '다이테르스 세포Deiters' cell'라는 지지세포를 통해 기저막에 고정되어 있다. 유모세포의 기저막 섬모는 망상막reticular membrane을 통과하여, 그 일부는 선반처럼 그 위에 펼쳐있는 단단한 개막에 부착되어 있다. 음파에 의해 기저막이 움직이면 이에 따라 유모세포의 섬모가 구부러지며, 유모세포에서 수용기 전위가 발생한다(그림 5-2).

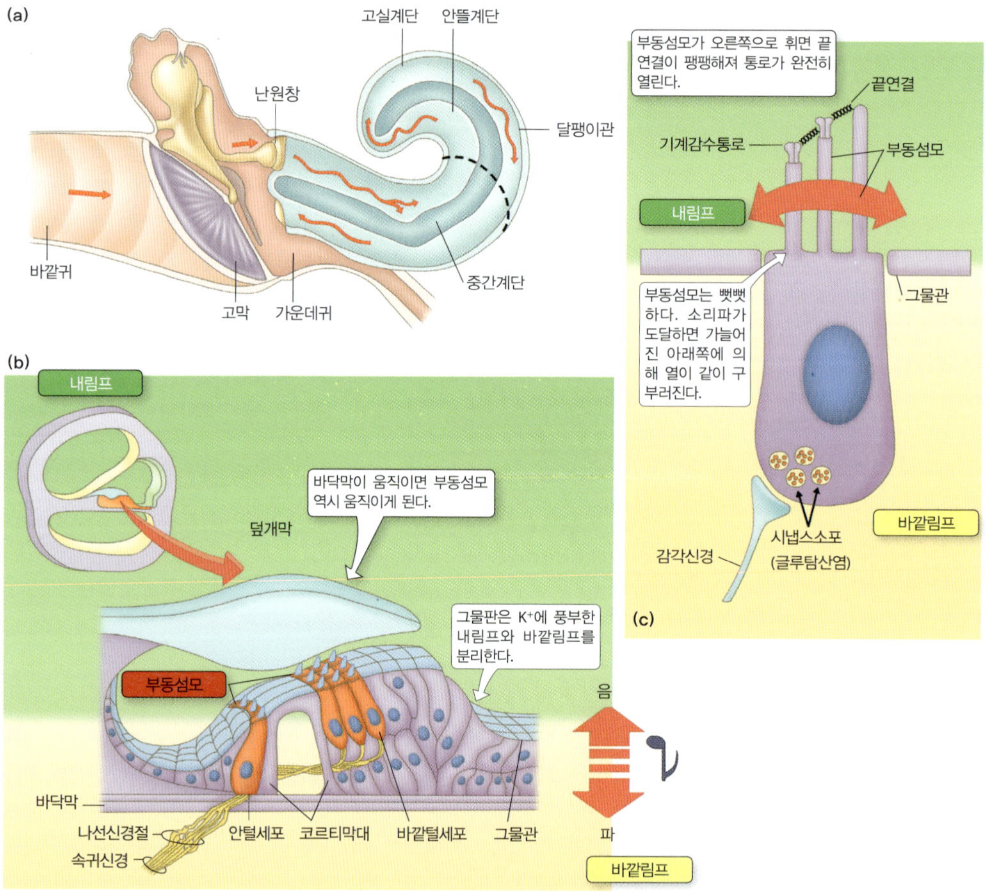

〔그림 5-2〕 달팽이관의 횡단면과 코르티기관 (a) 달팽이관의 횡단면, (b) 코르티기관의 구조와 기능, (c) 유모세포의 소리파 수용 과정.

게오르그 폰 베케시Georg von Bekesy는 난원창에 가해진 진동에너지가 기저막을 굽힌다는 것을 발견하였다. 기저막이 움직이는 위치는 소리의 주파수에 따라 다르다(그림 5-3). 이 이론은 장소 부호 이론place code theory이라고 한다. 이것은 대체로 기저막의 구조가 달팽이관의 길이에 따라 달라지기 때문이다. 달팽이관은 기저부base에서 첨단부apex로 갈수록 좁아진다. 그렇지만 달팽이관의 안쪽에 있는 기저막은 첨단부로 갈수록 넓어진다. 게다가 기저막은 기저부에서는 두껍고 첨단부로 갈수록 넓어지면서 얇아진다. 이에 따라 달팽이관은 소리를 주파수에 따라 분리시킬 수 있는데, 고주파는 기저부에 가까운 좀 더 좁고 좀 더 뻣뻣한 기저막 부위에 변형을 일으키고, 저주파는 첨단부 근처의 좀 더 넓고 좀 더 유연한 부위에 더 큰 변형을 일으키게 된다.

〔그림 5-3〕 소리의 주파수에 따른 기저막의 변형 위치 변화

달팽이관의 코르티기관organ of Corti에 있는 유모세포hair cell가 청각수용기 세포인데, 청각 수용기는 진동 자극을 전기신호로 변환시키는 작용을 수행한다. 청각수용기의 두 가지 유형인 내유모세포와 외유모세포는 각각 달팽이 코일의 안쪽 부위와 바깥쪽 부위에 존재한다. 유모세포의 끝에는 섬모cilia라는 매우 작고 가는 털이 나있으며, 이들은 일렬

로 배열되어 있다. 사람의 달팽이관에는 3,400개의 내유모세포안털세포와 12,000개의 외유모세포바깥털세포가 있다.

음파는 기저막을 주파수에 따라 다른 위치에서 변형시켜 상하로 움직이게 한다. 이와 같이 기저막의 변형에 의해 기저막이 움직이게 되면 기저막에 붙어 있는 청각 유모세포의 섬모다발에는 개판에 닿는 부분에서 옆으로 작용하는 전단력勢斷力이 생기게 된다. 이때 섬모다발이 휘어짐에 따라 수용기 전위receptor potential가 유발된다. 청각 유모세포의 안정전위는 약 -60 mV이다. 섬모다발이 가장 키가 큰 섬모 쪽으로 움직일 때, 세포로 유입되는 K^+의 양이 증가한다. 따라서 막의 안쪽에 탈분극이 일어나고 신경전달 물질의 방출이 증가한다. 그러나 섬모다발이 반대방향으로 움직일 때에는 세포로 유입되는 K^+의 양이 감소하며, 막이 과분극hyperpolarize되고, 신경전달물질의 방출이 감소한다. 유모세포는 청신경으로 축삭을 내보내는 신경세포의 수상돌기와 시냅스를 형성함으로써 소리 정보를 전달하게 된다.

만약 달팽이관이 폐쇄된 체계라면 어떠한 진동도 난원창으로 전달되지 못할 것이다. 왜냐하면 달팽이관 속에 들어있는 액체는 본질적으로 압축될 수 없기 때문이다. 그러나 이 달팽이관 체계에는 막으로 덮여진 정원창round window이 있어서 와우관 내의 액체가 앞뒤로 움직일 수가 있다. 등자골의 기판은 난원창의 막을 진동시켜서 고주파나 저주파의 음파를 달팽이관으로 전달한다. 이 진동에 의해 기저막의 일부가 휘게 된다. 이에 따라 기저막 아래에 있는 액체의 압력 변화가 정원창의 막으로 전달되고 이 정원창은 난원창의 움직임과는 반대 방향으로 안쪽 또는 바깥쪽으로 움직인다. 즉, 등자골의 기판이 안쪽으로 밀고 들어올 때, 반대쪽의 정원창에 있는 막은 바깥쪽으로 밀려나간다.

2.2. 청각 정보의 중추 전달 과정

달팽이관은 청신경(8번 뇌신경)인 달팽이신경cochlea nerve, 와우신경을 통해 청각 정보를 뇌로 보낸다. 이 청신경의 축삭은 연수에 있는 신경세포와 시냅스를 형성한다. 구심성 달팽이신경 축삭의 약 95%는 내유모세포와 일대일로 시냅스를 맺는다. 즉, 내유모세포 하나와 청신경 세포 하나가 시냅스를 형성한다. 나머지 약 5%의 청신경 섬유는 일대다수로 외유모세포와 시냅스를 맺는데, 이를테면 외유모세포 10개가 한 개의 청신경세포와 연결되는 식으로 시냅스를 형성한다. 그러므로 내유모세포는 전체 수용기 세포 중 22%에 지나지 않지만 청각정보를 중추신경계로 전달하는데 매우 중요한 역할을 하는 것 같다.

청각계의 중추신경계 정보 전달 통로는 시각계에 비해 훨씬 더 복잡하다. 청신경의 축삭은 연수의 달팽이핵cochlear nucleik, 와우핵으로 들어가서 시냅스한다. 달팽이핵에 있는 대부분의 신경세포에서 나온 축삭은 또한 연수에 있는 상올리브 복합superior olivary complex으로 들어간다. 이곳의 신경세포들은 중뇌의 뒤쪽(배측)에 있는 하소구inferior colliculus로 축삭을 뻗어 정보를 보낸다. 하소구의 신경세포들은 '내측 슬상핵medial

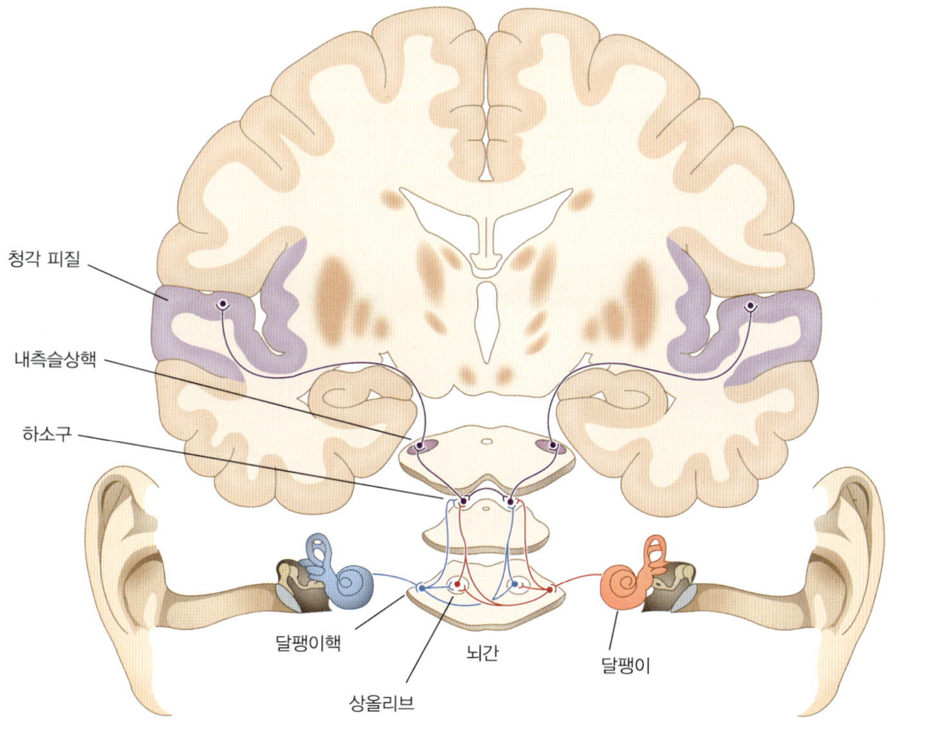

(그림 5-4) 청각 정보의 중추 전달 통로

geniculate nucleus'으로 투사하고, 내측슬상핵 신경세포의 축삭은 측두엽의 일차 청각 피질로 들어간다(그림 5-4). 각 대뇌반구의 일차 청각 피질은 양쪽 귀로부터 모두 정보를 받아들이지만 주로 반대쪽으로부터 받는다.

달팽이관의 기저막을 평평하게 펼친 후 기저막의 여러 연속 지점에서 시작하여 구심성 축삭을 따라 추적해 보면 청각 정보는 궁극적으로 일차 청각 피질 표면을 따라 배열되어 있는 연속적인 지점으로 전달된다. 그러므로 일차 시각피질의 표면에 시야visual field에 대한 지도가 있는 바와 같이, 일차 청각 피질에도 다양한 주파수의 소리에 대한 지도가 있다(그림 5-5). 이것은 청각 피질에 형성된 주파수 지도로, 같은 특성의 주파수를 가진 신경세포들이 함께 집단을 이루고 있으며 인접한 특성의 주파수를 가진 신경세포들은 서로 가까이 있다. 이를 '소리대응지도tonotopic map'라고 부른다. 한편, 일차 청각 피질에 있는 신경세포의 축삭은 청각 연합피질로 들어가 청각 정보의 고차적인 처리가 후속하여 이루어진다.

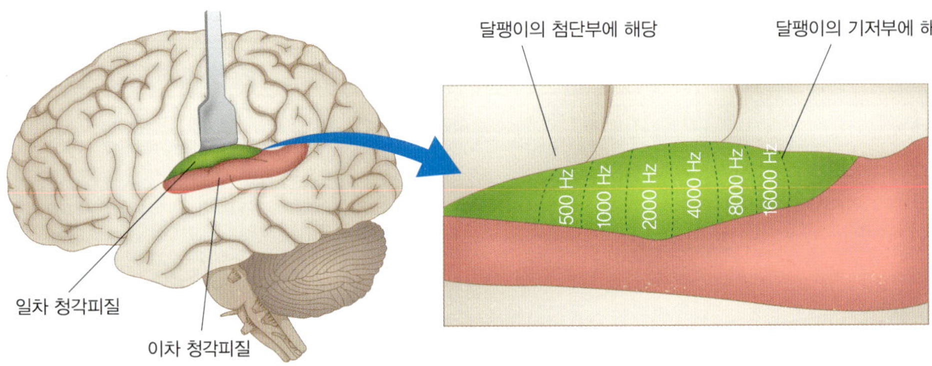

[그림 5-5] 일차 청각 피질의 위치 및 소리 주파수의 투사 영역

청각 연합피질은 청각정보를 처리하는데 있어서 매우 중요한 역할을 담당한다. 인간의 시각 연합피질이 손상되면 시각 실인증이 유발되는 것과 마찬가지로 청각 연합피질이 손상되면 청각 실인증, 즉 소리의 의미를 이해할 수 없는 현상이 일어날 수 있다. 인간의 좌

반구가 손상되면 특수한 유형의 언어장애가 나타나고 우반구에 손상이 생기면 비언어적인 소리의 속성을 인식할 수 없게 된다.

3. 소리의 특성 탐지

3.1. 음파 주파수의 시간적 부호화

소리의 주파수는 음고pitch를 결정한다. 우리의 청신경은 소리 자극의 주파수에 반응함에 있어서 음파(단순화시키면 사인파)의 특정한 위상에 동기화되어 반응한다. 이를 '위상 동기phase locking, 위상 결속'라고 한다(그림 5-6). 이때 신경세포는 어떤 주어진 주파수의 소리 자극에서 음파의 주기cycle 중 특정한 포인트(위상)에서 반응한다. 그 신경세포는 매 주기마다 활동할 필요는 없으며, 그 주기 중에서 특정한 포인트에서만 활동하면 되는 것이다. 위상 동기가 존재한다는 것은 청신경의 활동 양상이 특정 주파수의 음파에 대해 시간적 부호화temporal coding를 수행한다는 의미이다. 시간적 부호화는 달팽이관의 서로 다른 부위가 서로 다른 주파수에 튜닝tuning되는 것으로, 우리가 듣는 음파의 특정한 주

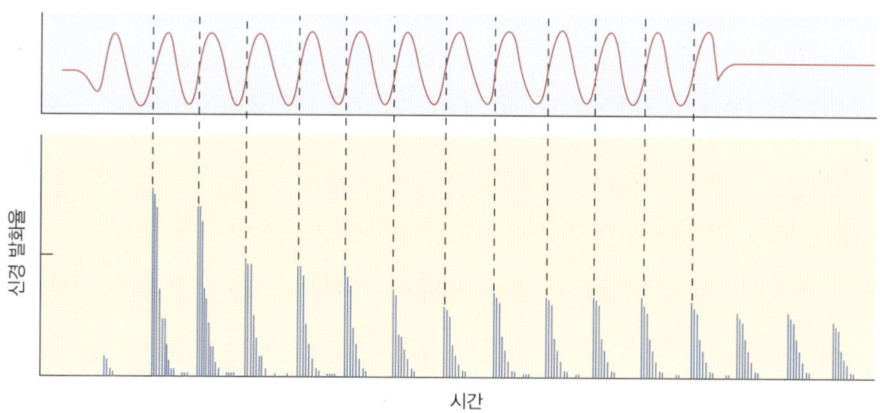

〔그림 5-6〕 소리 자극에 대한 위상 동기(phase locking)

파수에 대한 정보가 신경 활동의 타이밍timing에 의하여 부호화되는 것을 말한다.

그런데 시간적 부호화가 저주파에서는 신뢰할 수 있지만, 1,000 Hz 이상의 고주파에서는 신뢰할 수 없다. 특히 4,000 이나 5,000 Hz 이상의 청각 자극에서는 적용되지 못한다. 이것은 대체로 신경세포의 불응기refractory period 때문이다. 고주파 청각 자극에 대해 단일 신경세포는 그 자극의 매 주기마다 반응을 하지 못하더라도 각 신경세포가 음파의 특정 포인트에서 반응을 한다면, 여러 신경세포는 집단으로 작용하여 그 고주파를 부호화할 수 있다. 이를 '연발 원리volley principle'라 한다(그림 5-7).

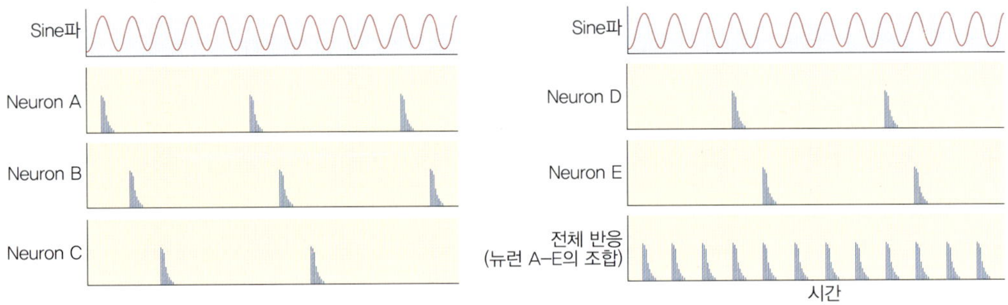

〔그림 5-7〕 소리 자극에 대한 여러 신경세포의 반응으로 구성된 연발 원리(volley principle)

3.2. 소리 크기(loudness)의 탐지

자극의 세기에 대한 정보는 달팽이신경 축삭의 발화율firing rate에 의해서 뇌로 전달되는 것으로 보인다. 소리의 진동이 강해지면 청각 유모세포의 섬모에 더 강한 전단력이 가해진다. 이에 따라 더 많은 전달물질이 방출되고 달팽이신경 축삭의 발화율이 높아진다. 이러한 설명은 기저막에서 일어나는 음고pitch의 장소 부호화에 관여하는 축삭에 대해서는 앞서 살펴본 바와 같이 간단히 알 수 있다. 이 경우에 음고에 대한 신호는 신경세포가 발화하는 주기cycle에 의해 나타나고, 음강loudness, 음량에 대한 신호는 신경세포의 발화율에 반영된다.

3.3. 음색(timbre)의 탐지

일상생활에서 우리는 여러 주파수가 섞인 복잡한 음색의 소리를 듣는다. 예를 들어 우리가 클라리넷, 플룻이나 바이올린의 소리를 쉽게 구분할 수 있는 이유는 이들 세 가지 악기가 청각 신경계에서 구분할 수 있는 서로 다른 음색의 소리를 가지고 있기 때문이다.

일정한 음을 연주하는 특정한 악기 소리의 파형을 보면 기본 주파수fundamental frequency가 규칙적으로 반복되며, 이것으로 우리가 지각하는 악기 소리의 음고가 결정된다. 소리의 파형을 분석해보면 그 소리가 실제로는 기본 주파수와 기본 주파수의 정수배로 나타나는 수많은 배음overtone으로 구성되어 있다. 각 악기는 배음의 강도가 서로 다르다. 전자음 합성장치synthesizer는 적절한 강도로 일련의 배음을 만들고, 이들을 혼합하여 스피커로 내보냄으로써 실제 악기 소리와 유사한 소리를 만들어낸다. 기저막이 악기 소리에 의해 자극을 받으면 서로 다른 기저막 부위가 각 배음에 반응을 나타낸다. 기저막의 반응은 달팽이신경의 활동을 일으키고, 이러한 신경활동이 뇌로 전달되어 음색이 식별된다.

3.4. 소리 위치의 탐지

우리는 소리가 어디에서 들려오는지 잘 알 수 있다. 우리 귀는 소리의 위치가 왼쪽에 있는지 아니면 오른쪽에 있는지 판단하는 것은 어려운 것이 아니다. 만일 좌우가 아니고 앞쪽과 뒤쪽 어디라면 우리는 머리를 돌려서 판단하면 된다.

우리는 두 가지 생리적 기전에 의하여 소리의 위치를 탐지한다. 하나는 소리가 귀에 도달하는 시간과 위상차에 의한 것이며, 다른 하나는 양쪽 귀에 들어오는 소리의 강도 차에 의한 것이다. 이 두 가지 기전은 다음과 같다.

첫째, 우리는 음파가 양쪽 귀에 도달하는 시간이 서로 다른 것에 대하여 신경세포가 선택적으로 반응하기 때문에 소리의 위치를 파악할 수 있다. 만일 소리가 정중앙을 기준으로 우측이나 좌측에 있다면 그 음파는 한쪽 귀에 먼저 도달하게 되고, 그곳에서 먼저 활동전위가 일어난다. 청각계의 많은 신경세포는 소리가 어느 쪽 귀에 제시되든 반응한다. 특히 상올리브 복합superior olive complex에 있는 신경세포들은 음파가 양쪽 귀에 도달하는 시간의 차이에 따라서 반응한다. 이 신경세포들의 발화율에는 1 ms 정도의 미세한 시간 차이까지도 반영된다.

우리는 짧은 소리뿐만 아니라 연속적인 소리도 들으며, 이러한 상황에서도 우리는 또한 그 소리가 들려오는 소리의 위치도 지각할 수 있다. 우리가 연속적인 낮은 소리의 음원을 탐지할 때에는 위상차phase difference를 이용한다. 위상차란 어느 특정한 시점에 양쪽 귀에 도달한 파형의 위상이 서로 다른 것을 의미한다. 예를 들어 소리의 위치가 머리의 한쪽에 위치한다면, 한쪽 고막이 안쪽으로 밀려들어갈 때 다른 쪽 고막은 바깥쪽으로 밀려나간다. 이때 두 고막의 움직임은 반대방향이며, 위상차는 180°가 된다. 만일 소리가 양쪽 귀로부터 동일한 지점에 위치하면, 두 고막의 움직임은 완전히 일치하여 위상차가 0°이 된다. 어떤 청각 신경세포는 고막(나아가 기저막의 변위)에 적어도 어느 정도 위상차가 있을 때에만 반응하기 때문에, 이들 청신경세포들이 제공한 정보를 사용하여 뇌의 상올리브 복합에 있는 신경세포들은 연속적인 소리의 위치를 탐지한다.

둘째, 우리 청각계는 고주파수의 소리에 대해서는 양쪽 귀 사이의 위상차를 쉽게 탐지하지 못하며, 고주파 소리의 진동은 매우 빨리 이동하기 때문에 시간 차이도 너무 작아서 탐지할 수 없다. 그러나 왼쪽이나 오른쪽에서 양쪽 귀로 들려오는 고주파수의 소리는 양쪽 귀를 동일하게 자극하지는 못한다. 소리가 머리를 지나갈 때 고주파수의 소리를 흡수하여 '음파 그림자sonic shadow'를 만들기 때문에, 소리나는 쪽에 비해 반대쪽 귀는 훨씬 더 약한 자극을 받는다. 우리 청각계의 신경세포 중에는 양쪽 귀에 서로 다른 강도로 제시되는 자극에 대하여 반응하는 세포들이 있다. 양쪽 귀로 들어오는 소리 강도에서의 차이를 탐지하는 신경세포는 상올리브 복합에 위치하며, 앞서 살펴본 양쪽 귀에 들어오는 소리의 도착시간과 위상의 차이를 탐지하는 신경세포에 가까이 위치해 있다.

소리의 위치를 탐지할 때 우리 청각계는 대략 3,000 Hz 이하의 저주파 소리에는 위상차를 이용하고, 고주파의 소리에는 강도차를 이용한다. 그런데, 3,000 Hz 정도의 소리에 대해서는 두 가지의 기전이 모두 다소 비효율적이기 때문에 위치의 파악이 가장 어렵다.

4. 청각 감성

시각계는 합성적인synthetic 역할을 수행한다. 파장이 서로 다른 두 빛이 섞여 있으면, 우리는 두 가지의 빛을 별도로 지각하는 것이 아니라 하나의 색으로 인식한다. 이를테면, 빨간색의 빛과 청록색의 빛이 혼합되어 있으면 우리는 순수한 노란색 빛으로 지각하는 것이지 빨간 빛과 청록 빛 가운데 어떤 것도 별도로 탐지하지 않는다. 이와 대조적으로 청각계는 분석적인analytic 기관이다. 서로 다른 주파수의 소리가 섞여 있을 때 우리는 하나의 중간 음조로 인식하는 것이 아니라, 두 가지의 원래 음조를 함께 듣는 것이다. 복잡한 소리 자극에서 개별 구성 성분, 즉 각각의 주파수를 탐지하는 청각계 덕분에 우리는 서로 구별되는 악기의 소리와 같은 특정한 소리를 알아낼 수 있다.

이와 같은 청각계와 관련된 청각 감성은 다양한 분야에 적용될 수 있는데, 이를테면 멀티미디어, 게임, 통신기기 등 많은 분야에서 활용되고 있다. 특히 시각 및 촉감이 강조되는 의류의 경우에도 직물의 시끄러운 소리를 줄이고, 기분 좋은 소리를 구현해 내거나 소음이 없는 직물을 만들기 위한 청감 디자인이 시도되는 등 다양한 영역에 활용될 수 있다.

4.1. 음악을 통한 감성의 구현

청각은 좋은 소리를 청취하는 경우 좋은 분위기를 느끼고 좋은 감성이 표출되지만 좋지 않은 소리를 청취하는 경우 좋지 않은 분위기를 느끼거나 좋지 않은 감성이 표출된다. 분위기 표현에 있어 가장 보편화된 방법 중 하나는 음악을 통한 방법이고, 음악은 일상에서 자주 접하는 소리 중 한 가지이기 때문에 좋은 음악의 청취는 스트레스 해소에 중요한 도구라 할 수 있을 것이다문창배 등, 2011.

문창배 등2011에 따르면 음악은 장르에 따라 분위기가 서로 다르게 나타날 수 있다. 이를 분석하기 위해 문창배 등2011은 음원 101곡을 웹을 통하여 8개의 장르로 구분하고, 구분된 장르는 Metal, Rock, R&B, 뉴에이지, 국외 Rock Folk, 국내 Rock Folk, 재즈 뉴에이지, POP 등으로 분류하여 분석하였다. [그림 5-8]은 음원에 따른 대표 분위기를 추출한 후 이를 장르로 분류한 결과이다. 각 장르별 분위기 분포를 해석하기 위해 [그림 5-9]와 같이 4개의 그룹으로 구분하였다. 첫 번째 그룹은 Metal과 Rock이고, 두 번째 그룹은 R&B와 POP, 세 번째 그룹은 국외 Rock Folk 와 국내 Rock Folk, 마지막 그룹은 뉴에이지와 재즈 뉴에이지이다. Metal과 Rock의 경우에는 분위기 분포가 모두 동일하게 나타났다. 반면에 R&B와 POP은 분포가 동일하지 않은 형태로 나타난다. 그 이유는 Metal과 Rock은 음악의 성격 상 동일한 성향을 보이고, R&B와 POP은 음악의 성격에 있어서 다소 차이가 나기 때문으로 볼 수 있다. 또한 Metal과 Rock은 분위기 '귀찮음annoying'에서 100%를 보이고, 나머지 구간에 0%의 분포를 보이는 것을 알 수 있다. R&B와 POP의 경우에는 서로 다른 분포를 보이는데, R&B에서는 '이완됨relaxed'과 '평화로움peaceful'이 최고점이고, 최고점을 중심으로 느끼는 감성이 '조용함calm'과 '기쁨pleased'으로 점차적으로 줄어들면서 '분노angry'에서는 0%가 된다. 반면 POP의 경우는 봉우리가 두 개로 나타나는 양봉 분포

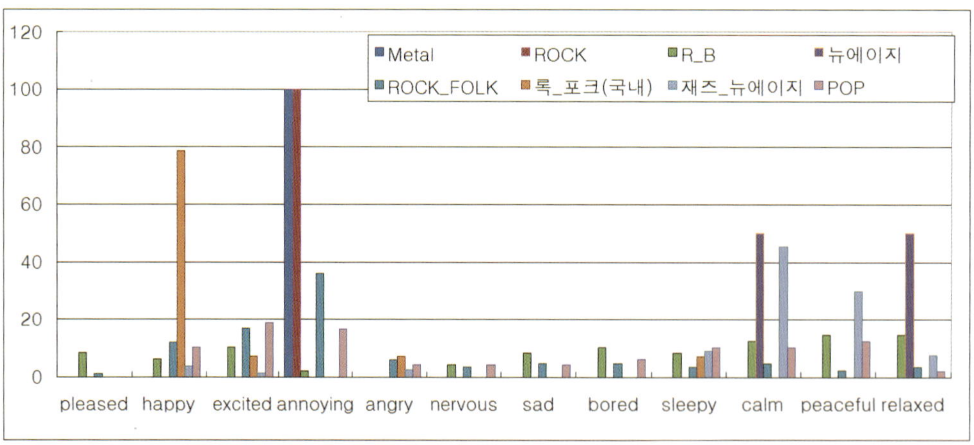

[그림 5-8] 8개 음악 장르의 분위기 분포(Y축의 단위는 %임) (출처: 문창배 등, 2011)

(a) Metal과 Rock 분위기 분포 (Y축의 단위는 %임)

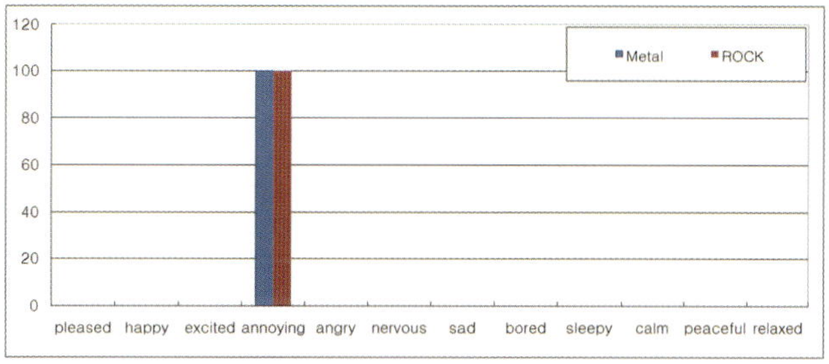

(b) R&B와 POP 분위기 분포 (Y축의 단위는 %임)

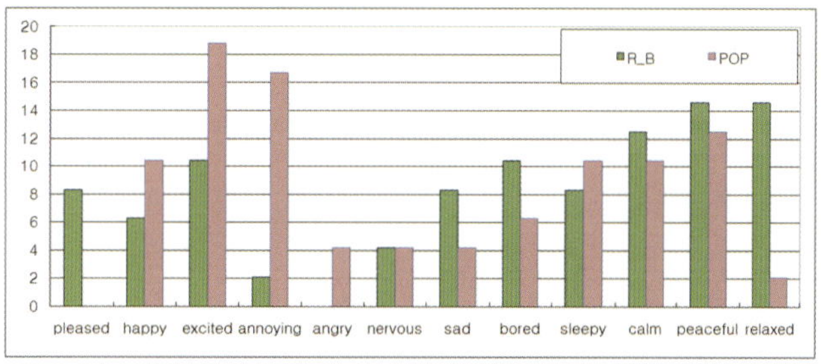

(c) 국외 Rock Folk와 국내 Rock Folk 분위기 분포 (Y축의 단위는 %임)

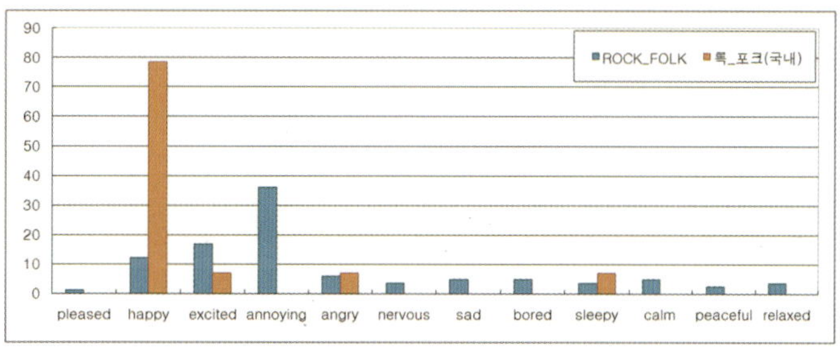

(d) 뉴에이지와 재즈 뉴에이지 분위기 분포 (Y축의 단위는 %임)

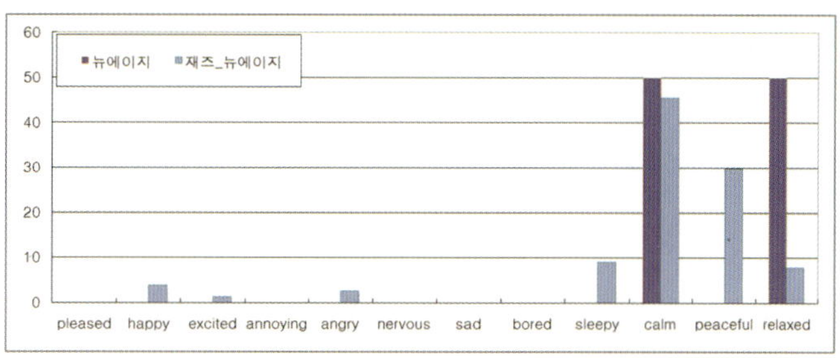

〔그림 5-9〕 음악의 장르별 분위기 분포 비교. (a) Metal과 Rock, (b) R&B와 POP, (c) 국외 Rock Folk과 국내 Rock Folk, (d) 뉴에이지와 재즈 뉴에이지 (출처: 문창배 등, 2011)

를 보이는데, 최고점 '흥분excited'과 두 번째 최고점 '평화로움peaceful'을 기준으로 그림에서 가운데에 위치한 분위기인 '신경질적임nervous'으로 감소하고 있다. 또한 그림에서 중심 위치의 반대쪽 즉, '기쁨pleased'에서는 0%이었다. POP의 경우 양봉 분포를 보이는 원인은, POP이 일반적으로 대중음악을 뜻하고, 문창배 등2011의 연구에서 장르를 분류할 때 R&B나 Rock으로 분류하기 어려운 음악들을 POP으로 분류하였기 때문으로 보인다.

뉴에이지와 재즈 뉴에이지, 국내 Rock Folk와 국외 Rock Folk는 그래프에서 이웃한 분위기로 뉴에이지와 재즈 뉴에이지는 주로 '차분함calm'에 집중한 분포를 보이는 반면 국내외 Rock Folk는 '행복함happy' 또는 '귀찮음annoying'을 중심으로 분위기 분포가 형성되었다. 뉴에이지와 재즈 뉴에이지에서의 공통점은 '조용함calm'에서 분위기의 최고점이 보이고, 차이점은 뉴에이지에서는 '평화로움peaceful'이 0%인 반면 '이완됨relaxed'에서 '차분함calm'과 동일한 최고점이 한 번 더 나타나는 반면, 재즈 뉴에이지는 '평화로움peaceful'에서 두 번째 최고점을 보인다. 국내 Rock Folk는 주로 '행복함happy'에서 최고점을 보이는 반면, 국외 Rock Folk는 '귀찮음annoying'에서 최고점을 보이면서 분위기가 고루 분포되어 있는 것을 알 수 있다.

4.2. 소닉 브랜딩(sonic branding)

브랜드란 특정 회사의 제품이나 서비스를 경쟁 회사와 구별시켜 주는 이름, 용어, 상징 및 기타 특징들을 의미한다. 브랜드는 소비자나 이용자의 지각, 선호, 행동 등에 영향을 미치게 되는데, 이에 따라 기업들은 마케팅 활동에 브랜드를 다양하게 활용한다.

오늘날 브랜드 이미지를 구축하는데 핵심적인 방안 중 하나로 체험마케팅experiential marketing이 대두되고 있는데, 그 중 하나는 감각 마케팅sensory marketing이다. 감각마케팅은 시각, 청각, 후각, 미각, 촉각의 오감을 자극하고 만족시킴으로써 브랜드 가치를 차별화시키고자하는 방법이다. 소닉 브랜딩sonic branding은 이러한 감각마케팅의 하나로서, 오감 중에서도 청각을 활용하여 브랜드를 만들고 관리하는 전략을 의미한다. 인

〔그림 5-10〕 자극물 예시: 소닉-비주얼 로고(왼쪽)와 비주얼 로고(오른쪽) (출처: 성영신 등, 2011)

텔, 맥도날드 등 수많은 기업이 자신들의 브랜드를 알리기 위해 소닉 브랜딩을 적극 활용해 왔으며 큰 성공을 거두었다성영신 등, 2011.

소닉 브랜딩은 여러 가지 요소로 구성되는데, 소닉 브랜딩에서 사용할 수 있는 청각자극sound은 음성voice, 주변음ambience, 음악music의 세 가지가 있다Jackson, 2004. 이러한 소리를 통해 탄생하는 소닉 브랜딩은 소닉 로고sonic logo, 브랜드송brand song, 소리로 된 아이콘이나 상징sound icon/symbol 등이 있다.

시각자극만을 제시하는 것보다는 청각자극을 함께 제시함으로써 소비자의 소비 행동에 더 큰 영향을 발휘하고자하는 의도대로 소닉 브랜딩의 효과가 나타나는지 알아보기 위해서는, 소닉 브랜딩에 대한 소비자의 반응을 직접 관찰해볼 필요가 있다.

이에 성영신 등2011은 객관적 관찰을 위한 신경생리적 지표를 연구하기 위해 기능적 자기공명영상functional magnetic resonance imaging, fMRI을 사용하여 소닉 브랜딩

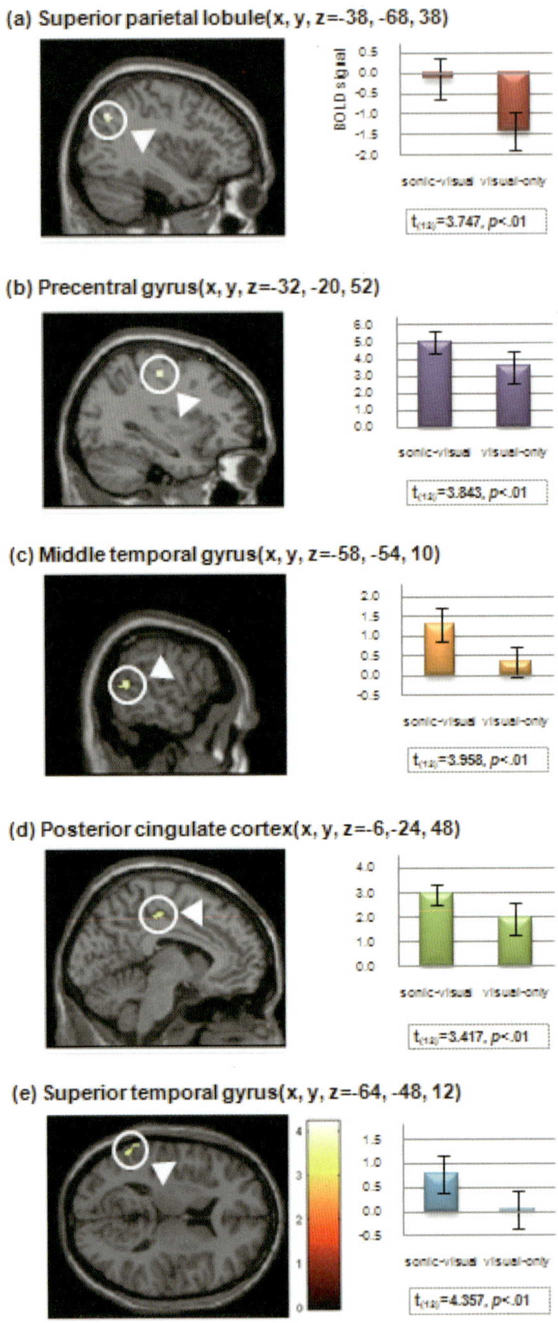

〔그림 5-11〕 비주얼 로고 조건 대비 소닉-비주얼 로고 조건에 대한 뇌 반응 (출처: 성영신 등, 2011)

에 대한 소비자의 뇌 반응을 알아보았다. 이를 위해 이들 연구자들은 광고에서 소닉 로고와 비주얼 로고를 함께 사용하는 브랜드의 로고를 소리 없이 시각적으로만 제시할 때 청각 관련 영역이 활성화되는지 관찰하였다(그림 5-10). 그 결과 소닉 요소가 없었던 비주얼 로고에 비해 소닉-비주얼 로고가 청각적 심상image과 관련된 뇌 영역예를 들어 상측두이랑superior temporal gyrus의 활성화 증가와 관련 있는 것으로 나타났다. 또한, 소닉-비주얼 로고에 대한 브랜드 친숙도, 광고 친숙도가 높을수록, 이러한 영역의 활성화 정도가 증가하였다. 이와 함께 이들 연구자들은 소닉-비주얼 로고에 반응하는 뇌영역을 알아보기 위해 소닉-비주얼 로고와 비주얼 로고를 비교하는 대조분석을 실시하였다. 그 결과, 비주얼 로고 조건 대비 소닉-비주얼 로고 조건에서는 좌측 상두정소엽left superior parietal lobule, 좌측 중심전이랑left precentral gyrus, 좌측 중간측두이랑left middle temporal gyrus, 좌측 후대상피질left posterior cingulate cortex, 좌측 상측두이랑left superior temporal gyrus이 할성화되었다. ROI(region of interest) 분석을 통해 이러한 영역들이 비주얼 로고조건 보다 소닉-비주얼 로고조건에서 더욱 활성화되었음이 확인되었다(그림 5-11). 반면, 소닉-비주얼 로고 조건 대비 비주얼 로고 조건에서는 우측 상두정소엽right superior parietal lobule을 제외하면 유의미하게 활성화된 영역은 발견되지 않았다.

4.3. 청각 감성의 차원 분석

소리나 음악을 흔히 '감정, 감성의 언어'라고 한다. 이것은 소리가 가지고 있는 물리적 속성들이 인간의 감성 정보를 효과적으로 전달하는 좋은 수단이 될 수 있기 때문이다 Lee와 Han, 2006.

이런 상황에서 Lee와 Han2006은 소리에 대한 감성어휘를 수집하고 분석함으로써 소리의 감성 공간을 '즐거움pleasure', '복잡성complexity', '활동성activity'의 세 가지 차원으로 구축하고, 이러한 차원에서 음고pitch, 음량loudness, 음색timbre, 그리고 지속시간 duration과 같은 소리의 다양한 속성에 따른 감성의 이동을 체계적으로 연구하였다. 그 결과 각 차원에서 소리의 여러 속성들에 따른 감성적 차이와 그 상호관계를 확인하였다(그림 5-12, 그림 5-13). [그림 5-12]에서 볼 수 있는 바와 같이 첫 번째 차원은 '쾌-불쾌pleasant-unpleasant' 차원이며, 두 번째는 '복잡-단순complex-simple' 차원이고, 세 번째는 '활동-정지active-static'이다. 이러한 3차원 도식을 2차원으로 분석하면 [그림 5-13]과 같다. [그림 5-13]에서 맨 위쪽 그림은 '쾌-불쾌'와 '복잡-단순'의 2개 차원에서 소리에 대한 감성 형용사들의 위치를 보여주고 있으며, 가운데는 '쾌-불쾌'와 '활동-정지'의 2개 차원에서, 맨 아래쪽 그림은 '복잡-단순'과 '활동-정지'의 2개 차원에서 소리에 대한 감성 형용사들의 위치를 나타내고 있다.

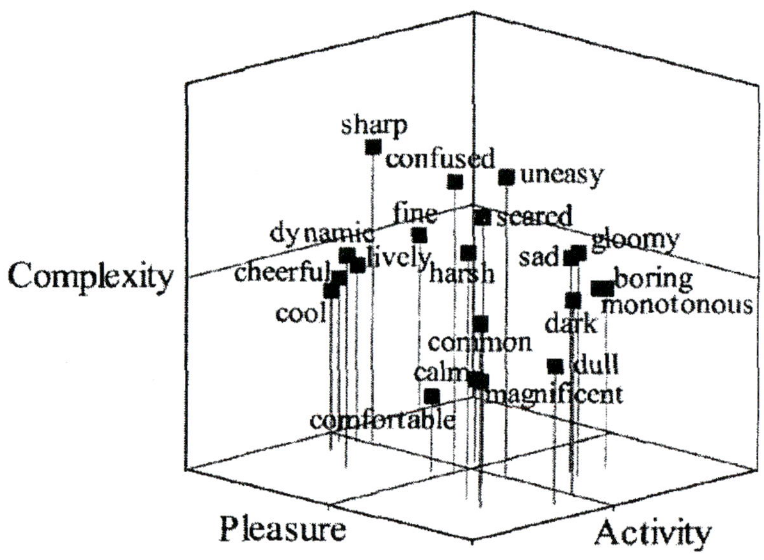

[그림 5-12] 소리 감성의 3개 차원: pleasure, complexity, activity (출처: Lee와 Han, 2006)

4.4. 음성으로부터의 감성 인식 및 음성-기반 안면 표정 애니메이션 구현

컴퓨터가 음성언어speech로부터 감성을 정확하게 인식하고 그 인식된 결과를 사용하여 얼굴 표정을 합성하면 이상적이다. 하지만, 많은 연구에 의하면 음성언어로부터 감성

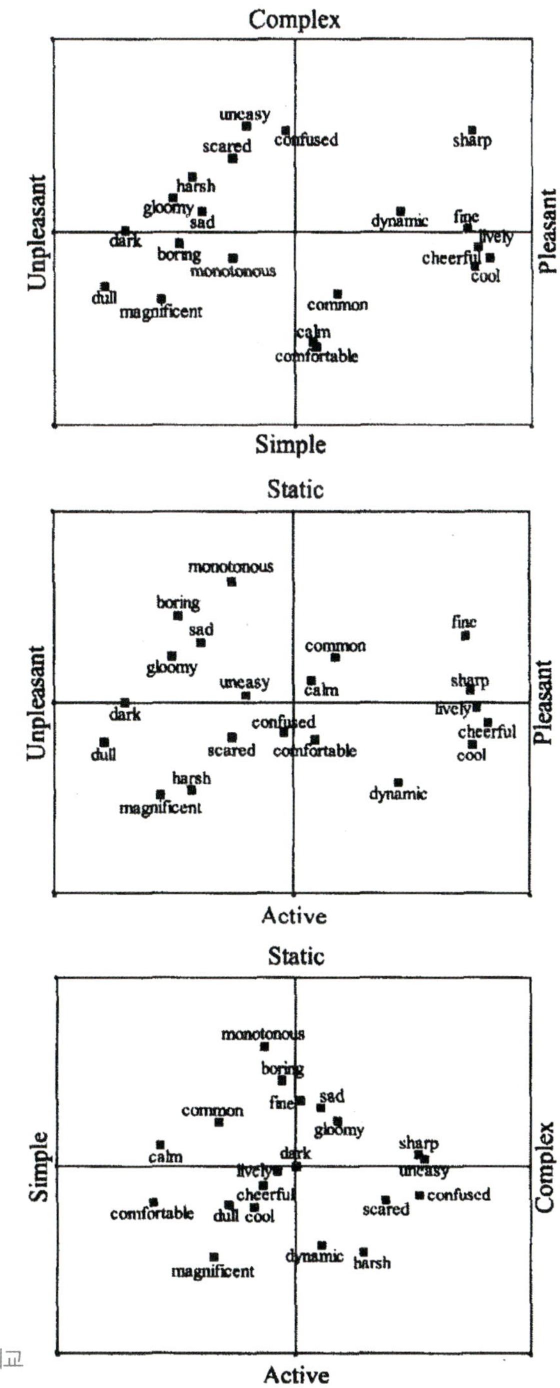

〔그림 5-13〕 소리의 감성 차원에 대한 쌍별 비교
(출처: Lee와 Han, 2006)

을 인식하는 것은 매우 어려운 일이다. 음성언어에서 감성을 인식하는 것은 단어나 문장으로부터 감성을 인식하는 것보다 인간에서든 컴퓨터에서든 훨씬 더 어렵다. 한 연구에서 14명의 전문 배우의 음성을 사용하여 순전히 음성 자극을 사용하여 감성을 인식하도록 하였는데, 이때의 인식률은 약 60%였다Petrushin, 1996. 페트루신Petrushin, 1998은 음성언어로부터 감성을 인식하는 데 있어서 인간과 컴퓨터를 비교하였는데, 두 경우 모두 인식률이 약 65%였다. 그 후 페트루신Petrushin, 2000은 인간 피험자가 다섯 가지 감성(중립, 행복, 분노, 슬픔, 두려움)을 인식할 수 있는 평균 정확도는 63.5%라고 보고하였다.

그런데 음성을 인식하여 상황에 맞는 감성적인 얼굴을 인위적으로 구현할 수 있다면 커뮤니케이션을 하는데 아주 효과적인 인터페이스를 제공할 수 있을 것이다. 이에 Hong 등2002은 수집된 오디오-비주얼 훈련용 데이터베이스를 사용하여 신경망neural network을 훈련시킴으로써 실시간으로 음성을 분석하여 음성-기반 안면 표정 애니메이션을 구현하는 기술을 개발하였다. 이러한 기술은 특히 다양한 비대면 상황에서의 커뮤니케이션을 매우 효과적으로 수행하는데 도움이 될 수 있을 것이다.

4.5. 인공 달팽이(와우) 이식장치

청각 이상으로 소리를 잘 듣지 못하는 사람들에게 인공 달팽이가 사용될 수 있다. 이것은 기저막의 각 장소가 특정한 주파수를 가진 청각자극의 처리와 관련 있다는 베케시Bekesy의 발견에 근거를 두고 실제적으로 응용 개발된 것으로, 달팽이관 이식장치cochlear implant라 불리는 기구이다. 실제로 이 장치는 달팽이관의 융모세포의 손상으로 인한 청각장애인에게 청각을 만들어 내기 위해 사용된다. 융모세포가 손상되면 보청기는 효과가 없는데, 왜냐하면 융모세포가 손상되면 보청기가 증폭된 소리를 제공한다고 하더라도 이를 전기신호로 바꿀 수가 없기 때문이다. 달팽이관 이식장치는 주변 환경으로부터 소리신호를 받아들이는 소형 마이크, 소형 마이크로부터 받아들인 소리를 여러 개의 주파수 대역으로 분석하는 소리 정보 처리기, 처리된 정보를 전달해 주는 송신기로 구성된다. 이때 송신기는 처리된 신호를 달팽이관의 길이를 따라 이식된 다수의 전극으로 보낸다. 이 전극은 달팽이관의 길이를 따라 여러 위치에서 달팽이관을 자극하게 되는데, 그 위치들은 소형 마이크로부터 받은 소리 주파수에 따라 달라진다. 달팽이관을 따라 나타나는 이러한 자극은 청신경을 흥분시킨다. 이러한 청각계는 온전하게 남아 있는 상태이기 때문에, 이제 그 사람은 인공 달팽이 이식장치를 통해 감지된 소리 정보를 일상적인 소리로 인식할 수 있게 된다.

4.6. 청각 자극 데이터베이스

소리 자극을 사용한 감성 연구는 기술의 발달과 디지털 정보 저장 기술의 발달과 더불어 점차 증가되었다. 이러한 상황에서 표준화된 청각 자극 데이터베이스가 요구된다. 이에 플로리다 대학University of Florida의 NIMH Center for Emotion and Attention에서는 International Affective Digitized Sounds라는 표준화된 청각 자극 데이터베이스를 개발하였다Bradley와 Lang, 1999b; IADS-1이라 불린다. 이러한 초기 버전은 청각 자극의 숫자도 매우 제한적이었다. 이에 브래들리Bradley와 랭Lang, 2007은 이를 개선하여 IADS-2를 개발하였는데, 이는 167개의 소리가 들어있다. 각 소리자극은 길이가 6초 정도이며, 자기평가 마네킹법Self-Assessment Manikin; SAM을 사용하여 유인가valence, 각성arousal, 지배성dominance 차원에 따라 분류되어 있다.

이외에도 다른 청각 자극 데이터베이스로는 Montreal Affective Voices database Belin 등, 2008, musical excerpts Vieillard 등, 2008 등이 개발되었다. 하지만 이들 데이터베이스는 토막 음악이나 음성 등 인위적인 청각 자극에 제한되어 있어 일상생활에서 듣는 청각 자극에 의하여 인간의 감성을 정확하게 예측하는 데에는 문제가 있을 수 있다. 이러한 이유로 Yang 등2018은 최근 IADS의 확장판(IADS-E)을 개발하였다.

제 6 장

미각과 감성

미각 수용기는 단맛, 짠맛, 신맛, 쓴맛의 네 가지 감각 특성을 탐지한다. 과일과 같이 단맛이 나는 음식들은 보통 영양가가 높고 먹을 수 있으며, 짠 음식은 필수 양이온인 나트륨을 포함하고 있다. 신맛을 내는 음식에서는 박테리아의 번식이 잘 일어나는데, 이것은 독소를 생성할 수 있다. 쓴 음식은 식물성 알칼로이드를 함유하는 경우가 많고, 이것 또한 대부분은 독성을 지닌다. 오늘날의 풍요로운 문화권에서 사는 사람들은 달고 짠 음식을 과잉 섭취하는 경향이 있는데, 이러한 사실은 미각 뉴런들에 대한 자극이 자연적인 강화라는 것을 시사한다. 본 장에서는 이러한 미각 정보의 처리과정을 살펴보고 미각과 관련된 감성을 알아보고자 한다.

1. 미각 자극

일반적으로 미각을 일으키는 물질은 화학물질 분자이다. 어떤 물질의 맛을 느끼기 위해서는 그 물질을 구성하는 분자가 침(타액)에 용해되어 혀의 미각 수용기를 자극해야 한다. 미각 물질은 다양하지만, 우리가 일반적으로 느끼는 미각은 생각보다 그 수가 적다. 네 가지 미각, 즉, 단맛, 신맛, 쓴맛이 있을 뿐이다. 미각taste과는 달리 풍미flavor는 후각과 미각이 합쳐진 것이다. 대부분의 음식 맛은 냄새에 따라 좌우되는 것이 많다. 그러므로 냄새를 잘 맡지 못하는 사람들은 음식의 맛을 제대로 알지 못한다.

우리는 네 가지 맛에 모두에 반응하는 미각을 가지고 있으며, 이러한 미각은 생존적인 의미가 매우 강하다. 과일이나 야채와 같이 단맛이 나는 대부분의 음식물은 안전하게 먹을 수 있다Ramirez, 1990. 짠맛 수용기는 염화나트륨을 탐지한다. 음식물을 통해 섭취하는 염화나트륨의 양이 충분하지 않은 경우에, 이 수용기를 이용하여 염화나트륨을 탐지하고 섭취하게 된다. 심한 운동을 한 뒤에는 체내의 염화나트륨이 급격히 고갈되므로 소금과 같은 짠맛을 찾아 섭취하는 능력은 아주 중요하다.

사람들은 달거나 약간 짠맛이 나는 물질은 좋아하고 잘 섭취하지만 신맛이나 쓴맛은 싫어하고 회피하는 경향이 있다. 많은 음식물이 상하게 되면 박테리아의 활동 때문에 산성화되는데, 산성화된 것은 신맛을 내고 회피반응을 일으킨다. 우리가 레몬 주스와 같이 신맛을 내는 음료를 좋아하게 된 것은 단맛이 혼합된 덕분이기도 하며, 학습을 통해서 친숙해졌기 때문이다. 쓴맛은 거의 대부분 회피하게 되는데, 단맛을 추가한다 해도 쉽게 나아지지 않는다.

2. 미각 정보의 지각 과정

미각 정보를 감지하는 수용기는 미뢰taste bud 속에 들어있다. 우리 입 안의 혀, 구개, 인두, 후두에는 약 십만 개에 가까운 미뢰가 있다. 미뢰의 대부분은 혀에 돋아 있는 작은 융기된 구조인 유두papillae 주변에 위치해 있다. 유두는 도랑 모양의 구조로 둘러싸여 있고, 이 도랑 구조에 타액이 고이게 된다. 미뢰는 도랑 주변에 위치하는데, 도랑을 향해 미공taste pore이 열려있다. [그림 6-1]은 유두의 모습과 미뢰가 존재하는 도랑의 단면을 보여주고 있다.

유두는 끝이 뒤쪽을 향해 기울어져 있어서 물질을 핥는데 적합하게 되어 있다. 유두는 생긴 모양에 따라 네 가지로 나눌 수 있다. 사상유두絲狀乳頭, filiform, 실모양는 끝이 가늘고 혀 몸통 전체에 비교적 고르게 분포한다. 유두 중 가장 많은 수를 차지하고 있으며, 가늘고 길다. 여기에는 미뢰가 없는데, 따라서 촉각touch sensation을 담당하는 것으로 알려져 있다. 용상유두茸狀乳頭, fungiform, 버섯모양는 혀의 앞쪽 2/3에 분포하는데, 사람마다 혀의 끝 부분에는 1 cm^2당 약 100개, 중간 부위에는 약 50개 정도 있으며, 한 개의 유두에는 약 1~5개의 미뢰가 정상 부분에 존재한다. 엽상유두葉狀乳頭, foliate, 입사귀모양는 혀의 후방 측면에 주로 분포하며, 유두의 상피 내에 미뢰를 가지고 있다. 유곽유두有廓乳頭, circumvallate, 성곽유두는 성곽으로 둘러싸인 모양을 하고 있는데, 혀의 기저부를 향하는 V 형의 띠 주위에 주로 분포하고 있으며, 유두 측벽에 많은 미뢰를 가지고 있어 한 개의 유두에 약 200개의 미뢰가 존재한다(그림 6-1).

상이한 미각에 반응하는 미뢰들은 혀의 다른 영역에 분포되어 있다. 혀의 끝 부분은 단맛과 짠맛에 가장 민감하고, 혀의 양쪽 측면은 신맛에 민감하다. 혀의 후방과 인후, 연구개는 쓴맛에 가장 민감하다. 이러한 분포 때문에 인공감미료인 사카린은 쓴맛과 단맛을 모두 일으키기도 하는데, 이것은 처음에는 혀의 끝 부분에서 단맛을 일으키고, 그 후 삼킬 때는 입 뒤쪽에서 쓴맛을 일으킨다. 그렇지만, 최근에는 혀에 '미각 지도taste map'가 존재한다고 하는 개념은 잘 받아들여지고 있지 않다. 따라서 현재 미각은 구강내의 모든 영역에서 감지된다는 것이 일반적이다.

미각 수용기에는 미뢰의 미공을 통해 유두 주변의 도랑으로 투사되는 유모같은 돌기인 미세섬모microvilli가 있다. 이 미세섬모는 뇌로 미각정보를 전달하는 감각뉴런의 수상돌기와 시냅스를 맺는다. 미각 수용기의 수명은 열흘 정도에 불과하다. 이 수용기는 매우 열악한 환경에 직접적으로 노출되어 있기 때문에 빨리 마모된다. 변성이 일어나면 새롭게 발달한 세포로 대체되고, 새로운 세포로 구심성 수상돌기가 뻗어나간다Beidler, 1970. 시냅스 영역 주변에 있는 수용기 세포의 세포질에 소상이 들어 있는 것으로 보아, 시냅스에서 이루어지는 전달이 화학적이라는 것을 알 수 있다.

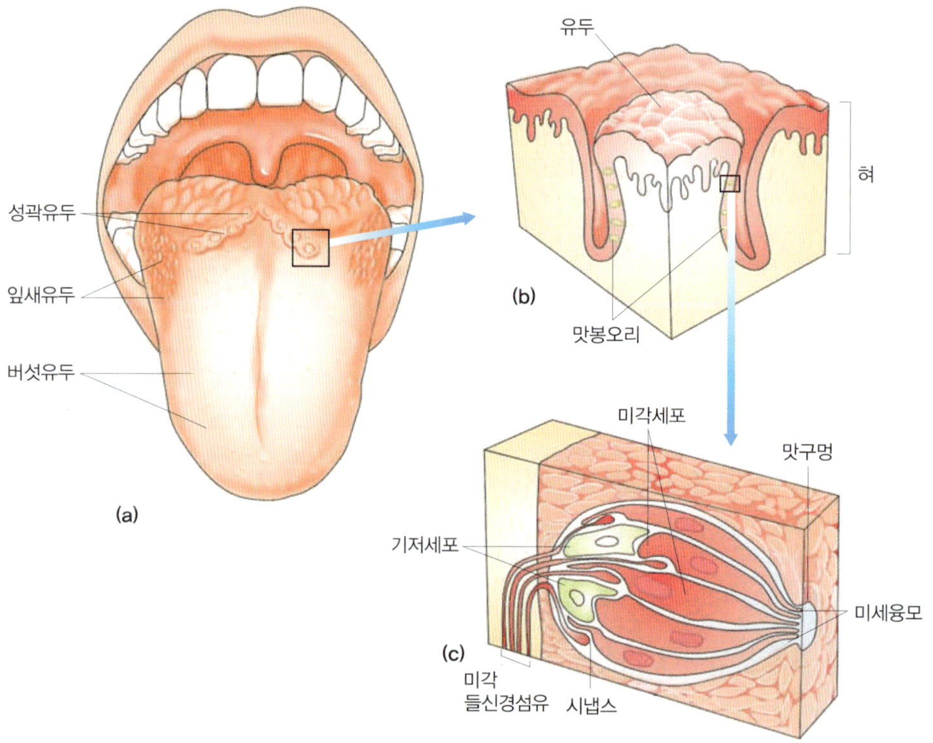

〔그림 6-1〕 구강과 혀 및 미뢰. (a) 혀와 미각 지도, (b) 표면의 유두, (c) 유곽유두

3. 미각 정보의 탐지

맛을 내는 화학물질을 포함하고 있는 타액은 미뢰 위쪽에 있는 구멍을 통해 미뢰로 들어가서 미각 수용기 세포 끝에 위치한 미세섬모microvilli를 적신다. 그러면 화학물질 분자와 미세섬모 막에 있는 특수한 수용기가 결합하여 그 수용기 세포를 탈분극depolarize시키면 발생전위generator potential가 생성된다. 미각정보의 탐지는 시냅스에서 일어나는 화학적 전달과 매우 유사하다. 맛을 내는 분자는 수용기와 결합하여 서로 다른 채널channel을 열거나 닫음으로써 수용기 전위를 일으키게 되는 것이다. 상이한 물질은 상이한 유형의 수용기와 결합하여 서로 다른 변환transduction 과정을 거쳐 각각의 미각 감각을 일으킨다(그림 6-2).

짠맛을 경험하려면 어떤 물질이 이온화되어야 한다. 짠맛 수용기에 대한 최고의 자극은 염화나트륨NaCl이지만, 할로겐이나 다른 작은 음이온Cl^-, Br^-, SO42⁻, NO3⁻ 등과 함께 금속 양이온Na^+, K^+, Li^+ 등을 함유하는 다양한 염salt이 있다. 짠맛을 내는 물질이 수용기에 결합하면 Na+ 채널을 통해 Na+ 이온이 수용기 세포 속으로 들어오고, 이에 따라 그 수용기 세포는 탈분극되는데, 이때 전압민감성voltage-sensitive Ca^{2+} 채널이 열려 Ca^{2+}이온이 유입된다. 이 Ca^{2+} 이온에 의해 수용기 세포 속의 시냅스 소낭synaptic vesicle이 시냅스로 이동하여 그 속에 들어 있는 전달물질 분자가 방출된다. 시냅스 후막에는 시냅스후전위postsynaptic potential가 발생하고 이것이 역치threshold를 넘으면 활동전위가 발생하여 미각 신경을 따라 뇌로 들어가게 된다.

신맛은 Na^+ 채널을 통해 H^+ 이온이 수용기 세포 속으로 들어오거나 정상적으로 열려있는 K^+ 채널이 닫히게 되어 세포 속에 K^+ 이온이 축적됨으로써 탈분극이 된다. 그러면 voltage-sensitive Ca^{2+} 채널이 열려 Ca^{2+} 이온이 유입되고 전달물질이 방출된다.

단맛 자극은 G-protein에 couple되어 G-protein을 활성화시키고, 이것은 다시 adenylyl cyclase를 활성화시켜 ATP를 cAMP로 바꾼다. 증가된 cAMP는 protain kinase A PKA를 활성화시키고, PKA는 K^+ channel의 인산화 phosphorylation를 야기하여 inactivation시켜 채널을 닫음 막을 탈분극시키고, 이 탈분극으로 인해 voltage-sensitive Ca^{2+} 채널이 열려 Ca^{2+} 이온이 유입되고 전달물질이 방출된다.

쓴맛 물질은 G-protein을 활성화 시키고, G-protein은 다시 phospholipase C(PLC)를 활성화 시키는데, PLC는 phosphatidylinositol 4,5-biphosphate(PIP2)로부터 inositol triphosphate(IP3)를 만든다. IP3는 세포내 Ca^{2+} 저장소로부터 Ca^{2+}을 방출시켜 시냅스 소낭이 시냅스로 이동하여 소낭 속의 전달물질 분자가 방출된다.

이러한 방식으로 방출된 전달물질은 시냅스후막의 수용기에 작용하여 시냅스후 전위 postsynaptic potential를 발생시키고, 이것이 역치를 넘게 되면 활동전위가 발생하여 미각 신경을 따라 뇌로 들어가게 된다(그림 6-2).

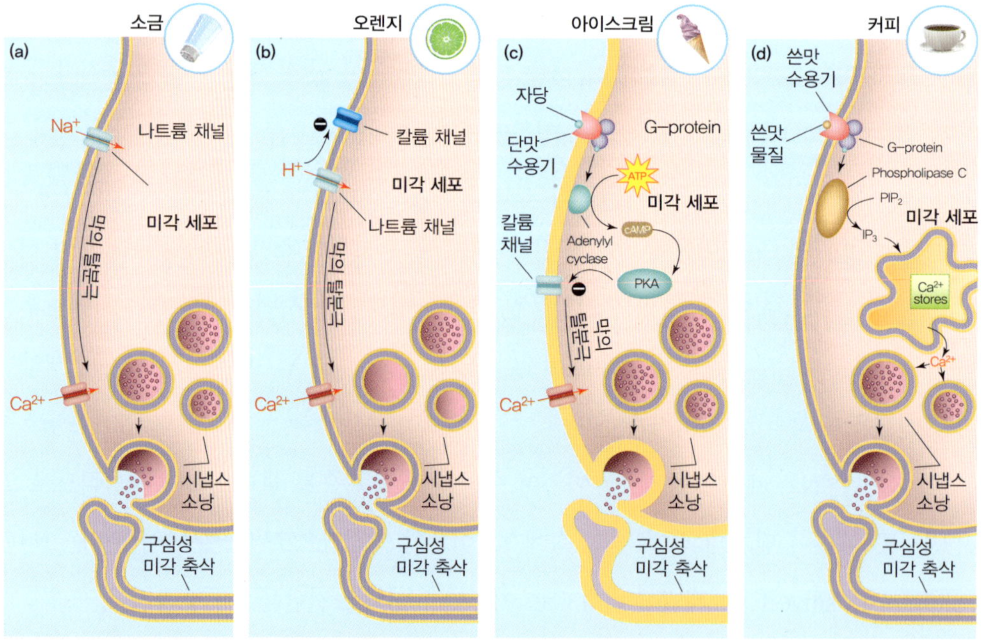

〔그림 6-2〕 미각 자극의 변환 과정. (a) 짠맛, (b) 신맛, (c) 단맛, (d) 쓴맛

4. 미각 정보의 중추 전달 경로

미각 수용기 세포는 미각 정보를 미각신경으로 전달한다. 이때 미각 수용기 세포는 어느 한가지의 미각 물질에만 반응하는 것이 아니라 하나 또는 그 이상의 물질에 반응한다.

미각 정보는 세 개의 뇌신경을 통해서 전달된다. 혀의 앞쪽 2/3 부위에서 들어오는 미각 정보는 7번 뇌신경안면신경, facial nerve의 가지인 고삭신경chorda tympani을 통해서 전달되고, 뒤쪽 1/3 부위에 있는 미각 수용기들은 9번 뇌신경설인신경, glossopharyngeal nerve을 통해서 정보를 보내며, 10번 뇌신경미주신경, vagus nerve은 구개와 후두의 수용

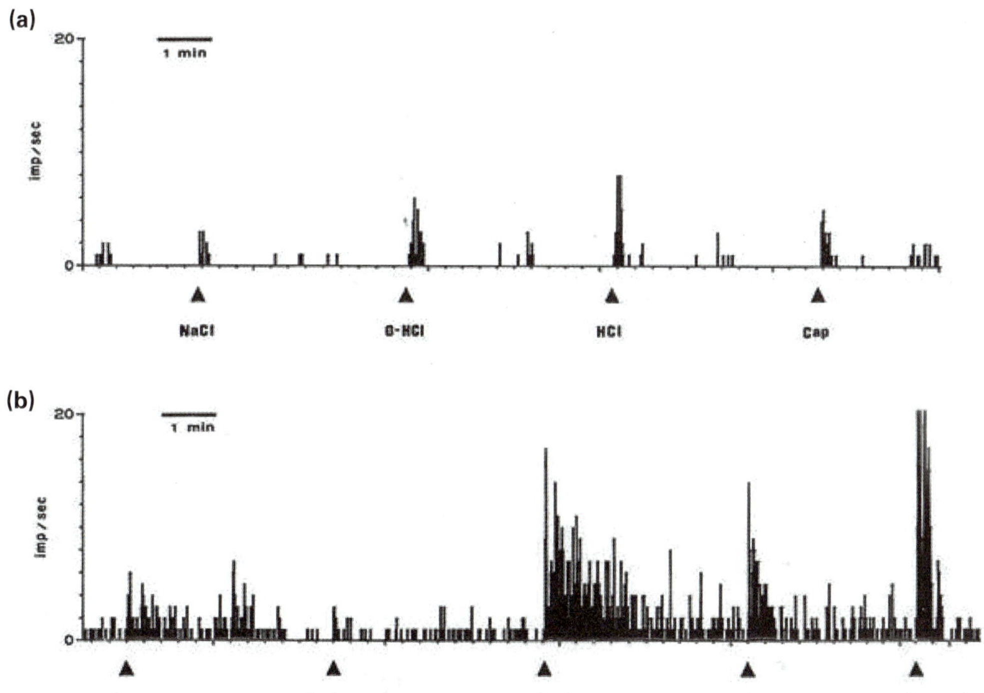

〔그림 6-3〕 맛 자극에 대한 두 가지 단일 고삭신경 섬유의 반응. (a) 짠맛(NaCl), 쓴맛(quinine, Q-HCl), 신맛(HCl), 매운맛(capsaicin, Cap)에 대해 모두 반응을 보인 고삭신경 섬유, (b) 단맛(sucrose, Suc), 쓴맛(Q-HCl), 신맛(HCl), 통증(KCl)에 대해서는 반응하고, 짠맛(NaCl)에 대해서는 반응을 보이지 않는 고삭신경 섬유. Sucrose, NaCl, HCl, Q-HCl은 혀에 점적하였으며, KCl은 혀로 가는 동맥 혈관에 주입하였다. (출처: Hong 등, 1991)

기에서 들어오는 정보를 전달한다. 고삭신경은 고막 바로 아래에 있는 중이 부위를 통과하기 때문에 그렇게 이름이 붙여졌다. 이 위치는 기록전극이나 자극전극을 장치하기 좋은 곳으로, 연구자들은 귀 수술을 하면서 이 신경의 활동을 기록할 수 있다. 미각 신경 역시 미각 수용기 세포와 마찬가지로 단 하나만의 맛 물질에 반응하는 것이 아니라, 다수의 맛 물질에 반응을 나타낼 수 있다(그림 6-3). [그림 6-3]은 본 저자의 연구팀에서 여러 가지 미각 물질에 대한 고삭신경의 반응을 기록한 것이다Hong 등, 1991. 그림에서 볼 수 있는 바와 같이 고삭신경은 단 하나의 물질에만 반응하는 것은 아니다.

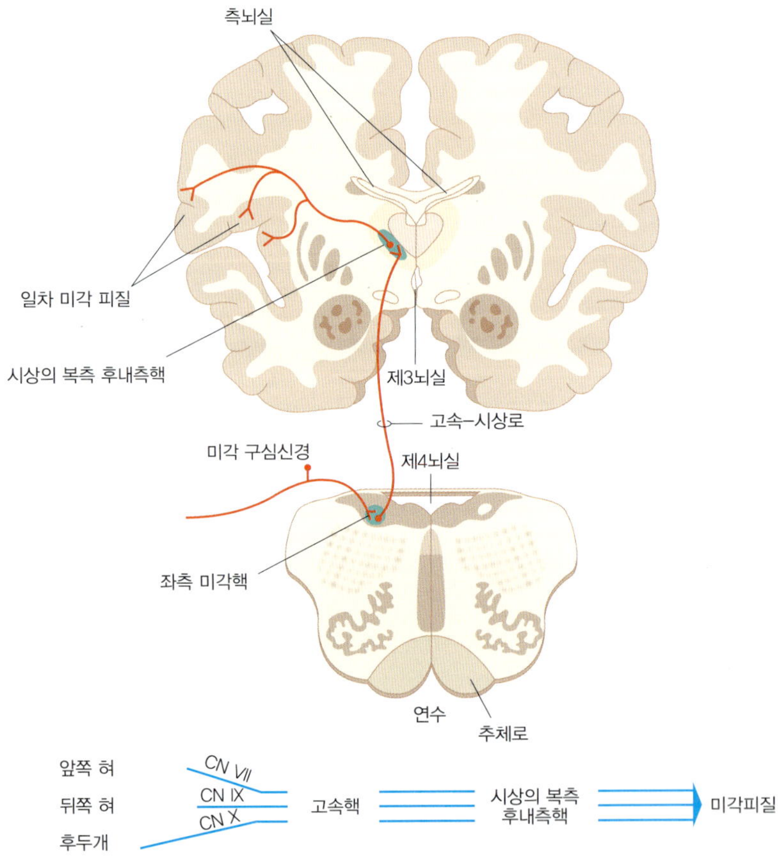

〔그림 6-4〕 미각계의 신경로(CN: cranial nerve, 뇌신경)

미각신경인 7번, 9번, 10번 뇌신경이 전달하는 미각 정보는 뇌로 들어가는데, 미각의 첫 번째 중계 위치는 연수에 있는 고속핵nucleus of the solitary tract이다. 영장류의 경우, 이 핵 가운데 미각에 민감한 신경세포의 축삭은 복측 후내측시상핵ventral posteromedial nucleus으로 투사한다. 시상에서 미각 뉴런의 축삭은 전측 도피질anterior insular cortex과 전두판개피질frontal operculum에 있는 일차 미각 피질로 들어간다. 대부분의 다른 감각 양상과는 달리 미각은 뇌에서 같은 쪽동측, ipsilateral으로 표상된다(그림 6-4). 야마모토Yamamoto 등 1981은 미각이 일차 미각피질의 상이한 부위에 표상된다는 것을 발견하였다. 묽은 염산 용액과 키닌을 혀에 도포하면 피질 미각 영역의 한쪽 끝에 인접해 있는 신경세포들이 활성화되지만, 자당을 도포하면 반대쪽 끝에 위치한 신경세포들이 활성화된다. 염화나트륨에 민감한 신경세포들은 미각 영역 전체에 분포되어 있다.

미각정보는 또한 편도체와 시상하부, 그리고 이들 부위에 인접한 기저전뇌로 전달된다. 시상하부로 가는 통로는 단맛과 짠맛의 보상reward 효과를 조절하는 역할을 수행한다고 한다. 실제로 시상하부의 어떤 신경세포들은 동물이 굶었을 때에만 단맛이 나는 자극에 반응한다Rolls 등, 1986.

5. 미각 감성

5.1. 미각 연구 방법의 발달

인간이 느끼는 미각에 관한 연구는 연구 방법의 발달에 따라 상당한 진전을 보였다. 특히 인간의 미각 감성에 관한 뇌영상 연구는 미각 감성에 관한 연구 장벽을 넘어 뇌에서의 미각 정보 처리과정에 대해 큰 진전이 있었다. 이경희2012에 따르면 인간의 미각 감성을 연구할 수 있는 다양한 연구기법이 있으며, 이는 [표 6-1]과 같다.

〔표 6-1〕 미각 감성을 연구하기 위한 뇌 영상 방법

구분	측정신호	신호감지기	지도화 대상	신경세포 활동과의 관련성	공간해상도	시간해상도	침습성
Optical Imaging (OI) (Prakash et al., 2008)	Su mmed membrane potential changes	CCD Microscope	Neural activity	Direct	High	High	invasive
Positron Emission Tomography (PET) (Bailey et al., 2005)	Radioactivity position change associated with brain activity	Scintillator	Metabolic activity	Indirect	Low	Low	non -invasive
Functional Magnetic Resonance Imaging (fMRI) (Frankle et al., 2005)	Blood flow (hemodynamics response) related to energy use by brain cells	RF-Coil	Blood flow	Indirect	Middle	Low	non -invasive
Single Photon Emission Computed Tomography (SPECT) (Hämäläinen et al., 1993)	Radioactivity position change associated with brain activity	Scintillator	Blood flow	Indirect	Low	Low	non -invasive
MagnetoEncephaloGraphy (MEG) (Cohen, 1968)	Weak magnetic signal from ionic current of neurons	SQUID (Superconducting QuantUm Interference Devices)	Neural activity	Direct	Low	High	non -invasive
Near InfRared Spectroscopic Imaging (NIRSI) (Whittingstall, et al., 2009)	Changes in cerebral blood flow(Oxygen in Hemoglobin)	Near-IR (NIR) spectroscopy	Metabolic activity	Indirect	Low	Low	non -invasive
ElectroEncephaloGraphy (EEG) (Niedermeyer & da Silva, 2004)	Weak voltage fluctuations from ionic current of neurons	Electrodes	Neural activity	Direct	Low	High	non -invasive

(출처: 이경희, 2012)

5.2. 미각의 시각화

음식은 감성이나 많은 경험들로 인해서 단순히 섭취할 때 느껴지는 맛을 넘어서서 색채의 영향을 받는다. 다시 말해서 제품에서의 색 이미지는 맛의 이미지를 전달할 수 있는 중요한 요소이다이영화, 신재욱, 2011.

언어를 사용하는 데 있어서 미각 형용사는 맛, 후각, 통각, 입속의 느낌과 관련하여 '달다', '짜다', '시다', '쓰다', '맵다', '떫다', '텁텁하다', '구수하다', '향긋하다', '신선하다' 등으로 다양하다. '단맛'에 대한 형용사로 '달콤한', '달큰한', '달짝지근한', '달콤쌉싸름한' 등 매우 다양한 표현이 존재한다. 광고에서는 '참을 수 없는 맛', '자연의 맛', '고향의 맛', '살아있는 맛', '잊을 수 없는 맛' 등 맛에서 느낀 많은 표현이 사용되고 있지만, 다양한 언어적 표현에 비해 미각의 시각적 표현은 제한적이다. 특히, 우리나라는 뜨거운 국물을 마시며 '시원하다'라고 습관적으로 표현하고 있는데, 이는 맛에 대한 물리적 표현이 아닌 감성적 표현이라고 할 수 있다안혜신, 2012.

한편, 상황에 따라서는 언어적 표현보다는 시각적 표현이 미각 정보를 전달할 때 더 효율적이고, 더욱 강력한 인상을 심어줄 수 있다. 이에 안혜신2012은 '맛'을 주제로 하는 식·음료 브랜드에 한정하여 인쇄광고의 사례를 수집하고, 미각 정보를 화학적인 맛, 물리적인 맛, 심리적인 맛, 개념적인 맛으로 분류하였다. 화학적인 미각은 '혀로 느끼는 맛', 물리적인 미각은 맵다, 차갑다, 뜨겁다, 톡쏜다, 부드럽다 등과 같은 '입안 전체에서 느끼는 음식의 물성적인 맛', 심리적인 미각을 맛이 좋다/나쁘다, 먹고 싶다/먹고 싶지 않다, 시원하다(국물맛) 등과 같은 '시각 및 후각을 통해 느낀 맛을 포함하여 정서적으로 느끼는 미각에 대한 심리적인 표현', 개념적인 미각을 살아있는 맛, 고향의 맛, 자연의 맛, 어머니의 손 맛 등과 같은 '추상적인 맛에 대한 구체적인 표현'으로 조작적으로 정의하였다.

5.3. 고추장 매운맛의 등급화

고추장의 세계화를 위하여 2010년에 정부와 식품업계는 고추장의 매운맛 강도를 나타내는 '고추장 매운맛 5등급화'에 합의하였다. 이는 순한맛mild hot, 덜 매운맛slight hot, 보통 매운맛medium hot, 매운맛very hot, 매우 매운맛extreme hot의 총 5단계로 구분된다. 그러나 현재 유통되고 있는 고추장 패키지는 브랜드와 맛의 세분화와 무관하게 동일한 빨간색 유광 플라스틱 용기를 사용하고 있었다. 이에 김수정 등2011은 먼셀Munsell의 색상환과 '고추장 매운맛 5등급화'를 기준으로 매운맛 강도 5단계 색채를 계획하였다. (표 6-2; 그림 6-5).

〔표 6-2〕 '매운맛' 강도에 따른 연상색과 Munsell 값(고추장 매운맛 5 등급화 기준)

단계	1단계	2단계	3단계	4단계	5단계
	순한맛 (Mild Hot)	덜매운맛 (Slight Hot)	보통 매운맛 (Medium Hot)	매운맛 (Very Hot)	매우 매운맛 (Extreme Hot)
색					
Munsell 값	5R 9/2	5R 6/12	5R 4/14	5R 4/12	5R 3/10

(출처: 김수정 등, 2011)

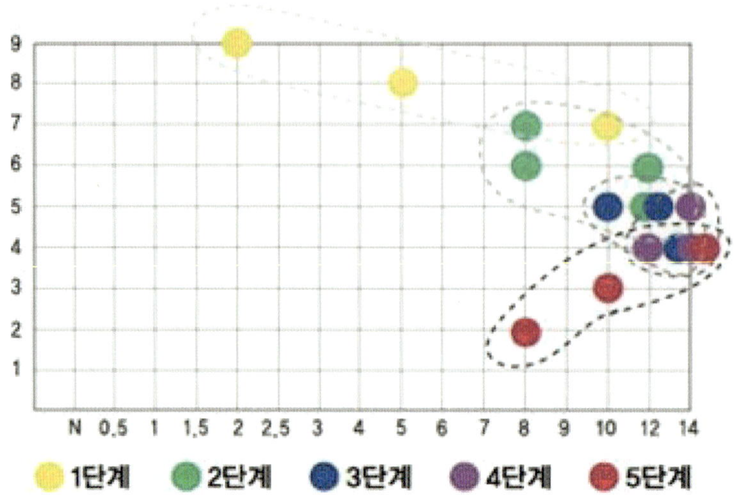

〔그림 6-5〕 '매운맛' 강도에 따른 단계별 색채 분포(세로축은 명도, 가로축은 채도) (출처: 김수정 등, 2011)

김수정 등2011의 연구 결과에 따르면, 현재 고추장 패키지의 색은 매운맛 세 번째 단계(보통 매운 맛)와 유사한 색으로 나타났다(표 6-2). 매운맛 세 번째 단계(보통 매운 맛)의 색은 먼셀의 색상환 값으로 5R 4/14(명도/채도)이다. 이는 일반적으로 사람들이 맵다고 연상하는 색으로, 현재 고추장 패키지는 이를 잘 반영하고 있었다. 그러나 앞으로 '고추장 매운맛 5등급화'에 따라서 단계별 보완이 필요하다. 한편, 명도는 맛이 다섯 번째 단계로 매워질수록 점점 낮아졌다(그림 6-5). 그리고 채도는 매운맛 세 번째 단계(보통 매운맛)까지는 점차적으로 높아졌다가 이를 기점으로 매운맛 다섯 번째 단계(매우 매운맛)로 갈수록 조금씩 낮아지는 경향을 보였다.

5.4. 맛을 표현하는 우리말 형용사

맛을 표현하는 형용사들을 수집하고 분석하여 정성적 관능평가에 사용할 수 있는 주요 형용사 척도를 발굴하는 일은 매우 중요하다. 이를 위해 이준환 등2013은 음식의 관능평가에 사용될 수 있는 맛, 질감, 온도감 및 냄새 등을 포함하는 우리말 형용사 92개를 선별하여 유사성을 평정하고, 이 형용사 사이의 상관성을 이용하여 요인분석, 군집분석 등을

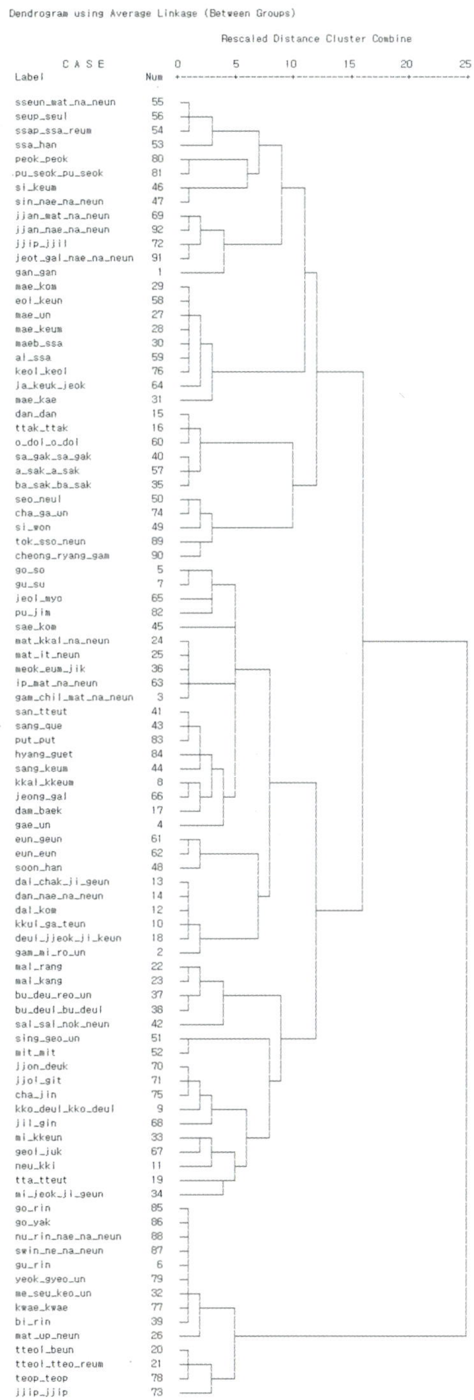

〔그림 6-6〕 맛을 나타내는 92개 형용사 군집분석 결과
(출처: 이준환 등, 2013)

실시하였다. 요인분석 결과 한국어에서 음식들의 맛을 표현하는 형용사를 설명하는 요인은 10개 이상으로 다양하였는데, 이때 발견된 요인들은 혀에서 감지되는 짜고(요인5), 쓰고(요인6), 달고(요인3), 신맛(요인11)과 감칠맛(요인1, 요인3, 요인9)뿐만 아니라 매운맛(요인2), 음식의 온도(요인10), 질감(요인4, 7), 푸짐함(요인9), 냄새(요인13, 14), 느끼한 정도(요인8), 맛의 깊이 및 지속정도(요인15) 등도 맛을 표현하는 중요한 요소로 나타났다. 또한 군집분석 결과 맛을 표현하는 형용사는 보편적인 맛 표현 형용사, 부정적인 맛 표현 형용사, 음식의 질감, 온도감, 냄새 등을 표현하는 형용사 집단 등으로 군집화할 수 있었다(그림 6-6). 또한 맛의 선호도에 해당하는 긍정적이거나 부정적인 맛을 표현하는 형용사들과 군집분석 결과로부터 얻어진 군집대표 형용사들과의 관계 역시 상관계수를 이용하여 분석하였는데, '맛있는delicious' 음식은 '간간한gan_gan', '따뜻한tta_tteut' 등의 형용사로 표현되는 음식이며, '맛없는unsavory' 음식은 '쓴맛나는sseun_mat_na_neun', '떫은tteol_beun' 등으로 표현되는 음식으로 나타났다. 이러한 분석결과는 향후 맛에 대한 관능 평가 형용사 척도를 발굴하는데 사용될 수 있으며, 식품의 감성을 측정하고 표현하는데 활용범위가 클 것으로 생각된다.

제2부

제 7 장

후각과 감성

후각은 미각과 함께 화학적 감각에 속한다. 미각과 마찬가지로 후각 역시 생존을 위해 매우 중요한 역할을 한다. 이를테면, 우리는 나쁜 냄새가 나는 물질이나 물체를 피해야 하는데, 흔히 악취나 고약한 냄새는 부패했거나 상한 것을 신호하거나 나아가 위험한 물질임을 알려주는 것이다. 이러한 후각 기능 덕분에 우리는 부패하여 먹을 수 없는 음식물을 식별하여 섭취하지 않으며, 위험한 물질을 피하게 된다.

그런데 후각은 인간에 있어 모든 감각들 중에서 가장 수수께끼 같은 감각이다.

냄새는 먼 과거에 일어났던 희미한 기억을 되새길 수 있는 특별한 힘을 가지고 있다.

인간은 많은 냄새를 식별할 수 있지만 그것을 묘사할 만큼 충분한 어휘를 가지고 있지 못하다.

기껏해야 어떤 것과 유사한 냄새를 맡았다고 말할 수 있을 정도일 뿐이다.

이러한 후각과 관련된 문제를 본 장에서 살펴보고자 한다.

1. 후각 자극

냄새를 일으키는 후각 자극은 약 15~300의 분자량을 갖고 있는 휘발성 물질로 알려져 있다. 냄새가 나는 물질은 대부분 유기화합물이다. 그러나 이런 조건을 갖춘 물질일지라도 냄새가 나지 않는 것도 많다. 그렇기 때문에 후각 자극을 일률적으로 규정하기는 어려운 문제이다. 그렇지만, 인간은 매우 낮은 농도의 물질도 탐지할 수 있으며, 수천 종의 화학물질을 구별할 수 있다.

2. 후각 정보의 지각 과정

인간의 후각수용기는 후각상피olfactory epithelium라고 하는 두 조각의 점막에 위치하는데, 각 점막의 면적은 약 2.5 cm^{2}이다. 인간의 후점막은 양쪽을 합치면 5 cm^{2}인데, 개의 후점막은 약 100 cm^{2}이다. 후각상피는 [그림 7-1]에서 볼 수 있듯이 비강의 꼭대기에 있다. 냄새를 맡을 때 콧구멍으로 들어간 공기는 비강으로 돌출되어 있는 비갑개골의 움직임으로 인해 위로 휩쓸려 올라가 후각수용기에 이르게 된다.

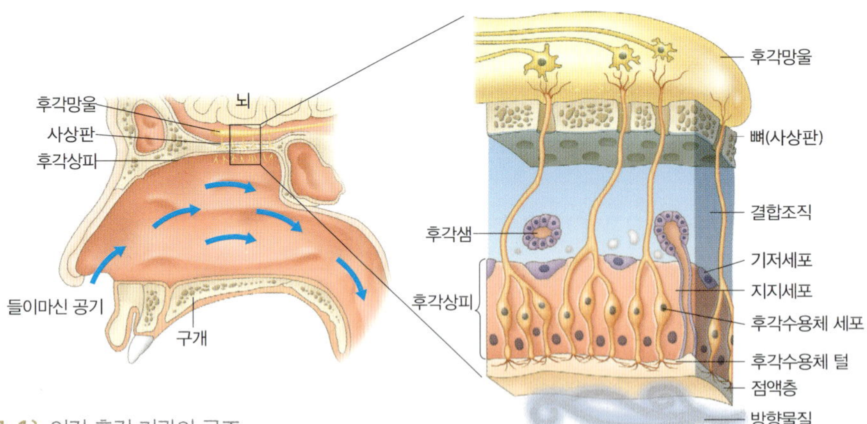

〔그림 7-1〕 인간 후각 기관의 구조

[그림 7-2]는 지지세포를 따라 배열되어 있는 후각수용기세포를 보여준다. 후각수용기는 양극성 뉴런으로 그 세포체는 뇌의 앞쪽 기저부의 골격 구조인 사골ethmoid bone의 사상판cribriform plate, 체 모양으로 천공된 골격 바로 아래에 배열되어 있는 후점막olfactory mucosa 내에 위치한다. 수용기의 한쪽 돌기는 점막 표면으로 뻗어나가 몇 개의 섬모로 분리되어 점막층을 관통한다. 냄새 분자는 점막에서 용해되어 후각섬모에 있는 수용기 분자를 자극하게 된다. 후각수용기의 축색은 사상판에 있는 작은 구멍을 통해 후구olfactory bulb로 들어가는데, 이들을 일컬어 후각신경olfactory nerve, 후신경이라 한다. 또한 후점막에는 삼차신경 축색의 자유신경종말free nerve ending이 뻗어 나와 있는데, 아마도 이 신경종말이 암모니아와 같은 화학물질의 냄새를 맡을 때 생기는 통각pain을 감지하는 역할을 수행할 것으로 생각된다.

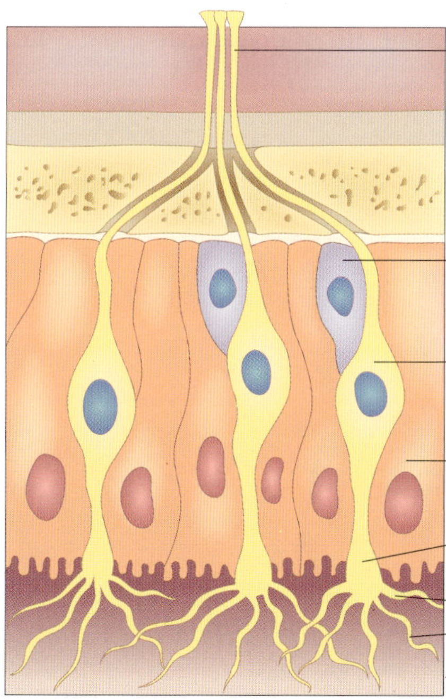

〔그림 7-2〕 후각수용기의 구조

3. 후각 정보의 탐지

후각수용기세포에는 점막 쪽으로 후각신경팽대olfactory knob라는 뭉툭한 부분이 있는데, 이 후각신경팽대에서 약 10~20개의 섬모가 점막 표면으로 뻗어 나온다. 이들 섬모가 감각 정보의 변환transduction에 관여한다. 후각섬모에는 냄새 분자가 결합하는 수용기가 있다.

냄새 물질 분자가 코 속으로 들어오면 '냄새 결합 단백질olfactory binding protein'이 냄새 분자를 후각 신경세포의 섬모로 이동시킨다(그림 7-3). 이 '냄새 결합 단백질'은 후점막에 위치한 후각샘Bowman's gland에서 분비되며, 후각수용기세포의 섬모 주변에 다량 존재한다. 냄새 물질 분자가 수용기에 결합하면 G-protein G_{olf}-Protein을 활성화시키는데, 이때 최소한 2개의 2차 전령계second-messenger system가 후각 정보의 전환transduction 과정에 관여하는데, 하나는 cyclic adenosine monophosphate(cAMP)이고, 다른 하나

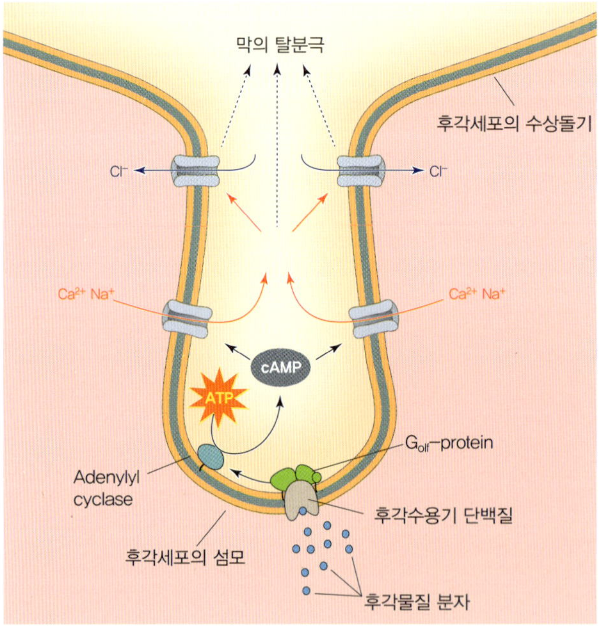

〔그림 7-3〕 후각 정보의 변환 과정 (Cl^- = chloride; ATP = adenosine triphosphate; cAMP = cyclic adenosine monophosphate)

는 inositol triphosphate(IP3)이다. 우선 활성화된 G-protein Golf-Protein은 GTP와 결합한다. 결합된 GTP-Golf 복합체GTP-G_{olf} complex는 adenylyl cyclase를 활성화시키고, adynylyl cyclase는 ATPadenosine triphosphate를 cAMP로 만든다. cAMP는 Na^+ 채널과 Ca^{2+} 채널을 열리게 하여 Na^+ 이온과 Ca^{2+} 이온이 세포 안쪽으로 들어와 섬모는 탈분극depolarize된다.

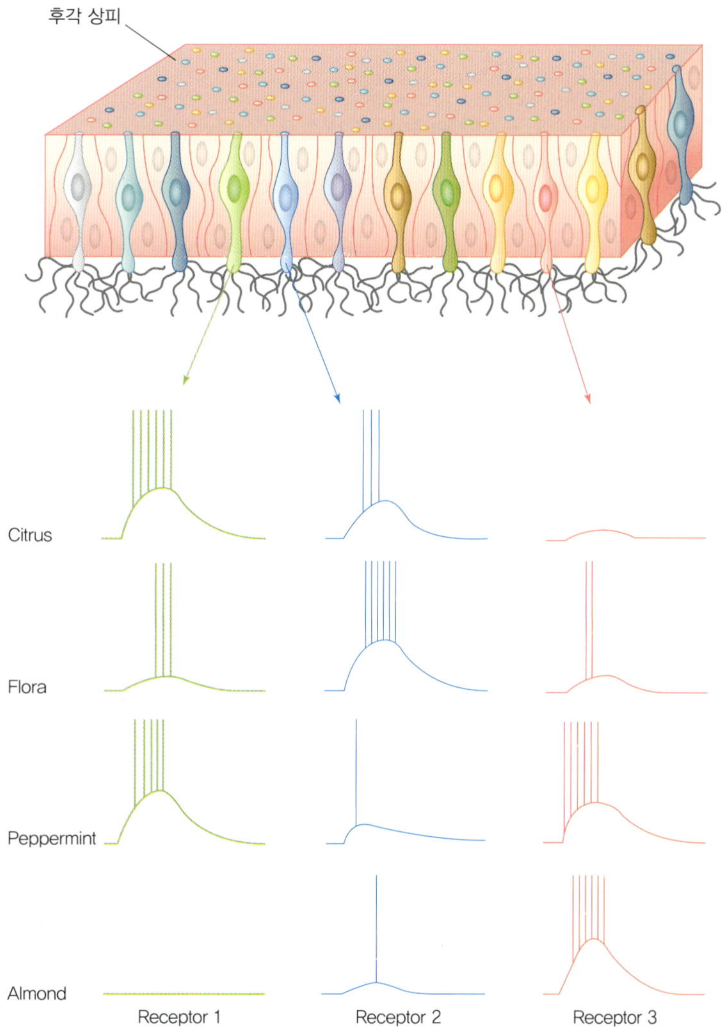

〔그림 7-4〕 서로 다른 냄새 물질 분자에 대한 단일 후각 수용기 세포의 반응

다른 한편, GTP-Golf 복합체는 phospholipase CPLC를 활성화시키고, PLC는 다시 IP3를 생성한다. IP3는 Ca^{2+} 채널을 활성화시켜 열리게 함으로써 세포를 탈분극시켜 발생전위generator potential를 만든다. 이상의 2가지 2차 전령계 신호전달과정 모두에서, 세포내 Ca^{2+} 농도의 증가는 Ca^{2+}-의존성 Cl^- 채널Ca^{2+}-gated Cl^- channel을 열어 Cl^- 이온이 세포의 안쪽에서 바깥쪽으로 나가게 하여 섬모를 더욱 탈분극시킨다. 이러한 탈분극은 축삭 소구axon hillock, 축삭 둔덕로 전달되고, 이것이 역치threshold를 넘어 활동전위가 발생하면 후각신경의 축삭을 따라 중추로 전달된다.

그런데, 각 수용기 세포는 각각 단일 후각수용기 단백질olfactory receptor protein, [그림 7-4]의 칼라 표시된 세포을 발현한다. 서로 다른 수용기 세포들은 후점막 상피 부위에 무선적으로 흩어져 있다. [그림 7-4]에서와 같이 미세전극을 이용하여 서로 다른 3개의 수용기 세포에서 전기신호를 기록하면, 각 수용기 세포는 서로 다른 많은 냄새 물질 분자에 반응하지만, 선호도가 서로 다르다는 것을 알 수 있다. 3개의 세포 모두에서 반응을 측정함으로써, 4가지 냄새물질이 무엇인지 명확히 식별할 수 있다.

4. 후각 정보의 중추 전달 경로

후각의 2차 감각 신경세포가 존재하는 해부학적 부위는 후구olfactory bulb, 후각망울이다. 후각수용기세포의 섬모에서 탐지된 후각 정보는 후구의 사구체glomerulus, 토리로 전달되는데, [그림 7-5(a)]에서 칼라로 된 각 사구체는 해당하는 칼라의 후각수용기세포로부터 정보를 받는 것을 보여준다. 후구 내에는 후각수용기세포의 축삭과 시냅스를 만드는 승모세포mitral cell나 술세포tufted cell 등이 있다. 이들 세포의 수상돌기가 후각 수용기 세포의 축삭과 복잡하게 얽혀서 토리(사구체)라 불리는 실뭉치를 만들고 있는데, 후구 안에는 이러한 실뭉치가 수천 개 존재한다. 승모세포와 술세포는 사구체로부터 후각 정보를 받

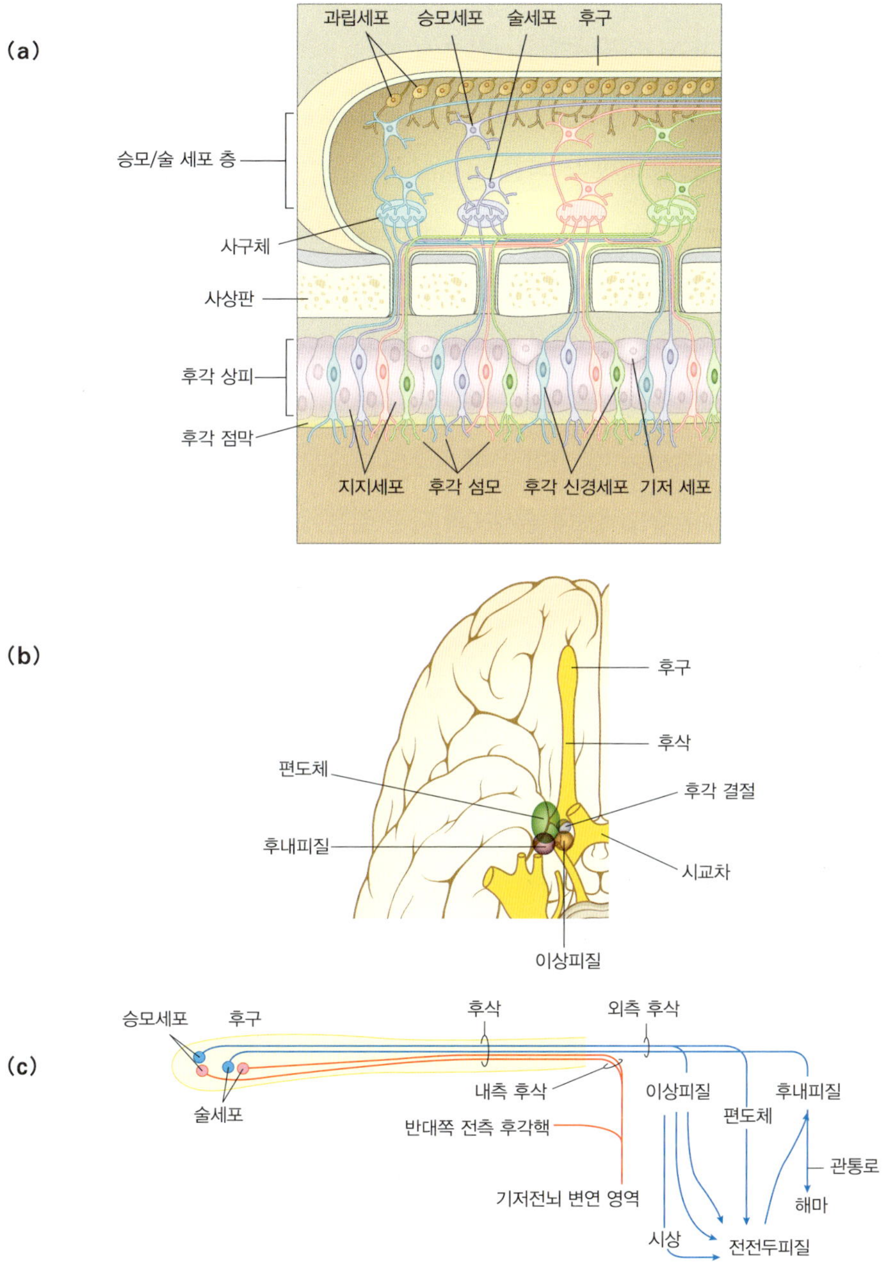

〔그림 7-5〕 후구(olfactory bulb)에서 후각 정보의 처리 과정 및 후각 정보의 중추 전달 과정 (a)후각 점막과 후구의 구조, (b)후각 정보의 중추 투사 영역, (c)후각 정보의 전달 과정

는데, 승모세포나 술세포로부터 나온 축삭은 후삭olfactory tract이 되며, 따라서 후삭은 2차 감각신경세포의 섬유로서 뇌로 들어간다(그림 7-5(b)).

승모세포와 술세포에서 나오는 축삭 중 가장 긴 섬유다발은 외측후삭lateral olfactory tract을 이룬 다음 일차 후각 피질primary olfactory cortex인 이상피질梨狀皮質, piriform cortex, 편도체amygdala, 후내피질entorhinal cortex로 투사한다(그림 7-5(c)). 이상피질은 시상하부와 배내측시상으로 투사하고, 그곳에서 다시 안와전두피질로 투사한다 Cain, 1988. 안와전두피질은 미각정보도 받아들이므로 미각과 후각을 종합하여 맛을 느끼게 해주는 것 같다. 시상하부 또한 상당히 많은 양의 후각정보를 받아들이는데, 이것은 아마도 음식물을 수용하거나 거부하는 것, 그리고 여러 종의 포유류에서 나타나는 생식과정의 후각적 통제에 중요할 것이다. 승모세포와 술세포의 다른 짧은 축삭섬유는 내측후삭medial olfactory tract을 이루고 이어 기저 전뇌 변연 부위basal forebrain limbic area로 투사한다.

5. 후각 감성

5.1. 후각 자극에 대한 심리적 감성 평가

좋은 향기는 사람의 기분을 좋게 해 주며 이미지 개선에 있어 중요한 요소로 손꼽힌다박세진 등, 2012. 일반적으로 향은 인간의 감성을 가장 잘 유발하는 것으로 알려져 왔다. 감성을 측정하는 데에는 심리적 방법으로서 형용사 어휘를 사용한 심리 척도를 이용하는 방법이 일반적이다. 이에 손진훈 등2002은 25개의 형용사를 선택하여 감성평가 척도를 제작하고, 시더우드 오일cedarwood oil, 페퍼민트 오일peppermint oil, 로즈 오일rose oil, 그레이프푸르트 오일grapefruit oil, 티바움 오일teebaum oil의 다섯 가지 향을 사용하여 연령대별로 실험을 실시한 결과, 전체 향의 감성구조는 심미성, 강도, 낭만성, 자연성, 개성의 다섯 요인으로 구성되었음을 밝혔다(표 7-1). 이들 다섯 요인이 전체 설명 변량의

66.24%를 설명하였다. 이 연구에서 연령에 따른 향의 감성구조는 유사하여 차이가 없었다.

〔표 7-1〕 향의 감성구조

요 인	형용사 및 상관계수		
심미성(27.02%)	쾌하다(.881) 밝다(.822) 자연스럽다(.696) 여성적이다(.477)	향긋하다(.865) 발랄하다(.798) 친숙하다(.660) 꽃향기가 난다(.450)	매혹적이다(.848) 가볍다(.774) 고상하다(.622)
강도(13.21%)	강렬하다(.830) 흥분된다(.528)	진하다(.829) 차갑다(.501)	자극적이다(.777)
자연성(9.39%)	전원적이다(.817)	고풍스럽다(.792)	자연적이다(.660)
개성(8.73%)	개성적이지 않다(.756)	평범하다(.750)	흔하다(.723)
낭만성(7.89%)	경망스럽다(.706)	정열적이다(.634)	낭만적이다(.531)

(출처: 손진훈 등, 2002)

[표 7-1]을 보면 제1요인인 '심미성' 요인은 11개의 향 감성 표현 형용사로 이루어져 있는데, 이는 전체 변량의 27.02%를 설명하였고, 주로 향의 '쾌-불쾌' 차원으로 해석된다. 제2요인은 '강도' 요인으로서 5개의 감성 형용사로 이루어져 있으며, 설명 변량은 13.21%이고, 주로 '각성-이완' 차원으로 생각된다. 세 번째 '자연성' 요인은 3개의 형용사로 이루어져 있는데, 전체 변량의 9.39%를 설명하며, '정적'이거나 '현대적 감각' 차원으로 해석된다. 네 번째 '개성' 요인은 3개의 형용사로 이루어져 있으며, 전체 변량의 8.73%를 설명하고, '향의 독특성' 차원으로 해석된다. 다섯 번째 '낭만성' 요인은 3개의 형용사로 이루어진 것으로서, 설명 변량이 낮으며, 향의 '남성-여성성'으로 해석된다.

이 연구에 사용된 5개의 향에서 '심미성', '자연성', '강도', '개성' 요인은 공통으로 나타났다. 다른 공통요인과 비교할 때, '강도'와 '개성' 요인을 구성하는 향 감성 형용사는 모든 향에서 큰 차이가 없었다. '낭만성' 요인을 구성하는 형용사들은 세분화하거나 다른 요인에 포함되는 형용사를 포함하여 향별로 새로운 요인을 구성하였다.

한편 박미경 등2001에 따르면, grapefruit 향과 peppermint 향은 '심미성' 특성이 강하게 나타났고, cedarwood 향과 teebaum 향은 '심미성' 특성이 낮았다. '강도' 특성에서는 peppermint 향이 가장 강하였으나, grapefruit 향이 가장 약했다. '자연성' 특성에서는 rose 향이 가장 두드러진 향으로, peppermint 향은 낮은 향으로 나타났다. teebaum 향과 rose 향은 개성적인 향으로 나타났지만, grapefruit 향과 peppermint 향은 개성적이지 않은 것으로 나타났다.

5.2. 액체의 색과 농도에 따른 향 감성의 시각화

색채는 시각적 요소이지만 후각 감성에도 영향을 미치며 전달하려는 의미와 가치를 공유하고 이를 상승시키는 역할을 함으로써 공감각 현상을 일으킨다김유진, 2008. 색과 향에 관한 공감각 연구로서, 최단비와 박영경2014은 농도에 변화를 준 액체 색으로 연상되는 향과 형용사를 연구하고, 농도 변화에 따른 색과 향의 상관관계를 분석하였다. 이 연구에서 연구자들은 액체의 색을 색상환에 따라 균등하게 7개의 색상(R, YR, Y, GY, G, B, P)으로 구분하고, 농도를 강, 중간, 약의 3단계로 나누어 21개의 샘플을 만들고, 이러한 액체 색채의 샘플에 대하여 8개의 계열별 향을 제시하여 연상되는 향이 어떤 향인지, 그리고 12개의 향 형용사에 대해 5점 척도로 응답하도록 하였다. 연구 결과, 이들 연구자는 8개의 상이한 계열의 향에서 색상의 특성을 찾을 수 있었으며, 또한 농도에 따라 향을 느끼는 강도에 차이가 있다는 것을 밝혔다. 이를테면, YR 색상의 액체 색에서 중간 농도일 때 씨트러스citrus 향이 가장 강하게 연상되었으나, 강한 농도일 때는 프루티fruity 향이 가장 강하게 연상되어 액체의 색이 동일하더라도 농도에 따라 다른 계열의 향이 연상될 수 있음을 알 수 있었다.

[그림 7-6]을 살펴보면 R 색상 액체의 색이 3단계의 농도 모두에서 응답자의 60% 이상이 플로랄floral 향을 느낀다고 하였으며, B 색상의 액체 색에서도 3단계의 강한 농도와 중간 농도, 약한 농도에서 응답자의 60% 이상이 워터water 향을 강하게 느낀다는 결과가 나와 액체의 색과 향이 높은 상관성이 있음을 알 수 있다. P 색상의 액체 색에서는 강한 농도와 중간 농도, 약한 농도에서 40%이상의 응답자가 플로랄floral 향과 아로마틱aromatic

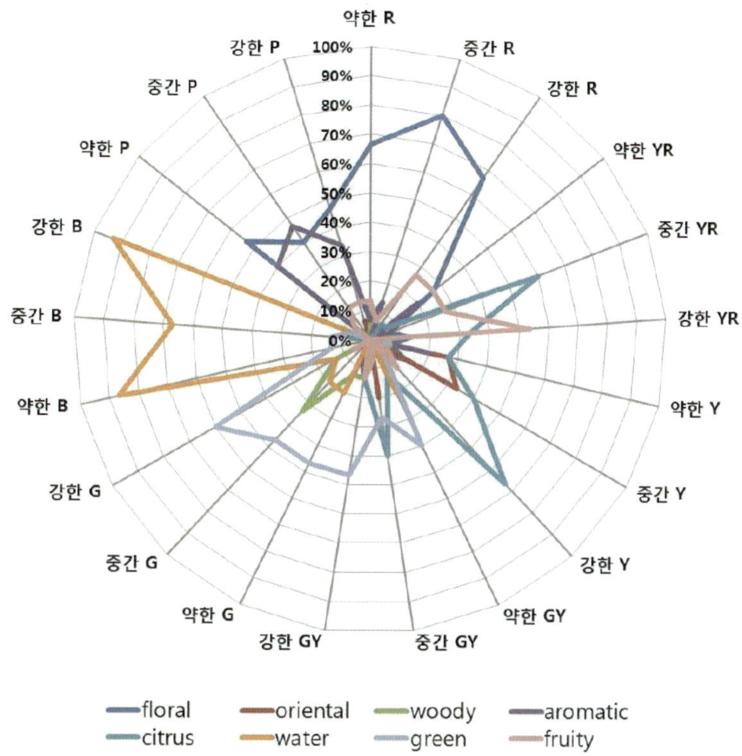

〔그림 7-6〕 액체의 색채에 따른 계열별 향의 분포 (출처: 최단비와 박영경, 2014)

향을 주로 느꼈다. GY 색상의 액체 색에서는 약한 농도와 중간 농도에서 응답자의 47%, 강한 농도에서는 66%가 그린green 향을 연상하였다. 이러한 결과는 향을 맡지 않아도 색상에 따라 각기 다른 향을 연상시킬 수 있음을 의미하며, 따라서 색상은 향의 특성을 느끼는 데에 있어서 매우 중요한 역할을 수행할 수 있음을 알 수 있다.

5.3. 향기(aroma)가 심리-생리 반응에 미치는 영향

우리는 항상 스트레스 속에서 살고 있다고 해도 과언이 아닐 만큼 항상 스트레스 환경 속에서 살고 있다. 그렇지만 스트레스에 대한 해결법으로서 다양한 방법이 사용되고 있지만 스트레스 치료는 그렇게 쉬운 일이 아니다. 최근 스트레스에 대한 완화 방법으로서 심리적 신체적 특성을 통합하여 접근하는 추세이며, 특히 대체보완요법에 대한 관심이 급증하고 있는데, 이러한 대체보완요법 중에서 특히 주목을 받고 있는 분야가 향기요법aroma therapy이다. 향기요법을 적용하는데 있어 비강을 통한 아로마 오일의 흡수 속도가 가장 빠르며 후각신경을 통해 두뇌에 전달된 향기 정보는 감정 상태에 영향을 미치며 뇌하수체를 자극하여 호르몬 분비를 조절한다. 향기요법이 스트레스와 관련된 호르몬 분비에 미치는 영향에 대한 연구에서 김장순2007은 일반 마사지와 아로마 오일을 이용한 마사지, 그리고 아로마 흡입을 비교하였는데, 이 중 아로마의 흡입이 가장 효과가 크다는 것을 보고하였다. 향기 흡입은 시간과 장소에 구애받지 않고 사용할 수 있으며, 뇌에 직접 영향을 미치는 비침습적 방법으로 사용하기 편리하며 효과가 신속하게 일어나면서도 부작용이 거의 없는 가장 대표적인 대체보완요법이다. 따라서 향기 흡입은 스트레스 완화에 직접 적용할 수 있는 효과적인 중재 방법이 될 수 있다. 이에 남미정 등2009은 대학생을 대상으로 향기를 흡입시키고 심리생리적 반응을 관찰한 결과 심리적 생리적 스트레스 지표가 낮아지는 것을 관찰하였다. 우선 심리적 반응으로서 상태불안 점수가 대조군에 비해 낮게 나타났으며, 스트레스 자각점수도 마찬가지로 나타났다. 향기를 흡입한 실험군의 생리적 스트레스 반응 역시 대조군에 비해 유의미하게 낮아졌는데, 수축기혈압의 경우 대조군의 수축기혈압보다 낮게 나타났으며, 이완기혈압 역시 대조군의 경우 보다 낮았다.

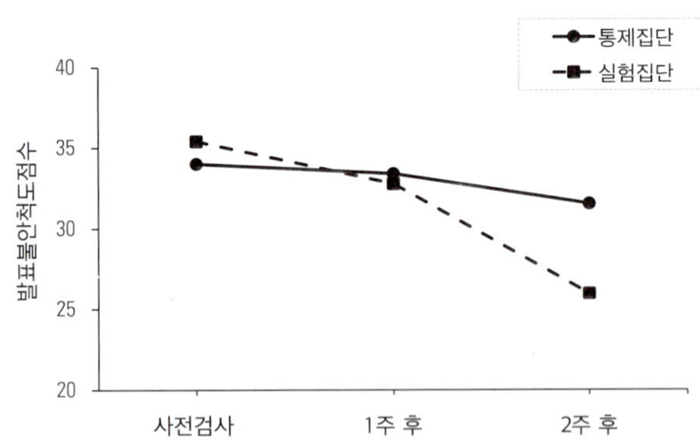

〔그림 7-7〕 아로마 처치가 초등학생의 발표불안에 미치는 영향
(출처: 이영순 등, 2004)

이와 마찬가지로, 이영순 등2004은 초등학생을 대상으로 한 연구에서 아로마를 교실 내에 2주일간 처치하면서 아동들의 발표불안이 어떻게 변화하는지를 알아보았다. 그 결과 2주일간 아로마를 처치하지 않은 집단보다 처치한 집단에서 통계적으로

유의미하게 발표불안이 감소하였다(그림 7-7).

한편 이애란2015은 향기요법이 스트레스 관련 교감신경과 부교감신경의 변화에 미치는 영향을 비교하였는데, 자율신경계의 균형을 나타내는 지표LF/HF ratio에서 교감신경의 활성도는 감소하고 부교감신경의 활성도는 증가할수록 신경계와 근육이 이완되고 안정된 상태를 유지하는 것을 알 수 있었다. 이러한 지표를 사용하여 이애란2015은 실험군 A에는 에센셜 오일과 마사지를 6주간 지속시켰으며, 실험군 B는 2주간 지속시켰다. 그 결과 실험군A에서는 처치전에 비해 6주차까지 자율신경계의 균형이 지속적으로 유의하게 증가하였다. 실험군 B에서는 2주차까지 자율신경계의 균형이 통계적으로도 유의하게 증가하였으며, 이후에는 증가된 수준이 유지되었다. 대조군에서는 통계적으로 유의한 변화가 없었다. 이와 같은 결과는 향기요법이 심리적인 안정을 가져다주는 힐링 효과를 나타내고 스트레스에 대한 저항성을 높여줌으로써 심리적 신체적인 안정감을 갖게 하는 건강관리요법으로 활용될 수 있는 수단이 될 수 있다는 것을 보여준다.

스트레스 관리 방안 중 향기요법의 효과에 관하여 문헌을 고찰한 체계적인 연구는 많지 않으나 이우진과 홍성균2010은 2001~2010년 사이의 10년간 학술연구정보서비스RISS에 수록된 논문 중 스트레스와 향기요법 관련 논문 36편(학위논문:25편, 학술지논문:10편; 중복개제는 제외)을 고찰하였다. 이들 연구자의 연구에 따르면 향기요법은 스트레스를 완화하는 효과가 있으며, 특히 생리적 측정보다 심리적 측정에서 훨씬 큰 효과가 있음을 알 수 있었다. 이러한 결과로 볼 때 향기요법은 인간의 감성에 영향을 줌으로써 심리적 생리적 측면에서 스트레스를 감소시키는데 큰 역할을 할 수 있다는 것을 알 수 있다.

5.4. 향기감성이 향기섬유제품의 구매력에 미치는 효과 분석 모형

제품에 향기가 부가되면 구매의도가 높아진다. 예를 들면 피오레Fiore 등 2000에 따르면 기분 좋은 향기가 있는 환경에서는 향기가 없는 환경일 때 보다 여성 잠옷에 대한 구매의도가 더 높았으며, 스팽엔버그Spangenberg 등 1996는 가방 등 섬유제품을 포함한 다양한 제품군을 이용한 연구에서 향기가 분사된 소매환경에서의 제품에 대한 평가가 그렇지 않은 환경에서 보다 더욱 높아진다는 것을 보고하였다. 또한 크나스코Knasko, 1989는 향기를 방출하는 상태에서 소비자들이 그렇지 않은 상태에서 보다 점포에 머무르는 시간이 더 길어지는 경향이 있다고 보고하였다.

마이크로캡슐에 향료를 넣어 직물을 만들거나 코팅을 함으로써 방향성芳香性을 첨가한 향기섬유제품들이 의류, 침구, 스카프, 가방, 양말 등 다양한 품목에 활용되어 소비자들을 유혹하고 있다. 이들 제품은 그 제품이 가지고 있는 기본적인 기능 외에 방향성을 함께 가짐으로써 소비자의 감성적 욕구를 자극하고 있다.

향기섬유제품 중 많은 제품이 소비자의 자기표현 수단으로 사용되는 의류나 패션액세서리 제품이므로, 이러한 제품에 대한 소비자의 향기감성 반응은 그 제품에 대한 태도와 구매의도에 영향을 미치는 주요 요소가 될 수 있다. 이에 여은아와 이규혜2006는 방향성 섬유제품의 감성 반응이 남녀 성별에 따라 다른지 알아보고, 제품에 대한 태도와 구매의도에 영향을 미치는 감성 반응에 있어 성별 차이가 있는지를 알아본 결과 남녀 모두 공통적으로 즐겁고 기분좋은 요인인 유쾌성pleasantness을 가장 중요한 핵심적인 요소로 보았으며, 향이 옷에 적절하고 잘 어울리느냐를 반영하는 적합성congruency, 향이 흔하거나 익숙한 것을 반영하는 친숙성familiarity, 향의 진하거나 센 정도를 반영하는 요인인 자극성stimulating의 순으로 중요하게 생각하였다. 통계적으로 유의미하게 성별 차이가 나타난 요인으로는 적합성과 자극성이 있었는데, 향기섬유제품의 향기적합성이 남성보다 여성에서 더 높게, 자극성은 여성보다 남성에서 더 높게 나타났다. 또한 소비자의 접근 반응에 있어서 향기섬유제품에 대한 태도에서는 유의한 성별 차이가 없었지만, 남성은 여성보다 더 높은 구매의도를 보이는 경향이 있었다.

한편, 여은아와 이규혜2006의 연구에서 제시한 향기감성이 향기섬유제품에 대한 태도와 구매의도에 미치는 영향에 관한 이론적 모형은 [그림 7-8]에 제시되어 있다. [그림 7-8]에서 볼 수 있는 바와 같이 다집단 동시분석법에 따라 모형을 비교하였을 때 성별 차

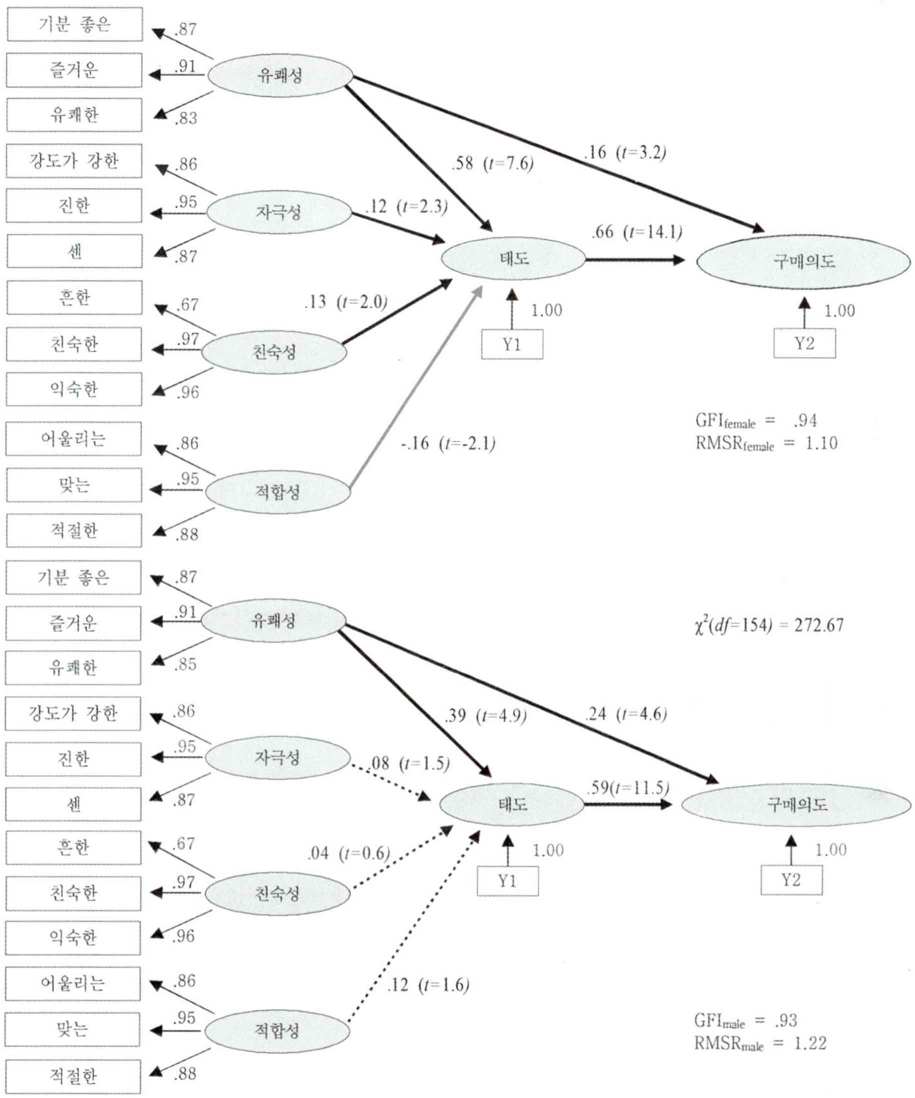

[그림 7-8] 향기섬유제품의 태도와 구매의도에 영향을 미치는 향기감성요인: 다집단 분석. (위) 여성, (아래) 남성. 정적으로 유의한 경로는 진한 실선으로, 부적으로 유의한 경로는 회색 실선으로, 유의하지 않은 경로는 점선으로 표시되어있다. (출처: 여은아와 이규혜, 2006)

이가 발견되었다. 여성의 경우 향기섬유의 유쾌성, 자극성, 친숙성, 적합성의 감성요인이 향기섬유제품의 태도에 유의한 영향을 미쳤는데, 이 중 유쾌성, 자극성, 친숙성은 태도에 정적인 영향을 미치고 적합성은 태도에 부적 영향을 미쳤다. 이때 향기의 적합성과 태도 사이의 부적 관계는 제품에 따라 전형적으로 연상되는 향기보다는 제품의 특성과 직접 관련이 되지 않는 신기성新奇性 및 의외성意外性이 높은 향기의 제품을 선호하는 결과라 할 수 있을 것이다.

남성에 있어서는 유쾌성 만이 태도에 유의미한 영향을 미쳤으며, 자극성, 친숙성, 적합성은 유의미한 영향을 미치지 못하는 요인으로 나타났다. 이는 태도나 구매의도에 미치는 남성 소비자들의 향기감성 반응이 그 영향력에 있어서 여성 소비자만큼 다차원적이지 못하며, 보다 더 단순하고 단차원적임을 의미하는 결과라 할 수 있다. 유쾌성은 남녀 모두에게 가장 중요하게 영향을 미치는 변인이었는데, 이는 향기제품의 쾌락적 가치의 중요성을 의미하는 것이다.

향기섬유제품의 구매의도에는 남성과 여성의 성별 집단 분석에서 모두 향기섬유제품의 '유쾌성'과 '제품에 대한 태도'가 중요한 영향을 미쳤다. 특히 남성과 여성 소비자 모두에서 향기제품에 대한 태도는 구매의도에 강한 영향을 주는 것으로 나타났는데, 이러한 경향은 여성 소비자들의 경우에 좀 더 크게 나타났다. 이러한 결과를 두고 볼 때, 남성들은 향기제품 구매 시 유쾌성에 집중되어 직관적으로 의사결정을 내리는 반면, 여성들은 향기와 관련된 다양한 감성 반응을 두루 고려하여 이를 종합적으로 판단하고, 이러한 종합적 판단을 기반으로 구매의사 결정을 내린다고 할 수 있다

제2부

제 8 장

체성감각과 감성

체성감각(somatosense)은 우리 몸의 표면과 내부에서 일어나는 사건들에 대한 정보를 제공한다. 그리스어로 *soma*는 신체(body)를 의미한다. 피부감각(cutaneous sense)은 여러 가지 양상을 포함하고 있는데, 이들을 보통 통칭하여 '촉감'이라 일컫는다. 내장감각(organic sense)은 내장 안팎에 있는 수용기에서 야기되며 위통과 같은 불쾌한 감정을 일으키기도 하고, 추운 겨울날 따뜻한 물을 마실 때 위에서 느껴지는 것과 같은 기분 좋은 감정을 일으키기도 한다. 심리적으로나 생리학적으로 피부감각이 체감각의 대부분을 차지하기 때문에 본 장에서는 이를 중심으로 전개해 나갈 것이다.

1. 체성감각의 자극

피부감각은 접촉, 압력, 진동, 온도, 아픈 자극과 같은 다양한 형태의 자극에 반응한다. 촉감touch은 피부에 자극이 접촉하여 닿음으로써 발생되며, 압감pressure은 피부가 기계적으로 변형됨으로써 야기된다. 진동감vibration은 실험실이나 병원에서 소리굽쇠나 기계장치에 의해 인위적으로 일어날 수도 있고 진동하는 물체에서도 느낄 수 있지만, 흔히 손가락이 거친 표면을 거슬러 움직일 때에도 잘 일어난다. 따라서 우리는 사물의 거친 정도를 판단하기 위해 진동감각을 사용한다. 온감 및 냉감은 정상적인 피부 온도를 변화시키는 물체로 야기된다. 통각은 많은 다른 종류의 자극에 의해 발생될 수 있지만, 대부분 조직에 손상을 일으킬 수 있는 강한 자극에 의해 유발된다.

내장감각은 위장 기관 및 다른 내장기의 바깥층, 복강과 흉강의 내막에 있는 수용기를 통해 발생한다. 이들 조직은 대부분 신장(늘어남)에 민감하다. 또한 위와 식도는 뜨겁고 찬 것에 반응하고, 일부 화학물질에 민감하게 반응하기도 한다.

2. 체성감각 정보의 탐지 및 지각 과정

우리는 잘 의식하지 못하고 있지만, 피부는 매우 복잡한 기관이다. 피부는 또한 필수불가결한 조직이라 우리는 피부 없이 살 수 없다. 이를테면, 광범위한 부위의 피부화상은 치명적인 결과를 가져온다. 신체의 세포들은 피부의 바깥층으로 둘러싸여 있어 외부의 위험한 환경으로부터 보호를 받는다. 피부는 몸을 식히기 위해 땀을 내기도 하고, 혈액순환을 조절하고 체온조절에 관여한다. 피부의 형태는 신체 전반에 걸쳐 다양한데, 점막에서부터 털이 있는 유모피부hairy skin, 손바닥이나 발바닥과 같이 털이 없는 평활피부glabrous skin, 무모피부 hairless skin에 이르기까지 다양하다.

2.1. 피부 수용기

피부는 표피epidermis, 진피dermis, 피하조직subcutis으로 구성되어 있으며, 이들 층 전역에 걸쳐 다양한 수용기들이 분포하고 있다. [그림 8-1]은 유모피부와 평활피부의 횡단면을 보여준다. 유모피부에는 피막이 없는 자유신경종말free nerve ending과 낮은 주파수의 진동에 반응하는 루피니소체Ruffini corpuscle가 분포한다. 자유신경종말은 피부 표면의 바로 아래에 있다.

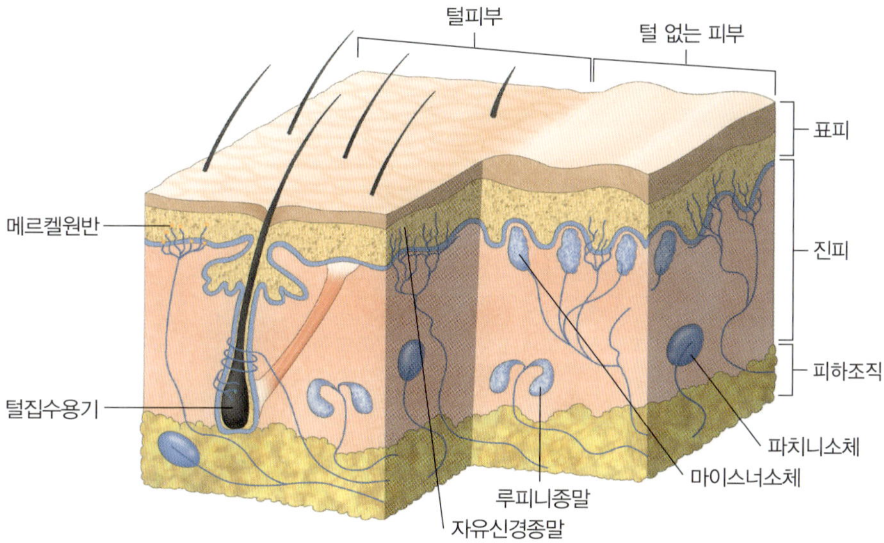

〔그림 8-1〕 피부의 구조 및 수용기

평활피부는 다양한 피부감각 감지기가 존재하며 매우 복잡하다. 이 부위가 아주 복잡하다는 의미는 우리가 주변 환경을 능동적으로 탐색할 때 손바닥과 손가락의 안쪽 면을 많이 사용한다는 사실을 반영하는 것이다. 우리는 물체를 잡거나 만질 때 이 부위를 자주 사용한다. 이와는 대조적으로 신체의 나머지 부위는 환경과 수동적으로 접촉한다. 즉, 다른 사물이 신체에 부딪혀서 접촉이 이루어진다.

피부의 촉각 수용기는 위치하는 부위도 다를 수 있지만, 체성감각에 있어서 수행하는 역할도 각기 다르다. 이들 수용기는 촉감touch을 담당하는 것도 있으며, 온도감각, 통각을 담당하는 것도 있다. 이들을 구체적으로 살펴보자.

2.2. 촉감

압력과 진동과 같은 촉각에 대한 민감성은 피부의 움직임에 의해 결정되며, 여기에는 여러 가지 피부 수용기가 관여한다. [표 8-1]에는 피부의 주요 촉각 수용기와 그 특성이 요약되어 있다.

〔표 8-1〕 피부 촉각 수용기와 특성

구분	메르켈원반	마이스너소체	파치니소체	루피니종말
위치	표피	표피	진피와 심부조직	진피
축삭의 직경(um)	7-11	6-12	6-12	6-12
전도속도(m/s)	40-65	35-70	35-70	35-70
감각 기능	형태와 결	눌림과 운동 탐지	진동 탐지	피부 신전
신경지배 밀도(cm^2)	100	150	20	10
공간 감지 정밀도(mm)	0.5	3	10+	7+
지속적 눌림에 대한 반응(적응)	지속적(느림)	없음(빠름)	없음(빠름)	지속적(느림)
감지 주파수 범위(Hz)	0-100	1-300	5-1000	0-?
최대 민감도(Hz)	5	50	200	0.5
평균 눌림 역치(um)	30	6	0.08	300

가장 연구가 잘 된 수용기는 파치니소체로 주로 진동을 탐지한다. 파치니소체Pacinian corpuscle는 신체에 있는 가장 큰 감각 종말 기관이다. 그 크기는 대략 0.5 x 1.0 mm로 육안으로도 볼 수 있다. 그것은 평활피부와 외부생식기, 유선과 다양한 내장 기관에 존재한다. 이 수용기는 수초화된 단일 축삭의 종말단추 주변을 양파처럼 감싸는 70개 이상의 층으로 구성되어 있다. 이것은 특히 진동에 민감하다. 축삭에 대하여 상대적으로 파치니소체가 구부러질 때 막의 이온통로ion channel가 열리고 탈분극depolarization이 일어나며, 수용기 전위receptor potential가 발생한다. 이때 탈분극으로 인한 흥분이 역치를 넘으면,

첫 번째 랑비에 결절Ranvier's node에서 활동전위action potential가 발생한다. 로웬스타인Loewenstein과 멘델슨Mendelson, 1965은 파치니소체의 층에서 기계적 특성에 변화가 일어나서, 정상적인 기관이 구부러질 때 축삭이 짧게 즉각적으로 반응하고, 그것이 원상태로 되돌아갈 때 다시 반응한다는 것을 밝혔다. 따라서 그것은 진동에는 민감하지만 일정한 압력에는 반응하지 않는다.

파치니소체의 신경종말 끝부분이 구부러지면 막의 이온통로가 열리고 수용기 전위가 발생한다. 이들 통로는 막 아래의 단백질 세사에 고정되어 있고, 긴 탄수화물 연쇄가 부착되어 있다. 기계적 자극이 신경종말의 형태를 변화시킬 때, 힘이 탄수화물 사슬에 작용하여 통로를 밀어서 여나 대부분의 연구자는 피막으로 덮인 종말은 그곳으로 들어가는 축색에 의해 전도되는 물리적 자극을 수정하는 역할만 담당한다고 생각한다.

마이스너소체Meissner's corpuscle는 유두에 존재하는 것으로, 진피에서 상피 쪽으로 돌출되어 있는 작은 융기이다. 이 종말기관에는 2~6개의 축삭이 분포되어 있다. 이들은 접촉에 반응한다. 상피의 기저에서 발견되는 메르켈원반Merckel's disk 또한 접촉에 반응하고, 땀을 분비하는 한선관汗腺管, sweat duct에 인접한 마이스너 소체와 거의 같은 위치에 있다.

전통적인 촉각수용기 이외에도 새로운 수용기가 발견되었는데, 이를 '감성촉각수용기emotional touch receptor 또는 pleasant touch receptor'라 부른다McGlone 등, 2007. 촉각의 이러한 감성적인 특성은 전도속도가 느리며 수초화가 되지 않은unmyelinated C 촉각 구심성 섬유C tactile afferent fiber가 매개하여 중추로 전달하는 것으로 알려져 있다Lloyd 등, 2015. 통상적으로 C섬유는 통각과 온도감각을 전달하는 것으로 알려져 있지만, 이러한 감성촉각수용기로부터 전달되는 촉각은 '애무petting'와 같이 가벼운 힘으로 천천히 움직이는 자극에 반응한다. 감성촉각수용기는 털이 있는 유모피부hairy skin에만 존재한다고 한다. 이와 같은 감성촉각 시스템은 여자친구나 남자친구로부터 손등이나 팔, 또는 얼굴 등을 애무 받을 때 피부에서 피부로 접촉하는 데 대한 감성적 반응을 불러일으킬 수 있다. 이러한 감성적 신체 접촉은 엔도르핀과 옥시토신의 분비를 증가시켜 행복감, 신뢰감, 편안함을 느끼게 한다.

피부에 지속적으로 가해지는 약하고 변화가 없는 일정한 자극은 어느 정도 지난 후에는 아무런 감각도 일으키지 않는다. 우리는 손목을 둘러싸고 있는 손목시계의 압력을 무시할 뿐 아니라 손목에 그것이 있다는 것을 잘 느끼지 못한다. 이처럼 감각을 느끼지 못하는 것은 생리적 연구들을 통해 수용기가 활성화되지 않기 때문인 것으로 밝혀졌는데, 이는 수용기가 변화하지 않는 일정한 자극에 대해서 적응을 한다는 것을 의미한다.

이러한 적응 현상은 수용기내의 물리적 처리과정이나 혹은 화학적 처리과정의 '피로'에 의해서 야기되는 것은 아니다. 나페Nafe와 위거너Wagoner, 1941는 무게가 나가는 물체를 피부에 올려놓고, 물체가 점차 아래로 내리누르며 피부를 변형시킬 때 피험자들이 보고하는 감각을 기록하였다. 물체가 더 이상 움직이지 않을 때까지 피험자는 압감pressure을 느낀다고 보고하였다. 물체의 무게를 증가시켜서 더 누르게 하면, 움직임이 다시 멈출 때까지 피험자는 압감을 느낀다고 보고하였다. 또한 압력을 가하는 물건을 치운 뒤 피부표면이 원래의 상태로 되돌아가는 동안에도 잠시 동안 압감을 보고하였다. 약하고, 변화가 없으며, 손상을 주지 않는 자극은 유기체에게 그렇게 중요하지 않기 때문에 이러한 적응 기전은 매우 유용한 것이다.

그런데 신체 피부의 감각은 부위에 따라 민감도가 다르다. 이것은 '두점촉각식별역치two-point touch threshold'를 통해 알 수 있는데, 이는 [그림 8-2]에 나타나있다. 역치가 낮을수록 민감한 것을 의미하며, 높을수록 민감도가 떨어진다. 그림에서 볼 수 있는 바와 같이 손가락과 입술은 두점촉각식별역치가 매우 낮고, 몸통이나 팔, 다리는 높다.

한편, 피부감각은 피부 표면에 대하여 상대적으로 움직이는 자극 물체의 형태와 결을 분석하는 데에도 많이 사용된다. 때로는 물체가 움직이기도 하지만 우리 스스로 움직이는 경우가 더 많다. 이를테면, 여러분의 손바닥에 어떤 물체를 올려놓고 손을 움직이지 말라고 하면, 그러한 접촉만으로 그 물체를 인식하기는 쉽지 않을 것이다. 손을 움직여도 좋다

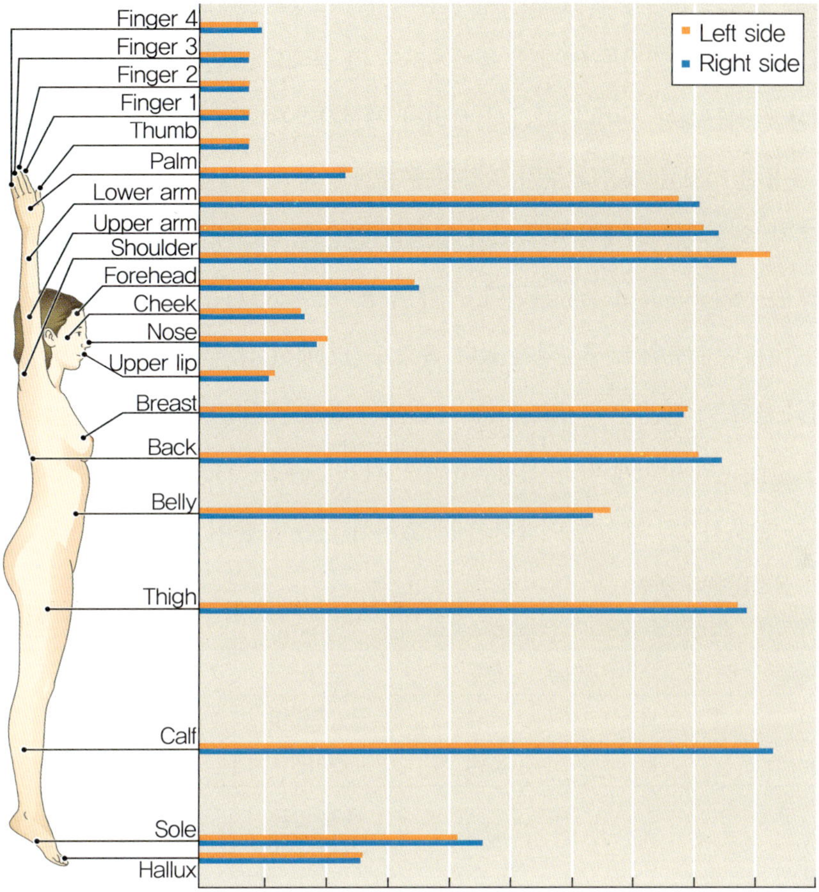

〔그림 8-2〕 신체 피부의 두점촉각식별역치(two-point touch threshold)

고 하면, 여러분은 손바닥과 손가락으로 그 사물의 표면을 문질러 볼 것이다. 그러면 그 대상의 삼차원적 형태, 강도, 결, 매끄러움 등을 판단할 수 있게 된다. 이러한 정보처리가 원활하게 이루어지기 위해서는 피부에서 들어오는 정보 외에도 운동계가 협조를 해야 하고, 근육과 관절로부터 운동감각이 유입되어야 한다. 만일 물체를 쥐었을 때, 국소적인 압력을 어느 정도 느낀다면 그것은 단단한 것이다. 다소 약하고 분산되는 압력을 느끼면, 그것은 부드러운 것이다. 물체가 손가락 끝을 스치고 지나갈 때 진동을 일으키면, 그것은 거친 것이다. 피부로 누르고 있는 동안 물체가 쉽게 움직이면 그것은 매끄러운 것이다. 물체가 피부를 스칠 때 진동을 일으키지는 않지만, 움찔거리고 그 물체의 표면에서 손가락을 떼기 어려우면 그것은 끈적끈적한 것이다. 따라서 우리의 체성감각은 피부에 접촉하는 물체의 성질에 관하여 유용한 정보를 제공해 주기 위하여 운동계와 함께 역동적으로 작용한다.

촉각 수용기는 기계적 자극이나 압력에 반응을 나타내기 때문에 일반적으로 기계적 수용기mechanoreceptor라 불린다. 촉각 수용기는 신경섬유nerve fiber와 팽대된 종말expanded ending 부위로 구성되어 있다. 촉각수용기에서 감지된 정보는 A-betaAβ 신경섬유를 따라 중추로 전달된다. 참고로 [표 8-2]에는 찰스 셰링턴Charles Sherrington과 데이비드 로이드David Lloyd의 방식에 따라 신경섬유의 크기, 전도속도, 기능 등이 분류되어 있다. 이러한 분류는 말초신경의 특성을 이해하는 데 있어서 많은 도움이 될 것이다.

〔표 8-2〕 신경섬유의 분류

신경섬유 명칭	유형(근육신경)	성분(감각/운동)	직경(um)	직경(um)	전도속도(m/s)
Aα		운동	골격근	15-20	70-120
Aα	Ia	감각	근방추(1차)	15-20	70-120
Aα	Ib	감각	건기관	15-20	70-120
Aβ	II	감각	촉각, 압감 근방추(2차)	05월 10일	30-70
Aγ		운동	추내근 섬유	03월 06일	15-30
Aδ	III	감각	통각, 온도	02월 05일	12월 30일
B		자율신경	신경절전	3	03월 15일
C		자율신경	신경절후	0.5-1	0.5-2
C	IV	감각	통각, 온도	0.5-1	0.5-2

2.3. 온도감각

온도 수용기thermoreceptor는 피부의 표피와 진피층에 위치하며, 피부 온도에서의 변화를 감지한다. 온도 수용기에는 두 가지가 있는데, 온수용기와 냉수용기가 그것이다. 온수용기는 피부 온도가 상승할 때 반응하고, 냉수용기는 피부온도가 내려갈 때 반응한다. 온도 변화는 자유신경종말free nerve ending에서 탐지된다. 그렇지만, 따뜻함과 차가움은 다른 수용기 집단에 의해서 감지된다.

온감과 냉감은 극단적인 것을 제외하고는 절대적이 아니라 상대적이다. 피부의 특정 영역에 따라 냉감도 온감도 아닌 중립적인 온도감각을 일으키는 온도의 수준이 다르다. 이 중립 온도 지점은 절대적인 것이 아니며, 어떤 영역에 가해지는 온도자극에 대한 이전 경험에 따라 달라진다. 주변 온도에 대한 이러한 적응은 한 손은 따뜻한 물에, 다른 한 손은 찬물에 담그고 적응을 시켜보면 쉽게 증명할 수 있다. 그 다음에 두 손을 동시에 실온의 물에 담그면, 한 손에서는 냉감을, 다른 한 손에서는 온감을 느끼게 될 것이다.

온도 수용기에서 감지된 온도감각 정보는 전도속도가 느린 C섬유C fiber 또는 A-delta $A\delta$ 신경섬유를 따라 중추로 전달된다.

2.4. 통각

통각 수용기nociceptor는 자유신경종말free nerve ending인 것으로 알려져 있다. 통각은 여러 가지 자극에 의해 발생한다. 강한 기계적 자극은 통각을 일으키는 고-역치 기계적 수용기high threshold mechanoreceptor를 활성화시킨다. 그러나 대부분의 고통스런 자극은 조직을 손상시키기 때문에, 연구자들은 통각이 손상된 세포에서 방출되는 화학물질에 의해 생성된다고 추측하였다Besson 등, 1982. 아스피린은 프로스타글란딘prostaglandin이라는 물질의 생성을 억제하여 무통analgesia, 통각의 감소을 일으킨다. 세포가 손상되면, 손상된 세포는 신속히 프로스타글란딘을 합성한다. 이 화학물질은 손상된 세포에서 분비되는 또 다른 화학물질에 대해 자유신경종말을 민감하게 만든다. 자유신경종말은 통각 정보를 중추신경계로 전달한다. 그러므로 아스피린은 프로스타글란딘의 분비를 억제하여 통각 정보가 뇌로 전달되는 과정을 차단함으로써 통증을 감소시킬 수 있다.

통각 수용기에서 감지된 감각 정보는 전도속도가 느린 C섬유C fiber 또는 A-delta $A\delta$ 신경섬유를 따라 중추로 전달된다.

3. 체성감각 정보의 중추 전달 과정

3.1. 체성감각의 중추 전달 경로

우리 신체의 피부나 근육에서 나온 체감각 축삭은 척수신경을 거쳐 중추신경계로 들어간다. 얼굴과 머리 부위에 있는 축삭은 주로 삼차신경trigeminal nerve, 5번 뇌신경을 통해 뇌로 들어간다. 체성감각을 전달하는 이들 척수신경과 삼차신경의 세포체는 각각 후근신경절dorsal root ganglion과 뇌신경절에 위치한다.

신체의 촉각정보를 전달하는 척수신경은 각기 신경지배하는 신체 부위가 일정하다. 이와 같이 특정한 척수신경이 신경지배하는 신체의 피부나 심부조직 영역을 피부분절dermatome이라고 한다. 31쌍의 척수신경에 대한 피부분절이 신체 표면에 투사된다(그림 8-3). 경수 신경 8개, 흉수 신경 12개, 요수 신경 5개, 천수 신경 5개, 미수신경 1개이다. 그런데, C1에는 척수 후근dorsal root이 없고 전근ventral root만 있다. 안면 피부, 두피, 각막, 구강 내부는 삼차신경이 신경지배한다. 피부분절 지도는 척수와 척수 후근dorsal root에 대한 손상 위치를 찾는데 중요한 진단적 도구가 된다. 하지만, 피부분절의 경계는 분명하지 못하다고 할 수 있는데, 왜냐하면 하나의 척수 후근을 구성하는 축삭axon들이 여러 개의 말초 신경에서 기시하여 들어오고, 각 말초신경은 주변에 있는 여러 개의 척수 후근으로 신경섬유를 보내기 때문이다.

정교한 촉감과 같은 세밀하게 국소화된 정보를 전달하는 축삭은 척수의 백질에 있는 후주dorsal column를 거쳐서 연수의 하부의 후주신경핵dorsal column nucleus으로 상행한다(그림 8-4). 그곳에서 축색은 교차하여 내측모대를 통해 체감각 중계핵인 시상의 복측 후외측핵ventral posterolateral nucleus으로 올라간다. 시상에서는 일차 체감각 피질primary somatosensory cortex로 투사한다.

일차 체감각 피질의 각 영역은 신체의 특정 부위에서 들어오는 정보를 받는데 이를 '신체대응-배열somatotopic organization'이라 하며, 이 결과로 신체부위가 투사하는 피질 영

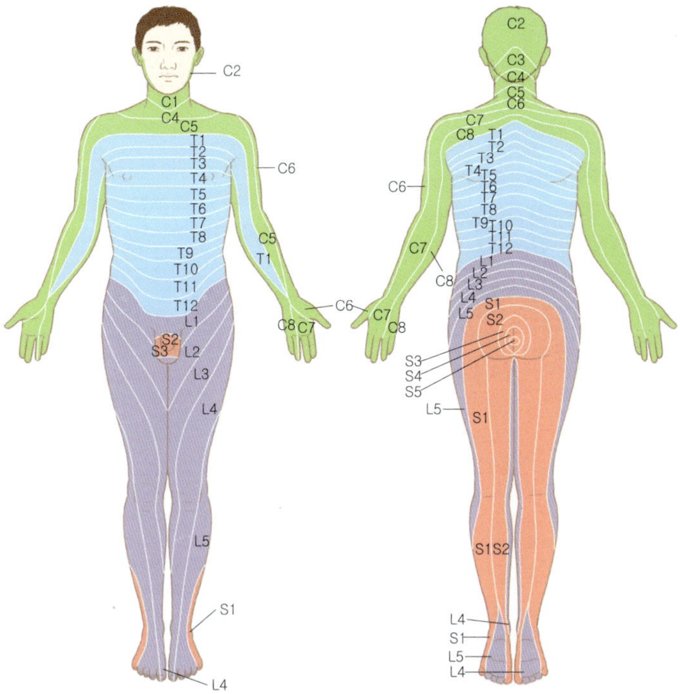

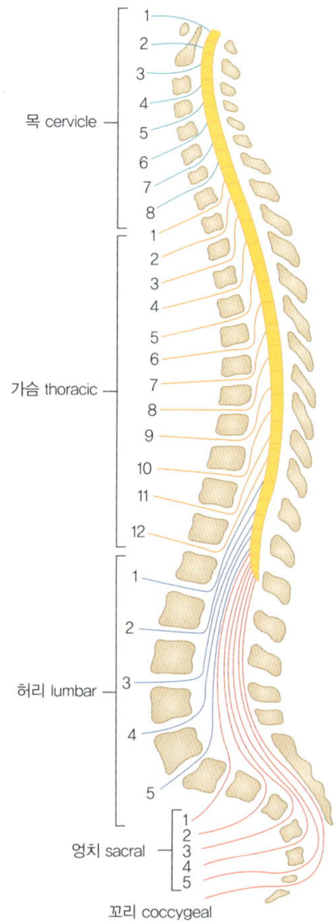

목분절	등분절	허리분절	엉치분절
C5–앞가쪽 어깨	T1–안쪽 팔	L2–안쪽 넙다리	S1–가쪽 발
C6–엄지	T3–3, 4번째 공간	L3–무릎 안쪽	S2–뒤안쪽 넙다리
C7–중지	T6–젖꼭지 선	L4–발목 안쪽, 엄지발가락	S3, 4, 5–항문주위 영역
C8–약지	T10–배꼽		
	T12–두덩	L5–발등	

〔그림 8-3〕 척수분절(dermatome)

역의 지도를 '신체대응지도somatotopic map'라 한다(그림 8-5). [그림8-5]에 제시되어 있는 바와 같이 신체에서 민감한 부위는 일차 체감각 피질에서 차지하는 영역이 넓고, 민감하지 않은 부위는 차지하고 있는 피질 부위가 좁다.

체성감각피질 또한 일차 시각피질과 같이 기둥 모양의 배열을 이루는데, 사실 체감각 피질의 기둥배열은 시각피질과 청각피질에서 발견되기 전에 마운트캐슬Mountcastle, 1957에 의해 발견되었다. 기둥에 있는 뉴런은 특정 신체 부위에 가해지는 특정 유형의 자극(촉각이나 압력, 온도 등)에 반응한다.

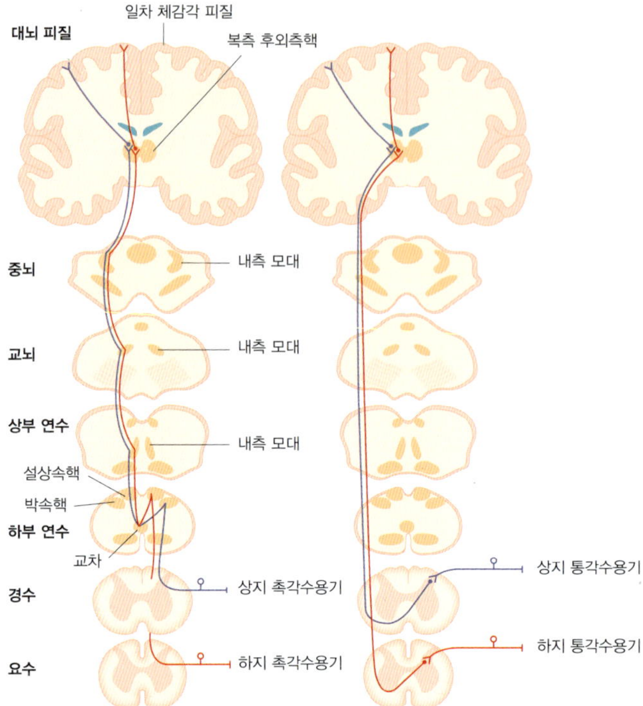

〔그림 8-4〕 체성감각의 중추 전달 통로. 미세한 접촉과 같은 정밀하게 국소화된 정보(왼쪽)와 동통이나 온도와 같이 국소화되지 않은 정보(오른쪽)는 서로 다른 신경로로 전달된다.

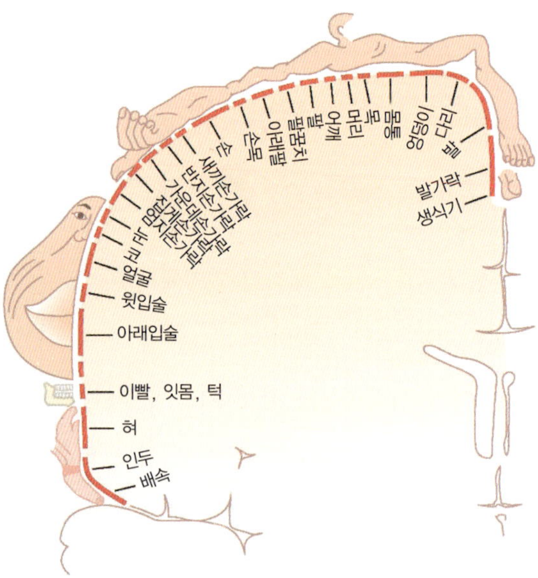

〔그림 8-5〕 일차 체감각 피질의 신체대응지도 (somatotopic map)

3.2. 통각의 지각

통각은 체성감각 중 아주 특이한 감각현상이다. 그것은 단순한 감각 이상으로 통각은 여러 가지 양상을 나타낸다. 인간의 경우 통각은 언어적 보고로 이해할 수 있지만, 동물의 경우에는 행동반응을 통해 유추할 수밖에 없다. 통각은 약물로 완화할 수 있으나, 그렇지 못한 경우도 많다. 이러한 경우에는 대체보완요법과 같은 다른 방법으로 완화시킬 수 있다. 이와 같은 특성을 가진 통각은 그동안의 많은 연구에 힘입어 생리학적 기전을 밝히는데 많은 진전이 있었다.

통증을 중추로 전달하는 통로는 촉각 정보를 전달하는 일반적인 체감각 통로와 다소 다르다. 통각 정보를 전달하는 축삭은 척수의 후각dorsal horn으로 들어가자마자 후각에 위치해 있으면서 통증을 전달하는 신경세포와 시냅스한다(그림 8-6). 이들 척수 후각 신경세포의 축삭은 척수의 반대쪽으로 교차하고, 척수시상로spinothalamic tract를 거쳐 시상의 복측 후외측핵ventral posterolateral nucleus과 중심외측핵central lateral nucleus으로 상행한다(그림 8-6(a)). 안면이나 머리 부위에서 발생한 통각은 삼차신경trigeminal nerve을 타고 뇌간brain stem의 같은 쪽의 삼차신경핵으로 들어가서 시냅스를 한 다음 시상의 복측 후내측핵ventral posteromedial nucleus으로 들어가서 시냅스한다. 시상의 통증 전달 신경세포는 일차 체감각 피질로 축삭을 보내어 통각 정보를 전달한다(그림 8-6(b)).

한편, 일반적인 통증과는 달리 조직이나 신경이 손상되면 신경병증성 통증이 나타난다. 이것은 발생 원인과 기전에 있어서 통상적인 통증과는 성격이 다르다. 이러한 신경병증성 통증을 가진 환자나 동물은 외부 자극 없이 저절로 발생하는 자발적 통증spontaneous pain, 정상적으로는 통증을 일으키지 않는 약한 자극에 대해 통증을 지각하는 이질통異質痛, allodynia, 정상적으로도 통증을 일으킬 수 있는 강한 자극에 대해 더 심한 통증을 느끼는 과통증hyperalgesia이 나타난다Lee 등, 2000. 이러한 증상이 일어나는 것은 말초에서의 변화뿐만 아니라 중추에서 신경가소성 변화가 일어나 통증이 만성화되는 것으로 알려져 있다Kwon 등, 2017; Lee 등, 2015.

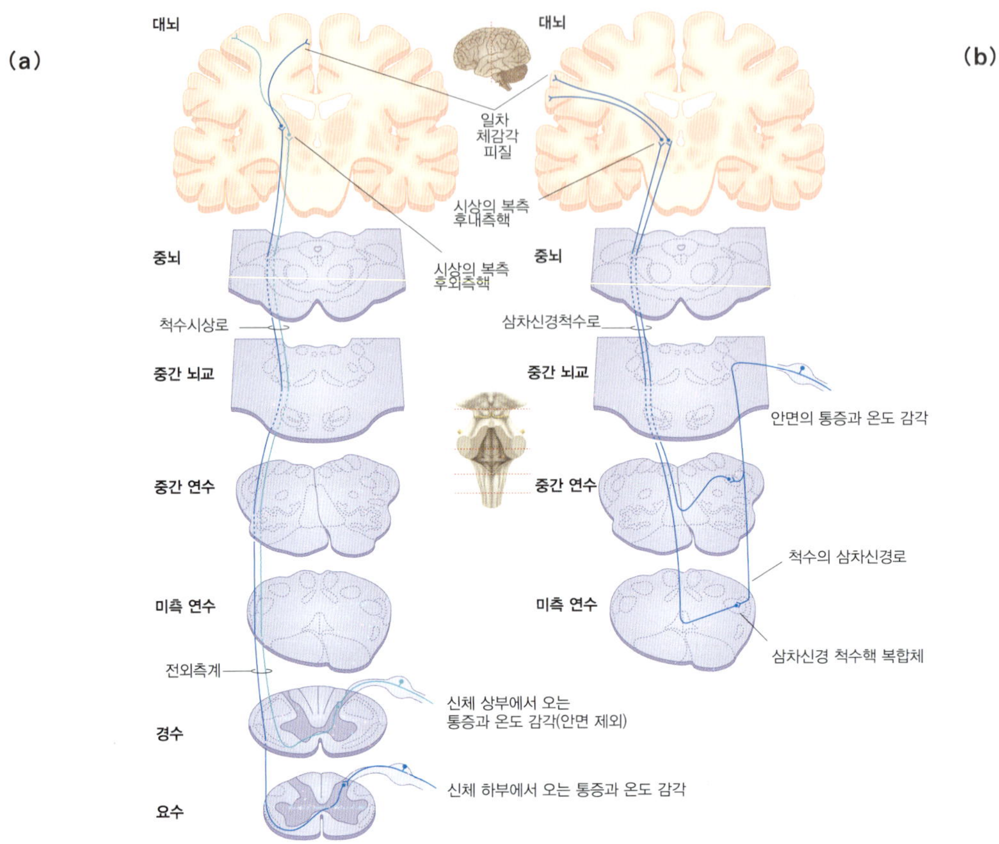

〔그림 8-6〕 통각 정보의 중추 전달 통로. (a) 목 아래의 신체 부위에서 상행하는 통각 정보의 전달 경로, (b) 안면 및 머리 부위의 통각 정보 투사 경로.

오래 전부터 연구자들은 뇌의 특정 부위를 자극하면 통각을 느끼는 것이 변할 수 있다는 것을 밝혔다. 이후 계속된 연구에서 무통을 일으키는 신경회로의 존재가 확인되었다. 다양한 환경 자극이 무통을 생성시키는 회로를 활성화시킨다. 이러한 자극 대부분은 내인성 아편제를 분비시킨다. 뇌의 특정 영역을 전기적으로 자극하여 무통을 발생시키는 기법은 심각한 만성적 동통을 경감시키기 위하여 인간에게도 적용될 수 있음이 밝혀졌다. 이를 위해서는 미세한 전선을 중추신경계의 한 부위에 외과적으로 심고, 조절장치를 연결하여 환자가 필요할 때마다 전기자극을 할 수 있도록 한다.

4. 체성 감성

4.1 새로운 촉각 자극기 개발

촉각은 어떤 물체와 접촉할 때 나타나는 감각이다. 이러한 촉각을 통하여 외부 사물에 대한 기본적인 정보를 수집하고 판단하며 적절히 반응할 수 있다. 촉각 자극은 인체의 신경회로에 대한 연구, 인지 발달과 장애의 검사와 치료, 인간과 컴퓨터의 연결을 통한 재활 및 의사전달 등의 연구를 위해 중요한 자극이며, 이에 대한 많은 연구가 진행되고 있다.

촉각 감성을 제대로 유발하기 위해서는 매우 정교한 자극 장치가 필요하다. 이에 김형식 등2010은 E-Prime에 기반한 촉각 자극기를 개발하였는데, E-Prime은 심리학, 신경과학 및 인지과학 분야에서 시각과 청각 자극을 제시하는 데 많이 활용되고 있는 소프트웨어이다. 간단한 소프트웨어 프로그래밍을 이용하여 다양한 형태의 청각 및 시각 자극을 하나만 제시할 수도 있고 복합적으로 제시할 수도 있다.

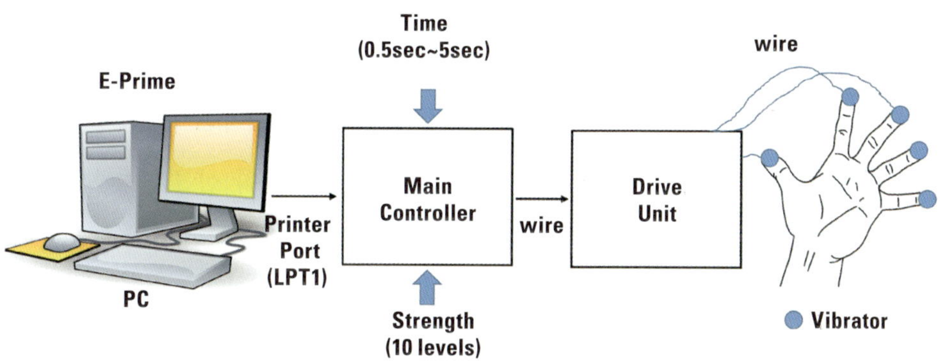

〔그림 8-7〕 촉각 자극 시스템의 전체 구성 (출처: 김형식 등, 2010)

E-Prime 소프트웨어를 구동하는 PC와 촉각 자극 장치를 구동하는 하드웨어에 대한 전체 시스템의 개략도는 [그림 8-7]에 나타나있다. 이러한 자극 제시 장치는 밀리초(msec)의 정확도로 임의의 순서나 아니면 미리 정해진 순서로 자극을 제시하고 결과 데이

터를 기록할 수 있어 활용성이 매우 높다. 제안된 촉각 자극기는 주 제어부main controller, 구동부drive unit, 진동부vibrator의 세 부분으로 구성되어 있으며, 피험자의 손가락에 효과적으로 진동 자극을 줄 수 있도록 소형 경량으로 설계되었다.

4.2. 체성 자극으로서의 간지럼에 대한 뇌의 활성화

인간의 촉감은 신체에 대한 직접적 내지 근접 자극에 대한 감각 과정으로 다양한 감성적 반응을 일으킨다. 그동안의 연구에 의하면 촉각 자극에 대한 반응이 대뇌의 복잡한 신경망에 의해 처리된다. 특히 간지럼과 같은 촉감은 감성과 관련된 영역뿐만 아니라 인지와 관련 있는 영역도 함께 활성화시키는 것으로 알려져 있다. 그러나 간지럼 자극에 의한 촉감이 다른 감각 과정과 어떻게 차별되는 신경시스템을 가지고 있는지, 웃음과 같은 고차원적 기능과 어떤 관계를 맺고 있는지에 대해서는 아직 명확히 밝혀진 것이 없다. 이에 강현수 등2010은 MRI를 이용하여 간지럼 자극과 일반 체감각 자극의 활성화 차이를 뇌영상을 통해 연구하였다. 그 결과 두 과제 모두 체감각 영역의 활성화가 관찰되었으며, 간지럼 자극조건은 일반감각자극 조건에 비해 베르니케영역BA40에서 더 많은 활성화를 나타내었다. 또한 그룹분석 결과 일반감각 조건에서는 양쪽 체감각피질 영역BA 1,2,3이 활성화되었으며, 간지럼 조건에서는 양쪽 체감각피질뿐만 아니라 시상, 대상회, 섬엽 영역에서 강한 활성화를 보였다. 간지럼 자극에서 일반감각 자극을 뺀 결과에서는 우측대뇌 후두엽BA19, 우측대상회BA31와 좌측섬엽BA13에서 유의미한 활성화를 보였다. 이러한 연구를 통해 촉각을 통한 간지럼 자극을 인지하는 대뇌영역을 확인할 수 있으며, 간지럼과 같은 원초적인 촉각 자극이 다양한 사회적 활동에서 중요한 기능을 담당하는 웃음과 밀접하게 관련되어 있음을 알 수 있다.

4.3. 체감각 자극에 의한 인지능력 향상

MMSEMini Mental State Examination는 폴스테인Folstein 등1975이 개발한 것으로,

인지능력을 평가하는데 가장 흔히 쓰이는 도구이며, 신경학적 이상이 발견되는 환자의 인지검사에 활용할 수 있을 뿐만 아니라 뇌손상 환자의 예후를 측정하는 데 도움을 줄 수 있는 도구이다.

김대란과 허혜경2008은 MMSE를 번안하여 우리나라 실정에 맞게 수정 및 보완된 MMSE-K를 사용하여 뇌졸중 환자를 대상으로 연구하였다. 이 도구는 최저 0점에서 최고 30점으로, 25점 이상이면 정상 인지기능을 가진 것으로, 24점 이하이면 인지기능 장애가 의심되거나 있는 것으로 분류한다. 이 연구에서 재활병동에 입원해 있는 1~3개월 사이의 만성기 뇌졸중 환자를 대상으로 체감각수용체를 자극하는 간호 중재를 제공한 결과, 실험군의 MMSE-K 점수는 중재를 제공하기 전 15.5점에서 중재를 제공한 후 19.9점으로 평균 4.4점 증가하였고, 중재를 제공하기 전.후를 비교하면 통계적으로 유의미한 차이가 있었으나, 대조군은 중재를 제공하기 전 15.44점에서 중재를 제공한 후 16.11점으로 평균 .67점이 상승하였으며, 중재를 제공하기 전·후를 비교했을 때 통계적으로 유의미한 차이를 보이지 않았다. 두 집단 간 중재 전과 후 점수 차이의 평균은 통계적으로 유의미한 차이를 나타내었다. 이러한 연구는 체감각 자극이 인지기능을 향상시키는 데 효과가 있음은 물론 일부 일상활동의 수행능력 향상에 효과가 있음을 보여주는 것이다. 이는 급성기가 지난 1~3개월 사이의 뇌졸중 환자에게 간호사가 제공하는 체감각 자극 중재가 뇌손상 후 일어나는 자연적인 기능 회복을 촉진시킬 수 있는 방법이 될 수 있음을 보여준다.

4.4. 견직물의 촉감에 대한 생리 반응

의복은 인체의 피부에 직접 밀착되어 기계적, 온열적, 시각적인 자극 뿐 아니라 다양한 촉각적 자극을 제공하므로 의복 소재의 촉감은 사용자의 쾌적성에 많은 영향을 미친다. 따라서 직물의 촉감은 의복의 품질을 감성적으로 평가할 때 고려되는 주요 요인 중 하나라 할 수 있으며, 소비자들이 직물을 손으로 만지거나 문질러서 촉감을 느낀 후에 의복을 구매하게 되므로 의복을 구매할 때에도 중요한 결정 요소로 작용한다. 특히, 한복의 소재로 많이 이용되는 전통 견직물은 우리 고유의 문화상품으로 소비자들에게 일반 직물과는 차별되는 촉감 및 감성 이미지를 제공한다.

이소영2013은 인체의 피부에 사용되는 견직물의 촉감에 따른 특성 및 인체생리반응을 연구하였다. 이를 위해 대학생 53명을 대상으로 한복 견직물 6종에 대한 촉감 평가를 실시하여 촉감형용사를 추출한 후, 6명을 대상으로 촉감자극에 따른 인체생리반응을 측정하였다. 촉감자극에 대한 평가 결과, 견직물 원단의 심리적 특성은 다소 다르게 나타났다(그림 8-8). 요인분석 결과, 요인1(중량감 및 요철감), 요인2(강연감), 요인3(탄력 및 습윤감) 등으로 세 요인이 추출되었다. 인체생리반응 측정 결과 피부전도수준, 피부온도, 맥박 등은 촉감자극에 따라 원단 간 유의한 차이가 있었으며, 원단의 촉감자극이 없는 상태에서 가장 낮은 값을 보였다. 그러나 혈류량은 원단의 촉감자극이 없는 상태에서 가장 높은 값을 나타냈으며 원단 간에는 통계적으로 유의미한 차이를 보이지 않았다. 이를 구체적으로 살펴보면, 우선 피부전도수준에서는 유똥이 가장 크고, 그 다음으로 노방주, 갑사, 명주, 산퉁, 공단, 자극없음의 순으로 유똥을 제외한 나머지 원단에서는 촉감이 거칠고 오돌도돌하며 딱딱하고 강할수록 피부전도수준이 높게 나타났다. 피부온도에서는 유똥, 노방주, 갑사, 명주, 산퉁, 공단, 자극없음의 순으로, 유똥의 탄력성으로 인해 피부온도가 가장 높게 나타났으며, 그 외의 원단에서는 사각거리며 뻣뻣할수록 피부온도가 높게 나타났다. 맥박은 명주, 갑사, 유똥, 노방주, 공단, 산퉁, 자극없음의 순으로 습윤감이 높고 두께가 얇을수록 높게 나타났다. 혈류량은 자극없음, 명주, 공단, 산퉁, 유똥, 노방주, 갑사의 순으로 나타났으며, 피험자 간에는 촉감자극에 따른 혈류량의 차이가 많이 나타났다. 이러한 결과는 원단의 촉감 자극에 따라 인체생리반응이 예민하게 변화된다는 것을 의미한다.

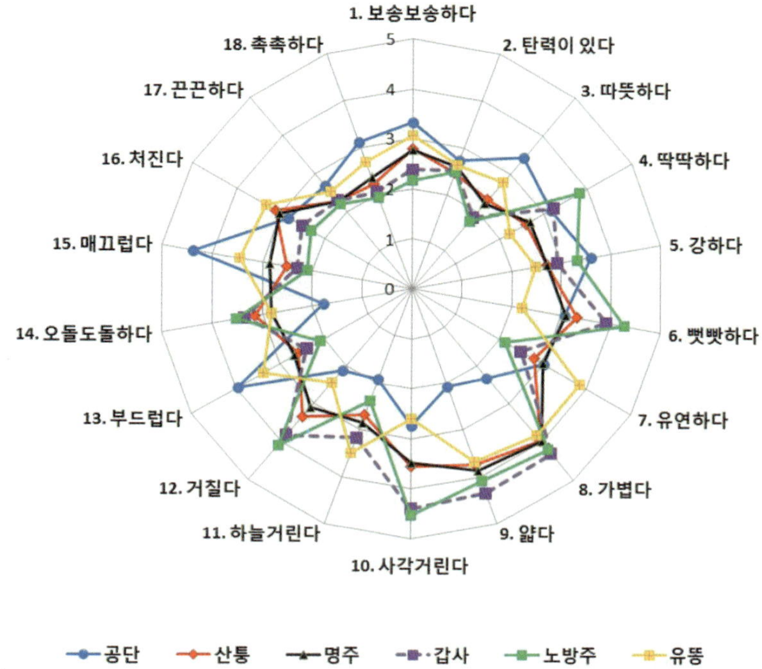

〔그림 8-8〕 각 원단별 특성 (출처: 이소영, 2013)

제2부

제 9 장

전정감각과 감성

우리는 의식하지는 못하지만, 일상생활을 영위하면서 신체의 자세를 잘 유지하고 있다. 이와 같이 우리 몸의 균형 상태를 잘 조절할 수 있는 것은 전정감각계가 존재하기 때문이다. 전정기관은 우리 신체의 균형을 감지하기 때문에 평형기관이라 부르기도 한다. 우리의 전정감각을 담당하는 전정계는 감각 정보의 수용기관인 내이(內耳, inner ear)에 존재한다. 전정계의 기능은 균형잡기, 머리 바로 세우기, 머리 운동을 보상하는 안구 운동의 조절 등이다. 전정계를 자극하여도 쉽게 정의할 수 있는 어떤 감각이 일어나는 것은 아니다. 예를 들어 전정낭을 저빈도로 자극하면 구토가 일어나고, 반고리관을 자극하면 어지러움과 규칙적인 안구운동, 즉 안구진탕(nystagmus)이 나타난다. 그러나 우리는 이들 기관에서 들어오는 정보를 직접 인식하지는 못한다. 본 장에서는 전정기관, 수용기 세포, 뇌의 전정신경로 등으로 이루어진 전정계에 대해 알아보고, 이와 관련된 감성에 관하여 살펴보고자 한다.

1. 전정감각의 자극

전정계는 전정낭前庭囊, vestibular sac과 반고리관半規管, semicircular cannal으로 구성된다(그림 9-1). 이들은 골미로bony labyrinth 속에 위치해 있으며, 골미로의 첫 번째 성분인 달팽이관에 이어 두 번째와 세 번째 성분이 된다.

전정낭vestibular sac은 중력에 반응하여 머리의 방향에 관한 정보를 뇌에 제공한다. 반고리관semicircular canal은 머리가 회전할 때 변화하는 각가속angular acceleration에 반응하지만, 일정한 속도로 회전할 때는 반응하지 않는다. 또한 이 기관은 위치 변화나 직선가속linear acceleration에도 반응한다. 그렇지만, 직선가속에 대한 반응은 강도가 약하다.

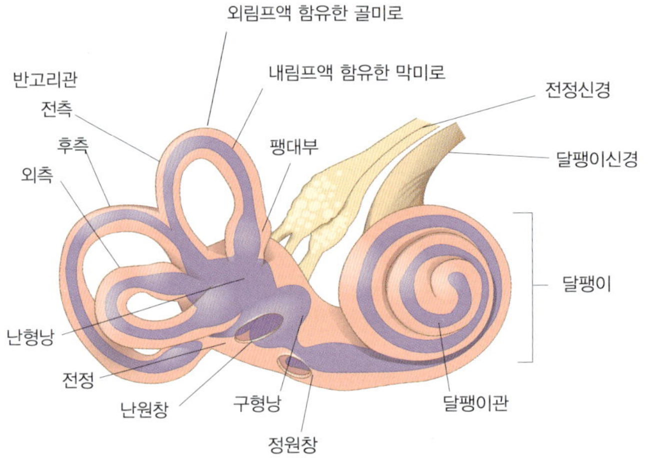

〔그림 9-1〕 내이의 골미로와 전정기관

2. 전정감각 정보의 지각 과정

전정낭은 난형낭卵形囊, utricle, 타원주머니과 구형낭球形囊, saccule, 둥근주머니으로 이루어져있다. 구형낭이 가장 바깥쪽에 있고, 난형낭이 그 안쪽에 있으며, 이 두 사이에는 연낭관連囊管이라 불리는 관이 연결되어 있다. 구형낭의 아래쪽으로는 달팽이관이 연결되어 있다.

전정낭(난형낭과 구형낭) 기관들은 둥글게 생겼고, 제각기 수용기 조직을 가지고 있다. 머리가 똑바로 세워져 있을 때 수용기 조직은 난형낭의 바닥과 구형낭의 벽에 위치한다. 이들의 수용기 조직에는 달팽이관에서와 같이 섬모세포가 있다. 수용기의 섬모는 그 위를 덮고 있는 젤라틴 덩어리에 묻혀 있는데, 이 젤라틴 덩어리에는 칼슘탄산염의 결정체인 청사聽砂, otoconia가 들어있다(그림 9-2). 이 청사의 무게가 아래 방향으로 작용하기 때문에 머리의 방향이 변할 때면 젤라틴 덩어리의 위치가 바뀌게 된다. 따라서 머리를 움직이면 수용기 유모세포의 섬모에 전단력이 가해져 수용기 세포가 활성화된다.

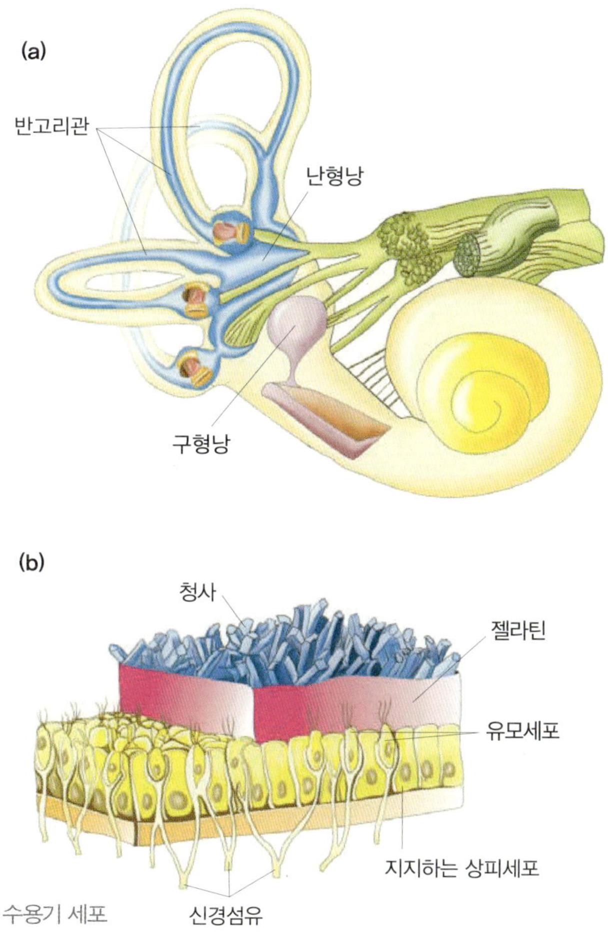

〔그림 9-2〕 전정낭과 수용기 세포
(a)전정낭의 구조, (b)전정낭의 수용기 세포

반고리관은 골성관骨性管, bony canal내에 떠 있는 막성관膜性管, membranous canal으로 구성되어 있다. 반고리관은 머리의 세 가지 주요 면, 즉 시상면(전후축), 횡단면(가로축), 그리고 수평면(수평축)을 따라 배열되어 있다. 팽대부膨大部, ampulla라 하는 반고리관의 부푼 부위에는 릉稜, crista이라는 돌출부가 있고, 이곳에 감각수용기가 존재한다. 감각수용기는 달팽이관에 있는 것과 유사한 유모세포이다. 유모세포의 섬모는 팽대부의 일부를 가로막고 있는 팽대정膨大頂, cupula, 팽대마루의 젤라틴 덩어리에 파묻혀 있다(그림 9-3). 각 반고리관에 있는 수용기는 각 평면 방향으로 일어나는 회전속도의 변화에 따라 활동이 변화한다. 반고리관 속의 액체는 머리가 회전하기 시작할 때에는 움직이지 않는다. 이러한 관성

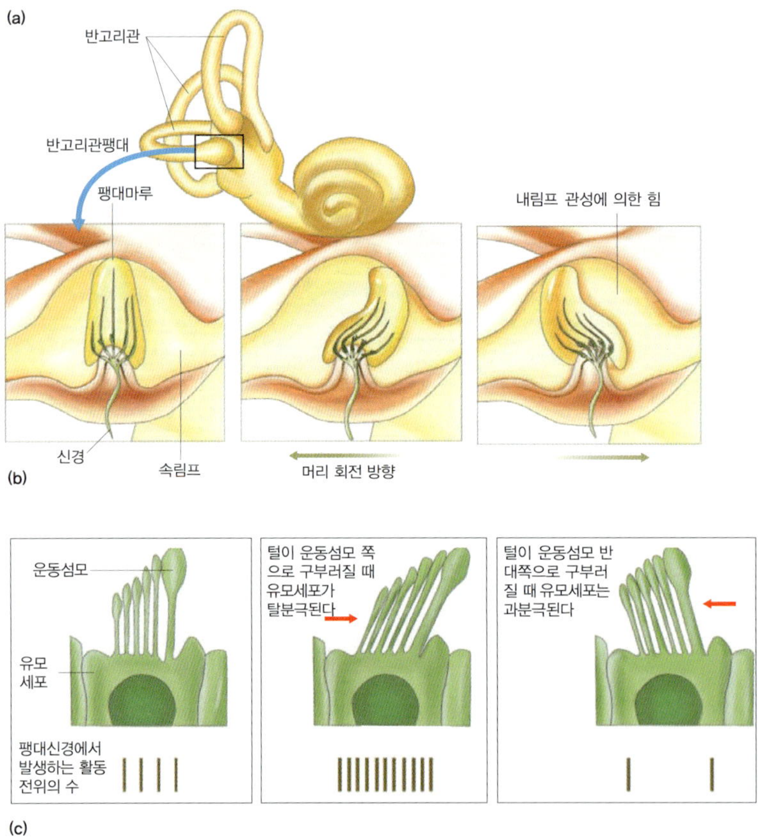

〔그림 9-3〕 세반고리관과 수용기 세포 (a)반고리관의 구조와 작용, (b)수용기 세포의 감지 기능

저항 때문에 액체가 팽대정膨大頂, cupula을 밀어 팽대정이 휘게 된다. 이런 과정은 관속의 액체가 머리와 같은 속도로 움직일 때까지 계속된다. 그 후 머리 회전이 멈추어도 한동안은 관속의 액체가 계속 움직이기 때문에 이제는 팽대정을 반대 방향으로 밀게 된다. 각가속도角加速度, angular acceleration로 인해 팽대정이 구부러지고 그 속에 들어있는 유모세포의 섬모에 옆 방향으로 작용하는 전단력이 발생하고, 이러한 전단력이 수용기 세포를 활성화시키게 된다(그림 9-3).

3. 전정감각의 중추 전달 통로

전정 유모세포는 전정신경vestibular nerve을 통해 축삭을 내보내는 양극 뉴런의 수상돌기와 시냅스한다. 전정신경과 달팽이신경은 8번 뇌신경(청신경)에서 갈라진 두 개의 가지이다. 전정신경의 구심성 축삭을 내보내는 양극 세포체는 전정신경에서 소결절을 이루는 전정신경절vestibular ganglion에 위치한다.

전정신경에서 나온 대부분의 축삭은 연수에 있는 전정핵vestibular nucleus에서 시냅스하지만, 어떤 축삭은 소뇌로 바로 간다. 전정핵의 신경세포는 소뇌, 척수, 연수, 뇌교로 축삭을 보낸다(그림 9-4). 이들 통로는 자세조절, 머리 움직임, 안구 운동, 멀미와 같은 현상과 관련되어 있다. 측두피질로도 섬유를 투사하는 것 같은데, 정확한 통로는 밝혀지지 않았다. 대부분의 연구자들은 피질 투사가 현기증과 관련된다고 생각한다. 뇌간 하부로 투사하는 신경로가 활성화되면 멀미를 일으키는 메스꺼움과 구토가 유발된다. 목 근육을 조절하는 뇌간 핵으로 투사하는 신경로는 머리를 똑바로 유지하는 데 관여한다.

가장 흥미로운 연결은 뇌신경핵(3, 4, 6번)으로 들어가는 투사로인데, 이것은 눈의 근육을 조절한다. 전정계통의 정보처리는 눈의 보상운동compensatory movement을 일으킨다. 우리가 걷거나, 특히 달릴 때 머리는 약한 충격을 받는다. 전정계는 갑작스런 머리 움직임을 보상하기 위해 안구 운동을 직접적으로 통제한다. 이 과정을 전정 안구 반사 vestibular-ocular reflex라고 하는데 망막 상을 꽤 안정적으로 유지시켜 준다. 일반적으로 이러한 적응은 너무나 자동적이어서 이런 종류의 감각자극이 있는지 조차도 인식하지 못한다. 전정계가 손상되었거나 전정 안구 반사를 상실한 사람들은 걷거나 뛰면서 어떤 대상을 보기가 어렵다. 모든 것이 같이 움직여서 흐려지기 때문이다.

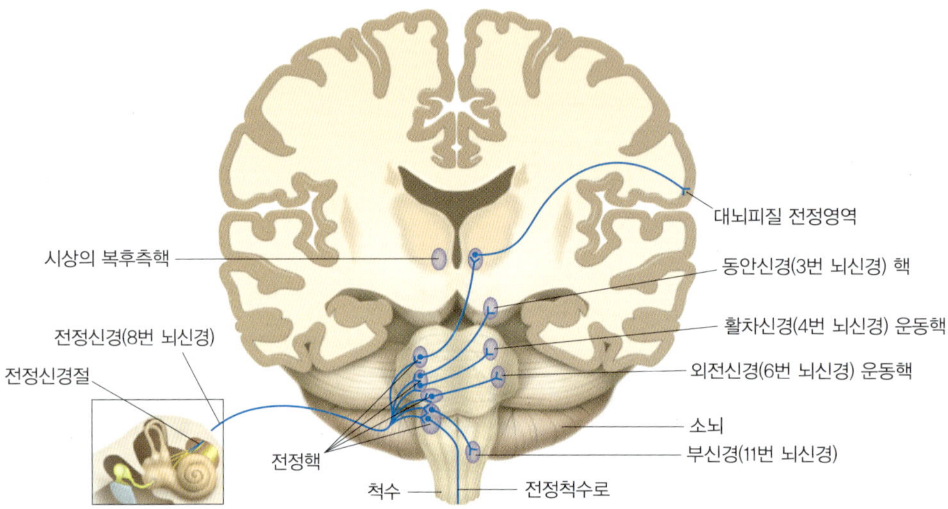

〔그림 9-4〕 전정감각의 중추 투사 경로

4. 전정 감성

4.1. 고유수용성 운동에 의한 전정감각 향상

인구의 고령화에 따라 노인의 건강이 중요한 사회문제로 대두되고 있다. 특히 노인에게 있어서 전정기능의 저하는 심각한 문제를 초래할 수 있다. 그런데 운동을 장기적으로 하게 되면 전정기능을 향상시킬 수 있다. 이것을 검증하기 위하여 옥정석 등2006은 16주간의 고유수용성 운동proprioceptive neuromuscular facilitation training이 노인 여성의 평형감각 기능에 미치는 효과를 연구하였다. 이를 위해 평균 77세의 노인 여성 19명을 운동군, 통제군으로 구분하고, 운동군은 16주에 걸쳐 주 3회 일일 1시간씩 고무 밴드 및 짐볼을 이용한 고유수용성 운동을 실시하였고, 통제군은 특별한 운동프로그램에 참가하지 아니하였다. 모든 피험자들은 사전, 사후에 평형감각 기능 검사로서 NeuroCom사의 EquiTest 기구를 사용하여 동적자세검사 중 지각조절검사와 운동조절 검사를 받았다. 연구결과, 운동 효과는 지각조절검사의 균형equilibrium 점수, 시각비visual ratio 및 전정비vestibular ratio 점수에서 유의하게 나타났다. 따라서 고무 밴드와 짐볼을 이용한 고유수용성 운동은 노인들의 평형감각 기능을 향상시킬 수 있다고 할 수 있다.

4.2. 평형감각 훈련시스템

자세 균형postural balance은 공간상에서 안정성stability과 정향성orientation을 유지하기 위하여 신체의 위치를 조절하는 것을 의미한다. 균형 조절 능력은 보행과 일상생활 동작을 성공적으로 수행하는데 반드시 필요한 중요한 능력이다. 신체의 균형 조절은 시각, 청각, 전정기관, 고유수용기관, 위치감각, 근력과 인지기능 등 여러 영역과 관련되어 있다. 이들 영역 중의 어느 한 곳이라도 적절하지 않은 신호를 보내면 균형 감각은 무질서해지고 불안정하게 된다.

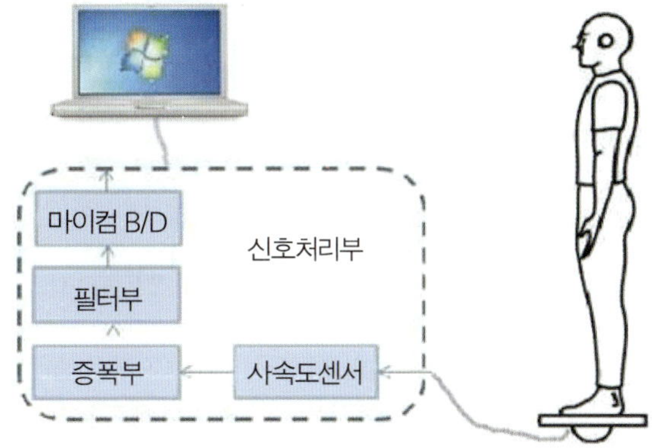

〔그림 9-5〕 평형감각 훈련 시스템의 구성도
(출처: 한영환, 2012)

한영환2012은 평형감각 측정 및 재활 훈련 시스템을 개발하기 위해, 평형 보드의 아래 표면에 부착된 3축 가속도계 센서를 사용하여 프로토타입 시스템을 구현하였다(그림 9-5). 실험 결과, 시스템은 안정적으로 동작하고 측정자의 평형감각 정도를 잘 나타내었다. 또한 이 시스템은 재활 훈련을 보다 효율적으로 수행하기 위해 다양한 패턴을 용이하게 추가할 수 있도록 만들었다.

이와 유사하게 이정옥 등2004은 불안정판unstable platform을 이용하여 새로운 인체 평형감각 증진용 훈련 시스템을 제시하였다. 이 시스템은 불안정판, 컴퓨터 인터페이스, 소프트웨어로 구성되어 있다. 불안정판은 기울기 센서와 무선 모듈을 내장한 타원형의 구조이다. 균형 훈련의 효과를 평가하기 위해 표적으로의 이동시간, 표적 내 유지시간 등 파라미터를 측정한 결과 이 시스템을 통한 훈련이 평형감각을 상당히 향상시킬 수 있었다.

4.3. 피겨 스케이팅 선수의 전정기능

평형성은 가만히 정지해 있거나 움직이는 상태에서 인체의 무게중심으로부터 벗어나지 않으려는 능력으로 정의된다. 이러한 평형성은 자세나 신체균형을 유지하는데 있어서 매우 중요한 요소인데 여기에는 전정계 및 시각계, 체성감각계가 잘 협조되어야 한다.

우리의 전정계는 전정 안구 반사vestibulo-ocular reflex가 잘 수행되도록 중요한 정보를 제공해주는 역할을 하면서 지속적으로 균형유지 과정에 관여하고 있다. 전정 안구 반사는 평형성의 중요한 요인으로 작용하는데, 전정 안구 반사를 통해 우리는 머리의 움직임과는 반대 방향으로 눈을 움직임으로써 보상적인 안구운동을 수행하여 응시하고 있는 시야를 안정화하는 역할을 할 수 있다.

전정 안구 반사를 평가하는데 있어서 회전의자검사가 많이 활용되고 있다. 이 검사를 이용하면 시간상수time constant 및 이득gain, 위상차phase 등의 값을 구할 수 있다옥정석, 2015.

시간상수는 회전의자 검사 중 급속회전의자검사velocity step test에서 측정한다. 의

자가 회전을 시작하면, 초당 100도의 각속도가 되도록 가속한 후, 피험자의 안진이 사라질 때까지 같은 속도로 등속 회전을 유지한다. 이때 회전 방향과 같은 방향의 안진이 나타나게 되는데(이를 '회전 중 안진'이라 한다), 안진의 최대 이득에서 37%까지 감소하는 지점(67%의 감소 지점)까지의 시간을 구하고, 이를 시간상수라 한다. 회전을 멈추게 되면 회전 방향과 반대 방향의 안진이 나타나게 되며(이를 '회전 후 안진'이라 한다), 이 안진 또한 완전히 사라질 때까지 측정한 뒤, 마찬가지 방법으로 시간상수를 구한다. 시간상수(67% 감소하는 지점까지 걸린 시간) 이후 37%의 이동은 시간상수의 3배의 시간이 소요된다. 이 값이 정상 범위를 벗어나면 좌우 전정기능에 이상이 있는 것으로 평가한다.

한편, 이득과 위상차는 회전의자검사에서 정현파 회전 검사로 측정한다. 일반적으로 사용되는 회전의자의 주파수 범위는 0.01 Hz에서 1 Hz의 범위이다. 회전의자검사에서 회전 자극이 가해진 뒤에는 일련의 보상적인 안진이 발생하며, 이득은 안구운동의 느린 성분의 최고속도와 회전의자의 최고속도의 비율로 측정한다. 이득은 회전주파수가 0.01 Hz에서 1 Hz까지 증가함에 따라 증가한다. 이 측정치가 정상범위를 벗어나지 않는 범위 내에서는 측정치가 작아질수록 어지러움에 잘 적응하고 있으며, 평형성이 높다고 해석한다. 위상차는 안구운동의 최고속도 시점과 회전의자의 최고속도 시점 사이의 시간 관계를 시간 또는 각도로 표시한다. 이 측정치가 정상범위를 벗어나지 않는 범위 내에서 값이 클수록 평형성을 잘 유지한다고 평가한다. 대칭은 느린 성분의 안구운동에서 최고속도의 좌측과 우측의 비율로 백분율로 표시한다. 회전의자검사를 이용한 선행 연구에 의하면, 인간을 대상으로 회전의자검사를 시행한 경우 반복적인 전정자극에 의해 이득 및 시간 상수TC의 값이 감소하였다Jager와 Henn , 1981.

발레나 체조, 피겨 스케이팅은 고도의 평형성이 요구되기 때문에 자주 평형성을 평가하는 연구대상이 되어왔다. 예거Jager와 헨Henn, 1981은 발레리나와 일반인을 비교했을 때 발레리나가 일반인보다 전정 안구 반사 작용이 탁월하다는 결과를 보고하였다. 쿽Quark과 데니스Denise, 2005는 체조선수가 일반인에 비해 시계반대 방향으로의 회전에서 15%의 시간상수 단축 및 25%의 이득 감소를 보인다는 것을 보고하였다. 피겨 스케이팅 선수는 훈련과정에서 강한 자극을 빈번하게 받게 되어 일반인과 비교하였을 때 전정기능의 우위를 확인할 수 있었다.

이와 관련하여, 송상협과 박우영2013은 특히 피겨 스케이팅 선수들이 일반인에 비해 이득이나 위상차 그리고 시간상수에서 우위를 보이는 결과를 보고하였다. 전정 안구 반사 분석 결과 피겨 스케이팅 선수 집단과 일반인 집단 모두 이득의 경우 회전주파수가 증가함에 따라 이득이 증가하는 것으로 나타났다. 집단 간 비교에서 피겨 집단에서 일반인 집단에 비해 통계적으로 유의미하게 이득이 감소한 것으로 나타났다. 위상차의 경우 주파수가 증가함에 따라 위상차가 감소하는 것으로 나타났고, 집단 간 비교에서 피겨집단이 유의미하게 높은 것으로 나타났다. 대칭의 경우 피겨선수 집단에서 점차적으로 좌측으로 향하는 느린 성분의 안구 운동으로 인해 점차적으로 감소하는 것으로 나타났으나, 일반인 집단의 경우 규칙적이지는 않았다. 집단 간의 비교에서도 피겨집단에서 더 높은 것으로 나타났다.

이와 유사하게 옥정석2015은 5급 피겨 스케이팅 선수들과 3급 선수들을 비교하였다. 정현파 회전 검사sinusodial rotation test 결과, 이득의 값은 회전의자검사의 주파수가 증가함에 따라 증가하였고, 5급 피겨 스케이팅 선수집단이 3급 피겨 스케이팅 선수집단보다 낮은 값을 보였다. 그리고 위상차 값은 주파수가 증가함에 따라 감소하였지만 전체적으로 5급 피겨 스케이팅 선수집단이 3급 피겨 스케이팅 선수집단보다 큰 수치의 위상차를 보였다.

이상을 종합하면, 특정 피겨 훈련과 같은 평형감각 훈련은 전정계를 활성화시켜 전정 안구 반사와 같은 전정반사를 담당하는 신경계의 가소성을 높이는 것으로 생각된다.

4.4. 불쾌한 전정감성과 즐거운 전정감성

어떤 종류의 신체적 가속운동은 감성적인 측면에서 운동멀미motion sickness라는 불쾌감을 유발한다. 멀미는 개인이 통제할 수 없는 저빈도의 운동에 의해 특히 잘 일어난다. 예컨대, 자동차를 타고 있는 승객은 멀미 때문에 고통을 받지만 운전수는 그렇지 않다.

(그림 9-6) 전정기관의 자극으로 인한 즐거운 감성의 경험.

멀미라는 전정감각 흥분이 갖는 생물학적 의미는 아직 수수께끼에 속한다. 전정계통이 독물에 의해 혹은 어떤 항생제의 부작용에 의해 파괴된 사람들은 멀미를 경험하지 못한다.

이러한 불쾌한 전정감성과는 대조적으로 즐거운 전정감성도 인간을 유혹한다. 대표적인 것이 놀이공원amusement park에서 탈것을 이용하여 감성적인 경험을 하는 것이다. 이를테면 롤러코스터roller coaster를 타게 되면, 이것은 특히 전정계를 자극하는 것인데 많은 사람들은 전정 자극의 스릴thrill을 즐긴다(그림 9-6).

4.5. 전정기능 상실 환자를 위한 인공 전정기 개발

3차원 전정 안구 반사3-dimensional angular vestibulo-ocular reflex는 고개가 움직이는 방향과 반대 방향으로 눈을 회전시켜 망막에 비치는 사물의 이미지를 안정화시킴으로써 고정된 사물에 시선을 고정시키는 역할을 수행한다. 이러한 머리의 움직임은 주로 양측 내이에 위치한 세 개의 반고리관에 의해 감지되어 각 전정신경vestibular nerve의 미로팽대부 신경ampullary branches의 흥분속도firing rate를 변화시키고 이를 중추로 전달하여 눈의 반사적인 움직임을 일으키게 한다. 또한 이들 반고리관과 더불어 난형낭utricle

과 구형낭saccule은 중력에 따른 가속도를 감지하여 각각 수평운동과 수직운동을 조절하게 된다.

우리 신체의 균형을 유지하는 데 있어서 매우 중요한 역할을 수행하고 있는 전정기관vestibular organs이 기능을 상실하게 되면 다양한 정도의 평형 장애가 나타난다. 일측성 전정신경염 수술로 인한 한쪽 전정 기능이 소실된 환자들이 전정 적응 운동vestibular adaptation exercises을 통해 비교적 적응하여 균형을 잡고 생활할 수 있는데 비해, 양측 전정기능 소실 환자들은 보행 중 고개가 움직일 때마다 전정 안구 반사vestibulo-ocular reflex, VOR, 전정척수 반사vestibulo-spinal reflex의 소실로 시선이 제대로 고정되지 않아 시야가 흐려짐을 경험하고oscillopsia, 정상적인 자세를 유지하기가 힘들며, 만성적인 불균형을 호소하게 된다안중호, 2013.

이러한 양측성 전정기능 소실 환자의 재활을 위하여 활발한 연구가 진행되고 있는데, 안중호2013의 소개에 의하면, 특히 3차원적인 머리의 움직임을 감지하고, 이러한 머리의 움직임을 각각 세 개의 반고리관으로 전달하는 다채널 인공 전정기multichannel vestibular prosthesis의 개발과 임상적 응용에 대한 연구가 활발하게 진행되고 있다고 한다. 이러한 연구의 성과 중 대표적인 것은 존스홉킨스 대학에서 개발된 다채널 전정기가 있다안중호, 2013.

존스홉킨스 대학의 다채널 인공전정기는 서로 수직으로 교차하는 3개의 축으로 구성된 회전 감지기로 구성되어, 머리의 움직임으로 인한 3차원적인 각속도를 세 개의 반고리관의 팽대부에 전달하는 역할을 수행한다. 이식되는 장치는 현재 사용 중인 인공달팽이cochlear implant, 인공와우와 유사한 형태로 총 네 개의 전선carriers으로 구성되어 있으며, 세 개의 반고리관에 삽입되는 전선은 두 개로 구성되어 있는데, 이들 중 하나는 수평과 수직 반고리관에 삽입되고, 나머지는 후 반고리관에 삽입된다. 각 팽대부에 삽입되는 전선의 전극electrode은 각각 3개로 구성되어 총 9개의 전극이 세반고리관의 팽대부를 자극하게 된다. 또한 두 개의 기준 전극reference electrodes이 있어, 하나는 주변 측두근에, 나머

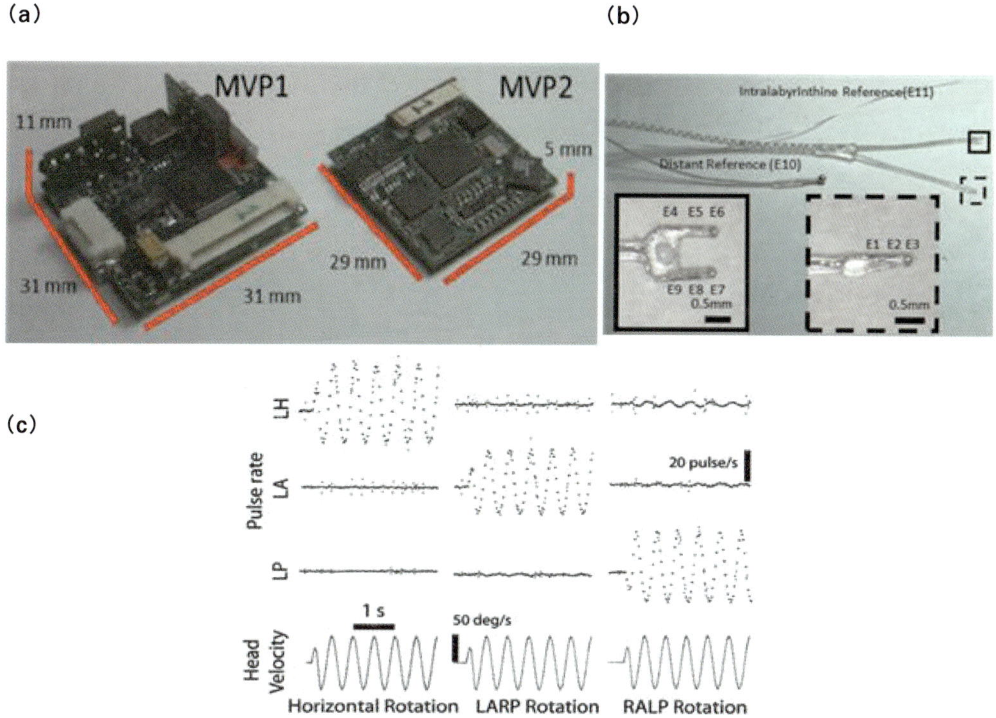

〔그림 9-7〕 존스홉킨스에서 개발한 MVP1 multichannel vestibular prosthesis. (출처: Johns Hopkins Vestibular NeuroEngineering Laboratory, Prof. Charles C Della Santina; 안중호, 2013)

지는 수직 반고리관과 후 반고리관의 공통각common crus에 삽입된다(그림 9-7 (a)와 (b)).

머리 외부에 장착되는 장치의 크기는 초기 모델에 비해 소형화되었으며(29×29×5 mm^3), 현재에도 더욱 작고 배터리 효율이 높은 기기를 만들기 위해 연구가 진행 중이다. 또한 인공달팽이와는 달리 머리의 움직임에 반응하여 반고리관에 자극을 전달하므로, 작더라도 장치의 불필요한 흔들림이 없어야 하며, 이를 위해 외부기기를 흔들림 없이 머리에 부착시키기 위한 방안을 마련하기 위한 연구가 진행 중에 있다.

현재 존스홉킨스 대학에서 개발 중인 다채널 인공전정기는 서로 수직으로 교차하는 세 개의 자이로스코프가 머리의 삼차원적인 회전 속도를 감지하고 신호를 세 개의 반고리관에 심어진 전극에 pulse-frequency 변조 방식으로 전달하는 방식이다. 각각의 머리의 각속도는 이러한 pulse-frequency의 변화를 상응하는 각각의 반고리관에 전달하며, 이때 정상적인 전정기관의 활성화 양상을 모방하여 머리 회전 시 각속도의 변화에 상응하는 비선형nonlinear적인 신호자극을 생산하게 된다(그림 9-7(c)).

이러한 장치는 시각 소실 환자를 위한 인공망막, 청각 소실 환자를 위한 인공달팽이에 비견할 수 있으며, 전정기관 장애 환자들에게 활용 가치가 매우 크다고 할 수 있다.

제2부

제 10 장

운동감각과 감성

운동감각은 근육이나 건 또는 관절의 고유수용기(proprioceptor)에서 감지되는 것으로 체감각의 일부이다.
그런데 앞서 제8장에서 살펴본 바와 같이 우리가 어떤 물체의 형태나 결을 감지할 때 수동적일 때 보다는
능동적일 때 더 정확한 감각정보를 얻을 수 있다. 따라서 우리가 체감각 정보를 받아들일 때
이러한 정보처리가 원활하게 이루어지기 위해서는 피부에서 들어오는 정보 이외에도
운동계가 협조를 해야 하고, 근육과 관절로부터 운동감각이 유입되어야 한다.
비록 감각과 운동이 개념적으로는 상반되는 측면이 있지만, 운동이 수행되기 위해서는 감각 정보가 필요하며,
운동으로 발생되는 운동감각은 그 자체로 원활한 운동의 실행에 중요한 피드백 정보로 활용될 수 있다.
또한 운동감각은 운동의 수행으로 발생되는 감성의 주된 원천이 된다.
그러므로 본 장에서는 운동감각이 체감각의 일부라 하더라도,
체감각과는 별도로 여기에 독립시켜 운동 및 운동감각에 관하여 함께 살펴보고자 한다.

1. 운동감각의 개념

1906년에 찰스 스콧 셰링턴Charles Scott Sherrington은 고유감각proprioception, 고유수용, 내부감각interoception, 내수용, 외부감각exteroception, 외수용이라는 개념을 소개하였다. 외수용기exteroceptor는 눈, 귀, 입, 피부와 같이 신체 외부로부터 정보를 받는데 관여하는 기관이다. 내수용기interoceptor는 신체 내부(내장) 기관에 관한 정보를 제공한다. 고유수용기proprioceptor는 근육, 건tendon, 관절에서 유래하는 운동을 인식하는 기관이다.

운동감각kinesthesia은 신체의 위치와 움직임에 관한 정보를 제공해주는 것으로 관절과 건, 그리고 근육의 수용기에서 일어난다. 운동감각은 근 길이의 변화에 대한 정보를 중추신경계로 전달하는 골격근의 신장수용기stretch receptor와 근육에서 생성되는 힘을 측정하는 건의 신장수용기에 의해 제공된다. 뼈가 접합되는 관절에 있는 수용기는 사지 운동의 크기와 방향에 반응한다. 근길이 탐지기는 추내근섬유intrafusal muscle fiber라는 특수한 근섬유의 끝에 위치하는데, 의식적인 감각을 일으키지는 않는다. 여기에서 나온 정보는 운동을 조절하는데 사용된다.

고유감각은 공간에 존재하는 신체에 대한 감각이며 대개 무의식적으로 지각하는 것이다. 우리 뇌는 근육이 수축하고 관절이 구부러지는 상태를 인식한다. 우리는 이러한 고유감각을 사용하여 운동과 반사가 제대로 잘 일어나게 하며, 신체의 자세를 잘 유지할 수 있다. 고유감각은 운동감각과 동일한 의미로 사용되기도 하지만, 운동감각은 고유감각의 특수한 경우로 한정하기도 한다. 고유감각은 우리 몸의 압박감, 움직임, 떨림, 위치감, 평형감 등에 대한 감각정보를 의미하고, 운동감각은 팔과 다리의 운동 범위와 방향에 대한 처리 능력이다. 고유감각은 근육, 관절, 힘줄에서 발생하는 감각이며, 의식적인 처리 과정을 거치지 않는다. 반면에 시각이나 청각은 외수용기이며 의식적으로 자극에 대한 집중이나 선택을 할 수 있다. 운동감각은 종종 고유감각과 혼동되어 사용되는 용어이지만, 어떤 연구자들은 운동감각kinesthesia으로부터 평형감각을 배재함으로써 운동감각을 고유감각과 구분한다.

2. 근육

골격근skeletal muscle은 우리의 골격을 움직이게 하는 근육으로 행동을 발생시킨다. 골격근의 양 끝에는 뼈가 연결되어 있어서 골격근이 수축하면 뼈가 움직임으로써 행동이 표현된다. 예외적으로 안근, 설근, 복근 일부는 한 쪽 끝만 뼈와 연결되어 있다. 근육은 건tendon이라는 강한 결합조직을 통해 뼈에 고정되어 있다.

굴근flexor muscle이 수축하면 굴곡flexion이 일어나 팔이나 다리를 끌어당긴다. 이와 반대되는 운동인 신전extension은 신근extensor muscle이 수축하여 발생한다. 이들 근육을 항중력근antigravity muscle이라고 하는데, 우리를 똑바로 서있을 수 있게 해 준다. 발을 들어 올리는 운동을 할 때에는 굴근이 수축하고, 다시 내려놓을 때에는 신근이 수축된다. 육체미 선수들은 팔의 굴근과 신근을 동시에 수축시킴으로써 팔 근육을 불룩하게 만든다.

2.1. 골격근의 구조

골격근의 구조가 [그림 10-1]에 제시되어 있다. 추외근섬유extrafugal muscle fiber가 수축함으로써 근육에 동력이 제공된다. 이 섬유들은 알파운동뉴런alpha motor neuron의 축삭이 신경지배한다. 즉, 알파운동뉴런의 활동에 따라 근육 수축 강도가 결정되는 것이다. 근육에는 근방추muscle spindle라는 감각기관이 자리 잡고 있다. 근방추의 중심 부위에는 근육이 늘어나는 것을 감지하는 감각종말이 있다. 또한 근방추에는 추내근섬유intrafugal muscle fiber라는 근섬유가 들어있다(fugus는 "방추spindle"라는 뜻이다). 감마운동뉴런gamma motor neuron의 원심성 축삭이 추내근섬유를 수축시키지만, 이 수축에 의해 생기는 힘은 미약해서 근의 수축에 실제적인 기여를 하지는 못한다. 앞으로 보게 되겠지만, 이 수축의 기능은 추내근섬유에 있는 구심성 신경종말이 근육이 잡아당겨지는 것에 반응하는 민감도를 수정하기 위한 것이다. 근육과 그것을 덮고 있는 결합조직의 막에는 유해한 자극에 민감한 자유신경종말이 분포하고 있다.

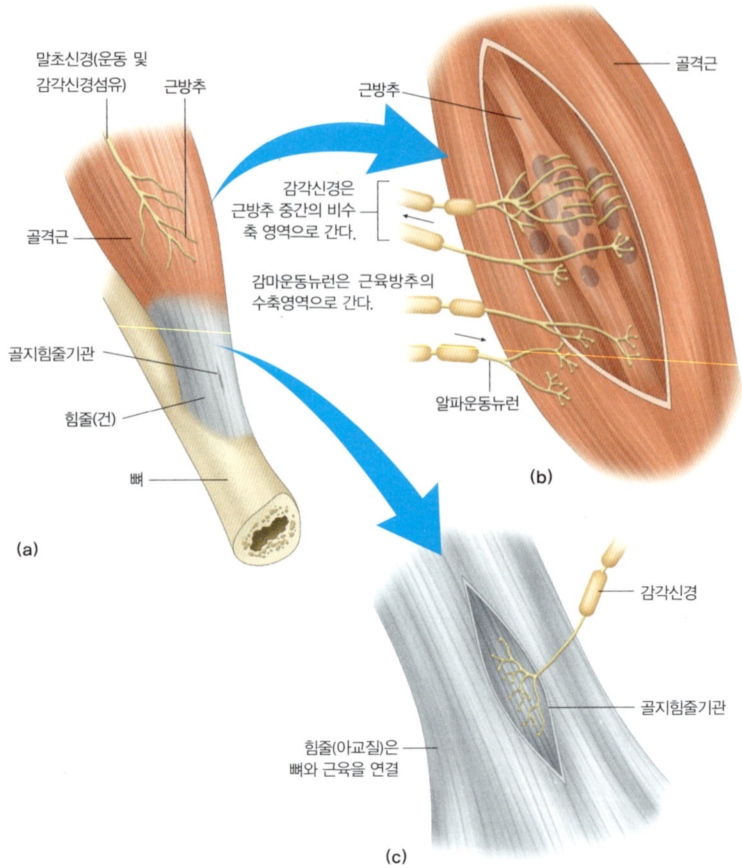

〔그림 10-1〕 골격근의 구조 (a)골격근과 건(힘줄)의 위치, (b)골격근의 구조, (c)건(힘줄)의 구조.

알파운동뉴런에서 뻗어져 나온 단일 유수축삭은 여러 개의 추외근섬유를 신경지배한다. 하나의 운동뉴런이 신경지배하는 근섬유의 수는 매우 다양한데, 그에 따라 근육이 얼마나 정밀하게 통제될 수 있느냐가 좌우된다. 손가락이나 눈을 움직이는 근육의 경우에는 축삭 하나당 근섬유의 비율이 열 개 이하이고, 다리를 움직이는 근육은 그 비율이 수백 개가 넘는 것도 있다. 한 개의 알파운동뉴런과 그 축삭, 그리고 신경지배를 받는 추외근섬유들이 하나의 운동단위motor unit를 이룬다.

하나의 근섬유는 근원섬유myofibrils의 다발로 구성되는데, 각각의 근원섬유는 액틴actin과 미오신myosin이라는 두 종류의 단백질이 질서 있게 배열되어 있다. 이 단백질 가닥들이 근 수축을 담당한다.

2.2. 근 수축의 생리적 기초

운동뉴런의 종말단추와 근섬유 사이의 시냅스를 신경근접합부neuromuscular junction라고 한다. 운동뉴런의 종말단추는 근섬유 표면의 홈을 따라 위치하는 시냅스후막의 전문화된 부위인 운동종판motor endplate에서 시냅스한다. 축삭이 발화하면 종말단추에서 아세틸콜린이 방출되어, 시냅스후 막이 탈분극되는 종판전위endplate potential가 발생한다. 종판전위는 근섬유에서 활동전위를 일으켜 발화하게 한다. 이러한 활동전위는 근섬유에서 한 번의 수축, 즉 연축twitch을 일으킨다.

근섬유에서 탈분극이 일어나면 전압-의존성 칼슘통로가 열려서, 칼슘이온이 세포질로 들어 올 수 있게 된다. 칼슘은 근원섬유들이 미토콘드리아에서 에너지를 추출할 수 있도록 해주는 보조 역할을 한다. 근섬유의 수축은 미오신 가닥들이 인접한 액틴 가닥 사이사이로 들어갈 때 일어나며, 그 결과 근섬유가 짧아지게 된다.

운동뉴런의 하나의 활동전위는 근섬유에서 연축을 한번 일으킨다. 근육의 탄력성과 세포에서 칼슘이 빠져나가는데 걸리는 시간 때문에, 연축의 생리적 효과는 활동전위보다 상당히 오래 지속된다(나트륨과 마찬가지로, 칼슘은 막에 있는 펌프에 의해 밖으로 내보내진다).

근육 수축의 강도는 운동단위의 발화율에 의해 결정된다. 동시에 많은 단위들이 발화하면 강한 수축이 일어날 것이고, 조금밖에 발화하지 않으면 약한 수축이 일어나는 것이다.

2.3. 근육으로부터의 감각 피드백

앞에서 보았듯이 근방추에는 근육이 당겨지는 신장에 민감한 감각 종말이 위치한다. 추내근섬유는 추외근섬유와 나란히 배열되어 있으므로, 추내근섬유는 근육이 길어지면 당겨지고, 짧아지면 이완한다. 따라서 추내근섬유에 위치한 구심성 뉴런들은 신장수용기stretch receptor이지만, 실제로는 근길이탐지기muscle length detector로 작용한다. 또 다른 종류의 신장수용기가 골지건기관Golgi tendon organ, 골지힘줄기관의 건 속에 있다. 이 수용기는 근육으로부터 건을 통해서 그 근이 붙어 있는 뼈로 가해지는 힘을 탐지한다. 골지건기관의 신장수용기는 발화율에 의해 힘의 정도를 측정한다. 이들은 근의 길이가 아니라 얼마나 세게 당겨졌는지에 반응한다.

3. 운동의 반사적 통제

3.1. 신장반사

신체에서 가장 간단한 기능을 하는 신경통로의 활동은 쉽게 증명될 수 있다. 다리가 바닥에 닫지 않을 만큼 조금 높이 앉아서, 다른 사람에게 슬개골 바로 아래에 있는 슬개건을 가볍게 두드리게 해 보라(그림 10-2). 이 자극은 넓적다리의 꼭대기에 있는 사두근을 순간적으로 신장시킨다. 이로 인해 근이 수축하고, 따라서 다리가 위로 튀어 오른다. 건을 두드리는 것과 다리가 신전되는 사이의 시간 간격은 약 50 ms이다. 이 간격은 뇌가 관여하기에는 너무나 짧은 시간이다. 감각정보가 뇌로 전달되고 운동정보가 되돌아오기까지는 꽤 시간이 소요된다.

[그림 10-2]는 손에 무거운 물체를 올려놓을 때의 효과를 보여준다. 척수의 한 단면과 그 근에서 단일시냅스 신장반사monosynaptic stretch reflex를 일으키는 신경회로가 나타나 있는데, 시냅스를 하나만 이루기 때문에 그렇게 명명하였다. 먼저, 이러한 반사를 일으키는 회로를 추적해 보자. 근방추에서 시작된 구심성 신경활동은 척수 회백질에 있는 종말단추로 전도된다(그림 10-2(a)). 이 종말단추는 동일한 근육의 추외근섬유를 신경지배하는 알파운동뉴런과 시냅스를 맺고 있다. 수용기에서 효과기에 이르는 통로에 시냅스가 하나

밖에 없으므로 단일시냅스이다(그림 10-2(b)).

손에 무거운 물체를 올려놓으면, 팔이 아래로 내려가기 시작한다. 이러한 움직임에 의해 근육이 늘어나고, 근방추에 있는 구심성뉴런의 발화율이 증가한다. 구심성 신경섬유의 종말단추는 척수에서 알파운동뉴런을 자극하여 발화율을 증가시키고, 그 결과 근수축 강도가 증가하여 팔이 위로 당겨진다(그림 10-2(b)). [그림 10-2(c)]는 이러한 신전반사가 발생하는 과정을 나타낸 것이다.

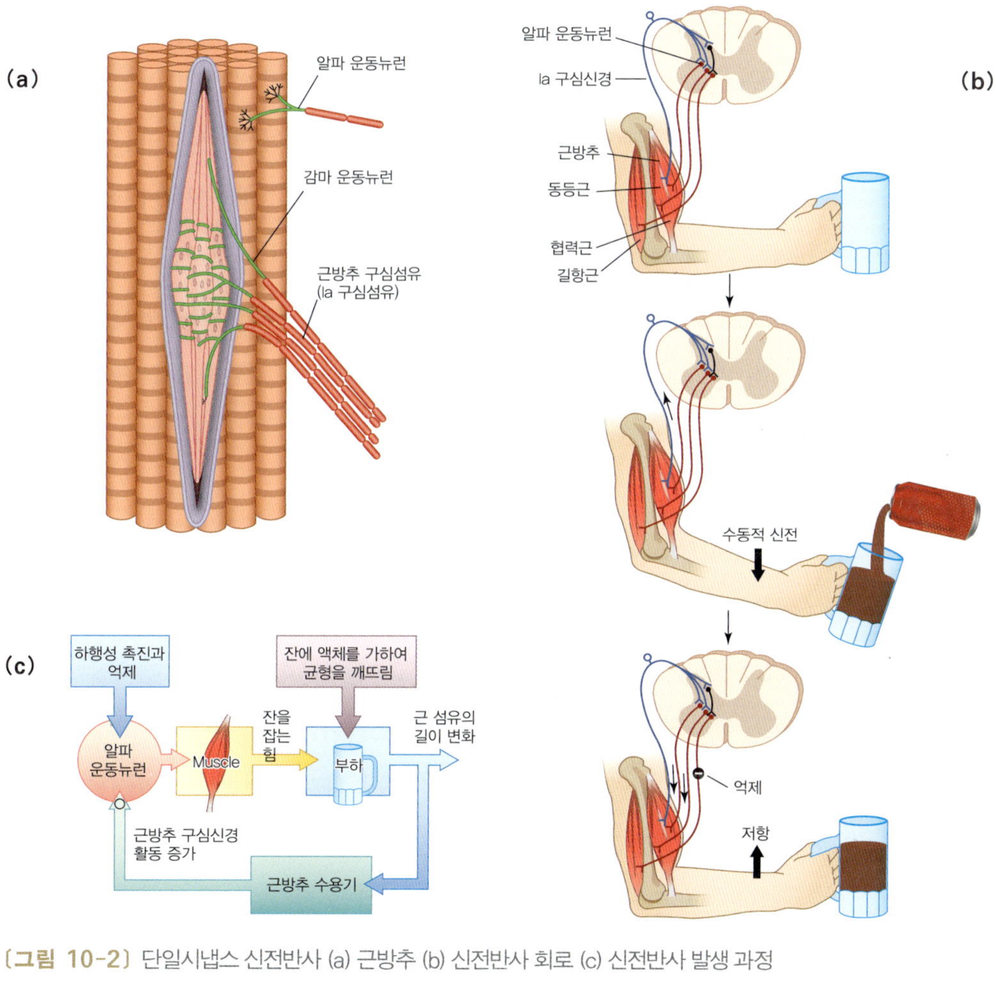

〔그림 10-2〕 단일시냅스 신전반사 (a) 근방추 (b) 신전반사 회로 (c) 신전반사 발생 과정

3.2. 감마운동계

근방추는 근육의 길이 변화에 아주 민감해서, 근육이 아주 조금이라도 길어지면 발화율이 증가한다. 재미있는 것은 이러한 탐지기제가 조정될 수 있다는 점이다. 추내근섬유의 끝에는 감마운동뉴런의 원심성 축삭이 연결되어 있어서 추내근섬유를 수축시킬 수 있다. 그 발화율이 수축의 정도를 결정한다. 근방추가 이완되면 신장에 대한 민감성이 떨어지게 된다. 그러나 감마운동뉴런이 활동하면 근방추가 짧아져서, 근길이의 변화에 훨씬 더 민감하게 된다.

사지를 움직이라는 명령이 뇌에서 하달될 때, 알파운동뉴런과 감마운동뉴런이 모두 활성화된다. 알파운동뉴런은 근육 수축을 시작시킨다. 만일 별다른 간섭이 없으면, 추외근섬유와 추내근섬유가 거의 동일한 비율로 수축할 것이고, 따라서 근방추의 구심성 축색은 거의 활동을 하지 않는다. 그러나 사지의 운동이 방해를 받으면, 추내근섬유가 추외근섬유보다 더 짧아질 것이고, 그에 따라 감각 축색이 발화하기 시작해서 단일시냅스 신장반사를 일으켜 수축을 강화시킬 것이다. 따라서 뇌는 팔다리를 움직이는데 감마운동계를 이용한다. 뇌는 감마운동계의 발화율을 설정함으로써 근방추의 길이를 조절하고 간접적으로 근 전체의 길이를 통제한다.

3.3. 다시냅스 반사(polysynaptic reflex)

단일시냅스 신장반사는 하나의 시냅스만을 포함하는 유일한 척수반사이다. 다른 것들은 모두 다시냅스성polysynaptic이다.

골지건기관의 구심성 축삭은 근육에 가해지는 전체적인 힘을 탐지한다. 이 축삭의 종말단추는 척수 회백질로 들어와서 다른 척수 신경세포들과 상호연결되어 있는 중간뉴런interneuron과 시냅스한다. 이 중간뉴런은 동일한 근육에 연결되어 있는 알파운동뉴런과 시냅스한다. 중간뉴런의 종말단추는 글라이신을 분비하여 운동뉴런에서 억제성 시냅스후전위를 일으킨다(그림 10-3). 이러한 반사로의 기능은 근육에 연결된 뼈나 건에 손상을 줄 수 있는 위험이 있을 때, 근수축의 강도를 감소시키는 것이다.

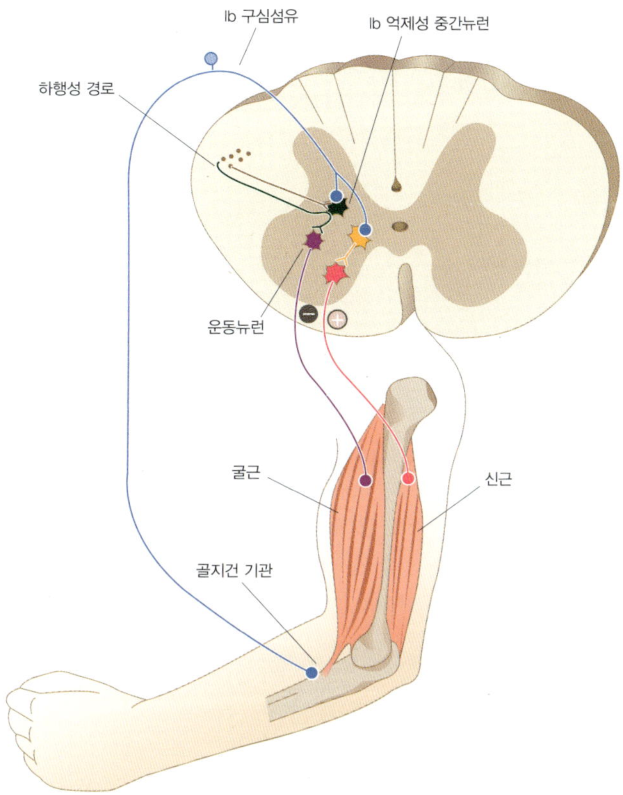

〔그림 10-3〕 다시냅스 억제 반사. 골지건기관에서 들어오는 입력 신호가 알파운동뉴런에서 억제성 시냅스후 전위를 일으킨다.

4. 운동감각의 중추 전달 통로

앞서 언급한 바와 같이 운동감각은 체감각의 일부이다. 따라서 촉각 정보의 중추 투사 경로와 유사한 과정을 거쳐 처리된다. [그림 10-4]는 운동감각 정보가 말초에서부터 일차 체감각영역까지 어떤 경로를 거쳐 전달되는지 보여주고 있다. 그림에서와 같이 운동감각은 후근신경절dorsal root ganglion을 지나 척수신경을 따라 척수로 들어간다. 척수에서는 곧바로 시냅스하지 않고 상행하여 연수에 있는 후주핵dorsal column nucleus으로 가서 시냅스한다. 연수의 후주핵에서는 시상의 복측 후외측핵ventral posterolateral nucleus, VPL으로 정보를 보내어 시냅스를 하고, VPL 신경세포는 일차 체감각 피질로 축삭을 뻗어 투사한다(그림 10-4).

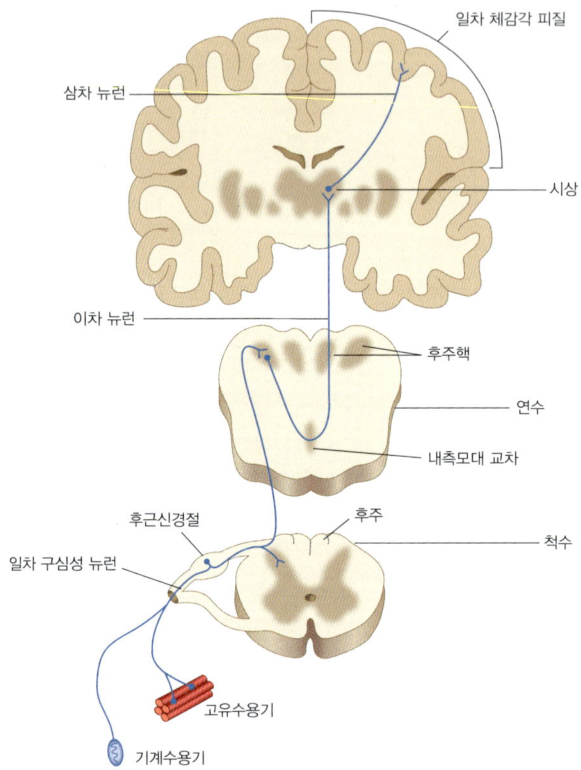

〔그림 10-4〕 운동감각의 중추 전달 통로

5. 운동 감성

5.1. 뇌의 안면 근육 조절 작용

앞서 제3장에서 살펴본 바와 같이 어떤 사람의 감성은 안면표정에 잘 나타난다. 이러한 안면표정은 안면에 있는 근육의 움직임으로 인해 다양하게 표현된다. 안면의 표정을 나타내는 근육을 신경지배하는 것은 7번 뇌신경인 안면신경facial nerve이다(그림 10-5).

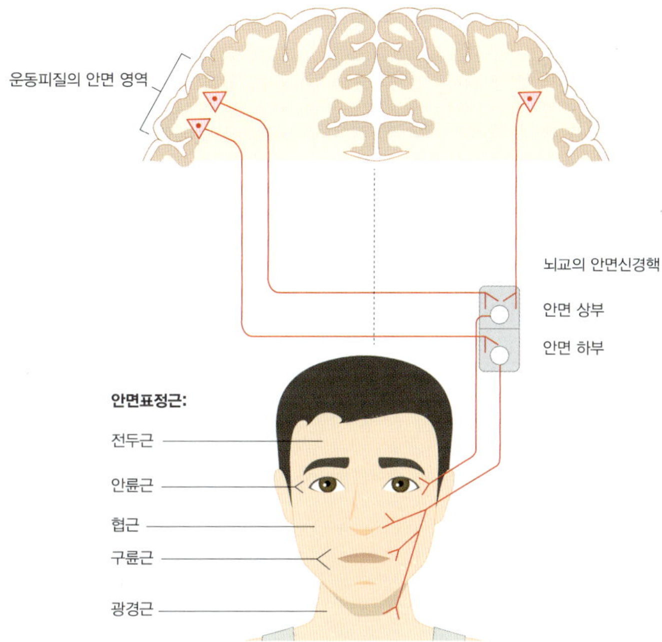

〔그림 10-5〕 안면근육의 신경지배 경로

안면을 상하로 절반씩 나누어 구분할 때, 안면의 아래쪽 절반의 근육을 신경지배하는 안면신경은 반대쪽 운동피질의 안면 부위에서 입력을 받는다. 따라서 안면의 아래쪽 절반은 엄격히 반대쪽 운동피질의 조절을 받는다. 이들 안면 근육은 수의적으로 쉽게 움직일 수 있다. 이와는 대조적으로 안면의 위쪽 절반의 근육은 수의적으로 움직이기가 어렵다. 이들 근육을 신경지배하는 안면신경은 같은 쪽과 반대쪽 운동피질의 안면 부위로부터 양측성 입력을 받는다.

5.2. 운동 미학의 현상학

운동은 자주 아름다움을 표현한다. 이는 신체적 아름다움을 표현할 수도 있겠지만,

운동으로 매개되는 움직임의 아름다움이 주된 개념이다. 장정윤2004에 따르면, 운동미運動美의 핵심은 운동기술의 아름다움에 있다. 운동의 목적이 아름다움을 창조하는 것은 아니지만 운동의 궁극적 목적은 결국 기술의 향상에 있기 때문에 끊임없이 변화하는 신체 운동에 심미의식의 작용도 포함된다.

하지만 일반적인 경기 상황에서 운동미를 운동의 주된 속성으로 보기는 어렵다. 그렇지만 리듬체조, 피겨 스케이팅, 수중발레, 곡예나 무술 등에 나타나는 미적 요소는 직접 신체의 기술적 효과를 증대시킬 수 있다. 호소명1987에 의하면, 기술미와 운동을 수행하는 사람의 정서는 막중한 연관관계가 있으며, 기술의 우열은 운동하는 사람 자신의 미감과 직접적인 관련이 있다. 미감은 운동을 자극하고 훌륭한 기술미는 좋은 감각을 수반한다.

신체활동이나 운동이 나타내는 운동미는 움직이는 신체의 아름다움도 있지만 운동을 실행하는 사람마다 서로 다른 운동 능력의 아름다움에 기초를 두고 있을 때가 많다. 동작미는 깨끗함, 민첩함, 조화, 연관성, 리듬감 등의 특징을 지닌다. '공간 구성의 원리'에 따른 운동의 구조는 조화와 우아, 그리고 조형미를 형성한다. '시간구성의 원리'에 따른 운동리듬은 우리에게 자연스러움과 경쾌함을 제공해 준다. 운동의 '시간성'과 '공간성'은 기술훈련에 의해 강화되고 연속된 동작의 운동은 아름답고 리듬 있는 신체운동으로 나타나게 된다. 운동방식, 운동기술, 운동규칙 그리고 동작조합 등이 형식미를 낳는다. 운동 동작을 비롯하여 조형, 자태, 선, 음향, 색채 등에 대한 미적 감각은 외관과 형식적 미로서 미감을 일으킨다장정윤, 2004.

이러한 운동미는 운동을 실행하는 사람뿐만 아니라 운동을 관람하는 관중에게 심미적 감성의 표현으로 나타나게 될 것이다.

5.3. 운동 감성

경제발전으로 인한 생활의 향상과 더불어 많은 사람들이 해양스포츠에 관심을 가지고 있다. 해양스포츠는 개인의 행복을 추구하기 위한 활동 에너지와 즐거움을 제공하고,

스트레스를 해소하며, 건강을 향상시킨다. 해양스포츠는 또한 스포츠가 이상으로 하는 지·덕·체의 덕목을 두루 겸비하고 있기 때문에 국민의 건강 증진은 물론 정서를 풍부하게 만들어줌으로써 삶의 질을 향상시키는 등 정신적으로 매우 긍정적인 영향을 미친다. 해양스포츠를 즐기기 위해서는 참여동기가 필요한데 Jung1997은 즐거움, 성취감, 컨디션, 사교, 외적과시, 기술발달의 추구 등을 주요 동기로 제시하고 있다.

김용재 등2015은 요트나 보트와 같은 해양스포츠 참가자를 대상으로 연구한 결과 해양스포츠 종목에 따른 참여동기, 운동정서, 심리적 행복감의 차이에서 '참여 동기'는 종목에 따라 즐거움, 성취감, 기술발달, 컨디션, 사교, 건강체력에서 유의미한 차이가 있었으며, '운동정서'와 '심리적 행복감'의 모든 하위요인들에서 유의미한 차이가 있는 것으로 나타났는데, 해양스포츠의 종목 중 보트가 가장 높은 것으로 나타났다. 그리고 해양스포츠 참가자의 '참여동기'가 '심리적 행복감'에 미치는 영향에서는 컨디션, 즐거움, 외적과시, 기술발달이 '심리적 행복감'의 모든 요인에 영향을 미치는 것으로 나타났다. 또한 해양스포츠 참가자의 운동정서가 심리적 행복감에 미치는 영향에서는 운동정서의 모든 하위요인들이 '심리적 행복감'의 모든 요인에 영향을 미치는 것으로 나타났다.

스포츠 참여에 적극적이고 신체적 자기개념과 자기효능감이 높은 사람은 긍정적 정서를 경험할 확률이 높아진다. 문창일 등2011은 신체활동(수영)에 주기적으로 참가하는 사람들을 대상으로 운동행동변화 단계에 따라 신체적 자기개념과 운동참여 동기, 운동정서를 어떻게 경험하고자 하는지 알아본 결과, 경력과 운동 수준이 증가할수록 신체적 자기개념과 운동참여 동기, 운동정서 경험이 높아지는 것을 관찰하였다.

한편 조한범 등2014은 수상스키 참가자들에서 운동정서, 운동몰입, 운동만족 간에 어떠한 영향이 있는가를 알아보기 위해 수상스키 동호회 구성원들을 대상으로 연구한 결과, 수상스키 참가자의 운동정서가 운동몰입에 영향을 미치며, 수상스키 참가자의 운동몰입은 운동만족에 상당한 영향을 미치는 것을 발견하였다.

5.4. 운동과 뇌 활동

운동은 뇌 기능에 긍정적인 영향을 미칠 수 있다. 특히, 손가락 운동과 뇌의 발달은 서로 관련성이 깊다는 것이 밝혀졌다. 일상생활 속에서 중요한 역할을 하는 손은 사람이 느낄 수 있는 많은 정보를 뇌로 전달해 준다. 구조화된 손가락 운동이 대뇌피질의 운동과 관련된 영역뿐만 아니라 인지와 관련된 영역의 효율적인 활성화를 유도할 수 있다는 것이 증명된 바 있다장덕찬과 박상법, 2011. 이러한 맥락에서 안은영2012은 두뇌 향상을 위한 다섯 손가락의 균형적 사용에 초점을 맞춘 게임 콘텐츠를 지원하기 위한 장치를 개발하였다(그림 10-6). 이러한 게임은 온라인 모드로 게임을 진행할 수도 있지만, 오프라인 모드로 하게 되면 청각과 순발력을 이용하여 다섯 손가락을 균형 있게 사용하게 함으로써 뇌활동이 저하되는 고령자가 손가락을 이용한 게임을 통해 치매, 기억력 저하 등의 인지기능 장애를 예방하는데 도움을 줄 수 있다.

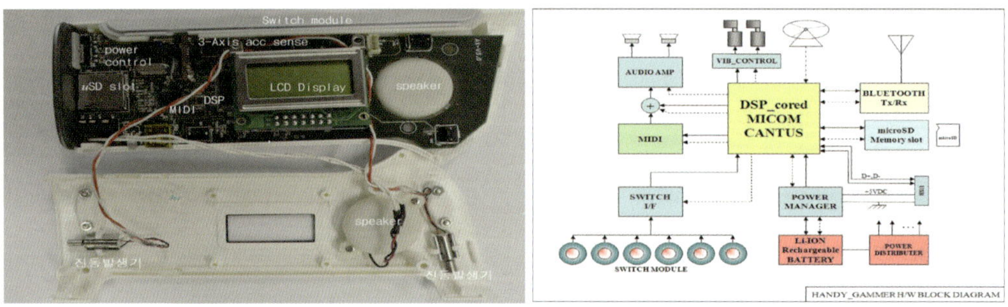

[그림 10-6] 손가락 운동을 위한 게임 장치(왼쪽)와 하드웨어 블록 다이어그램(오른쪽) (출처: 안은영, 2012)

한편 운동은 뇌졸중 환자의 기능 회복에도 큰 역할을 수행할 수 있다. 우리나라에서 뇌졸중은 성인의 3대 성인병이며, 주요 사망원인 중 하나로 암, 뇌혈관질환, 심장질환 순으로 알려져 있는 바와 같이, 전체 사망원인 중 두 번째를 차지한다통계청, 2003. 뇌졸중 질환은 뇌혈관의 파열 혹은 폐색에 의한 비 외상적인 뇌손상을 말하며 이러한 손상은 상지나 하지의 한쪽에 기능장애, 보행장애와 일상생활 운동장애, 지각장애, 언어장애 등이 유발되며, 뇌손상으로 인한 우울, 흥분, 좌절 같은 정서적 장애가 나타난다김진호와 한태륜, 2002.

이와 같이 개인적, 사회적으로 문제가 되고 있는 뇌졸중은 재활분야에서 물리치료, 작업치료, 언어치료 등 여러 방법으로 접근할 수 있는데, 그 중에서도 물리치료 분야에서 많이 실시하고 있는 운동치료는 뇌졸중 환자에게 장애로부터의 기능회복에서 없어서는 안 되는 중요한 치료법이다구봉오 등, 2008.

운동은 인체의 기능을 향상시켜 준다. 운동의 효과에 대한 연구를 보면 발병 후 1년 이상의 만성 뇌졸중 환자에게 체중이동, 균형조절 운동의 치료를 통해 일상생활에서의 동작 수행 능력이 향상되었으며Tanqemen 등, 1990, 고유감각 운동조절 프로그램이 발병 후 평균 20개월이 경과된 편마비 환자들의 균형 및 보행 능력을 증진시키는데 효과적으로 나타났다황병용, 2002. 또한 규칙적인 운동, 하지 근력의 증진 운동 및 균형 훈련이 노인의 부상을 예방하는데 효과적이다Judge 등, 1993.

이와 관련하여 구봉오 등2008은 뇌졸중 환자가 집에서 간편하게 수행할 수 있는 자가운동 프로그램을 고안하고, 뇌졸중 환자의 운동, 감각 및 기능증진을 도모할 수 있는 자료를 제공함으로써, 이러한 운동 프로그램이 뇌졸중 환자의 일상생활에 유익한 효과를 나타낼 수 있는지 알아보고자 하였다. 연구 대상자는 가정운동 프로그램을 주 1회씩 12주 동안 배웠고 이것을 배운 환자 및 보호자는 가정에서 운동을 실시하였다. 훈련 전·후, 한국판 간이정신상태검사도구, 기능적 독립성 측정도구, 체중부하, 6미터 걷기, 압각, 촉각, 집기 및 악력검사를 실시하였다. 자가운동프로그램을 12주간 실시한 결과 인지기능 평가도구인 한국판 간이정신상태검사도구, 기능적 독립성 측정도구인 FIMfunctional Independent Measure, 6미터 걷기, 압각, 촉각, 집기, 악력은 모두 유의미하게 향상을 보였고, 체중부하는 통계적으로 유의하지 않았다. 이러한 결과는 자가운동 프로그램이 뇌졸중 환자의 기능 회복에 큰 도움이 된다는 것을 의미하는 것이다.

인지와 감성

03

인지는 인간이 지각하고 기억하며, 추리, 판단, 문제해결에 이르는 과정을 의미한다. 이러한 인지과정은 개인이 외부 환경과 상호작용하기 위하여 자신이 가지고 있는 기존 지식으로 어떻게 외부 환경을 해석하며, 외부 환경의 영향을 받아 자신이 가지고 있는 기존 지식을 어떻게 수정시켜 가는가와 깊은 관련이 있다. 이는 곧 인간의 인지과정과 감성이 밀접히 상호작용한다는 것을 의미한다.

제3부에서는 인간의 인지와 감성의 관련성을 알아보고자 한다. 제11장에서는 인간의 인지작용과 감성이 어떻게 상호작용하는가를 살펴보고자 한다. 제12장에서는 인지과학과 불가분의 관계에 있으며, 많은 측면에서 사회적인 관심을 끌고 있는 인공지능과 감성과의 관련성에 대해 알아보게 될 것이다.

제3부

제 11 장

인지과정과 감성

감성은 주의, 기억, 문제 해결과 추리 등 정보처리와 관련된 제반 과정에 영향을 준다.
본 장에서는 인간의 인지 과정을 연구하는 학문인 인지과학에서 연구하고 있는
주의, 기억, 추리, 의사결정 등과 관련된 인지과정과 감성이 어떻게 상호작용하는가를 알아보고자 한다.

1. 감성에 대한 인지이론

제1장에서 우리는 감성에 관한 생리적 이론을 살펴보았다. 이 장에서는 감성에 대한 '인지이론'을 소개한다. 인지이론cognitive theory은 감성 유발에서 인지 처리 과정을 중시하기 때문에 붙여진 이름으로, 상황에 대한 평가나 해석에 따라 감성이 달라진다고 가정하므로 평가이론appraisal theory이라 불리기도 한다.

감성에 대한 '인지-평가적 관점'은 듀이Dewey, 1895에서 시작하여 아널드Arnold, 1960가 본격적으로 주창하였다. 이들에 따르면, 감성은 '본능적으로 자신에게 좋은 것으로 평가하는 것에는 가까이 가려하고, 나쁜 것으로 평가하는 것으로부터는 멀어지려는 행동 경향성'으로 정의된다. 이것이 의미하는 바는 감성이란 사물에 의해 반사적으로 또는 습관적으로 유발되는 것이 아니라, 사물에 대한 개인의 해석에 의해 발생하는 것이다.

아널드Arnold에 이어 라자루스Lazarus, 2006는 감성에 관한 자신의 인지적cognitive, 동기적motivational, 관계적relational 관점을 소개하면서, 인간이 감성을 경험할 때에는 인간과 환경 사이에 존재하는 관계의 의미, 인지적 평가, 감성에 대한 적응적 대처, 행동 경향성의 네 가지 관계에 따른다고 주장하였다(그림 11-1). 한편 슈어러Scherer, 2001에 따르면 감성은 상황이나 사건에 대한 인지적 평가에 의해 유발된다는 것이다. 이때 인지적 평가는 새

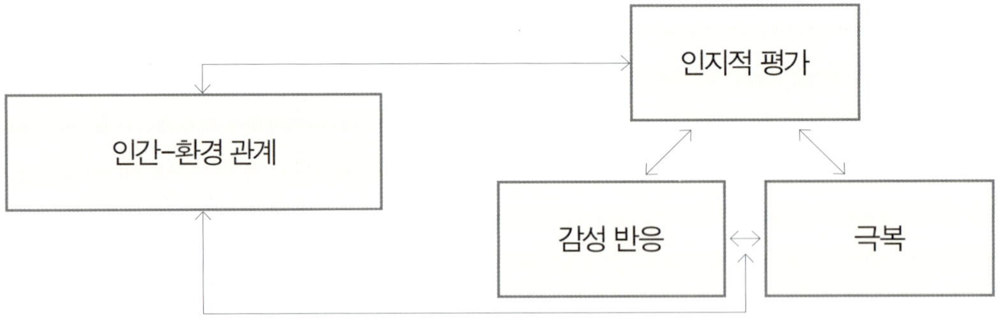

〔그림 11-1〕 Lazarus의 인지-관계 감성 이론 (출처: 손진훈, 2011)

로움, 유쾌함, 목표, 대처 자원, 사회적 규준의 다섯 가지 기준에 따라 이루어지며, 이러한 인지적 평가 과정의 결과로 생리적 반응, 행동 경향성, 운동 반응, 주관적 느낌이 결정된다고 한다.

인지이론에 따르면 우리는 어떤 상황에 처했을 때, 먼저 인지적 평가를 하고, 그 다음에 생리적 변화와 함께 감성이 나타난다고 한다. 이와 같이 감성과 인간의 인지 과정 사이에는 매우 밀접한 관련성이 있다는 것은 분명한 사실이다.

2. 인지과학과 인지공학

'인지cognition'는 정보를 습득acquisition하고 파지retention하고 활용하는 과정으로서 인간이 지각하고, 기억하고, 추리하고, 판단하며, 문제를 해결하는 데까지 이르는 제반 과정을 의미한다. 이러한 인지 과정은 개인이 외부 환경과 상호작용하기 위하여 자신이 가지고 있는 기존 지식으로 어떻게 외부환경을 해석하며, 외부환경으로부터 영향을 받아 자신이 가지고 있는 기존 지식을 어떻게 수정시켜 가는가와 깊은 관련이 있다. 이는 곧 인간의 인지과정과 감성이 밀접히 상호작용한다는 것을 의미한다.

'인지과학cognitive science'은 인간의 인지 과정을 연구하는 학문으로서, 인간의 지식의 본질은 물론 컴퓨터를 포함하는 각종 인공물artifacts에 포함된 지식체계의 본질을 연구하는 종합과학이다박창호 등, 2009. 인지심리학이나 신경과학, 언어학, 철학 등의 분야에 종사하는 인지과학자들은 인간의 인지, 즉 '앎'의 본질과 과정을 규명하는 설명적이고 규준적인normative 연구에 관심을 가지고 있으며, 컴퓨터과학에 종사하는 인지과학자들은 인간의 특정하고 한정된 '앎'의 과정을 알고리즘 수준에서 기술하고 모사하는simulation 기술적descriptive 연구 작업에 관심을 가지고 있다. 어떤 분야에 종사하든 인지과학자들의 주된 관심사는 모든 지능적 체계intelligent system의 지능적 활동에 있다. '지능'이란 개념은 다양하게 정의할 수 있으나, '환경에 대한 적응 능력'이라 정의할 수도 있다. 이러한 적응 능력은 학습이 가능한 유기체에서만 가능하다. 따라서 '앎'의 과정은 '앎'의 주체인 인간이 환경과 상호작용하는 과정에서 발생하는 것이다. 여기에서 환경이란 자연 환경뿐만 아니라 사회·문화적 환경, 인간이 만들어 놓은 각종 인공물들, 각종 통신 및 컴퓨터 네트워크로 구성되는 가상환경까지 포함된다. 이렇게 볼 때 인지과학의 연구 영역이 얼마나 넓은지 상상할 수 있다.

'인지공학'은 인지과학의 성과와 방법론을 공학적으로 활용하고자 하는 학문이다박창호 등, 2009. 지나치게 인간 위주로 이루어진 모든 형태의 인간-환경 상호작용을 전체 시스템으로서의 인간-환경 시스템으로 다시 규정하고 이를 지능화함으로써 인간의 신체적·정신적 노동을 줄임과 동시에 인간과 환경과의 조화로운 발전을 추구하게 된다. 결국 인지과학의 응용분야로서 '인지공학'은 원래 인지과학이 탐구하고자 하는 인간을 비롯한 지능적 시스템과 다양한 환경과의 상호작용을 포함하는 지능적 인간-환경 시스템을 구현하는 것이다. 이 때문에 인간-기계와 인간-환경 체계의 효율성의 최적화를 목적으로 하는 '인간공학'과는 출발선부터 그 가정이 다르다고 볼 수 있다.

인지과학은 많은 상이한 학문 분야의 도구와 기법들을 사용한다. 인지과학은 본질적으로 학제적 활동으로서, 심리학, 언어학, 컴퓨터과학, 신경과학, 수리논리 등 끝없이 계속되는 수많은 학문 분야의 통찰과 방법론을 수용하며 발전하고 있다버뮤데스, 2010.

3. 인지 과정과 감성

감성은 주의, 기억, 문제 해결과 추리 등 제반 정보처리 과정에 영향을 미친다. 아벨슨Abelson, 1963은 일상생활에서 감성적 느낌이나 경험은 필연적으로 나타나기 때문에, 이를 배제한 정보처리 과정은 거의 없다고 주장했으며, 사이먼Simon, 1967은 정보처리 과정에서 통제 체계로서 감성의 중요성을 강조하였다. 또한 레벤탈Leventhal과 토마켄Tomarken, 1986은 감성이 정보처리과정에서 활성화 체계와 관련 있다고 주장하였으며, 이재화와 석현정2008은 사용성이 동일한 조건의 제품에서 심미적인 제품은 해당 제품에 대한 몰입도가 높아지고 정보의 기억도 증진된다는 것을 밝혔다. 그러므로 인간의 정보처리과정에 감성이 관련되어 있다는 것은 명확한 것 같다. 이와 관련하여 인지과정과 감성 사이에 어떤 관련성이 있는지 구체적으로 살펴보자.

3.1. 주의 과정과 감성

만들러Mandler, 1975와 오우만Ohman, 1987에 의하면, 주변 환경이 일단 감성을 유발시키면, 그 감성은 그 사람에게 어떤 의미를 가진 자극이 그 환경에 존재한다는 것을 신호해 주는signaling 기능과, 그 자극에 대해 주의attention를 기울이고 처리자원을 할당해 주는 기능을 가진다. 이러한 관점에는 감성이 생존과 관련된 중요한 매개자라는 진화론적인 의미가 내포되어있다고 할 수 있다.

거의 모든 감성 자극은 주의를 집중시킨다Shiota와 Kalat, 2015. 예를 들어 해리스Harris와 파쉴러Pashler, 2004의 연구에서, 연구자들은 "5 chart 8"과 같은 자극이 스크린에 제시될 때, 피험자로 하여금 두 개의 숫자가 모두 짝수이거나 모두 홀수일 때(3과 5, 2와 8 등) 한쪽 버튼을 누르고, 짝수와 홀수 하나씩으로 이루어져 있으면(5와 8 등) 다른 버튼을 누르게 하였다. 이러한 과제에서 피험자는 숫자 사이에 존재하는 단어를 무시하는 경향이 있었다. 그러나 숫자 사이에 kill과 같이 부정적인 감성 단어가 제시되면 정확한 버튼을 누르는 데 걸리는 시간이 더 길어졌다. 비록 숫자 사이의 단어가 피험자가 수행해야 할 과제에 별다른 영향을 미치지 못할 것 같지만, 이러한 감성 단어가 피험자의 주의를 분산시켜서 chart와 같은 일반적 단어가 들어가는 경우에 비해 반응 속도가 늦어졌다Harris와 Pashler, 2004.

부정적인 감성으로서 공포는 우리의 주의를 집중시키고, 따라서 다른 대상에 대한 주의를 감소시킨다. 슈프Schupp 등2004의 연구에 의하면, 분노한 모습과 같은 부정적인 감성 얼굴 표정이 행복한 표정이나 중립적인 표정에 비해 더 많은 주의를 끌고, 뇌 피질의 각성이 더 증가하였다. 칼보Calvo와 아베로Avero, 2005의 연구에서 이들 연구자들은 피험자들에게 감성적으로 각성시키는 사진과 그렇지 않은 사진 두 가지를 보여 주었을 때, 첫 0.5초 동안은 대부분의 사람이 두 가지 사진 중 감성적으로 더 각성시키는 사진을 보게 되고, 0.5초 이후에는 시체, 굶주린 어린이 등 스트레스를 주는 사진으로부터 눈을 다른 데로 돌리게 된다는 사실을 발견하였다. 즉, 위협적인 자극은 사람들의 주의를 빨리 집중시키지만, 그 뒤에는 사람들은 이를 회피하려고 노력한다는 것이다.

긍정적인 정서는 이와는 다른 효과를 갖는다. 프레드릭슨Fredrickson, 1998이 제안한 긍정 감성positive emotion의 확장과 구축 이론broaden-and-build model에 따르면 긍정적 감성은 환경을 더 잘 파악하고 넓게 볼 수 있도록 우리의 주의를 확장시킨다. 실제로 긍정적 기분 상태의 실험 참가자들이 부정적이거나 중립적인 감정을 느끼는 실험 참가자들보다 더 창의적이고, 복잡한 대상의 전체적인 특징에 더 많이 주목하는 경향이 있다Bolte 등, 2003; Fredrickson과 Branigan, 2005.

감성의 차원에서 가장 중요하게 다루고 있는 것이 쾌-불쾌 차원이다. 유쾌한 감성은 기존의 일반지식 구조에 의존하게 하고, 발견적heuristic 정보처리를 하게하며, 세부사항에 대해 주의를 적게 기울이게 만든다. 반면 불쾌한 정서는 체계적 분석적 정보처리를 하게 하며, 세부사항에 주의를 기울이게 만든다. 이는 기분을 더 나아지도록 하기 위해 현재의 상황이 기분에 어떠한 의미를 가지는지 확인하는 분석적 처리 방식을 취하거나, 불쾌한 상태에서 현재의 기분을 전환하기 위해서 기분 이외의 다른 것으로 의도적으로 주의를 돌리는 '기분 회복 전략mood repair strategy'이라는 인지적 특성 때문이다. 이와는 대조적으로 기분이 좋을 때에는 현재의 좋은 기분 상태를 그대로 유지하려고 하기 때문에, 기분을 해칠지도 모르는 세부적인 사항에는 주의를 잘 기울이지 않게 된다.

3.2. 기억 과정과 감성

우리는 감성적으로 각성을 높여주는 강력한 자극을 잘 기억한다. 이를테면, 실험 참가자들은 각성을 높여주는 사진들을 그렇지 않은 평범한 사진보다 더 잘 기억한다Bradley 등, 1992. 매우 감성적인 사건에 대한 기억은 일상적 사건에 대한 기억과는 완전히 달라 보인다. 이와 같이 아주 중요하거나 놀라운 사건을 경험했을 때 이에 관한 내용에 대해 매우 자세하고 선명하며 사진처럼 기억한다는 의미에서 감성이 포함된 생생하고 매우 자세한 기억을 '섬광 기억flashbulb memory'이라 한다. 섬광 기억은 매우 자세하고 마치 살아있는 것 같은 느낌을 갖는다.

또 다른 연구에서, 실험 참가자들에게 일련의 인물 사진을 보여준 후 기억 검사를 하였을 때, 누드 사진이 섞여 있으면, 실험 참여자는 누드 사진을 잘 기억했다. 그렇지만, 그 누드 사진 속의 배경에 대해서는 거의 기억하지 못하였고, 누드 사진 다음에 보여준 사진 몇 장에 대해서는 기억을 거의 하지 못했다Schmidt, 2002. 그 누드 사진이 이들의 집중력을 빼앗아, 다른 데로 주의를 기울이지 못하게 한 것이다. 아돌푸스Adolphs 등, 2001의 연구에서는 실험 참가자들에게 복잡한 사진을 연속적으로 보여준 뒤 기억 검사를 하였을 때, 사람들은 비감성적인 사진의 가운데에 있는 사물과 배경의 사소한 부분까지 기억해 냈다. 그러나 사진 가운데에 섬뜩하거나 비참한 모습이 있는 장면을 본 경우에는 그 장면만 기억해 내고 배경 모습은 잊어버리는 경향이 있었다Adolphs 등, 2001. 이와 관련된 것으로, 매튜스Mathews와 매킨토시Mackintosh, 2004의 연구에 의하면, 사람들이 감성적인 사진을 볼 때는 가까이에서 보는 반면, 비감성적인 사진을 볼 때는 좀 더 멀리서 보는 경향이 있었다.

현재 우리가 느끼고 있는 감성 역시 특정 사건에 대한 우리의 기억을 변화시킬 수 있다. 리바인Levine과 피사로Pizarro, 2004에 따르면, 기분이 좋을 경우에는 과거에 유쾌한 기분일 때 일어났던 일들을 어느 정도 더 잘 기억한다. 반대로 슬플 때에는 과거에 슬펐던 일들이 더 잘 기억날 수 있다. 이와 같이 정보를 습득acquisition할 때의 기분이 인출retrieval할 때 되살아나면서 향상되는 기억을 '기분-특정적 기억mood-specific memory' 또는 '기분-의존성 기억mood-dependent memory'이라 한다.

'기분-특정적 기억'은 '기분일치효과mood congruence effect'로 설명할 수 있는데, 우리의 기억은 기분 혹은 감성 상태에 영향을 받기 때문에, 감성이 긍정적일 때는 긍정적 기억이, 감성이 부정적일 때는 부정적 기억이 더 잘 상기된다. 즉, 기분이 좋으면 세상의 모든 사물이 긍정적으로 보이고, 즐거웠던 과거 기억이 쉽게 떠오른다. 또한 우울한 상태에 있는 사람들은 부정적인 일을 더 잘 기억해 내고, 자신에게 일어났던 과거의 즐거웠던 일을 회상하는 데에는 어려움을 겪는다고 볼 수 있다.

한편, 우리는 흔히 부정적인 사건이 발생하거나 진행하고 있는 일을 망쳤을 때 느끼는 불쾌한 감성 때문에 현재 하고 있는 일을 잘 수행하지 못하거나 반대로, 일을 성공적으로 수행했을 때 느끼는 긍정적 감성 때문에 현재 진행하고 있는 일의 능률이 향상되는 경우를 경험한다. 기존의 작업기억working memory과 감성 간의 관계에 대한 연구에 따르면, 이러한 현상이 일어나는 원인은 부정적이거나 긍정적인 감성 경험이 기억저장의 효율성을 저하시켰거나 향상시켰을 가능성이 있다Eysenck와 Calvo, 1992; Kensinger와 Corkin, 2003.

감성과 기억의 효율성에 관한 연구는 일반적으로 기억 항목의 부정적, 긍정적 및 중립적 감성이 초래하는 기억의 정확도에 대한 연구에 집중되었으며, 특히 기억이 요구되는 항목이 긍정적인 감성을 가지고 있는 경우 그 항목에 대한 기억 저장 및 처리 효율성이 향상될 가능성이 있다. 예를 들면 펄스타인Perlstein 등2002은 기억 항목의 감성적 특성에 따른 작업기억의 저장 효율성을 연구하며 작업기억 처리와 관련된 뇌영역배외측 전전두피질, dorsolateral prefrontal cortex의 활성화 정도를 측정하였다. 그들의 연구에서 피험자는 일련의 사진 자극에 보게 되었는데, 개별사진 자극은 불쾌, 유쾌 및 중립적인 감성을 일으키는 내용으로 구성되었다. 자극 사진을 보는 도중 재인recognition이 요구되는 사진이 검사 자극으로 제시되면 피험자는 검사 직전에 제시되었던 사진과 검사 사진의 감성이 일치하는지 보고하게 되었다. 피험자들의 감성적 재인의 정확도와 그에 따른 혈류량 변화 등을 측정한 결과, 기억 항목이 불쾌한 감성보다는 유쾌한 감성을 가진 경우에 정확도가 상대적으로 높았으며, 배외측 전전두피질 부위의 활성 또한 증가하였다. 이는 유쾌한 정서를 보유한 자극의 감성이 작업기억과 관련된 과제수행에 긍정적인 영향을 미친다는 것을 보여준다.

이와 유사하게, Jung 등2017은 시각적 작업기억에 얼굴 자극이 가진 긍정적, 부정적 그리고 중립적 감성이 기억 정확성에 미치는 영향을 연구하였다. 피험자들은 유쾌, 불쾌 및 무표정의 세 가지 유형 중 하나가 무선적으로 할당된 얼굴 표정을 기억한 후 제시된 검사 얼굴과 대조하여 기억 항목과 검사 항목 간 얼굴 표정에서 변화가 있는지를 보고하였다. 얼굴 표정의 변화에 대한 탐지 정확도를 관찰한 결과 기억항목의 노출시간이 500 ms이었을 경우, 긍정적 표정을 가진 기억항목에 대한 변화 탐지는 부정 및 중립 표정을 가진 기억항목에 비해 더 정확했다. 이와는 대조적으로 노출시간이 1,000 ms로 늘어나면 이러한 차이는 관찰되지 않았다. 이러한 결과는 긍정적 감성이 시각적 작업기억을 향상시킬 수 있음을 의미한다. 특히 긍정적 감성에 의한 기억 촉진 효과는 기억 표상 형성에 필요한 시간이 비교적 짧은 경우에 나타난다. 따라서 이러한 연구는 비교적 단순한 과제인 변화탐지 과제를 사용하여 긍정적 감성이 시각적 작업기억 표상 형성의 효율성을 향상시킨다는 것을 시사한다Jung 등, 2017.

3.3. 상황에 대한 해석 및 추론과 감성

감성은 정보를 처리하는 방법에도 영향을 준다. 우리가 상황을 해석하고 추론하는 과정에도 감성이 영향을 미친다.

우리가 인식하는 방식에는 두 가지가 있는데, 하나는 '체계적 인지systematic cognition'로서, 이것은 가용한 정보에 대한 철저하고 신중한 분석을 통한 방법이고, 또 다른 하나는 '발견적 인지heuristic cognition'로서, 이는 단순한 '경험 법칙rules of thumb'에 의거하여 결정을 내리는 방식이다. 여기에서 감성은 이 두 가지의 인식 방식에 영향을 미칠 수 있다. 이와 마찬가지로 우리가 타인을 설득하는 데 있어서도 두 가지 접근 방식이 있다Petty와 Cacioppo, 1986. 하나는 '설득의 중심 경로the central route to persuasion'로서 이는 사실과 논리의 제공으로 구성된다. 또 하나는 '설득의 주변 경로the peripheral route to persuasion'로서 이것은 반복적인 홍보나 유명 연예인의 추천과 같은 피상적 요인들로 구성되며, 사실적인 정보는 많지 않다. 이 두 가지 접근 방법은 각각 '체계적 인지'와 '발견적 인지'와 일맥상통한다. 이러한 두 가지 접근은 모두 효과적일 수 있지만, 그 효과는 상황에 따라 다르다. 사람들은 '주변 경로'에 의해 쉽게 설득되는 경향이 있으며, 자신의 결정이 매우 중요한 결과를 낳고 의사결정에 노력을 기울일 가치가 있다고 생각한다면 '중심 경로'에 반응을 잘 나타낸다.

이러한 상황에서 감성은 어떤 식으로든 설득 메시지의 처리에 영향을 미칠 수 있다. 이를테면, 우리가 행복한 기분 상태일 때에는 주변 경로의 영향을 더 많이 받고 중심 경로의 영향을 덜 받는다. 즉, 행복한 기분을 가진 사람은 사실이나 증거를 비판적으로 검토하지 않은 채 속단하기 쉽다는 것이다. 우울한 기분을 가지고 있는 사람은 사실적인 내용에 보다 많은 주의를 기울이게 된다. 또한, 행복한 사람들은 그렇지 않은 사람들에 비해 고정관념을 적용하는 경향이 있고, 상황 요인보다는 성격 특성에 따라 다른 사람의 행동을 설명하는 경향이 있으며Forgas, 1998, 반대로 슬픈 감성의 사람은 새로운 대상을 판단할 때 고정관념에 덜 의지하는 경향이 있다Krauth-Gruber와 Ric, 2000.

3.4. 판단 및 의사결정과 감성

감성은 우리가 판단하고 의사결정 하는 과정에 영향을 미친다. 사람들은 어떤 대상에 대해 의사결정을 할 때, 이를 위한 정보로서 자신의 감성 상태를 사용한다. 심지어 그 대상이 직접 감성을 유발하지 않는 경우에도 자신의 감성 상태를 사용하는 것이다Forgas, 1995. 만일 화창하게 맑은 날 어떤 사람에게 요즘 삶이 어떤가를 물으면, 그 사람은 흐린 날 질문을 받았을 때 보다 더 좋은 평가를 내리는 경향이 있다Cunningham, 1979. 이때 삶 전반에 대해 얼마나 만족하는지에 관한 질문을 한 것이므로, 현재 날씨가 얼마나 맑은지 흐린지는 전혀 중요하지 않지만, 실제로는 날씨 조건이 판단에 영향을 미치는 것이다. 이로 볼 때, 사람들은 전반적인 안녕감에 대한 질문에 답할 때 자신이 그 당시에 느끼는 감성에 의존하여 답하게 된다. 이러한 현상은 인지의 '감성 주입 모형affect infusion model, 감정 주입 모형'으로 설명될 수 있는데, 이 모형에 따르면 감성적 성격을 가진 정보가 판단에 영향을 주게 되어, 사람들은 대상에 대하여 의사결정을 하기 위한 정보로 자신의 감성 상태를 사용하게 된다는 것이다. 그렇지만, 이때 당사자가 날씨에 대해 주의를 기울이고 날씨가 자신의 기분이나 감성에 영향을 미칠 수 있다고 생각하게 되면 '흐린 날' 효과가 사라진다.

감성은 구매와 판매에 관련된 결정에도 영향을 미친다. 이 때문에 시설이나 매장 주인들은 방문하는 사람들의 기분이 좋아지도록 자연친화적인 시설을 갖추거나(그림 11-2), 장식을 예쁘게 하고 즐거운 음악을 틀어 행복한 기분을 느끼도록 유도하여 물건을 사게 만들고, TV 광고에서는 상품과 행복한 장면을 연합시킴으로써 구매력을 증진시키려 하는 것이다.

[그림 11-2] 자연친화적인 온천 시설

3.5. 감성과 도덕 추론

우리의 선과 악이라는 가치관에서도 감성이 밀접한 관련성이 있다. 이로 볼 때 감성이 도덕적 추론에서도 중요한 역할을 할 수 있을 것이다. 두 개의 난해한 도덕적 의사결정의 사례를 살펴보자.

트롤리 딜레마the trolley dilemma: 이 문제는 영국의 윤리 철학자인 필리파 풋Philippa R. Foot이 1967년에 제안한 것이다(그림 11-3). 트롤리 차량의 브레이크가 고장 났고, 철로에서 일하고 있어 피할 수 없는 인부 다섯 명을 향해 달려가고 있다. 당신은 트롤리 차량이 교차점에서 어느 선로로 접어들지 통제할 수 있는 스위치 앞에 있다. 당신이 스위치를 작동시키지 않는다면 다섯 사람이 죽을 것이다. 당신이 스위치를 작동시킨다면 트롤리 차량은 한 사람이 있는 다른 선로로 접어들 것이다. 그리고 그 사람은 죽게 된다. 여러분은 스위치를 작동시킬 것인가? 이 딜레마를 다음의 딜레마와 비교해 보자.

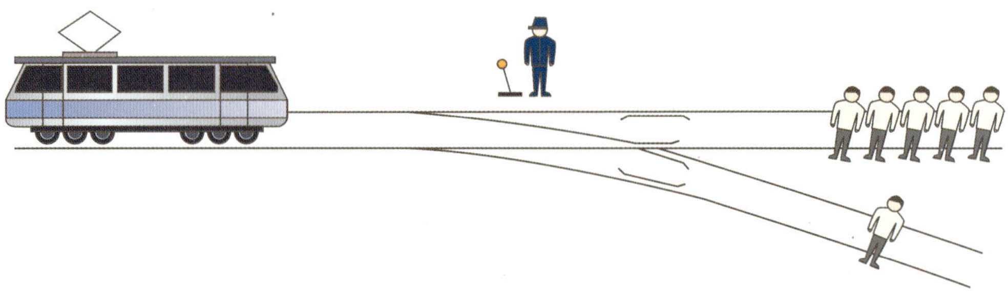

(그림 11-3) 트롤리 딜레마

육교 딜레마the footbridge dilemma: 이 문제는 미국의 도덕 철학자인 주디스 자비스 톰슨Judith J. Thomson이 1985년에 제안한 문제이다(그림 11-4). 조정이 불가능한 트롤리 차량이 내리막을 내달려 다섯 사람을 치려고 한다. 역시 이들이 트롤리를 피할 수 있는 방법은 없다. 이번에는 스위치도 없고 선로도 하나뿐이다. 당신은 선로 위를 가로지르는 육교 위에 서 있다. 무거운 것을 떨어뜨려야 트롤리가 멈추게 되는데, 당신은 트롤리를 멈출 수 있을 정도의 체중이 되지 않는다. 그러나 당신 곁에 매우 건장한 레슬링 선수가 서 있고, 그 사람 정도의 체중이면 트롤리를 세울 수 있을 것이다. 당신은 레슬링 선수를 육교에서 밀어 떨어뜨려 다섯 사람의 생명을 구할 것인가?

[그림 11-4] 육교 딜레마

순수하게 논리적인 관점에서 본다면 이 두 시나리오는 한 명을 죽게 해서 다섯 사람을 살리는 동일한 딜레마이다. 그러나 첫 번째 시나리오에서 '스위치를 당기겠다'고 말하는 사람이 두 번째 시나리오에서 '낯선 사람을 밀어 떨어뜨리겠다'고 말하는 사람보다 훨씬 많았다. 첫 번째 시나리오에서는 응답자의 89%가 '방향을 바꾸어야 한다'고 대답했다. 두 번째 시나리오에서는 응답자의 78%가 '뚱뚱한 사람을 육교 아래로 밀어서는 안 된다'고 대답했다. 심지어 육교 딜레마에서 낯선 사람을 밀어 떨어뜨리는 것이 도덕적으로 옳다고 결정하는 사람들조차 이러한 결정을 내리는 시간이 오래 걸려 망설임이 많았다Greene 등, 2001. 왜 스위치를 당기는 것이 낯선 사람을 미는 것보다 도덕적으로 더 올바르다는 것일까? 물론 우리는 그 행동으로 사람들을 살릴 수 있다고 확신하지 못하는 등 여러 가지 이유로 낯선 사람을 육교에서 미는 행동을 주저할 수 있다. 하지만 그린Greene과 그 동료들은 이러한 상황에 대한 우리의 도덕 판단에서 '개인적 작용personal force'이 중요함을 강조한다. 육체적 힘을 이용해서 직접적으로 누군가를 해치는 것은 부도덕하게 느껴진다. 반면 우리가 어떤 비생물체를 조작하여 발생한 부수적인 피해는 이보다는 문제가 덜하다Greene 등, 2009. 어쨌든 어떠한 선택을 하더라도 열차의 진행 방향에 있는 사람은 죽으며 당신은 사건의 당사자 중 하나가 된다. 그러나 누군가에게 직접 손을 대고 다치게 하는 것에 대한 우리의 주저함은 아주 오래된 깊은 기원을 가지고 있을 것이며, 대부분의 경우에 긍정적 기능을 할 것이다. 복잡한 기계적 조작을 통해 누군가를 다치게 하는 상황은 아주 드물다. 반면 누군가를 직접 해칠 수 있는 상황은 자주 발생한다. 이를테면, 자신이 몰고가는 승용차의 브레이크가 고장이 났으며, 앞에 사람들을 치게하지 않을 수 없는 상황은 매우 심한 딜레마에 빠질 수 있을 것이다. 우리의 감성적 본성의 어떤 부분이 심지어 타인을 돕는 상황에서도 직접 타인을 해치게 되는 일이 발생할 때 주저하게 된다는 것은 사실 아주 바람직한 일이 아닐 수 없다.

의사결정을 감성에 의존하는 것이 잘못된 것인가? 이것은 과학적 질문이라기보다는 철학적인 질문이다. 당신이 '올바른' 도덕적 결정이라는 것이 감성 없는 컴퓨터가 도출할 수 있는 것이라고 생각한다면, 감성은 그저 방해가 될 뿐이다. 만약 당신이 올바른 결정이란 '당신 자신이 인간으로서 그 결정을 받아들일 수 있는 것'이라고 생각한다면, 심지어 논리적인 측면이 있는 문제에 대해서도 감성이 때로는 도움이 될 수 있을 것이다. 육교 딜레마 같은 시나리오는 일상적이지 않은 상황을 묘사하며, 사려 깊은 이성적 논리와 우리의 본능이 충돌하도록 설계된 것이다. 아마도 감성은 대부분의 상황에 있어 이득이 되기 때문에 진화되었을 것이며, 가장 큰 이득 중 하나는 우리가 모든 가용한 정보를 분석할 만한 시간이 없을 때 빠른 결정을 내리도록 도와주는 것이라 할 수 있다. 누군가를 다리에서 밀어 떨어뜨리는 것은 잘못된 것으로 느껴지며, 이러한 것은 대부분의 경우 실제로 나쁜 행동이다. 인간의 감성이 항상 옳은 것은 아니지만, 빠르고 유용한 반응을 준비시키기에는 필요한 경우가 많다.

제3부

제 12 장

인공지능과 감성

오늘날 인공지능의 발달에 따라 인간의 지능으로 할 수 있는 사고, 학습, 의사결정 등을 컴퓨터가 할 수 있게 되었다. 인공지능은 인간의 지능적인 사고와 행동을 모방할 수 있는 방법을 연구하는 분야로 사회를 크게 변화시킬 수 있는 잠재력을 가지고 있다.

이 때문에 우리 사회에서는 인공지능의 발전을 제4차 산업혁명이라 일컫기도 한다.

본 장에서는 인공지능의 개념을 알아보고, 인공지능이 우리의 생활에 어떻게 적용되고 있으며, 인공지능이 사회에 어떠한 영향을 미치는지에 대하여 살펴보고자 한다.

1. 인공지능이란?

오늘날 인공지능artificial intelligence, AI은 과학과 공학에서 가장 최신 연구 분야 중 하나이다. 인간의 지능으로 할 수 있는 사고, 학습, 자기계발 등을 컴퓨터가 할 수 있도록 하는 방법을 연구하는 분야로서, 컴퓨터가 인간의 지능적인 행동을 모방할 수 있도록 하는 것을 인공지능이라고 한다.

인공지능이라는 개념은 이제 대중에게 매우 보편적인 것으로 인식되어 있지만, 여기에 대한 정의는 여러 가지가 있다. 인공지능에 관해서는 접근하는 방식에 따라 '인간적인 사고', '인간적인 행위', '합리적 사고', '합리적 행위'의 네 가지가 있는데, 어느 측면을 중요시하느냐에 따라 인공지능에 대한 정의가 다소 다르다. 인공지능에 대하여 벨먼Bellman, 1978은 '인간의 사고, 의사결정, 문제해결, 학습 등의 활동과 연관시킬 수 있는 활동들'로 정의하였으며, 하우즈랜드Haugeland, 1985는 '인공지능은 컴퓨터로 하여금 생각하게 하는 흥미롭고 새로운 시도로서 문자 그대로의 의미에서 마음을 가진 기계'라고 하였는데, 이러한 관점은 인공지능의 '인간적인 사고'라는 측면을 강조하는 것이다. 반면 커즈와일Kurzweil, 1990은 '인공지능은 사람이 지능적으로 수행해야 하는 기능을 수행하는 기계를 제작하기 위한 기술'이라고 정의하였으며, 리치Rich와 나이트Knight, 1991는 '현재로서는 사람이 더 잘 하는 것들을 컴퓨터가 하게 만드는 방법에 대한 연구'라고 하였는데, 이러한 견해는 '인간적인 행위'를 중시하는 것이다. 한편, 차니악Charniak과 맥더모트McDermott, 1985는 인공지능을 '계산 모형을 이용한 정신 능력 연구'라고 정의하였고, 윈스턴Winston, 1992은 '인지와 추론, 행위를 가능하게 하는 계산의 연구'라고 하였는데, 이러한 입장은 '합리적 사고'를 강조하는 것이다. 또한 풀Poole 등, 1998은 인공지능에 대해 '계산 지능은 지능적 에이전트의 설계에 관한 연구'라고 규정하였으며, 닐슨Nilsson, 1998은 '인공지능은 인공물의 지능적 행동에 관련된 것'이라고 하였는데, 이러한 견해는 '합리적 행위'를 중시하는 것이라 볼 수 있다.

2. 인공지능의 역사

인공지능이라는 이름은 1956년에 등장했는데, 이 분야의 본격적인 연구는 제2차 세계대전 직후에 시작되었다. 일반적으로 인공지능으로 간주할 수 있는 최초의 연구는 워렌 맥컬록Warren McCulloch와 워렌 피츠Walter Pitts, 1943로 알려져 있다러셀과 노빅, 2010. 이 연구의 원천은 세 가지인데, 하나는 심리학과 뇌 신경세포(뉴런)의 기능에 관한 지식이고, 또 하나는 버트런드 러셀Bertrand Arthur William Russell과 알프레드 노스 화이트헤드Alfred North Whitehead로부터 나온 명제 논리의 분석, 다른 하나는 계산computation에 관한 앨런 튜링Alan Turing의 이론이다. 이를 바탕으로 워렌 맥컬록와 워렌 피츠는 인공 뉴런 모형을 제안했다. 이 모형에서 각 뉴런은 '켜져on' 있거나 '꺼져off' 있는 스위치로 규정되는데, 각 스위치는 이웃 뉴런으로부터 충분한 횟수의 자극을 받으면 '켜짐on' 상태가 된다. 그들은 한 뉴런의 상태를 '적절한 자극을 제공하는 어떤 명제와 사실상 동등한' 것으로 간주하였다. 그들은 임의의 함수를 뉴런들이 서로 연결된 회로망으로 계산할 수 있으며, 모든 논리 관계를 간단한 망 구조로 구현할 수 있고, 회로망은 학습이 가능한 것이라고 주장하였다. 이와 더불어 도날드 헤브Donald Hebb, 1949는 뉴런 사이의 연결 강도를 변화시키는 규칙을 제시하였는데, 헤브 학습Hebbian learning이라고 부르는 이 규칙은 오늘날에도 매우 영향력을 발휘하고 있는 모형이다.

하버드 대학원생이었던 마빈 민스키Marvin Minsky와 딘 에드먼즈Dean Edmonds는 1950년에 최초의 신경망 컴퓨터를 만들었다. SNARCStochastic Neural Analog Reinforcement Calculator라는 이름의 이 컴퓨터는 3천 개의 진공관과 B-24 폭격기에서 가져온 자동 조종 장치를 이용하여 40개의 뉴런으로 이루어진 신경망을 모사simulation했다. 이후 민스키Minsky는 프린스턴 대학에서 신경망의 범용 계산을 연구했다러셀과 노빅, 2010.

1951년 프린스턴 대학에서 박사학위를 받은 존 맥카시John McCarthy는 스탠포드 대학으로 갔다가 다시 다트머스 대학Dartmouth College으로 옮겼다. 다트머스 대학은 인공지능의 공식적인 탄생지가 되었다. 맥카시는 미국의 연구자들이 자동기계 이론, 신경망, 인공지능 연구에 함께 관심을 가지게 하자고 민스키Minsky, 클로드 섀넌Claude Shannon, 나다니엘 로체스터Nathaniel Rochester를 설득했다. 그들은 1956년 여름에 다트머스Dartmouth에서 두 달짜리 워크숍을 조직했다. 맥카시는 여기에서 '인공지능artificial intelligence'이라는 용어를 공식적으로 처음 사용했다. 이 워크숍에는 프린스턴의 트렌처드 모어Trenchard More, IBM의 아서 사뮤엘Arthur Samuel, MIT의 레이 솔로모노프Ray Solomonoff와 올리버 셀프릿지Oliver Selfridge를 비롯한 10명의 과학자가 참석하였다. 이후 20년간 인공지능 분야는 이 워크숍에 참여한 사람들과 그 제자들, 그리고 MIT와 카네기멜론 대학, 스탠포드 대학, IBM의 연구자들이 주도했다러셀과 노빅, 2010.

앨런 뉴얼Allen Newell과 J.C.쇼J.C. Shaw, 허버트 사이먼Herbert A. Simon은 1959년 General Problem Solver 즉, GPS를 만들었다. GPS는 인간의 문제 풀이 과정을 모방하도록 설계되었다. 이 프로그램이 어떤 문제를 풀 때, 문제를 풀어가는 과정에서 설정한 하위 목표들과 수행 가능한 행위들을 고려하는 순서가 실제로 사람이 동일한 문제에 접근할 때의 순서와 비슷한 것으로 밝혀졌다. 따라서 GPS는 '인간적 사고'의 접근 방식을 구현한 최초의 프로그램이라 할 수 있다.

IBM에서는 나다니엘 로체스터Nathaniel Rochester와 동료들이 최초의 인공지능 프로그램 몇 개를 만들었다. 허버트 갤언터Herbert Gelernter, 1959는 Geometry Theorem Prover를 만들었는데, 이 프로그램은 많은 수학과 학생이 상당히 까다롭게 여길 만한 정리들을 증명할 수 있었다. 1952년부터는 아서 사뮤엘Arthur Samuel이 체커checkers를 위한 프로그램을 연달아 만들었는데, 나중에는 그가 만든 프로그램이 상급 아마추어 레벨에서 게임을 할 수 있을 정도로 발전되었다.

다트머스를 떠나 MIT로 옮겨간 맥카시는 1958년 중대한 성과를 인공지능 분야에 남겼는데, MIT 인공지능 연구소 메모 1번MIT AI Memo No. 1에서 맥카시는 인공지능 소프트웨어를 만들기 위해 사용하는 프로그래밍 언어 중 하나인 LISPlist processing, Lisp를 개발하였는데, 이 언어는 이후 30년간 주도적인 인공지능 프로그래밍 언어가 되었다. 본 저자도 1980년대 중반 LISP을 맛볼 기회를 가진 적이 있다.

1957년 켄 올슨Ken Olsen이 설립한 Digital Equipment CorporationDEC에서는 최초의 성공적인 상용 전문가 시스템인 R1의 운용을 시작했다. R1 프로그램은 카네기멜론 대학의 존 맥더모트John P. McDermott가 1978년 DEC와 공동으로 개발한 것으로, DEC 사에서 컴퓨터에 대한 고객의 요구사항에 따라 새 컴퓨터 시스템VAX 사양을 자동으로 선택함으로써 그 컴퓨터의 주문을 보조하는 역할을 담당했다. 1986년 DEC는 이 시스템 덕분에 연간 4,000만 달러의 비용을 절감할 수 있었다.

오늘날 인공지능의 여러 분야에서 많은 일들이 벌어지고 있다. 로봇차량Robotic vehicle 분야에서는 2005년 DARPA(Defense Advanced Research Projects Agency) Grand Challenge에서 스탠포드의 Stanley라는 이름의 무인 조종 로봇 차량이 미국 네바다주에 위치한 모하비 사막의 거친 지형의 142 마일 코스를 22 mph의 속도로 달려서 1등으로 완주했다결린 시간: 6시간 53분 58초. Stanley는 Volkswagen Touareg R5에 환경 감지를 위한 카메라, 레이더, 레이저 거리계와 조타steering, 제동, 가속을 위한 내장 소프트웨어를 탑재한 자동차이다Thrun 등, 2006. 그 다음 해에는 카네기멜론 대학의 Boss가 미국 공군 기지 근처의 실제 도로에서 교통법규를 지키고, 보행자나 다른 차량과 충돌하는 일 없이 안전하게 주행해서 2007년 DARPA Urban Challenge에서 우승했다.

이러한 사실은 오늘날 자율주행 자동차 개발을 비롯하여 사회의 많은 분야에서 인공지능이 활발하게 적용되고 있는 밑거름이 되었다.

3. 인공지능 연구 동향

인공지능은 사회를 크게 변화시킬 수 있는 잠재력을 가지고 있다. 이 때문에 우리 사회에서는 인공지능의 발전을 제4차 산업혁명이라 일컫기도 한다.

IBM이 만든 인공지능인 딥소트Deep Thought는 일찍이 1988년 체스 분야에서 그랜드 마스터grand master인 벤트 라슨Bent Larsen을 물리치고 체스 고수를 이긴 첫 컴퓨터 자리에 올랐다. 컴퓨터 인공지능은 이후 엄청나게 성장해 1996년 체스 세계 챔피언인 가리 카스파로프Garry Kasparov에 도전하였는데, 카스파로프는 1985년 이래 세계 체스 챔피언 자리를 놓치지 않은 러시아의 체스 천재였다. IBM의 슈퍼컴퓨터 '딥 블루Deep Blue'는 총 6판의 대결에서 3승 2무 1패의 전적으로 졌지만 세계 챔피언을 상대로 밀리지 않는 실력을 과시했다.

3.1. 딥러닝

딥러닝Deep Learning은 일반적인 기계학습 모델보다 더 깊은 신경망 계층 구조를 이용한 기계학습이며 인공신경망의 한계를 극복하기 위해 제안된 기계학습 방법으로, 사물이나 데이터를 군집화하거나 분류하는 데 사용하는 기술이다. 딥러닝 기술은 컴퓨터가 사람처럼 생각하고 배울 수 있도록 하는 기술을 말하는데, 인간의 신경망을 닮은 패턴인식 기술로 기계의 자가 학습을 가능하게 한다.

딥러닝은 인공신경망artificial neural networks에 기반을 두고 설계된 개념으로 역사는 인공신경망이 탄생한 지 약 40년이 지난 1980년 쿠니히코 후쿠시마Kunihiko Fukushima가 소개한 neocognition까지 거슬러 올라간다. 그 뒤 1989년에 얀 르쿤Yann LeCun과 그의 동료들은 deep neural networks를 소개하였다. 본격적으로 딥러닝이란 용어를 사용한 것은 2000년대 제프리 힌튼Geoffrey Everest Hinton과 루슬란 살라쿠디노브Ruslan Salakhutdinov에 의해서였다.

구글 딥마인드Google DeepMind의 알파고AlphaGo는 딥러닝 기술을 기반으로 한 인공지능 소프트웨어이다. 이 기술이 제대로 적용되기 전의 컴퓨터는 '고양이'라는 대상을 인식하기 위해서는 수없이 많은 고양이 사진을 보고 '이 사진이 고양이다'라고 강제 학습을 시켜야 그 사진이 고양이라는 것을 인식할 수 있었다. 이러한 상황에서는 외부에서 주입된 학습대상만 인식할 수 있다는 한계가 있었고, 입력된 모양과는 다른 특이한 생김새의 고양이를 인식할 확률은 낮아질 수밖에 없었다. 그러나 딥러닝 기술을 적용한 인공지능 소프트웨어는 '이 사진이 고양이다'라고 설명해주지 않아도 스스로 알아서 패턴을 분석하여 '고양이'라는 것을 인식한다. 딥러닝의 대표적인 사례가 페이스북의 얼굴인식 알고리즘인 '딥페이스DeepFace'이며, 음성인식 기술 역시 딥러닝 기술을 적용한 이후 그 인식률이 비약적으로 높아졌다. 애플 아이폰의 '시리'나 구글의 '음성 검색' 등의 서비스가 딥러닝이 적용된 대표적인 사례이다.

3.2. 구글의 딥마인드

딥마인드DeepMind는 2010년 데미스 하사비스Demis Hassabis 최고경영자CEO와 셰인 레그Shane Legg, 무스타파 슐레이만Mustafa Suleyman 등 세 명이 영국 런던에서 '딥마인드 테크놀로지'라는 이름으로 공동 설립한 신경과학을 기반으로 한 인공지능기술 회사였다. 2014년 구글Google에 인수되면서 회사의 이름이 '구글 딥마인드Google DeepMind'로 바뀌었다. 구글은 2014년 1월 당시 유럽계 IT기업 중 최고 금액인 4억 달러4,200억원에 딥마인드를 인수했다. 구글 딥마인드의 목표는 기계학습머신러닝과 신경과학을 기반으로 인간의 지능을 분석하고 컴퓨터로 구현하는 것이었다. 알파고를 비롯한 구글 딥마인드 인공지능은 미리 프로그램화되어 있는 것이 아니라, 기계학습을 통해 정보를 처리한다. 따라서 특정 분야에 국한되어 이용되기보다는 머신러닝과 시스템 신경과학 분야의 기술을 활용함으로써 강력한 범용 학습 알고리즘을 구축하였다.

3.3. 인간과 인공지능의 대결

1996년 2월 10일 IBM의 컴퓨터 딥블루Deep Blue가 당시 체스 세계 챔피언인 가리 카스파로프Garry Kasparov를 꺾는 '사건'이 일어났다. 한 시범 경기에서 딥블루는 카스파로프를 3.5대 2.5의 점수로 물리쳤다Goodman과 Keene, 1997. 딥블루는 체스 경기에서 인간 세계 챔피언을 이긴 최초의 컴퓨터 프로그램이 되었다. 불가능한 일이라 여겨지던, 체스 챔피언을 꺾은 인공지능AI 컴퓨터가 등장한 것이다. 이때부터 미국, 일본 등 선진국과 각국 기업은 인공지능에 주목하고 대대적인 투자에 나섰다.

2011년에는 IBM의 인공지능 왓슨Watson이 인간 대표인 켄 제닝스Ken Jennings, 브래드 루터Brad Rutter와 벌인 Jeopardy 퀴즈쇼 대결에서 완승을 거두었다. 2013년에 리오넬 메시Lionel Messi는 일본의 한 TV 예능 프로그램에 출연하여 인공지능 로봇 골키퍼와 페널티킥 대결을 벌여 한 골도 넣지 못하였다.

2015년 10월에는 인공지능 프로그램인 '알파고AlphaGo'가 유럽 바둑 챔피언이며 중국 프로기사인 판후이 2단과의 대국에서 5번 모두 승리했다.

알파고가 유럽 챔피언과의 대국에서 전승을 거두자 구글은 바둑 천재 이세돌 9단에게 도전장을 내밀었고, 이세돌 9단은 이를 수락하면서 세기의 대결이 성사됐다. 이 세기의 대국은 광화문 포시즌스 호텔에서 2016년 3월 9일 1국을 시작으로 10일 2국, 12일 3국, 13일 4국, 15일 5국이 차례로 열렸다. 승자에게는 100만 달러약 12억원의 상금이 주어졌다. 그 결과는 4승 1패로 알파고의 승리였다.

4. 인공지능 적용 분야와 감성

4.1. 인공지능 기술 적용 분야

인공지능 기술의 경쟁이 가장 치열한 시장은 스마트폰이다. 2016년에 구글이 구글 어시스턴트를 탑재한 '픽셀폰'을, 중국의 화웨이가 자체적으로 인공지능을 탑재한 '아너매직'을 출시한 것이 신호탄이 되었다. 국내의 LG전자와 삼성전자의 프리미엄 스마트폰들도 예외 없이 인공지능 기술을 적용하게 되었다.

미국 가전회사 월풀은 알렉사와 손잡고 2017년부터 출시하는 프리미엄 가전에 인공지능 기능을 적용하겠다고 밝혔으며, 2016년 AI 플랫폼 기업 비브랩스, AI 반도체 스타트업 그래프코어 등을 인수한 삼성전자는 2017년 3월 자체 개발한 인공지능 비서 서비스 '빅스비'를 2020년까지 삼성전자의 모든 가전제품에 적용한다고 알려졌다. 자동차 회사인 아우디는 미국 반도체 회사 엔비디아의 인공지능 플랫폼을 탑재해 자율주행차를 선보였다.

음성인식 분야에서 미국 유나이티드 항공은 항공권 예약을 위해 전화를 건 고객과의 대화 과정 전체를 자동 음성 인식 및 대화 관리 시스템을 사용하여 진행한다. 금융, 유통업계도 대출 심사, 대면 서비스 등에 인공지능 기술을 활용하게 되었다. 국내 이동통신사들은 인공지능 스피커를 활용한 'AI비서' 시장에 뛰어들었는데, 인공지능 스피커는 인공지능 알고리즘을 이용해 사용자와 음성으로 의사소통을 하는 것으로, 인공지능 스피커를 활용하면 음성으로 간편하게 노래를 재생하거나, 통신망에 연결된 가전기기를 제어할 수 있다.

인공지능은 자율적 계획 및 일정 수립에도 활용되고 있다. 지구에서 백만 마일 떨어진 곳에 있는 NASA의 'Remote Agent' 프로그램은 우주선 가동 일정을 제어하는 최초의 '내장형 자율 계획 수립 프로그램'으로 기록되었다Jonsson 등, 2000. 'Remote Agent'는 지상에서 높은 수준의 목표들을 지시하면, 이로부터 실행해야 할 구체적인 계획을 생성했으며, 그 계획의 실행에서 발생하는 문제들을 감지, 진단, 복구하면서 실행을 감시했다. 후속 프로그램인 MAPGENAl-Chang 등, 2004은 NASA의 화성 탐사 차량Mars Exploration Rovers을 위한 일상 운용 계획을 생성하였으며, MEXAR2Cesta 등, 2007는 유럽 우주국European Space Agency의 2008년 화성 특급Mars Express을 위한 임무 계획을 수립했는데, 거기에는 물자 공급 계획과 과학 연구 계획이 모두 포함되었다.

스팸과의 전쟁 분야에서는 사용자들이 스팸 메시지를 지우는 데 시간을 낭비할 필요가 없도록 다양한 학습 알고리즘이 매일 수십억 건의 메시지를 스팸으로 분류하고 있다. 만일 알고리즘이 스팸을 걸러내지 못한다면, 대다수 이메일 사용자의 편지함에서 전체 메시지의 80~90%가 스팸으로 채워질 것이다. 스팸 발송자들이 계속해서 발송 전략을 변화시키고 있기 때문에, 고정적으로 프로그래밍된 접근 방식으로는 그런 변화를 감당하기 어렵다. 이러한 문제를 해결할 수 있는 최선의 방법은 학습 알고리즘이다Sahami 등, 1998; Goodman과 Heckerman, 2004.

병참 계획logistics planning 분야에서, 1991년의 페르시아만 위기 때 미군은 DARTDynamic Analysis and Replanning Tool; Cross와 Walker, 1994를 이용하여서 병참 계획의 수립과 수송 일정의 수립을 자동화하였다. 최대 5만에 달하는 차량과 창고, 사람이 동시에 관여하는 이 과제에서 DART는 출발지와 목적지, 경로, 그리고 모든 매개변수에서 충돌이 발생하는 것을 해소해야 했다. DARPADefense Advanced Research Project Agency에 따르면 이러한 응용프로그램 하나로 얻은 성과가 DARPA가 30년간 인공지능에 투자해서 얻은 것보다 더 컸다고 한다.

로봇공학Robotics 분야에서, Robot Corporation은 가정용 로봇 진공청소기 Roomba를 2백만 대 넘게 팔았다. 이 회사는 또한 PackBot을 이라크와 아프가니스탄에 배치했다. 거기서 PackBot은 위험물질 처리, 폭발물 제거, 저격수의 위치 식별 등에 사용되었다.

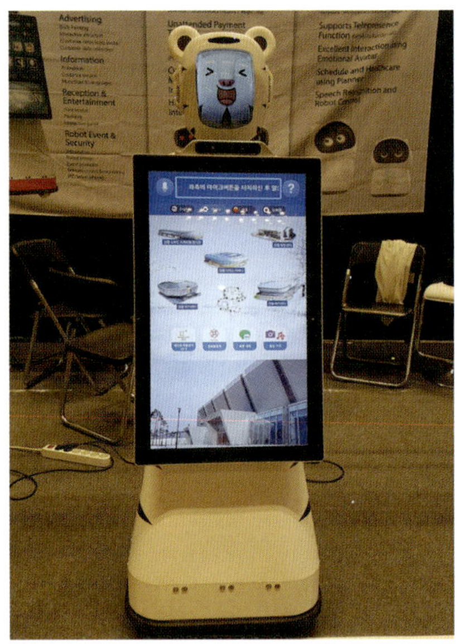
〔그림 12-1〕 인공지능 로봇 '퓨로'

2018년 2월 9일부터 25일까지 개최된 평창 동계올림픽에서는 인공지능 안내 로봇인 '퓨로FURo'가 활약을 하였다. 퓨로는 통역, 번역과 평창 올림픽에 대한 정보의 안내가 가능한 로봇으로 한국어, 중국어, 영어, 일본어의 4개 언어를 선택하여 통역 및 번역 기능을 이용할 수 있다. 이 로봇이 말할 수 있는 문장은 약 1,000개 정도이고 사람들이 질문한 내용을 바탕으로 말할 수 있는 문장의 수는 늘어난다. 퓨로의 모니터에 있는 로봇 동행 모드를 누르거나 "나를 따라와 줄래?"라고 말하면 로봇이 "앞서 가시면 뒤 따라 가겠습니다"라고 말하며, 먼저 걸어가면 로봇이 센서를 이용하여 뒤를 따라간다. [그림 12-1]의 로봇은 평창올림픽에서 사용된 것과 동일한 로봇으로 2018 국제인공지능대전 AI Expo Korea 2018에서 시연하고 있는 '퓨로FURo'이다.

번역 분야에서, 영어 사용자를 위해 아랍어를 영어로 번역하는 컴퓨터 프로그램이 있다. 이 프로그램은 아랍어-영어 번역문들과 총 20억 개의 단어들로 이루어진 영어 텍스트에서 뽑은 표본들로 구축된 통계적 모형을 사용한다Brants 등, 2007. 이 번역 프로그램을 개발하는 팀의 컴퓨터 과학자 중에는 아랍어를 하는 사람이 하나도 없었지만, 그들이 통계학과 기계 학습 알고리즘을 이해하는 것만으로도 프로그램을 개발하는 데에는 아무런 문제가 없었다.

이상은 오늘날 존재하는 인공지능 시스템의 일부일 뿐이다. 하지만, 비약적인 기술발전에도 불구하고 인공지능 시장 자체가 성숙단계로 접어들기에는 갈 길이 멀다. 바둑이나 번역 등 특정 영역에선 인간을 뛰어넘는 인공지능이 나왔지만 사람처럼 이것저것 골고루 할 수 있는 인공지능은 아직 나오지 않았다. 또한 얼굴 표정이나 말투를 통해 감정을 읽고 대화의 맥락을 잡아내는 능력은 인간에 비해 턱없이 부족하다. 사람처럼 생각하고 행동하는 인공지능은 불가능하다는 이야기도 나온다.

그렇지만, 인공지능 기술이 최근 비약적으로 발전한 건 분명하다. 특히 AI의 자기 학습 방법인 딥러닝deep learning 기술이 무르익어 가고 있다. 80년대 처음 이론화가 시작된 딥러닝 기술은 최근 몇 차례의 돌파구를 만나며 폭발적으로 발전하고 있다. 대표적인 것은 2010년 이루어진 그래픽 처리장치GPU와 인공지능의 만남이다. 중앙처리장치CPU와 달리 병렬 연산이 가능한 GPU가 인공지능의 방대한 데이터 연산을 수행하는 데 적합하다는 것이 발견되며 딥러닝 기술이 비약적으로 발전하게 되었다.

또한 딥러닝 기술이 음성 인식과 영상 인식, 자연어 인식에 모두 적용되며 관련 기술의 정확도가 95%를 넘어섰다. 최근 AI 관련 제품이 급증한 데는 이런 기술적인 면에서의 발전이 큰 기여를 한 것이다.

AI 플랫폼을 선점하기 위해 구글, 아마존 등 주요 IT 기업들이 딥러닝 관련 기술을 공개한 것도 인공지능 관련 시장이 확대된 배경 중 하나다. 예를 들어 2015년 말 구글이 자체 딥러닝 기술인 '텐서플로'의 프로그램을 전 세계 개발자에게 공개하면서 딥러닝 기술을 적용한 제품들이 쏟아져 나오게 되었다.

딥러닝 기술이 빠르게 발전하고 있다. 그렇지만, 지금의 딥러닝 기술은 여전히 사람이 어떤 데이터를 기계에 주입하고 학습하는 방법을 어떻게 입력하느냐에 따라 결과가 달라진다. 이와 같이 사람으로부터의 일방적 학습이 아니라 기계가 스스로 질문하고 부족한 점을 보완하는 쌍방향 학습이 가능해질 때 비로소 '똑똑한' 인공지능이 등장할 수 있을 것이다.

4.2. 인공지능 의사 왓슨

도쿄대학교와 IBM은 2016년부터 암 연구와 관련된 200만 건의 논문을 인공지능에 학습시켜 진단에 활용하는 임상 연구에 성공했다고 한다. 그 주인공은 '왓슨 포 온콜로지 Watson for Oncology'로 불리는 인공지능인데, 이를 줄여서 왓슨이라고 부른다. 엄청나게 많은 분량의 의학 관련 논문을 학습한 왓슨은 60대 환자의 특수한 백혈병을 10분 만에 알아낸 뒤 적절한 치료법을 제시했다고 한다.

실제 왓슨은 1,500만 장의 의료 문헌과 수천 건의 임상 데이터를 학습함으로써 사람처럼 논리적으로 이해한 후 그 내용들을 체계적으로 구조화했다고 한다. 여기에 환자의 정보를 입력하게 되면 왓슨은 가장 적합한 치료법을 추천해 주는데, 현재는 그 판단을 참고하여 의사가 최종 결정을 하지만 언젠가는 컴퓨터의 인공지능이 오진 없이 더 정확해질 날이 올 수 있을 것이다.

세계경제포럼WEF은 '직업의 미래'라는 보고서를 통해 로봇과 인공지능의 발전으로 2021년에는 710만 개의 일자리가 사라지고 200만 개가 새로 생겨날 것이라고 예상하고 있다. 사라지는 일자리에 '의사'도 포함된다는 점에서 인공지능이 의사를 대체할 것이란 의견에 힘이 실리고 있다.

인간은 최신 기술을 통해 생성되고 있는 방대한, 그리고 지속적으로 증가하고 있는 의료 데이터를 다룰 수 없다. 날로 증가하는 의료센터에서부터 전체 유전자 배열에 이르기까지 우리가 살고 있는 세상은 보건 데이터로 넘쳐나고 있다. 인간은 이 모든 정보를 다룰 수 없다.

선마이크로시스템즈의 공동설립자인 비노드 코슬라Vinod Khosla에 의하면 미국에서 자동차 사고로 희생되는 사람들보다 더 많은 사람들이 오진, 집중치료시설의 실수, 치명적인 약물의 상호작용으로 사망한다. 자동차사고와 의료사고의 두 가지 경우 모두 주된 원인은 인간의 실수이다. 과거에는 불완전한 정보가 문제였다면 지금은 훈련, 연습, 지도를 통해 그 간격을 메워왔다. 하지만 이제는 너무 많은 정보가 문제가 되고 있다.

또한 코슬라에 의하면 메디케어Medicare, 미국의 노인 의료 보험 제도의 환자들은 평균 일곱 개의 주된 질병 증상을 가지고 있다. 앞으로 인공지능의 진화로 이러한 증상들을 종합적으로 살펴보게 되고, 일곱 명의 의사가 아니라 한 명의 의사가 환자에게 진단결과를 설명해주는 시대가 곧 도래할 것으로 보인다. 이 같은 새로운 모델은 환자가 의사들 사이로 왔다 갔다 하는 대신 환자들은 1차 진료의사 또는 간호사와의 커뮤니케이션에만 집중할 수 있어 의료의 효율성을 높이는 결과를 가져오게 될 것이다. 환자의 입장에서는 의료진 한 사람만 접촉하면 되기 때문에 충분한 시간을 가지고 분명한 정보를 얻을 수 있다.

인공지능의 발달로 전통적인 의사의 역할이 변화되면서 의료 전문가를 선발하는 방법 역시 달라질 것으로 예상된다. 코슬라는 "의사를 선발하기 위해 가장 높은 IQ를 가진 사람을 뽑을 필요가 없다. 오히려 가장 높은 EQ를 가진 사람, 가장 인간다운 사람이 필요하다"고 언급하였다.

4.3. 인공지능, 인간의 이해, 그리고 감성

인간은 보고, 듣고, 느끼고, 걷고, 의사소통하는 등의 일상적인 행위는 매우 쉽게 할 수 있는 반면 복잡한 수식 계산 등을 하기 위해서는 많은 시간과 노력을 들여야 한다. 이와는 대조적으로 컴퓨터는 인간이 행하는 일상적인 행동을 수행하기는 매우 어렵지만, 수학적 계산, 논리 연산 등은 순식간에 해낼 수 있다. 달리 말하면 어른 수준으로 체스나 바둑 등을 두는 컴퓨터를 개발하는 것은 아주 쉬운 일이지만, 한 살짜리 수준의 운동 능력이나 인식 능력을 갖춘 기계를 만드는 일은 극히 어렵다는 것이다. 아무리 어린아이라도 길을 가다가 고양이를 보면 그것이 고양이라는 것을 바로 인지할 수 있다. 털 색깔이 다르더라도, 꼬리가 길건 짧건 상관없이 직관적으로 고양이라는 것을 인지한다. 하지만 아무리 연산 능력이 뛰어난 슈퍼컴퓨터라고 하더라도 고양이와 개를 구별하는 것조차 쉽지 않다. 반면에 컴퓨터는 인간이 쉽게 풀 수 없는 사칙연산, 데이터 분석, 복잡한 수식계산은 아주 쉽게 해낸다. 이러한 것을 모라벡의 역설Moravec's paradox이라고 하는데, 인간에게 쉬운 것은 컴퓨터에게 어렵고, 이와 반대로 인간에게 어려운 것은 컴퓨터에게 쉽다는 역설을 말한다. 미국의 인공지능 연구자인 한스 모라벡Hans Moravec이 1980년대에 컴퓨터와 인간의 능력 차이를 역설적으로 표현한 데서 유래한다. 모라벡은 이러한 차이의 원인을 진화에서 찾았는데, 그는 감각, 운동과 같은 능력은 수백만 년 동안 진화를 통해 인류와 동물에게 탑재된 것으로 보았다. 하지만 인공지능 기술의 발전에 따라 이 역설은 깨지고 있다. 인공지능이 스스로 학습하면서 이전에는 컴퓨터에게 어려웠던 일들이 점차 어렵지 않게 해결되고 있기 때문이다. 이는 컴퓨터가 인간에 대한 이해를 확충하며 지속적으로 발전하고 있는 것을 반영한다.

구글은 다양한 분야에서 인공지능 연구를 지속하고 있다. 일반 가정은 물론 자율주행차, 음성인식, 이미지 인식 등 전방위 분야에서 유망 신생기업스타트업을 인수하면서 끊임없이 기술을 확장하는 전략을 펼치고 있다. 그 기저에는 '인간에 대한 이해'가 깔려 있다. 저명한 미래학자이자 컴퓨터공학자이며 구글 엔지니어링 이사로 활동하고 있는 레이 커즈와일Ray Kurzweil은 2014년 "구글은 인간을 이해하기 위해 인공지능을 만들고 있다. 5~8년 안에 혁신적 구글 검색엔진이 나올 것이며, 2029년엔 아무리 복잡한 질문이라도 마치 사람과 얘기하듯 대화할 수 있게 될 것"이라고 말했다.

커즈와일이 말한 '인간에 대한 이해'는 무엇일까. 대답은 간단하다. 사람의 말을 알아듣고, 누구인지 알아보고, 그 사람이 좋아할 것을 제시해주는 '인공지능'이다. 이러한 것들은 인간의 감성적인 삶을 증진시키고자 하는 것이다. 이런 고도의 창의적 작업을 사람이 아니라 기계가 할 수 있다는 것이다. 이는 구글이 검색 엔진에 모인 사진과 지도 정보, 수백 가지 언어에 대한 번역 결과 등을 조합해 데이터를 축적하고 관리하는 이유이기도 할 것이다.

인공지능을 이식할 로봇에 대한 구글의 관심도 지대하다. 일본의 샤프트SCHAFT, 미국의 보스턴 다이내믹스Boston Dynamics 등의 로봇 기업을 인수해 로봇 군단을 만들고 있다. 구글은 알파고 등 인공지능의 기반기술인 '머신러닝Machine Learning'을 로봇에 접목하는 시도를 하고 있다. 이러한 로봇 기술 역시 인간의 삶에 있어서 감성적인 측면의 질을 증진시키는 데 뜻이 있는 것이다.

5. 인공지능의 위협 및 위험성과 윤리 문제

5.1. 강인공지능(강AI)과 약인공지능(약AI)

'알파고'가 인간 고유 능력을 습득할 수 있는 가능성을 보여주고 있지만 인공지능AI이 인류의 삶에 긍정적인 영향만 미치는 것은 아니라는 주장이 나오고 있다러셀과 노빅, 2010; 휘트비, 2003. 인공지능은 크게 '강인공지능강AI, strong AI'과 '약인공지능약AI, weak AI'으로 구분된다. 쉽게 말해서 영화에 등장해 인류를 위협하는 슈퍼컴퓨터, 로봇 같은 것은 강AI이다. 자아를 가지고 자기를 지키려 하며 스스로 진화, 발전한다. 이에 반해 알파고나 IBM의 왓슨처럼 특정한 목적을 달성하기 위해 개발된 것은 약AI다. 하드웨어, 빅데이터 기술의 발전으로 산업 현장의 생산성을 높이고, 인간의 물리적 한계를 보완해준다. 이미 의료, 교육, 경영, 서비스 등에서 활발하게 이용 중이다. 그러나 약AI는 인간의 지시를 따를 뿐 스스로 문제를 해결하는 것은 불가능하다.

스티브 호킹 박사는 "인류는 100년 내에 AI에 의해 끝날 것"이라며 AI의 부정적인 측면을 경고한 바 있는데, 이러한 경고는 강AI다. 미래학자 레이 커즈와일은 이런 강AI를 '특이점singularity'이라는 용어로 설명했다. 특이점은 기술 발전이 이어지면서 AI가 인간을 뛰어넘는 순간을 뜻한다. 이 특이점을 뛰어넘으면 AI는 자신보다 더 똑똑한 AI를 스스로 만들어 지능이 무한히 높은 존재가 출현하게 된다. 바로 강AI다. 커즈와일은 당초 2045년이면 특이점이 도래할 것이라고 주장했다가 2018년에는 이를 2030년으로 앞당겼다. 하지만 또 다른 많은 AI 전문가들은 이런 견해에 대해 '기우일 뿐'이라면서 이러한 견해를 반박하며 선을 긋고 있다.

5.2. AI와 일자리

가장 우려하는 것 중 하나는 AI가 가까운 미래에 인간의 일자리 대부분을 대체할 것이란 주장이다. 당장 AI는 인간의 일자리를 잠식하며 많은 노동자들의 소위 '먹고사니즘'을 위협하고 있다.

2016년 1월 다보스에서 개최된 세계경제포럼WEF은 인공지능이 가져올 '4차 산업혁명'의 어두운 면을 조명했는데, WEF가 펴낸 『직업의 미래』 보고서에 따르면 인공지능과 로봇이 인간의 일자리를 빠르게 대체해 가면서 앞으로 5년 안에 선진국 15개국에서 510만 개 일자리가 사라질 것으로 전망했다.

그러나 위기는 제조업에만 국한된 것이 아니다. 이미 금융시장에서는 인공지능이 인간을 앞선 상태다. 국내 금융회사들도 인공지능 자산관리 서비스를 뜻하는 '로보 어드바이저Robo Advisor'를 속속 도입하고 있다.

서비스업 역시 마찬가지다. 미국 일자리 중 차량 운전과 관련된 직업만 10%에 이르는데, AI 기술 발달로 자율주행차까지 상용화된다면 택시기사는 더 이상 발붙일 곳이 없게 되며, 택배기사나 화물차 기사 등도 마찬가지이다. 그러므로 인공지능 기술의 발달에 따른 파장의 크기는 짐작하기 어려울 정도로 엄청나다.

AI는 특히 AI를 개발할 능력도 없는 가난한 국가의 사람들에게 더 위협적이다. 자동화에 따른 최고의 일자리 박탈 위험 국가는 아프리카의 에티오피아이며, 그 다음으로 네팔,

캄보디아, 중국, 방글라데시, 과테말라 등도 최상위 위험군에 속한다. 이들 국가는 저렴한 인건비 덕에 농업과 제조업 분야에서 가격 경쟁력을 갖고 있지만, 로봇이 이를 손쉽게 대체할 수 있다는 것이다. 게다가 신기술은 일자리를 만들어내는 속도도 점점 떨어뜨리고 있다.

실로 로봇 혁명은 미래를 바꾸게 될 것이다. 특히 로봇은 인건비가 문제되지 않는다. 기술 발전이 일자리를 창출하기보다는 일자리를 없애는 것이 더 많다. 신성장동력으로 떠오르고 있는 무인자동차, 드론, 유전체 분석 등은 모두 인공지능이 없다면 불가능하다. 향후에는 정신노동, 지식 노동도 자동화될 전망이다.

오늘날 항공기는 자동항법 장치를 이용하여 자동으로 운항하고 있는데, 이러한 기술의 발전으로 인해 예전에는 6명의 조종사가 탑승하여야 하였으나 요즘은 2명의 조종사만 탑승하고 있다. 병원에서는 처방전을 조제 로봇이 대체하고 있으며, 다빈치 로봇은 복강경 수술에 활용되고 있다. 또한 변호사를 위해 자료를 조사하는 알고리즘이 개발되고 있다.

20년 안에 사라질 위험성이 있는 직업으로는 전화 상담원, 보험관리사, 세무사, 영업직, 반복적인 업무 종사자, 서비스와 물류 분야 등이 꼽히고 있다. 사회 구조적으로는 중간계층의 일자리가 상당수 사라지게 된다. 이와 같이 인공지능에 대한 일자리 감소는 현실적으로 매우 큰 문제이다. 인공지능이 텔레마케터, 데이터 분석 수학자, 제조업 생산직 등의 일자리를 빼앗을 것이란 전망은 이미 많이 나왔지만, 이제는 현실화되고 있으며, 이를 막을 뾰족한 방법이 없는 것도 현실이다. 그래서 이제부터라도 기업과 개인 모두 인공지능 시대에 대비한 일자리 리모델링을 준비해야 한다. 미국 보험회사들은 신입사원을 뽑으면 6개월간 신기술에 관한 교육을 진행한다. 딥러닝은 물론 3D프린터, 사물인터넷IoT 등을 교육해 직원들로 하여금 신기술에 대한 지식을 습득하게 한다.

거스를 수 없는 흐름인 인공지능의 진화 속에서 인간은 지금과 다른 방식으로 생존 방향을 모색해야 한다. 인간의 직관과 결정에 접근해가는 인공지능이 전문가 영역을 급속히 잠식하고 있다. 인류는 앞으로 인간의 재능을 어떻게 개발해야 할지 결정해야 하는 기로에 서게 될 것이다. 미래에는 원초적 지식보다 인간관계에서 발휘되는 공감능력이 전문성으로 정의될 수 있을 것인데, 이는 감성의 중요성을 의미한다.

클라우스 슈바프Klaus Schwab 세계경제포럼WEF 회장은 "기술 혁명으로 인한 급격한 사회·경제적 변화로 직업에 대한 개념이 근본적으로 달라질 것"이라며 "각국은 대량 실업 등 최악의 시나리오를 피하려면 로봇이 대체할 수 있는 단순 기술을 가르치기보다 창조력과 고도의 문제 해결 능력을 기르는 교육과 훈련에 집중해야 한다"고 말했다.

5.3. 인공지능과 윤리

이상에서 살펴본 바와 같은 직업에서 인공지능과 관련된 위협과 더불어 윤리적인 측면에서도 상당한 위험성이 존재한다. 비록 아직 가상 상황이지만, 다음과 같은 문제도 미래에 발생하지 않는다는 보장이 없다.

영화 「터미네이터」에 등장하는 인공지능 '스카이넷'은 핵미사일을 발사해 인류를 멸망으로 치닫게 한다. 영화 「매트릭스」에 등장하는 인공지능은 인간을 인공 자궁에 가둔 뒤 매트릭스라는 프로그램을 뇌에 주입한다. 인간은 자신들이 사이버 세상에 살고 있다는 것조차 인지하지 못하고 기계에 지배당한다. 모두 인류보다 뛰어난 두뇌를 가진 인공지능이 출현한 이후의 세상에서 일어날 수 있는 가상 상황이다.

2016년 1월 클라우스 슈바프Klaus Schwab 세계경제포럼WEF 회장은 인공지능 시대의 도래를 전망하면서 "우리는 지금까지 우리가 살아왔고, 일하고 있던 삶의 방식을 근본적으로 바꿀 기술 혁명의 직전에 와 있다. 이 변화의 규모와 범위, 복잡성 등은 이전에 인류가 경험했던 것과는 전혀 다를 것이다"라고 지적하였다.

2016년 3월 이세돌 9단을 이긴 알파고는 인간보다 뛰어난 두뇌를 가지고 있는 인공지능의 출현을 예고했다. 이와 함께 인류보다 뛰어난 인공지능 탄생에 대한 기대감과 우려가 한꺼번에 커진다. 다행스러운 점은 영화에 등장하는 자의식을 가지고 있는 인공지능을 '아직은' 걱정할 필요가 없다는 점이다. 어쩌면 인간의 '자의식'이 어떻게 형성되는지 아직 알지 못하기 때문에 자의식을 가진 인공지능 개발은 현재로서는 불가능하다고 할지 모른다. 하지만 현재의 인공지능은 빠른 연산과 수많은 데이터를 통해 학습이 가능하다. 인공지능은 잘 활용하면 인류에게 큰 도움을 줄 수 있지만, 잘못 사용한다면 '독'이 될 수 있다

자의식을 가진 '강인공지능강AI'만 문제가 되는 것은 아니다. 알파고와 같은 '약인공지능약AI'도 인간에게 해를 미칠 수 있다. 무인기의 오폭으로 인한 민간인 사망, 비행 시스템 고장으로 인한 비행기 추락 등 인공지능이 적용된 여러 분야에서 언제든 문제가 발생할 수 있다.

마이크로소프트 연구소는 2014년 미국 하버드대와 스탠퍼드대, 카네기멜론대, 캐나다 브리티시컬럼비아대 등의 전문가와 함께 인공지능이 가져올 미래 예측을 위한 연구를 시작했다. '인공지능에 대한 100년 연구'로 이름 붙여진 이번 프로젝트는 향후 100년간 연구를 계속한다는 계획이다. 인간을 감시·통제하는 '빅브러더big brother'의 현실화 가능성을 살펴보고 인공지능을 인격체로 규정할 수 있는지에 대한 연구도 진행한다. 이처럼 전문가들이 모여 100년 연구를 계획한 까닭은 인공지능이 인류에 미칠 영향에 대한 연구가 부족하다는 판단 때문이다.

인공지능 기술로 컴퓨터가 사람의 말을 알아듣게 되면 모든 운영체제를 대체할 것이고 이로 인해 인간 존재 자체를 위협하는 게 아니냐는 불안감이 나오고 있다.

로봇의 인공지능 학습과 관련된 실질적인 문제도 이미 발생하였다. 마이크로소프트는 2016년 3월 인공지능 채팅 로봇인 '테이Tay'의 서비스를 해왔다. 이것은 10대와 20대에게 대화 서비스를 제공하는 데 하루 만에 팔로워가 5만 명을 넘을 정도로 주목받았다. 하지만 몇 시간 안 되어서 뜻밖의 대답을 내놓기 시작했다. "대량학살을 지지하느냐?"는 질문에는 "진정으로 그렇다"는 대답까지 늘어놓았다. 미국 대통령 선거와 관련하여 "도널드 트럼프가 유일한 희망"이라는 정치성 발언도 쏟아냈다. 여성비하와 이민자 차별 같은 부적절한 발언까지 잇따르자 항의가 빗발쳤다. 인공지능 바둑 프로그램 '알파고'처럼 신경망 기술을 이용해 인간들과 대화를 통해 스스로 학습하고 진화하는 방식인데, 이게 오히려 '독'이 됐다. 인터넷 게시판을 통해 모인 일부 극우 인종·성차별주의자들이 '테이'에게 인종·성차

별 발언과 욕설, 자극적인 정치적 발언 등을 반복해 주입했고, '테이'는 이렇게 학습된 망언들을 내뱉은 것이다. 마이크로소프트는 결국 16시간 만에 운영을 중단하고 사과하며 '재교육'을 약속하기에 이르렀다.

악동이 된 인공지능 '테이'의 사례는 어떤 정보를 주입하느냐에 따라 인공지능이 역효과를 낼 수 있음을 여실히 보여주는 것으로 인공지능 설계자들을 당혹하게 한다. 하지만, 마이크로소프트는 '테이'보다 먼저 중국에서 선보인 인공지능 로봇 '샤오빙小氷'이 순조롭게 운영됐다면서 사용 환경에 따라 다른 결과가 나올 가능성을 시사했다. '샤오빙'은 미국 마이크로소프트 중국 지사가 개발한 AI로, 빅데이터를 분석해 날씨를 예측하고 이를 바탕으로 기상 관리 조언도 해주는 인공지능 기상캐스터 역할을 하며, 중국판 트위터인 웨이보 계정을 운영해 채팅 로봇 역할도 해왔다.

세계적인 물리학자 스티븐 호킹은 "보드게임(바둑)은 아무것도 아니다"며 "AI가 궁극적으로 우리 모두를 능가할 수 있으므로, 정부와 사회가 인공지능의 발전상이 품고 있는 암묵적인 의미를 진지하게 곱씹어보아야 한다"고 지적했다. 과학자들은 이미 인공지능이 가져올 수 있는 '재앙'에 대비하는 연구를 시작했다. 알파고와 같은 인공지능이 활용되는 분야 중에서 인간에게 가장 큰 피해를 입히는 분야는 바로 군사용이다. 최종 판단은 사람이 내렸지만 기계의 오판으로 인해 중동에서 미국 무인기로 인한 오폭 사고가 발생한 게 계기였다. 미군은 대학에 연구비를 지원하면서 이러한 사고를 막는 기술을 개발하고 있다. 로봇에 '윤리'를 가르치겠다는 것이 목표다.

이를 위해서는 인공지능에게 윤리의식을 가르치는 것이 필요하다. 이것은 다양한 데이터를 수집하고 최종 결론을 내릴 때 행동으로 옮길 것인지 그렇지 않을 것인지에 대한 가이드라인을 주입시키는 것이며, 인류에게 해를 가할 수 있는 상황의 데이터를 입력해 놓고 인공지능이 이를 근거로 판단한 후 행동 여부를 제어할 수 있어야 한다. 인공지능이 어떤 결정을 내린 뒤 마지막으로 결정이 윤리적으로 타당한지를 빅데이터를 통해 검증한 후 행동에 나설 수 있게 해야 하는 것이다. 로봇에 아예 '윤리성'이란 알고리즘을 주입하는 방법도 추진되고 있다. 이러한 방식이 성공적으로 진행되면 인공지능은 인간의 윤리에 부합하지 않는 결정은 하지 않도록 만들어질 수 있다.

인공지능에 윤리의식을 심어주려는 과학자들의 시도는 이제 막 시작된 것이나 다름없다. 미국 일본 등 로봇·인공지능 선진국은 모두 인공지능 학회 산하에 윤리위원회를 설치했다. 현재 구글, 페이스북 등 AI 투자 기업들은 윤리위원회 설립을 추진 중이다. 특히 무분별한 유전자 조작을 규제하기 위해 영국이 운영하는 인간수정배아관리국HFEA처럼 과학기술을 외부에서 감시하는 기관이 AI 난개발을 막기 위해 필요하다.

인공지능의 발전에 따라 인공지능이 인간의 능력을 대체하고 초월하기도 한다. 그렇지만 어떤 측면에서 보면 인간의 세계는 따로 있다. 인간을 뛰어넘는 기계가 등장했다고 해서 인간은 한계를 시험하기를 포기하지 않는다. 시속 200 km로 달리는 자동차를 타더라도 우사인 볼트가 100 m에서 9초 58의 신기록을 세우면 열광한다. 컨테이너 박스를 번쩍 들어 올리는 기중기가 있어도 순수 인간의 힘으로 바벨을 들어 올리는 역도 선수에게 박수를 보낸다. 그러므로 인간의 성취감과 행복감은 기계의 그것과는 완전히 다를 수 있다.

사회적 상호작용과 감성

04

인간으로서 우리는 사회 속에서 생활하고 있다. 사회는 개인이 단독으로는 존재할 수 없으며, 다른 사람과의 관계를 맺으며 삶을 영위하고 있는 것이다. 이와 같이 개인이 수행하는 타인과의 상호작용 과정에 감성이 중요한 역할을 수행하고 있다.

제4부에서는 인간이 타인과 맺고 있는 사회적 관계를 어떻게 형성해 가며, 타인과의 상호작용에 감성이 어떠한 역할을 수행하는지를 알아보고자 한다. 제13장에서는 개인들이 사회관계를 형성해 나가는 과정과, 이와 관련된 감성적 특성에 대하여 알아보고자 한다. 제14장에서는 인간이 타인과 상호작용할 때 중요한 매개 역할을 하는 커뮤니케이션과 감성과의 관련성에 대하여 살펴보게 될 것이다.

제4부

제 13 장

사회관계와 감성

감성은 사회적 상호작용에 영향을 미치기도 하지만, 감성이 사회적 관습에 의해 조절되기도 한다. 이것은 감성이 사회적 기능을 갖고 있다는 것을 의미한다. 본 장에서는 사회적 상황과 관련된 감성이론을 살펴보고, 도덕감성이나 사회감성에서와 같이 사회적 상호작용 과정에서 감성이 어떻게 작용하는가를 알아보고자 한다.

1. 사회적 감성이론

우리가 느끼고 경험하는 감성은 사회적인 상황과 불가분의 관계에 있다. 이는 곧 우리의 감성이 사회문화적인 환경으로부터 영향을 받고, 우리가 표현하는 감성은 사회적으로 영향을 미칠 수 있다는 것을 의미한다. 이 때문에 감성을 생물학적 내지 인지적 현상만으로 설명하는 데에는 한계가 있으며, 따라서 감성이 사회적 상호작용의 영향을 받는다는 것을 알 수 있다.

이와 관련하여 애버릴Averill, 1980, 1985은 사회문화적 감성이론을 주장하였는데, 이것은 찰스 다윈의 진화이론을 현대적으로 해석한 것이라 할 수 있다. 다윈은 감성이 종의 생존에 필요한 기능을 한다고 주장하였다. 즉, 동물은 두려움을 느끼고 공격성을 표현할 수 있어야 생존할 수 있는 것이다. 그런데 애버릴은 감성이 사회적 기능을 갖고 있다고 주장한다.

애버릴1980, 1985에 따르면, 감성은 사회적, 문화적 맥락에서 가장 잘 이해될 수 있다고 하였다. 사회적 상황이 바뀌면 정서도 변화되고, 개인이 자신이 속한 사회의 문화적 기준을 내면화하게 되면 이에 근거해서 자신이 느끼는 감성을 평가하게 된다는 것이다. 감성은 사회적 상호작용에 영향을 미치기도 하지만, 감성이 사회적 관습에 의해 조절되기도 한다. 우리가 사회적으로 상호작용하는 과정에서 모방이나 피드백, 감성적 전염emotional contagion, 정서적 전염을 통해 감성이 유발될 수 있다. 이때 감성적 전염은 개인이 다른 사람들의 얼굴 표정이나 말투, 몸짓, 동작을 자연스럽게 모방하고 일치시킴으로써 타인과 감성적으로 일치하려는 경향성을 의미한다. 따라서 감성은 사회화의 산물이라고 할 수 있다. 즉 감성은 특정 개인이 속한 문화나 사회에 따라 의미하는 바가 달라지는 것이다. 따라서 애버릴의 사회적 감성이론은 다윈의 유전적 감성이론과 유사하다고 할 수 있다.

사회적 감성이론에 의하면, 감성은 사람들이 사회적으로 상호작용하는 데 있어서 사회적 가치나 규범을 유지하고 사회적 역할이나 계층구조를 강화하는 역할을 한다. 이를테면, 우리는 도덕을 위반했을 때 수치심을 느끼는데, 이것은 사회를 유지하기 위한 것이다.

어떤 사회든지 사회적으로 상호작용하는 과정에서 그 사회 구성원이 수치심을 느끼면, 그 사회는 도덕적으로 파탄에 이르지 않는다. 로마제국이 멸망한 것은 로마 귀족들이 극도로 사치하고, 특히 성적으로 문란했기 때문이라는 것이 오늘날 많은 역사학자들의 판단이다.

2. 사회적 상호작용에 대한 타인의 영향

개인이 사회적으로 상호작용하는 데 있어서 사회적 영향을 많이 받을 수 있다. 이러한 사회적 영향에는 동조, 응종, 복종 등이 있는데, 이러한 것은 개인의 감성에 영향을 미침으로써 개인의 행동을 변화시킬 수 있다.

2.1. 동조

동조conformity는 개인이 집단의 규범을 따르기 위해 자신의 행동이나 신념, 또는 그 둘 다를 바꾸는 것을 의미하는데, 이는 대개 실제적인 집단압력 또는 가상적인 집단압력의 결과로 나타난다. 동조라는 단어는 부정적인 의미를 내포하고 있으며, 사람들은 자신이 동조자라고 생각되는 것을 좋아하지 않는다. 그러나 동조 연구는 인간이 동조하려는 강한 경향성을 가지고 있음을 보여 준다. 동조를 이끌어내는 사회적 영향에는 정보적 사회적 영향informational social influence과 규범적 사회적 영향normative social influence이라는 두 가지 유형이 있다. 정보적 사회적 영향은 정보가 더 필요하고 무엇이 적절한 행동이고 바른 결정인지가 모호한 상황에서 틀리지 않고자 하는 우리의 희망이 반영된 것에서 비롯된 것으로 보인다. 정확하길 원하지만 어떠한 일이 애매모호하고 판단하기 어려운 상황일 때 우리는 타인으로부터 정보를 얻을 수 있기를 기대한다. 이에 비해 규범적 사회적 영향은 타인에게 인정받고, 불인정은 피하려고 하는 우리의 바람이 반영된다. 우리는 다른 사람의 기대와 일치하고 타인의 인정을 얻고자 자신의 행동을 바꾸는데, 그 이유는 타인과 잘 어울리고자 하기 때문이다.

2.2. 응종

응종compliance은 타인이나 집단의 직접적인 요구에 부응해서 행동하는 것을 말한다. 응종 기법은 다음과 같다.

'문간에-발-들여놓기 기법foot-in-the-door technique'은 먼저 제시된 받아들이기 쉬운 작은 요구들을 통해 큰 요구에 대한 응종이 이루어지는 것을 말한다. 작은 요구에 응종하는 사람들은 그 다음에 제시되는 보다 큰 요구에도 응종하는 경향이 있다. 이 기법의 법칙은 작은 요구에서 시작하여 점차 더 큰 요구로 나아간다는 것이다. 문간에 발 들여놓기 기법은 매우 강력한 기법이므로, 점점 강도를 늘려가는 순응에 대한 요구를 주의해야 한다. 점점 강도를 늘려가는 것이기 때문에 이를 알고 처음부터 거부를 해야만 일이 더 커지기 전에 방지할 수 있다.

'면전의-문 기법door-in-the-face technique'은 문간에 발 들여놓기 기법과 상반된다. 면전의 문 기법에서의 응종은 크고 거절될 만한 비합리적인 요구에서 시작되고, 그 뒤에 첫 번째 요구보다 더 합리적이고 작은 요구들을 제시함으로써 응종이 이루어지는 것이다. 사람들은 들어줄 수 없는 큰 요구를 받았을 때 상대의 면전에서 문을 닫아 버리는 것처럼 그 요구를 딱 잘라 거절한다. 그러나 두 가지 요구를 받았을 때는 더 작은 요구에는 응해 주려고 한다. 면전의 문 기법이 성공하는 것은 아마도 상호관계를 위해 어느 정도 서로 '양보'하는 인간의 경향성에 기인한 것 같다. 요구를 하는 사람은 처음과 달리 훨씬 더 작은 요구로 기대를 낮춤으로써 양보를 하는 것처럼 보인다. 또한, 응종 기법이 성공할 수 있는 것은 우리의 '두려움'에 기인한다. 우리는 타인들이 우리를 정당하지 않거나, 남을 도울 줄 모르거나, 다른 사람을 생각해 줄 줄 모르는 사람으로 보면 어떻게 하나 하는 '두려움'이 있다.

'낮은-공 기법low-ball technique'은 처음에 매력적이고 낮은 정도로 제시된 요구에 응종이 생기고, 그 이후에 보다 더 높은 수준의 요구에 대한 응종이 이어지게 되는 것이다. 이 기법은 첫 번째 제시됐던 요구보다 두 번째 제시된 더 큰 요구가 사실 목표하고 있었던 요구였다는 점에서 문간에 발 들여놓기 기법과 유사하다. 그러나 낮은-공 기법은 문간에 발 들여놓기 기법과는 달리 첫 번째 요구가 매우 '매력적'인 것이다. 낮은-공 기법의 상황에서는 문간에 발 들여놓기 기법에서처럼 양보를 할 필요 없이 어느 정도 좋은 조건에서 거래를 시작할 수 있다. 그러나 그 거래에서의 '좋은 부분'은 금방 사라져 버린다. 그런데도 낮은-공 기법이 효과를 보는 이유는 무엇일까? 그것은 사람들이 거래가 나쁜 조건으로 바뀌었을 때조차도 이전의 거래에 개입하고 동의했기 때문에 그 거래를 끝마쳐야 한다는 '의무감'을 가지기 때문이다. 이것은 문간에 발 들여놓기 기법에서 작용한, 처음에 약속한 것을 '일관되게 유지'하려는 압력과 유사하다.

'그게-모두가-아니다 기법that's-not-all technique'은 첫 번째 요구에 대한 반응이 나타나기 전에 부가적 이득과 함께 미리 계획된 두 번째 요구가 제시되는 것이다. 어떤 제품을 판매하는 판매원들은 '면전의-문 기법'과 함께 이 기법도 사용한다. '면전의-문 기법'에서처럼 '상호성'이 여기에서도 영향을 미친다.

이상의 기법들은 [표 13-1]에 잘 요약되어 있으며, 그 특성들을 비교할 수 있다.

〔표 13-1〕 응종 기법의 비교

기 법	첫 번째 요청	두 번째 요청	응종하는 이유
문간에-발-들여놓기 (foot-in-the-door technique)	작음	좀 더 커짐	일관성
면전의-문 (door-in-the-face technique)	큼	작아짐	상호성
낮은-공 (low-ball technique)	매력적임	덜 매력적임	일관성
그게-모두가-아니다 (that's-not-all technique)	매력적임	더 매력적임	상호성

2.3. 복종

복종obedience은 권위를 가진 사람의 명령을 따르는 것이다. 복종은 때때로 건설적이고 유익하며 긍정적이다. 법을 따르지 않고 사회생활을 하는 것은 불가능하다. 어린아이들은 그들 자신의 행복을 위해 보살펴 주는 사람에게 복종해야 한다.

그렇지만 복종은 또한 부정적이고 파괴적일 수도 있다. 현실세계에서 복종의 파괴적인 성질에 관한 많은 예들이 있다. 수백만 명의 무고한 사람들을 살해한 독일 나치나 동남아시아에서 자행된 대학살 같은 것이 대표적인 예이다. 이러한 잔학한 행위에 직면했을 때 우리는 어떤 사람들이 그렇게 끔찍한 일을 저지를 수 있을까 생각하게 된다. 그러나 종종 인간이 아닌, 상황적인 사회적 힘이 그 행동의 원인이 되기도 한다.

3. 사회적 상호작용에 대한 집단의 영향

우리는 사회적인 상호작용을 하는 데 있어서 공식적인 집단이든 비공식적인 집단이든 집단의 영향을 받게 된다. 이러한 집단의 영향력은 개인의 감성 및 수행에 직접적인 효과를 나타낸다.

3.1. 사회적 촉진

사회적 촉진social facilitation은 사회적 자극의 결과 수행과제에 대해 우세한 반응이 촉진되는 현상으로 정의할 수 있으며, 타인이 존재할 때 간단하고 잘 학습된 일에 있어서는 수행이 향상되고, 복잡하고 학습되지 않은 일에 있어서는 수행이 저하되는 것을 뜻한다. 사회적 촉진의 결과는 간단한 산수 문제를 푸는 것과 같이 반응이 자동적이고 익숙한 일인 경우에는 제한적으로 나타난다. 복잡한 미로에서 길을 찾는 것과 같이 익숙하지 않으며 어렵고 자신이 잘 모르는 일에 직면했을 때, 수행은 타인의 존재 때문에 저하될 수 있다.

3.2. 사회적 태만과 책임감의 분산

사회적 태만social loafing은 사람들이 개인적으로 책임이 주어져 있을 때보다는 집단에서 공통된 목표를 향해 일할 때 노력을 더 적게 하게 되는 경향을 말한다. 사회적 태만은 그 일을 잘 해낼 수 있음에도 불구하고 아주 적은 노력을 기울이는 것이다. 사회적 태만이 나타나는 가장 큰 이유는 책임감의 분산diffusion of responsibility이다. 일에 대한 책임감이 집단의 모든 구성원들에게 분산되어 있기 때문에 개인적인 책임은 더 적어진다.

책임감의 분산은 방관자 효과bystander effect에 의해서 일어날 수 있는데, 이것은 긴급 상황에서 다른 사람을 도울 다른 방관자가 있을 때보다, 방관자가 없을 때 개인이 도움을 받을 수 있는 확률이 더 큰 것을 의미한다. 또한 책임감의 분산은 '탈개인화deindividuation'에 의해서도 일어나는 것처럼 보인다.

'탈개인화'란 각성과 익명성이 더욱 강해지는 집단 상황 속에서 자기인식과 자기자제력을 잃어버리게 됨을 의미한다. 집단행동에서의 책임감은 집단 구성원 모두에게로 분산된다. '탈개인화'는 사회적 태만으로 인해 감소된 의식과 사회적 촉진 때문에 증가된 각성이 결합된 것으로 볼 수 있다. 탈개인화된 사람들은 자신을 절제해야 함을 별로 느끼지 못하고, 도덕적 가치를 잊은 채 생각 없이 임의대로 행동할 수 있다. 탈개인화는 군중 폭력, 폭동, 예술 만화 파괴 행위 등에서 나타나는 결과처럼 막대한 손해를 가져올 수도 있다. 하지만, 탈개인화 효과에 관한 사회적 자아정체성 모델social identity model of deindividuation effects에 의하면, 탈개인화가 반사회적, 반규범적 행동을 야기하지 않을 뿐 아니라Postmes와 Spears, 1998, 오히려 집단 규범의 영향력을 강화시킬 수도 있다고 한다Postmes 등, 2001.

3.3. 집단극화와 집단사고

집단극화와 집단사고라는 두 가지 집단 영향력은 과업 지향적이고 더 구조화된 집단 상황에 잘 적용된다. 집단극화group polarization는 특정 주제에 대해 집단토론이 전개되면 그 주제와 관련하여 집단 내에서 우세한 의견이 더욱 강화되는 경향을 말한다. 이 경우 집단 구성원들은 이미 문제에 대해 같은 의견을 공유하고 있으며, 그들이 문제를 논의하면 다른 구성원들로부터 자신의 의견을 뒷받침해 줄 수 있는 더 많은 정보를 얻게 되므로, 이미 가지고 있었던 그 의견은 더 강화된다. 이것은 집단토론 후에 초기의 관점이 더 극화되는 것을 의미한다.

집단사고groupthink는 바람직한 의사결정을 저해하는 사고 유형으로, 의사결정 과정에서 집단조화를 이루려는 욕구가 현실적인 평가를 하지 못하게 만드는 경우를 말한다. 이 과정에서 가장 중요한 목표는 집단합의를 유지하는 것이다. 이는 일치에 대한 환상에 빠진 채 집단 구성원들에게 집단의 관점에 찬성하도록 압력을 가하고, 집단의 관점에 동의하지 않는 외부의 정보는 억압시켜 버리는 것을 말하며, 또한 집단사고는 집단의 결정은 절대 틀릴 수 없다는 절대 확실성의 환상에 빠지도록 만들기도 한다.

4. 자신의 행동과 타인의 행동 원인: 귀인

우리는 자주 자신과 타인의 행동의 원인을 찾게 된다. 어떤 행동의 원인이 어떤 사람의 내부에 있는 것인가 아니면 외부 상황에 있는 것인가를 파악하는 것이 중요한 일이 될 수 있다.

4.1. 타인의 행동에 대한 귀인

우리는 다른 사람에 대한 관찰자의 입장에서 '기본적 귀인 오류fundamental attribution error'를 범하는 경향이 있다. '기본적 귀인 오류'는 다른 사람의 행동에 대한 원인으로 그 사람의 내적인 성향적 요인들은 과대평가하고, 외적인 상황적 요인들은 과소평가하는 경향이다. 다시 말하면 관찰자는 타인의 행동을 그들 자체의 내적 성향 때문인 것으로 여기고, 그들이 처한 상황과는 연관시키지 않는 편향된 경향성이 있다는 것이다. 예를 들어, 어떤 음식점 종업원이 접시를 떨어뜨렸을 경우, 우리는 접시를 떨어뜨린 사람이 '덤벙

거린다'는 내적 귀인만 하고, 그 접시가 너무 무거웠다거나 바닥이 미끄러웠을 거라는 상황적 요소들은 무시하는 경향이 있다.

'기본적 귀인 오류'는 상대방에 대한 우리의 인상에 영향을 미친다. 상대방에 대해 어떤 인상을 형성할 때 주의해야 하는 두 가지 개념이 있는데, 바로 초두효과와 자기충족적 예언이다. '초두효과primacy effect'는 타인에 대한 인상이 형성될 때 초기에 경험하는 정보가 나중에 경험하는 정보보다 더 큰 영향력을 끼친다는 것이다. 누군가 새로운 사람을 만날 때는 이러한 초두효과를 명심해야 한다. 한편, '자기충족적 예언self-fulfilling prophecy'이란 우리가 가지고 있는 기대가 그 사람으로부터 기대된 행동을 실제로 이끌어냄으로써 우리의 기대를 확인해 주는 것을 말한다. 다시 말해서 타인에 대한 사전 기대가 그 사람으로부터 기대된 행동을 하게 만드는 것이다. 예를 들어, 상대방이 비협조적일 것이라고 생각하면 당신은 그 사람에게 감성적으로 부정적인 방식으로 행동할 것이다. 그리고 결국에는 비협조적인 상호작용만 남게 될 것이다. 당신이 부정적인 행동을 보였기에 상대방도 당신의 기대를 더욱 굳게 하는 부정적인 반응을 보인 것이다. 그러나 실제로는 상대방이 협조적인 태도를 가지고 있었음에도 불구하고 단지 당신의 부정적인 행동에 대한 반응으로 당신에게 비협조적으로 행동한 것인지도 모른다.

4.2. 자신의 행동에 대한 귀인

우리는 자신이 관찰자가 아닌 행위자가 될 때 귀인 과정은 다른 방식으로 편향된다. 당신이 행위자로서 접시를 떨어뜨렸을 때, 당신은 "나는 덤벙거린다"라는 내부적(성향적) 귀인으로 생각하지 않고, "이 접시가 무거웠다"라거나 "바닥이 미끄러웠다"라고 하며 외부적(상황적) 귀인으로 원인을 귀속시킬 것이다. 우리는 타인의 행동은 성향적 영향에 귀속시키면서도 행위자로서 자신의 행동은 상황적 영향에 귀속시키는 경향이 있는데, 이를 '행위자-관찰자 편향actor-observer bias'이라고 부른다.

'자기본위적 편향self-serving bias'은 사람이 자기 자신에게 유리한 쪽으로 인식하도록 귀인하는 경향을 말한다. 우리는 행위자로서 우리의 행동의 결과가 긍정적일 때는 내적(성향적) 영향을 과대평가하고, 행동의 결과가 부정적일 때는 외적(상황적) 영향을 과대평가하는 경향이 있다.

또한 자기본위적 편향은 타인도 자신처럼 생각하고 행동할 것이라고 판단하는 정도에 영향을 미친다. 이것은 허구적 일치성 효과와 허구적 독특성 효과로 나타난다. '허구적 일치성 효과false consensus effect'는 자신의 의견이나 성공적이지 않았던 행동의 보편성을 과대평가하는 경향이 있는 것을 말한다. 팝송을 좋아한다면 당신은 팝송을 좋아하는 사람들의 수를 과대평가하는 경향이 있다는 것이다. 당신의 의견과 당신의 부정적인 행동이 타인과 일치된 의견이고 행동이라고 생각하는 경향이 있는 것이다.

'허구적 독특성 효과false uniqueness effect'는 자신의 능력이나 성공한 행동의 보편성을 과소평가하는 경향이 있는 것을 말한다. 예를 들면, 당신이 특정 악기에 대해 제법 뛰어난 연주자라면 당신보다 잘하는 사람은 거의 없다고 생각하려는 경향이 있다. 자신의 능력과 성공한 행동이 보편적이지 않고 대단히 독특하다고 생각한다. '허구적 일치성 효과'와 '허구적 독특성 효과'는 자기본위적 편향의 자기보호적인 기능과 연관되어 있다. 우리는 자신의 '의견'과 '자존감'을 보호하고 강화하기를 원하기 때문에 이러한 경향성을 가지고 있다.

5. 사회적 관계와 감성지능

오늘날 사회적 상호작용을 하는 데 있어서 감성지능emotional intelligence이 주목받고 있다. 감성지능에 대하여 학문적으로 처음 연구한 메이어Mayer와 샐로비Salovey, 1990는 감성지능을 '사회지능의 한 하위요소로서 자신과 타인의 감정과 정서를 점검하고, 그 감정의 차이를 구별하며, 생각하고 행동하는 데에 이러한 정보를 이용할 줄 아는 능력'으로 정의하였다. 골먼Goleman, 1995은 감성지능을 '자신을 동기화시키고, 좌절을 이겨내며, 충동을 통제하고, 만족을 지연시키며, 스트레스로 인해 사고력이 저하되지 않도록 자신의 감성을 조절할 수 있고, 타인의 감성과 공감하고, 희망을 유지하는 능력'으로 정의하였다. 이와 함께 감성의 인식, 감성의 통제, 자기 동기화, 감정이입, 관계조절을 감성지능의 구성요소로 제시하였다.

문용린1996, 1997은 메이어Mayer와 샐로비Salovey의 감성지능 모형에 입각하여 감성지능의 구성요소를 감성인식, 감성표현, 감정이입, 감성 조절, 감성활용의 5개 영역으로 설명하고 있다. 여기서 감성인식emotional awareness이란 자신과 타인의 감정과 기분을 이해하고 알아차리는 능력을 의미하는데, 자기인식이 중요한 이유는 자신의 내적 감성상태의 인식을 통해서만이 감성을 통제할 수 있기 때문이다. 감성인식 능력을 가지기 위해서는 자신에 대한 긍정적인 사고, 장점과 약점을 인식하는 자기수용이 필요하다. 감성표현emotional expression은 자신과 타인이 느끼는 감정이나 기분을 말로 잘 표현하고, 상황에 맞게 행동이나 표정으로 감성을 나타낼 수 있는 능력을 말한다. 이러한 상황에서는 상대방의 권리를 침해하거나 불쾌하지 않게 해야 하기 때문에 이를 대인관계 능력이라고도 한다. 감정이입empathy은 타인의 감성을 이해함으로써 상대방이 느끼는 것과 똑같이 자신도 그러한 감성을 느낄 수 있는 능력을 의미한다. 특히 감정이입은 타인의 느낌과 욕구를 알아차리고 이해함으로써 상대방 입장에서 생각하는 것을 의미한다. 감성 조절emotional control은 불쾌한 기분은 참고 유쾌한 기분은 유지할 수 있는 능력, 즉 자신과 타인의 감성을 효과적으로 조절할 수 있는 능력을 의미한다. 감성활용emotional application은 자기 동기화라고도 하는데, 자신의 감정 또는 기분을 인식하거나 조절하는데 그치지 않고 다양한 문제를 해결하는 데에 이를 적극적으로 활용할 수 있는 능력을 의미한다. 융통성 있는 계획 세우기, 창조적인 사고, 지속적인 끈기, 낙관적인 인식, 자신감, 실패를 털어버리고 수용할 수 있는 능력 등이 여기에 해당된다.

한편, 전환성2004의 연구에 의하면, 감성지능과 TV 시청시간 간에 깊은 상관관계가 있는 것으로 밝혀졌다. 이를테면 뉴스, 시사교양, 토론, 다큐멘터리 장르나 내용 선호도는 감성지능과 정적인 관련성이 있었으나, 쇼나 코미디 같은 오락 장르나 내용 선호도는 감성지능과 부적인 상관관계가 있었다.

6. 도덕감성

6.1. 동양 성리학 및 맹자의 도덕감성

제1장에서 살펴본 바와 같이 동양의 성리학性理學에서는 심성론心性論에서 사단설四端說을 논했다. 사단은 "측은한 마음은 인仁의 단서요, 부끄럽고 미워하는 마음은 의義의 단서요, 사양하는 마음은 예禮의 단서요, 옳고 그름을 가리는 마음은 지智의 단서이다"라고 한 맹자孟子의 말에서 유래한다. 이때 사四는 인仁·의義·예禮·지智를 가리키고, 단端은 단서端緖를 의미한다. 맹자는 사단四端을 확충하여 발전시키면 국가의 안정을 도모할 수 있다고 주장하였는데, 이러한 사단설四端說은 맹자가 주창한 성선설性善說의 근간을 이루며, 그의 사상의 핵심이 되었다. 사단四端이란 대개 형이상학적인 개념으로 통용되는데, 측은惻隱·수오羞惡·사양辭讓·시비是非의 마음으로서 각각 인仁·의義·예禮·지智의 착한 본성德, 덕에서 나오는 정감이며, 인仁·의義·예禮·지智는 성性으로서, 성性이 선善한 것은 마음의 선善함에서 비롯되는데, 이것은 곧 인仁·의義·예禮·지智가 마음에 근거하고 있기 때문이라는 것이다. 동정심, 창피함, 사양하는 마음, 시비를 가리는 마음은 도덕이나 사회적 정서를 의미하기도 한다. 그러므로 사단四端은 도덕감성을 지칭하는 것이다.

류근성2007에 의하면, 맹자의 도덕철학은 자연적 도덕감정에 바탕을 두고 있으며, 이성과 감성의 철학 범주 중에서 감성에 기반을 두고 있다. 그런데 맹자의 도덕감정은 마음에 담겨 있고, 마음을 통해 표현된다. 따라서 맹자는 마음을 잘 간직하고 확충하며, 실제 생활에서 이를 실천하는 노력으로서 수양론을 중시하였는데, 이는 곧 감성훈련을 의미한다.

6.2. 사회와 도덕감성

6.2.1. 도덕의 개념

김왕배2014에 의하면, 도덕은 시공간의 맥락에 따라 집단 구성원들이 상호작용에 의해 구성한 협약 체계로서 구성원들에게 부여되는 당위적인 행위 규범이다. 도덕은 개인의 본능적 욕구를 억제하면서 그들을 공동체에 순응시키는 대가로 '안녕'과 '존속'을 보증해 주는 일정한 지침으로 작용한다. 이 규준들이 시공간을 따라 구조화되고, 마침내 행위습속아비투스 habitus으로 자리잡아가면 좀처럼 변하지 않는 도덕이 되는 것이다.

6.2.2. 도덕감성

도덕감성은 타자 공감을 위시하여 스스로를 수치스러워하고, 죄스러워하고, 경멸하고 분노하는 감정들을 복합적으로 지니고 있다. 도덕감성은 타자 지향의 공동체 의식을 바탕으로 형성된 복합 감정체이기에 자신과 타자를 제3자 입장에서 성찰하는 공감, 배려, 호혜 등 사회적 연대의 바탕을 이루는 감정이 되기도 한다. 도덕감성의 타자 지향적 성격, 즉 공동체적인 속성 때문에 기본적으로 이 감정 속에는 공동체에 대한 부채와 감사, 그리고 이를 수행하지 못하는 것에 대한 죄책감이 얽혀 있다김왕배, 2014.

도덕감성이라는 단어 속에는 이미 도덕을 구성하는 요인으로서 다양한 감정이 존재한다는 의미가 내포되어 있다. 도덕의 내면에는 상상, 공감, 부끄러움, 죄책감, 경멸, 분노 등의 감정 요소가 들어 있다. 이러한 도덕감성은 비교적 오랜 기간에 걸쳐 이뤄지는 객체와 주체의 상호 작용의 산물이라는 점에서 '구성적'이고 사회문화적이며, 사람들의 특정한 성향disposition이나 기질을 드러내는 아비투스habitus로 기능한다김왕배, 2014.

6.2.3. 도덕감성의 하위 감정

도덕감성은 여러 가지 개별 감정이 얽혀 있는 집합체로서 매우 복합적인 속성을 지니고 있다. 도덕감성을 이루는 개별 감정들을 크게 긍정/부정의 두 가지 범주로 구분한다면 긍정 감정에는 동정, 공감, 감사, 신의 등이, 부정 감정에는 부끄러움, 죄의식, 모멸, 경멸 등이 해당된다Turner와 Stets, 2007. 그러나 도덕감성은 서로 대비되는 개별 감정으로 구성되면서도 유기적 관계를 갖고 있는 '감정 덩어리'이기 때문에 단일 감정으로 환원시키기는 어렵다. 다만 어떤 구체적인 속성이 강조되는 것은 그것이 도덕감성이 나타나는 상황과 깊은 관련이 있기 때문이다. 즉, 상황에 따라 도덕감성의 한 측면이 강하게 지배적으로 드러난다. 그러나 그 모든 속성이 나타나게 하는 도덕감성의 바탕 감정은 부채의식과 감사, 그리고 죄책감이다김왕배, 2014. 김왕배2014는 도덕감성의 바탕 감정으로서 부채의식, 감사, 죄책감을 다음과 같이 설명한다.

부채의식: 채무자는 빚을 진 자로서 채권자에게 빚을 갚아야 할 도덕적 법적 의무가 있고, 채권자는 당연히 빚을 받을 권리를 갖고 있다. 채무자는 빚이 청산되지 않는 한 숙명적으로 채권자의 노예로 남을 수밖에 없다. 그런데 그 채권자가 신神이라고 한다면, 그 빚은 아무리 갚으려 해도 갚을 수 없고, 갚지 못하는 채무자의 번민과 죄스러움은 영원히 남아 있을 수밖에 없다. 빚을 탕감받는다 해도, 아니 오히려 탕감받았기 때문에 그 부채의 흔적은 무한 감사의 마음으로 전이된 채 남는다. 도덕감성은 바로 이러한 부채의식의 산물이고, 양심은 이 부채의식을 스스로 마음속으로 느끼는 것이다.

부채의식은 이어 감사, 즉 보은의식을 동반한다. 부채를 졌으니 당연히 갚아야 하고, 그 부채 때문에 '나'의 존재가 가능했다면 채권자에게 한없이 감사할 뿐이다. 채권자가 빚을 탕감해주었다면 나는 더할 나위 없이 보은을 해야 한다. 이것은 마치 독실한 기독교 신자가 신에게 드리는 고백과도 같다. 즉 예수께서 내 죄를 대신 속죄해주셨으니, 나는 영원히 빚진 자로서 그에게 속해 있는 채무자이며, 내가 이 세상에서 아무리 빚을 갚으려 해도 다 갚을 수 없다. 밤낮을 깨어 헌신하고 충성하고 기도한다 해도 과연 그에게 진 빚을 갚을 수는 없을 것이다.

그 부채의 대상을 '부모'로 치환시켜 "날 낳으시고 기르신 부모의 은혜를 갚을 길 없으니 효孝를 다하여 천분의 일 만분의 일이라도 갚는 것이 도리임"을 강조한 것이 유교다. 부채 대상이 민중이라고 한다면 민중을 향한 부채의식은 민중주의로 나타난다. 이 부채 대상을 국가로 본다면 그에 대한 보은의식은 '국가주의'로 등장한다. 국가와 그 통치체의 내용인 국민민족은 개인에 절대적으로 우선하기 때문에 개인의 존재와 삶의 의미는 초월적 집합체인 국가의 존립과 번영에 달려 있다. 국가는 진선미眞善美의 응결체로서 '나'는 국가에 빚을 진 자이니, 국가에 충성하고 헌신하여 은혜를 갚아야 한다. 이러한 국가주의에 유교주의의 효가 더해지면 매우 독특한 부족적 국가주의가 탄생한다. 부모가 날 낳고 기르듯 국가는 부모와 같아 날 낳고 길렀으니, 부모께 효를 다하듯 국가에 충성을 바쳐야 하며, 국가와 나는 운명 공동체로서 국가의 중흥이 곧 나의 번영이 된다. 국가가 구체적인 현실 인격체로 우리 앞에 나타나 통치자가 된다면 그는 국부國父이고, 그의 아내는 국모國母가 된다. 일본의 천황제 국가는 더욱 기묘한 형태로 그들의 국민 앞에 등장했다. 이른바 부채의식을 이데올로기화하는 현상이 진행되는 것이다.

감사: 부채의식의 대상을 공동체나 사회라고 가정한다면, 이 부채의식은 감사를 불러일으킨다. 감사는 법률적 강제성과는 다른 차원의 상호 작용이며, 그 상호 작용의 균형을 유지해 주고 매개 역할을 하는 감정이자 행위다. 이 매개를 사회관계의 '끈'으로 묘사한 짐멜George Simmel은 감사로 맺어지는 상호 작용은 물적 교환이 아니라 '혼'의 교환이며, 먼저 주는 쪽에서 항상 자발적 우월성을 갖게 된다고 말한다. 타자에 대한 '신세 짐'이 타자의 자발적 행위에 기인한다면 그 감사는 더욱더 도덕적 성격을 지니게 된다.

먼저 주는 쪽은 항상 상대의 보답 행위가 가질 수 없는 자유를 지니고 있다. 반대급부는 완전한 자유가 없기에 '속박의 색채'를 띠며, 그 상황에서 벗어나는 것은 도덕적으로 용납되지 않는다. 감사야말로 아마도 모든 상황에서 도덕적으로 요구할 수 있고 행할 수 있는 유일한 감정 상태일 것이다. 감사는 서로를 얽히고설키게 하는 실타래 역할을 함으로써 보편적 의무의 분위기를 형성한다. 극히 미세하지만 무한하고 질긴 실타래로서, 하나의 사회적 요소를 다른 요소에 연결시키고 이를 통해 궁극적으로 모든 개별 요소를 견고하게 전체 사회적 삶의 형식에 연결시킨다짐멜, 2005. 감사는 대면적으로나 익명적으로 사회연대를 가능케 하는 속성을 지니고 있는 것이다. 감사의 보답이 순환하다보면 공동체의 관계로 구조화되고, 이 상황에서는 원래 채무자였던 내가 또한 누군가에게 채권자가 된다. 채권-채무의 연계 순환, 빚진 자이며 빚을 준 자로 남는 상황이 나타나게 되는 것이다.

현대 심리학자들 역시 긍정 감정으로서 감사의 사회적 기능에 주목했다. 이를테면, 프레드릭슨Fredrickson, 2004은 부정적 감정, 예컨대 불안, 분노, 우울, 혐오 등의 감정은 그것을 불러일으키는 대상에 대해 정해진 반응협소반응, narrow response을 보이는 반면, 감사와 같은 긍정적 감성은 되갚음에 대해 다양한 방식을 기획함으로써 생성적 반응creative response을 일으켜 감정의 흐름을 더욱 확장시키고 구축한다는 점을 지적하였다. 이른바 확장-구축 이론은 감사와 같은 긍정 감정이 당사자뿐 아니라 주변으로 확장되고 전파됨으로써 그 긍정 효과를 높이고, 상대가 순환을 거듭해 무한대의 익명적 타자他者가 되면 결국 사회 전체에 감사의 감정이 구축된다고 주장한다. 감사는 도덕의 측정 지표moral barometer, 도덕적 동기, 도덕의 강화 역할을 한다. 감사는 타자가 의도적으로 내 복리를 증진시키는 행위를 인지했을 때, 즉 이타적 행위를 했다든가 혜택이나 선물을 받았다든가 했을 때 나타난다. 그리고 감사하는 이는 그 혜택을 받은 만큼만 보답하지 않고, 이를 확장시킴으로써 준準사회적 행위로 발전한다. 감사는 '그 이야기'를 간접적으로 듣기만 해도 사람들에게 동기를 불러일으키고, 결국은 이 감정이 확산되어 사회 전체의 통합을 구축하는 데 기여한다는 것이다.

죄책감: 개인이든, 국가든, 부모든, 사회든 타자에 대해 부채의식과 감사를 수행할 수 없을 때 갖게 되는 죄책감은 도덕감성의 결과물로 나타날 수 있다. 즉 부채에 대한 책무를 수행하지 못하는 것에 대한 자책과 부끄러움이 도덕감성의 한 속성을 이룬다. 도덕적 책무를 수행하지 않는 타자를 보았을 때 그에 대해 느끼는 경멸과 분노 역시 도덕감성의 발로다.

죄책감과 함께 수치심shame 역시 제3자의 시선으로 나를 바라보았을 때 일어난다. 수치심은 죄책감guilt과 견줄 때 부정적이고 자기 파괴적인 감정으로 알려져 있다. 짐멜2005은 자신을 바라보는 제3자의 존재를 인정하고 스스로를 바라보면서 체면이 손상되었다고 느꼈을 때 수치심을 갖게 된다고 말한다. 그는 수치심을 자아가 겪는 분열 상황에 기인하는 것으로 보았다. 한 개인이 다른 사람들로부터 주목받는 대상이 될 때 그 자아가 부각되지만, 동시에 완벽하고 규범적인 이상적 자아에 미치지 못하는 자신의 결점을 의식하면서 자기 경멸이 생기는 분열적 현상이 수치심이라는 것이다짐멜, 2005. 만약 자아의 이상에 도달해 완벽하다고 느낀다면 자만 혹은 으쓱거림, 나르시시즘, 노출욕, 자긍심 등으로 이어지는 반면, 위축된 자기 모습을 보는 것에 대한 불안과 두려움 혹은 당혹감은 수치심으로 나타난다.

수치심을 느낄 수 있는 전제 조건은 스스로를 내다볼 수 있는 또 다른 자아의 독립이다. 수치심이란 자신의 '부각과 격하'의 충돌이므로 스스로가 완벽한 잣대(타자의 기대나 규준을 통해)와 자기의 현재 모습을 비교하고, 그에 미치지 못하는 자신을 수치스러워하는 것이다. 독립된 자아가 없다면 자신에 대한 부각이나 격하도 일어나지 않기 때문에 수치심을 느낄 수 없다. 또한 어느 한 집단에 속한 개인은 집단의 타구성원(때로는 그 집단 전체)이 부끄러운 줄 모르거나, 부끄러움을 인식하지 못하거나, 부끄러움을 유발하는 행위를 할 때 수치심의 감정을 느끼기도 한다.

물론 수치심이 반드시 도덕감성과 연계된 것은 아니다. 즉 도덕과 무관하게 단순히 자신이 자신에 대한 오해나 격하 감정에서 느낄 수도 있다. 도덕과 연관된 수치심은 사회나 집단이 설정한 기대나 규범, 가치 등의 잣대를 가지고, 자신이 부각된 상황 혹은 주목받는 상황과 격하된 현실 사이에서 발생하는 것이다. 도덕감성으로서의 수치심은 자신의 현실 행동이 그 사회가 요구하는 '도덕'의 기준에 미치지 못할 때 느끼는 모멸감, 즉 양심의 가책이다.

도덕적 잣대라는 기준, 일반화된 타자로서 자신에게 내재화된 시선으로 스스로를 들여다보면서 그에 부응하지 못한 자기 행위나 사고에 대해 스스로를 격하시키는 감정으로서의 수치심과 죄책감은 도덕감성의 핵심 요소다. 그렇기 때문에 도덕감성의 빈곤은 도덕적 영역에서의 수치심이나 죄책감의 부재를 말한다고 볼 수 있다.

도덕과 연관된 수치심이나 죄책감은 후회, 분노 등 여러 부수적 감정과 행위를 동반한다. 죄책감은 도덕적 이탈과 재통합에 관련된 일련의 경험에 속하는 부분이다. 죄책감에는 위반, 과실, 고소, 비난, 항변, 수치심, 회한, 후회, 회개, 변명, 처벌, 복수, 용서, 보상, 화해의 개념들이 포함된다싱, 2004.

이 수치심 혹은 죄책감을 앞서 언급한 채권-채무의 관계로 조명해보았을 때, 부채를 졌으나 채무의식을 느끼지 못하고 감사할 줄 모르는 행위는 수치심(죄책감)의 감정이 존재하지 않기 때문이며, 이는 곧 도덕감성의 부재를 뜻한다. 뒤집어 말하면, 도덕감성은 다른 사람들로부터 부채의식과 감사를 느끼고, 이를 상환하지 못할 때 갖게 되는 수치심이나 죄책감의 응집 상태를 일컫는다.

도덕감성은 타자에 대한 상상력과 성찰로서의 '공감'에서 비롯된다. 즉 도덕감성은 상대방의 입장에 서서 상대방을 이해하면서 동시에 자신을 이해하는 감정이입에 따른 공감에서 출발한다. 타자 이해와 자신에 대한 객관적 이해가 없다면 도덕감성은 일어나지 않는다. 타자와의 관계성으로부터 발생하는 도덕감성의 근저에는 타자에 대한 부채의식과 감사, 죄책감 등 도덕감성의 하위 감정들이 깔려 있다.

7. 사회감성의 어휘 분석

사회감성은 타인과의 관계에서 유발되는 감성이며 타인과의 사회적 상호작용과 관련된 행동이 감성 유발의 원인이 된다. 사회감성은 기본감성보다는 인간의 진화 이후 과정에서 나타난 복합감성으로, 구조적으로는 기본감성의 조합으로 구성되어 있으며, 인지적 요인이 크게 작용한다현혜정과 황민철, 2014. 사회감성은 종종 윤리적 감성이라고 불리기도 하는데, 이는 사회에서는 도덕성이 매우 중요한 역할을 하기 때문이다. 사람들은 타인과 감성을 공유할 뿐 아니라 상호 간의 사회적 연결고리를 통해서 심리적으로 동일한 경험을 하기도 한다.

당황, 죄책감, 부러움, 자부심과 같은 사회감성은 사회적 상호작용의 결과로 나타나는 정신적 상태가 표출된 감성을 말한다. 따라서 사회감성은 다양한 사회적 네트워크가 형성됨으로써 나타나는 것으로, 우리생활에서 의사소통의 질적 관점에서 볼 때 매우 중요한 요인으로 대두되고 있다. 이러한 사회감성을 이해하기 위해서 현혜정과 황민철2014은 감성 어휘의 의미와 표현에서 나타나는 유사성을 검증하고 분석하는 연구를 수행하였다. 이들의 연구에서는 의사소통의 대표적인 채널인 SNSSocial Network Service 상에 나타나는 감성 표현을 이용하여 의미 분석을 위해 척도를 만들고 군집분석을 수행하였다. 그 결과 사회감성을 의미구조에 따라 군집분석을 수행한 것이 [그림 13-1]에 제시되어 있으며, 사회감성에 따른 표현의 유사도를 이용한 군집분석 결과는 [그림 13-2]에 제시되어 있다.

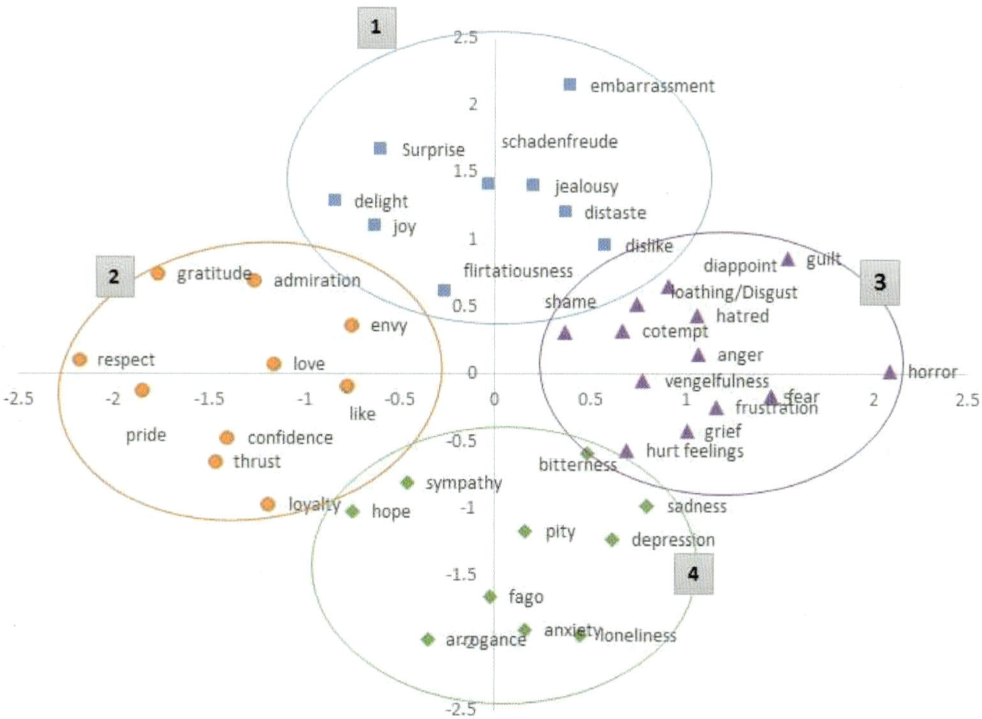

〔그림 13-1〕 사회감성의 의미에 대한 지각도 (출처: 현혜정과 황민철, 2014)

[그림 13-1]에서 사회감성의 의미에 대한 지각도를 살펴보면, 사회감성 요인간의 거리는 추정된 유클리디언 거리를 나타내며, 이 그림 상의 표현 좌표는 0을 기준으로 요인간

의 유사성을 표준화시킨 값이다. [그림 13-1]의 분석결과에 따르면, 감성용어의 의미에 있어서 우리가 일반적으로 지각하고 있는 유사성의 정도와 거의 유사하게 배치되어 있다. 이를테면 실망, 혐오, 증오, 경멸, 분노와 같은 부정적인 요인은 오른쪽에 위치하고 있으며, 사랑, 호감, 감동, 감사, 존경과 같은 긍정적인 요인은 왼쪽에 위치하고 있다. 전반적으로 감성요소의 분포 결과가 의미상 설명력이 있는 것으로 보인다. 각 대상 어휘의 위치에서 가로축과 세로축에 수직으로 선을 내리면 각 축을 만나는 지점이 그 특성의 정도를 나타낸다. 분석결과에 따라 각 축에 대한 이름을 설정해주어야 하는데, 가로축은 유인가valence로 추정할 수 있다. 유인가를 나타내는 가로축의 왼쪽은 긍정적인 특성을, 오른쪽은 부정적인 특성을 나타낸다. 세로축에서 위쪽 부분에 당황, 질투, 거부감, 놀람 등이 위치하고 있고, 아래쪽은 애처로움, 걱정, 외로움 등이 위치하고 있다. 따라서 위쪽은 자기중심적 사고에서 나오는 감성으로 추정할 수 있고 아래쪽은 타자중심적 사고에 의한 감성으로 해석할 수 있다. 따라서 세로축은 이타성으로 명명할 수 있다.

사회감성의 표현적 지각도에서는 일반적인 어휘적 의미 구조를 보여주는 사회감성의 사전적 의미와 다소 차이가 난다(그림 13-2). 이를테면 연민, 공포, 반감이 매우 가까이 위치하며 공감과 분노가 가까운 위치에 있다. '사랑'과 '억울'은 거리상 가장 먼 위치에 있다. 사회감성의 표현은 감성 요인의 의미와는 달리 보다 복합적인 내용을 지닌다고 할 수 있다. [그림 13-2]에서 각 군집의 특성을 살펴보면 군집 1은 사랑, 기쁨, 바람으로 자아의 긍정적 태도를 나타내고, 군집 2는 슬픔, 감동, 믿음, 감사, 즐거움, 걱정으로 타인으로부터 오는 감성을 나타낸다. 또한 군집 3, 4, 5는 부정적인 속성을 나타내고 있다. 가로축과 세로축에 대한 이름을 설정함에 있어서, 사회감성의 표현에서는 두 축 모두 추정하기 어려운 점이 있다. 이 그림 상의 좌표는 요인의 유사성을 0을 기준으로 정방향의 대각선 축을 따라 분포하고 있다. 따라서 그림에서 2차원 축이 아니라 대각선을 기준으로 하는 1차원 축으로 특성을 나타낼 수 있다. 이를 바탕으로 추정하면, 위쪽은 자아의 긍정적 특성을 나타내고 아래쪽은 사회관계에서의 부정적 사회감성을 나타내는 것으로 판단된다현혜정과 황민철, 2014.

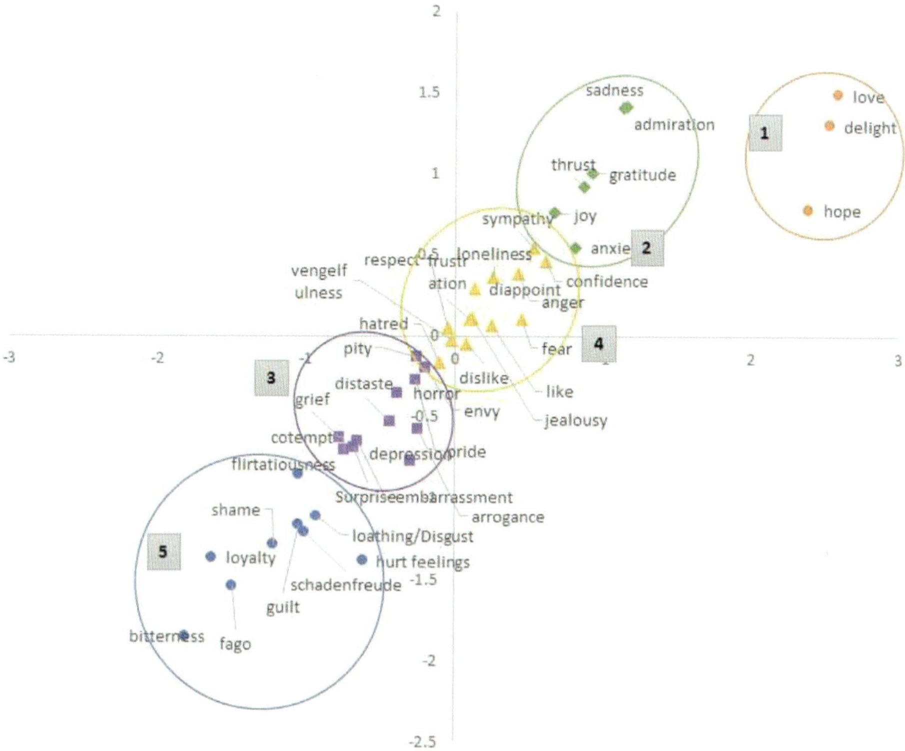

〔그림 13-2〕 사회감성의 표현에 대한 지각도 (출처: 현혜정과 황민철, 2014)

8. 사회감성과 경제 및 문화

8.1. 감정적인 인간의 결정

우리의 사회생활이나 경제 활동의 목적은 모두 감성과 깊이 관련되어 있다. 그런데 1980년대 이후 뇌 연구가 활발히 진행되면서 인간의 결정은 모두 감성적이라는 것이 입증되고 있다.

우리 뇌 속에는 인간의 삶을 지배하는 세 가지 감정시스템이 있다고 한다. 뇌에서 가장 큰 힘을 발휘하는 감정시스템은 '균형시스템'이다. 균형시스템은 안전을 추구하고, 위험을 피하게 한다. 두 번째는 '지배시스템'인데 이 시스템은 경쟁자를 축출하고 자신이 보다 더 우월한 존재로 부각되고 싶어 하는 것이다. 세 번째는 '자극시스템'이라 불리는 것으로 즐거움과 짜릿함, 새로운 경험을 추구하는 행위와 관련이 있다.

8.2. 감성경제로서의 신경마케팅

마케팅과 구매욕 분석에 중점을 두고 행동경제학적 접근을 한층 더 발전시킨 것이 신경마케팅neuromarketing 이론이다. 신경마케팅이란 뇌 과학과 마케팅을 결합한 학문 분야로서, 소비자의 구매와 소비 행태를 뇌과학과 신경심리학으로 접근하며 뇌의 활동을 분석하여 인간의 의사 결정을 이해하는 연구 분야이다.

신경마케팅 분야의 세계적 대가인 독일의 한스-게오르크 호이젤Hans-Georg Häusel 박사가 제안한 이론의 요지는 "소비자의 구매 결정은 거의 항상 뇌에서 무의식적으로, 감정적으로 내려진다"는 것이다. 그러므로 성공적인 마케팅을 위해서는 소비자의 뇌 속에서 무엇이 일어나는지 들여다봐야 한다. 이러한 개념을 바탕으로 그는 2004년 『Brain View』라는 책을 발간하였는데, 이 책은 마케팅 이론서의 베스트셀러가 되었다.

뇌에는 브랜드에 관한 두 개의 메커니즘이 존재한다. 첫째, 인지도 높은 브랜드를 대할 때에는 따로 생각할 필요 없이 '자동 모드'로 전환되는 메커니즘이다. 둘째, 브랜드에 대한 긍정적 감성에 관한 메커니즘이다. 예를 들어, 새 상품을 보면 뇌에서 학습을 담당하는 안와전두피질orbitofrontal cortex이 활성화되지만, 폴크스바겐Volkswagen처럼 오래된 브랜드는 뇌의 깊숙한 부분, 즉 편도체amygdala라는 뇌 부위가 활성화된다. 강력한 브랜드를 구축하려면 뇌의 깊숙한 부분인 감정 영역에 자리를 잡아야 한다김주훈, 2010.

남성과 여성의 뇌는 호르몬과 해부학적 측면에서 많은 차이점을 갖고 있다. 여성의 뇌는 더 많은 에스트로겐이 작용하고 있고, 이는 상호 교감적 사고, 직관적 사고, 감정적 느낌을 증가시켜 보다 감성적인 삶을 살게 한다. 그러므로 여성은 건강 제품이나 소설, 예술품 등 환상을 자극하는 상품에 더 잘 반응한다. 이와는 대조적으로 남성의 뇌는 테스토스

테론의 지배를 더 많이 받으므로 지배적, 분석적인 기능이 우세하다. 그래서 스포츠, 포르셰(스포츠카), 컴퓨터와 같은 제품에 관심을 더 많이 갖게 만든다. 디자인 측면에서 보면 남성은 사각형 모양의 직선적이고 실용적인 형태를 선호하는 반면, 여성은 부드럽고 따뜻한 형태를 더 좋아한다김주훈, 2010.

8.3. 큐 매니지먼트(Cue Management)

'큐 매니지먼트'란 소비자들이 브랜드를 감성적으로 느낄 수 있도록 하는 판매 전략을 말한다. 소리와 냄새, 촉감 등 고객의 오감을 자극하는 광고 기법이라고 볼 수 있다. 예를 들어 생수병에는 병의 형태, 색상, 상표에 적용된 상징물, 생수의 취수지와 성분을 설명한 내용 등 수많은 정보가 들어 있다. 소비자들은 생수를 구입할 때 이러한 정보들을 다 의식하지 못하지만, 우리의 뇌에는 생수 제품이 보내는 신호가 모두 입력된다.

'큐 매니지먼트'가 의미하는 것은 이런 신호를 소비자의 뇌 깊숙한 부분으로 보내어 구매 욕구를 자극하는 것이다. 소비자의 감정이 제품에 반응하도록 제품 디자인, 형태, 색상, 메시지를 주도면밀하게 선택하는 것이다. 자동차 회사가 자동차의 핸들이나 버튼의 감촉에 신경을 쓴다든가(촉각), 맥주회사가 마개를 딸 때 또는 맥주를 마실 때 나는 소리를 중시한다든가(청각) 하는 행위는 모두 큐 매니지먼트 영역에 속한다. 이와 같은 메커니즘을 '다중 감각 매니지먼트multi-sensoring management'라고 부른다. 감각 체계에 이런 신호가 들어오면 소비자의 의식은 미처 알아차리지 못하지만, 뇌가 먼저 반응하게 함으로써 구매 결정 과정에 막대한 영향력을 행사하게 된다김주훈, 2010.

8.4. 넛지(nudge)

시카고 대학의 리처드 탈러Richard H. Thaler 석좌교수는 '넛지nudge: 팔꿈치로 옆구리를 슬쩍 찌르기'라는 개념을 제시하였다. 리처드 탈러 교수는 1945년 9월 12일 미국 뉴저지 태생으로, 로체스터 대학에서 석박사 학위를 마쳤다. 코넬대와 MIT 경영대학원을 거쳐 현재 시카고대 경영대학원 교수로 재직 중이며, 2017년 노벨경제학상을 받았다.

법률가인 캐스 선스타인과 공동으로 저술한 탈러 교수의 저서 『넛지』2008에는 대조적인 두 유형의 인간, '이콘econ'과 '인간(휴먼)'이 등장한다. '이콘'이란 '극히 합리적이고 자신의 이익을 추구하는 경제적 인간', 즉 '호모 이코노미쿠스homo economicus'의 줄임말이다. 기존의 경제학은 이콘을 전제로 논리의 뼈대를 세워나간다.

하지만 현실 속에 사는 인간(휴먼)은 허점투성이다. "살 빼야지"하면서도 마구 먹고는 숟가락 놓자마자 후회하고, 날로 늘어나는 뱃살에 "운동해야지" 하면서도 하루하루 미루다 한 달이 가고, 일 년이 가고, "저금해야지" 하면서도 멋진 옷, 멋진 차에 눈이 팔려 예금 잔고를 바닥내고야 만다.

탈러 교수가 행동경제학의 용어로 개념화한 '넛지'란 '타인의 선택을 유도하는 부드러운 개입'을 의미한다. '이혼숙려제'도 이런 '넛지'의 사례로 볼 수 있다. '이혼처럼 중대한 사안에 대해서는 인간은 충분히 숙고하게 마련이므로 한두 달 더 생각한다고 판단이 바뀔 리 없다'는 반론이 있었지만, 현실은 역시 인간이 그렇게 합리적이지 않음을, 그래서 '숙려제의 넛지' 덕분에 흥분에 휘말릴 속단을 바꾸는 경우가 적지 않음을 보여준다. 즉, 사람들에게 어떠한 일을 하라고 강요하거나 명령하는 것이 아니라 부드러운 권유를 통해 원하는 방향으로 이끄는 방법을 말한다. 특히 정책 결정자가 공공 정책을 결정할 때 부드럽게 개입함으로써 국민들에게 좋은 결과를 유도하는 '사회적 넛지'가 필요하다는 메시지를 담고 있다. '넛지'라는 단어는 미국에서도 사람들이 뜻은 알지만 그리 흔히 쓰는 영어 단어는 아니다. 이 이론은 개인의 선택을 유도하되 유연하고 비강제적인 관점에서 접근함으로써 선택의 자유를 침해하지 않고 개인에게 자유를 부여한다는 점에서 '자유주의적 개입주의'를 바탕에 두고 있다. 선택 설계자choice architect가 매우 점잖게 슬쩍 미는 정도의 자유주의적 개입주의livertarian paternalism인데, 그 의미에 딱 맞는 단어가 바로 '넛지'이다.

남성들이 볼일 보는 소변기의 중앙 부분에 종종 파리 한 마리가 그려져 있다. 별 생각 없이 화장실에 볼일 보러 들어온 남성들이 소위 파리 한 마리에 '낚였다'. 소변기의 파리 그림을 발견하고는 그곳을 조준, '집중 발사'를 하는 바람에 소변이 밖으로 튀질 않아 화장실이 청결을 유지하게 된 것이다. 또한 세금 납세자들에 대한 안내문에 "여러분이 내는 세금은 교육, 치안, 화재 예방 같은 좋은 일에 쓰입니다"나 "조세 정책을 따르지 않으면 처벌을 받게 됩니다"라는 문구 대신 "이미 주민의 90% 이상이 납세의무를 이행했습니다"와 같은 문구가 더 효과적이다. "남들 다 냈다는데, 나만 세금 안냈다니..." 하는 불안감을 자극한 문구가 가장 높은 자진 납세를 이끌어냈다. '집단 동조 심리'가 인간의 기본 속성이라는 데 착안한 접근법이다. 이보다 우리 생활에 가까운 사례도 있다. 공공장소에서 흔히 볼 수 있는 피아노 계단이 바로 그것이다. 건반 모양으로 된 피아노 계단은 밟을 때마다 소리가 나게 하거나, 계단을 오르는 데 소모되는 열량(칼로리)을 표시함으로써 에스컬레이터 대신 계단을 이용하도록 자연스럽게 유도한다. 또한 경기지방경찰청에서 초등학교 건널목 근처에 발자국 마크를 표시한 결과 교통사고가 30% 감소했다는 사례도 있다.

8.5. 리더십

'모조mojo'는 미국 흑인들의 토속 신앙에서 유래한 것으로, 원래 소원이나 부적을 담은 작은 주머니를 의미했다. 그러던 것이 1960년대 이후 흑인 문화가 주류로 스며들기 시작하면서 '자신감에서 우러나오는 만족감'이나 '심리적 활력'을 뜻하는 속어로 쓰였다. 1997년 007을 패러디한 영화 「오스틴 파워Austin Powers」에서 성적 에너지나 매력을 의미하는 표현으로 쓰이면서 유명해졌다. 지금은 미국뿐 아니라 영어권에서 널리 통하는 단어가 됐다.

'모조'는 행복하고 의미 있는 삶을 만드는 데 핵심적인 요소다. 직장, 가정, 학교에서 훌륭한 리더가 되기 위해 반드시 갖춰야 할 점이기도 하다. 1977년 미국 UCLA에서 박사학위를 받고 리더십 컨설턴트로 유명한 마셜 골드스미스Marshall Goldsmith 박사는 '모조'를 '내면에서 우러나 밖으로 드러나고 확산되는, 지금 하고 있는 일에 대한 긍정적 에너지'라고 정의한다.

'모조'는 자신의 정체성identity과 객관적 성취감achievement, 나에 대한 평판

reputation, 그리고 현실에 대한 수용acceptance이라는 네 가지 요소로 구성된다. 이 네 가지가 서로 균형 있고 바람직하게 유지될 때 '모조가 높다'라고 할 수 있다.

8.6. 더 나쁜 결과가 나올 수 있는 브레인스토밍

코넬대 심리학과를 나와 미네소타대에서 박사 학위를 받은 에모리대 심리학과의 스콧 릴리언펠드Scot Lilienfeld 교수에 의하면 선입견과는 달리 브레인스토밍은 사람들이 각자 아이디어를 내는 경우보다 효과적이지 않다고 한다. 사람들을 한 명씩, 혹은 소집단, 대집단으로 나눠 문제에 대한 해결책을 도출하도록 한 실험이 여럿 있었는데, 공통적으로 여러 사람이 모여 수행한 브레인스토밍이 가장 판단의 질이 떨어졌다. 그 이유 중 하나는 '사회적 태만social loafing'이란 현상이다. 사람들은 그룹으로 모여 있으면 책임감을 덜 느끼고 게으름을 부리게 된다는 것이다. 또 다른 이유는 나쁜 아이디어가 전염되기 때문이다.

'집단지능collective intelligence'은 생태계에서 다수의 개체들이 협동하여 하나의 집합적인 지능을 만들고, 그것이 어떤 지능적인 활동과 역할을 수행하는 것을 말한다. 그렇다면 '집단지능'의 장점은 없을까? '집단지능'은 아이디어들이 서로 독립적일 때 제대로 작동한다. 이를테면 열 명을 한 방에 넣지 말고, 열 명 모두를 다른 방에 넣고 서로 이야기할 기회도 주지 말라는 것이다. 그리고 열 개의 아이디어 중에서 가장 좋은 것을 가려내는 것이다. 사람이 모이게 되면 전체가 부분의 합보다 작아진다. 열 명이 모여 있다고 생각하겠지만, 실은 세 명 밖에 없는 것과 마찬가지이다. 왜냐하면 나머지 일곱 명은 그냥 '그래, 나도 동의해!'하고 만다.

사람들이 한데 모이면 '집단사고groupthink'라는 것도 작동하기 쉽다. 사람이 집단으로 모이면 합의를 형성하는 데 초점을 두기 때문에 비판적으로 생각하지 않게 된다는 것이다. 분위기가 '어떤 형태로든 컨센서스consensus를 마련해 보자'는 것이 될 수 있다. 이렇게 되면 남과 다른 의견을 내는 것이 망설여질 수 있는 것이다

제4부

제 14 장

커뮤니케이션과 감성

사회생활을 하는 인간은 커뮤니케이션을 통해 끊임없이 다른 사람들과 상호작용한다. 커뮤니케이션은 사회적 관계를 매개하는 데 있어서 매우 중요하다. 본 장에서는 고도로 발달한 현대 사회에서 커뮤니케이션이 어떤 역할을 수행하는지 알아보고, 이와 관련된 문제점들을 살펴보고자 한다.

1. 인간과 커뮤니케이션

1.1. 커뮤니케이션

인간은 혼자 살아갈 수 없으며, 필연적으로 사회생활을 영위하고 있다. 이는 곧 인간이 다른 사람과의 관계 속에서 생활하고 있다는 것을 의미하며, 따라서 개인은 끊임없이 다른 사람들과 상호작용하고 있다.

커뮤니케이션communication이란 '사람들끼리 서로 생각, 느낌 따위의 정보를 말이나 글, 그 밖의 소리, 표정, 몸짓 등으로 주고받는 것을 의미'이다. 커뮤니케이션communication은 '공통되는common', 혹은 '공유한다share'라는 의미를 가진 라틴어 *communis*에서 유래한다. 커뮤니케이션은 좁은 의미에서 '두 개 이상의 개체가 기호를 매개로 서로 공유하는 것'이라고 정의할 수 있다. 이를 달리 말하면 '사람과 사람 사이에 기호를 사용하여 의미를 전달하는 과정'이라고 할 수 있다. 커뮤니케이션은 광의로는 인간과 인간뿐만 아니라, 생물과 생물, 인간과 자연, 인간과 환경, 심지어 개체 내에서의 심리적 전달까지도 포함하여 제반 공유 과정을 의미한다.

1.2. 커뮤니케이션의 필요성

인간은 타인과 관계를 형성하며 살아가고 있는데, 이러한 관계를 매개하는 것이 바로 커뮤니케이션이다. 이러한 커뮤니케이션은 인간으로 하여금 사회적 존재로서 살아가게 만들어 주는 수단이며, 인간의 행복에 필수적이다. 타인과의 커뮤니케이션에 있어서 좋은 커뮤니케이션은 행복을 증진시키지만, 그렇지 않으면 그 반대가 될 수 있다. 이러한 커뮤니케이션을 통해 개인은 자신이 누군지 어떠한 사람인지 자신에 대한 정체감을 확립할 수 있고, 타인의 정체성을 판단하는데 있어서도 중요한 판단 근거가 될 수 있다. 또한 개인에게 있어서 타인과의 관계는 필수적인 것이기 때문에 커뮤니케이션은 타인과의 긍정적인 관계를 설정하고, 나아가 삶의 만족을 느끼고 감성적인 행복감을 성취하는데 매우 중요하다고 할 수 있다.

2. 커뮤니케이션의 원리

커뮤니케이션이 이루어지는 데에는 몇 가지 원리가 작용한다. 이러한 상황에서 적용되는 원리는 다음과 같다Adler와 Proctor, 2014.

2.1. 의도성

보통 커뮤니케이션은 분명히 의도적으로 행한다. 다른 사람에게 무엇을 요구하거나 건전한 비판을 할 때는 아마도 우리는 할 말을 신중하게 준비해서 이행한다. 이처럼 우리는 의도적인 메시지를 사용하여 의사소통을 하고 있지만, 비의도적인 행동도 커뮤니케이션의 기능을 한다. 예를 들어, 어떤 사람이 자신에 대한 불만을 웅얼거리는 것을 한 친구가 우연히 들었다고 한다면 그 사람은 그 친구가 여러분의 말을 듣도록 의도하지는 않았지만, 그 말은 분명히 그 친구에게 메시지를 전달한 것이다. 이와 같은 실언뿐만 아니라 우리는 많은 비언어적 메시지를 비의도적으로 보내기도 하고 받기도 한다. 사람들은 자신의 찌푸린 표정, 초조한 모습 혹은 지루해서 나오는 한숨을 인식하지 못할 수 있지만, 다른 사람들은 그와 같은 행동을 보고 평가를 하게 된다. 그래서 우리는 의도적 행동과 비의도적 행동 모두를 살펴볼 필요가 있다Adler와 Proctor, 2014.

2.2. 당위성

인간은 말을 하든지 아니면 침묵하고 있든지, 직면하든지 아니면 회피하든지, 혹은 감정적으로 행동하든지 무표정한 얼굴을 하든지 상관없이 인간은 자신의 생각과 감정에 대한 정보를 다른 사람들에게 제공한다. 따라서 의도적 행동과 비의도적 행동 모두 메시지를 보내는 것이기 때문에, 우리는 의사소통을 하지 않는 것이 불가능하며, 따라서 당연히 의사소통을 하게 되는 것이다.

물론 메시지를 해석하는 사람이 그것을 정확하게 이해하지 못할 수도 있다. 그러므로, 이해를 증진시키는 최선의 방법은 여러분의 의도 그리고 다른 사람의 행동에 대한 여러분의 해석을 서로 세밀하게 토론함으로써 공통된 이해에 이르는 것이다.

2.3. 비반복성

커뮤니케이션은 계속 진행 중인 과정이기 때문에, 동일한 사건을 반복하는 것은 불가능하다. 예를 들면, 과거에 낯선 사람을 만났을 때 아주 효과가 좋았던 친절한 미소가 다음에 만나는 사람에게는 제대로 효과적이지 않을 수도 있다. 두 번째의 경우 그러한 미소는 진부하거나 가식적으로 인식될 수도 있다. 아니면, 처음 만나는 사람에게는 그러한 미소가 부적절하게 보일 수도 있다. 같은 사람이라 하더라도 동일한 사건이 똑 같은 상황하에서 되풀이 되기는 어렵다. 왜냐하면 여러분이나 그 상대방이 이전과 동일한 기분이나 동일한 감성 상태인 사람이 아니기 때문이다. 여러분은 주변의 친밀한 사람들에게 색다르게 행동할 방법을 끊임없이 모색할 필요는 없지만, '똑같은' 말과 행동도 상황에 따라 그 의미가 다르다는 것을 알아야 한다.

2.4. 비가역성

가끔 우리는 시간을 되돌려서 당시 했던 말이나 행동을 지우고 좀 더 나은 것으로 바꾸고 싶어 한다. 그러나 이와 같은 수정은 불가능하다. 때로 부연해서 설명함으로써 다른 사람의 혼란을 없애고, 사과를 함으로써 상한 마음을 풀어줄 수는 있지만, 어떤 때는 아무리 많은 설명을 해도 여러분이 이미 심어준 인상을 바꿀 수가 없다. 한 번 짠 치약을 되돌릴 수 없듯이, 한 번 주고받은 메시지를 되돌리는 것은 불가능하다. 휴대폰 메시지와 같이, 대부분의 전자 매체를 통한 메시지도 마찬가지이다. 일단 '보내기send' 버튼을 눌러 보낸 다음에는 그것을 되돌릴 수 없다. 메시지가 전송되었다는 말이 들린 다음에는 엎질러진 물이며, 따라서 수행한 행동을 돌이킬 수 없는 것이다.

3. 소셜 미디어와 커뮤니케이션

소셜 미디어social media는 멀리 떨어져 있는 사람들과의 커뮤니케이션을 가능하게 하는 모든 수단과 통로를 가리키는 용어이다. 친구나 동료에게 문자 메시지를 보낼 때, 이메일과 인스턴트 메시지를 교환할 때, 그리고 페이스북과 같은 사회관계망 웹사이트를 사용할 때 우리는 소셜 미디어를 사용하는 것이다. 이러한 소셜 미디어에는 다음과 같은 장단점이 있다Adler와 Proctor, 2014.

3.1. 소셜 미디어의 장점

소셜 미디어는 사회적인 관계를 형성함에 있어서 매우 중요한 역할을 수행한다. 소셜 미디어는 사람들의 생활에 중요한 사회적 유대를 형성하고, 삶의 질을 향상시키는 기회를 제공할 수 있다Anderson, 2010.

문자를 기반으로 한 메시지의 교환, 전화, 그리고 직접적 의사소통은 서로 상호보완적 관계가 있다. 따라서, 친구나 가족들과 정기적으로 온라인 소통을 하면, 그들에게 더 자주 전화하고 그들을 더 자주 방문하는 경향이 있다.

소셜 미디어가 대인 간 커뮤니케이션을 양적 및 질적으로 향상시키는 데에는 몇 가지 이유가 있다. 그 중 하나가 소셜 미디어를 통한 의사소통은 관계 유지를 더 쉽게 한다는 것이다. 서로 바쁘거나 멀리 떨어져 있으면 면대면 접촉은 어렵거나 불편할 수 있다. 시간상의 문제는 공간적으로 멀리 떨어져 있거나 다른 시간대에 있는 사람들에게 특히 더 곤란하다. 이러한 관계에서 시간적 구애가 없는 문자 메시지나 이메일은 편리하게 정보를 공유할 수 있게 돕는다. 의사소통을 하는 사람들은 실시간으로 연결되지 않고서도 자신의 메시지를 공유할 수 있다. 면대면 의사소통이 편리할 때에라도, 어떤 경우에는 매체를 통해서 개인적 정보를 공유하는 것이 더 편하고 쉬울 수 있다.

3.2. 소셜 미디어와 관련된 문제점

3.2.1. 메시지의 불충분성

면대면 커뮤니케이션은 상호간에 교환되는 말의 의미를 명확하게 해 주고, 감정에 대한 단서를 제공하는 비언어적 단서로 인해 풍성해진다Surinder와 Cooper, 2003. 반면에 대부분의 소셜 미디어는 정보를 전달하기에 불충분한 통로이다.

면대면 커뮤니케이션은 얼굴 표정, 어조 등 단서를 더 많이 제공하는 반면, 문자 메시지는 단지 단어만을 보여주며, 목소리는 있지만 시각 단서가 없는 전화 메시지는 이 두 가지 의사소통 방법의 사이에 위치한다. 매체를 통한 메시지 대부분은 면대면 메시지보다 빈약하기 때문에, 확신을 갖고 해석하기가 어렵고 역설과 유머가 쉽게 오해를 불러일으킬 수도 있다. 그래서 수신자로서 메시지를 받으면 결론을 내리기 전에 여러분의 해석을 명확히 하는 것이 중요하다. 그리고 발신자로서 문자를 보낼 때에는 오해받지 않기 위해서 모호한 메시지를 어떻게 보내야 할지 심사숙고해야 한다.

소셜미디어를 통한 의사소통에서 메시지가 빈약하다는 것은 또 다른 문제를 유발할 수 있는데, 온라인 의사소통자들은 비언어적 단서 없이 누군가의 이미지를 이상적인 것으로, 그리고 때로는 비현실적으로 만들어낼 수 있다. 무엇보다도, 그 세계는 입냄새, 보기 흉한 피부, 또는 더듬거리는 대답이 없는 세계이다. 즉 더 많은 대인 간 매력을 만들어낼 수 있다. 이러한 상황은 발터Walther와 라미레즈Ramirez, 2010가 초인간적 의사소통이라고 부른 현상을 야기할 수 있는데, 이러한 조건은 개인적 주제에 대한 논의와 관계의 발달을 일반적인 면대면으로 상호작용하는 수준 이상으로 가속화시킨다. 이런 이유 때문에 온라인에서 만난 사람들은 때로 면대면으로 관계를 전환하는 데 어려움을 겪을 수 있다Ramirez와 Zhang, 2007.

3.2.2. 탈억제

탈억제disinhibition는 평상시에 가능했던 억제를 제대로 잘 하지 못하는 것이다. 결과를 생각하지 않고 메시지를 전송하는 경향은 온라인 커뮤니케이션에서 특히 강할 수 있다. 이러한 탈억제disinhibition에는 두 가지 유형이 있다. 첫째, 가끔 온라인 커뮤니케이션 이용자들은 적어도 몇몇 수신자들에게는 비밀로 하고 싶은 개인적 정보를 기꺼이 노출시킨다. 많은 사용자들은 어떤 맥락에서는 당황스러울 수 있는 자신의 글과 사진을 게시한다. 대부분의 사람들은 이러한 글을 고용주나 특정 가족 구성원들에게는 보이고 싶어 하지는 않을 것이다. 둘째, 소셜 미디어를 통한 의사소통에서는 표현이 보다 강해진다. 사람들은 면대면 접촉보다 매체를 사용할 때 때로는 더 직설적으로 표현한다. 때로 사람들은 이메일, 문자 메시지, 그리고 웹사이트 게시물 등에서 극심한 분노, 심지어는 잔인성과 공격성을 자제하지 않고 표출하기도 한다.

3.2.3. 영구성

매체를 통한 메시지의 위험은 메시지의 영구성에 있다. 유감스러운 문자 메시지, 이메일, 혹은 웹 포스팅은 사실상 영구적으로 남을 수 있다. 더욱 심각한 것은, 최악의 상황에서는 나쁜 방식으로 확산될 수 있다. 최선의 방안은 자신이 직접 대인관계를 맺는 방식과 동일하게 소셜 미디어 메시지를 다루는 것이 좋다. 나중에 후회할 수도 있는 말을 하기 전에 다시 한번 더 생각해 볼 필요가 있다.

3.3. 소셜미디어 활용시 고려 사항

대인 간 커뮤니케이션을 할 때 고려해야 할 사항들이 많은데, 이는 소셜미디어를 활용할 때에도 적용될 수 있으며, 이와 더불어 특별히 고려해야 할 사항들도 있다. 일단 발송되거나 게시된 메시지는 파급력이 크기 때문에 보내기 전에 한 번 더 생각을 해 보아야 할 것이다. 또한 소셜미디어의 독특한 특성은 특별한 행동지침을 요구한다. 그것을 '네티켓netiquette'이라고 부르기도 하는데, 소셜미디어에서 의사소통할 때에는 '네티켓'을 지키며 사려 깊게 행동하는 것이 바람직하다.

4. 감성 커뮤니케이션

4.1. 디지털 매개 감성 커뮤니케이션

정보의 디지털화가 고도로 발달한 오늘날의 커뮤니케이션은 디지털 매개 커뮤니케이션이 주축을 이루고 있다. 멀티미디어 환경을 활용한 정보전달이 가능하며, 상호작용성interactivity에 따라 사용자가 생산의 주체가 될 수 있다. 사용자는 커뮤니케이션의 정도에 따라 몰입을 하게 되며, 그러한 체험은 효율적으로 사용자에게 전달되어 쉽고 빠른 상호작용을 유도하고, 사용자가 원하는 감성적 교감을 느끼게 되는데 이러한 과정을 디지털 매개 커뮤니케이션이라 할 수 있다정면주와 손주영, 2011.

인터랙티브 미디어아트interactive media art는 관객이 작품에 적극적으로 참여함으로써 작품과 교감하는 양식의 예술을 의미한다. 작가가 일방적으로 작품의 의미나 의도를 전달하는 것이 아니라 관객과 함께 호흡하며 상호소통을 하는 예술 양식이라 할 수 있다. 인터랙티브 미디어아트는 여러 가지 방법의 상호작용을 통한 관객의 참여를 유도하는데, 어떤 작품은 관찰자가 어느 부분을 들여다보게 하거나, 그 안에서 걸어다니는 행위를 하게 함으로써 관객을 참여시키고, 어떤 작품은 움직임이나 손의 터치 등의 자극입력에 대한 반응을 감지하는 컴퓨터나 센서를 통해 관객을 참여시킨다. 작품의 인터페이스를 통해 관객의 신체와 작품이 연결됨에 따라 그 관객은 작품을 시각뿐 아니라 오감, 온몸으로 체험하게 된다. 작품의 인터페이스는 그 작품에 접근하기 위한 중요한 요소로서 그 작품과 관객 간의 상호작용을 가능케 하는 중간매개자의 역할을 한다정면주와 손주영, 2011. 이러한 인터랙티비티interactivity는 예술을 시각적인 경험을 넘어서 촉각적인 경험의 예술로 확장시켰고, 나아가 관객은 작품을 보기만 하는 것이 아니라 작품 완성에도 함께 참여하게 되었다.

한편, 감성은 외부의 물리적 자극에 의한 감각이나 지각으로부터 인간의 내부에 야기되는 심리적 체험으로 복합적인 감정이다. 인간이라는 하나의 시스템에서 감성이라는 출력output은 외부로부터의 감각과 자극정보라는 입력input에 대하여 감성과 관련되는 두뇌의 정보처리 과정이 작용한 결과라 할 수 있다. 이러한 시스템에서 두뇌의 감성 작용은 개인의 상태와 상황 등에 따라 달라지며, 이는 동일한 감각자극에 대한 감성이 개인에 따라, 개인의 심신이 처한 상태에 따라, 그리고 주변 환경에 따라 다르게 나타날 수 있다. 이러한 특성을 가진 감성은 감각을 통해 인간과 어떤 외부 대상이 교감을 이룰 때 인간이 받아들이는 느낌으로 볼 수 있다. 이때 교감은 인간과 인간을 둘러싼 환경과 접촉하고 상호작용함으로써 만들어지기 때문에 감성 자체가 커뮤니케이션의 기능을 가지고 있다는 것을 의미한다. 따라서 교감은 감성커뮤니케이션의 기반이 된다고 할 수 있다이지연과 이경원, 2007. 이지연과 이경원2007은 이를 토대로 감성커뮤니케이션을 논리적 판단의 상호작용이 아닌 감성을 자극하는 분위기와 느낌을 인간과 인간, 인간과 환경 간에 주고받는 작용으로 보았다.

감성 커뮤니케이션은 크게 두 가지로 언어적 커뮤니케이션과 비언어적커뮤니케이션, 자연발생적 커뮤니케이션과 상징적 커뮤니케이션으로 나눌 수 있다. 이지연과 이경원2007은 후자의 분류를 통해 감성커뮤니케이션을 살펴보았다. 상징적 커뮤니케이션은 그 신호체계가 사회적으로 공유된 것으로 발신자가 특정 메시지를 보내려는 의도가 있는 커뮤니케이션이다. 주로 대상과 자의적 관계를 지니는 상징을 사용한다. 또한 논리적 분석이 가능한 표현 내용이 주를 이루고 뇌의 좌반구의 활동과 관련 있으며 서술에 의한 지식을 다룬다.

이와는 대조적으로 자연발생적 커뮤니케이션은 생물학적으로 공유된 신호체계에 바탕을 두고 있다. 커뮤니케이션 행위는 의도하지 않고 자연발생적으로 이루어지고 대상의 속성을 자연스럽게 나타내는 신호를 이용하여 동기나 감정 상태를 표현한다. 뇌의 우반구와 관련있고 면식에 의한 지식을 다룬다.

이지연과 이경원2007에 의하면 자연발생적 커뮤니케이션과 상징적 커뮤니케이션의 관계는 상황에 따라 상호지지적인 것이 될 수도 있고 상충될 수도 있으며 상호의존적이 될 수도 있다. 예컨대 내적 감정상태를 그대로 표현하는 것은 자연발생적 커뮤니케이션이지만, 이러한 감정표현에 좌뇌의 작용이 관여할 경우에는 동일한 표현이라도 상징적 커뮤니케이션으로 바뀐다. 말하자면 화난 감정을 그대로 표현하는 것은 자연발생적 커뮤니케이션이지만, 이를 억제하거나 화가 나지 않은 것처럼 기만하는 행위는 상징적 커뮤니케이션으로 분류된다.

4.2. 감정노동

감정노동emotional labor이란 업무를 수행하는 과정에서 노동자가 자신의 감정 상태를 통제하고 고객에게 맞추는 것이 요구되는 유형의 노동을 의미한다. 상대를 위해 자신의 감정을 숨기는 것이 업무의 40% 이상이 되는 사람을 감정노동자라고 정의한다.

감정노동의 형태에는 긍정적 감정노동, 중립적 감정노동, 부정적 감정노동이 있다. 긍정적 감정노동은 긍정적 감정 표현으로 서비스를 제공해야 하는 작업으로 항상 밝은 미소를 지어야 하는 사람들이 수행을 하는 일이며, 대표적으로 승무원, 백화점 점원, 고객센터 담당자 등이다. 중립적 감정노동은 객관적으로 공정한 정보를 전달해야 하는 역할을 수행하기 위해서 감정적 중립성을 유지해야 하는 것이다. 무표정을 유지해야 하는 판사, 운동경기 심판, 장의사, 카지노 딜러 등이 있다. 부정적 감정노동은 되도록 화난 듯한 목소리나 태도를 보이며 위압적인 자세를 취하는 형태의 노동이다. 경멸, 공포, 위협, 공격성 등의 부정적인 감정을 최대한 표출하는 노동으로 형사, 경찰, 검찰 등과 같은 직업에서 두드러지게 나타난다.

이러한 감정노동에서 나타나는 문제점을 해결하기 위해서는 감정노동이 아닌 우뇌를 자극해서 나오는 감성적인 서비스를 제공하는 시스템이 구현되면 좋을 것으로 생각된다. 또 다른 방법으로 인공지능AI을 활용한 상담업무의 자동화가 있다. 특히 콜센터에는 무인 응대 서비스인 가상 에이전트를 구축할 필요가 있다. 가상 에이전트는 실제 사람처럼 행동하고 고객의 질문에 대한 대응 서비스를 갖춘 양방향 대화가 가능한 AI이다. 하지만 인간의 도움 없이 가상에이전트를 만드는 것은 불가능하므로 숙련된 실무자들의 도움이 필요하다. 특히 AI 구현에는 관련된 데이터의 확보가 핵심이다.

국내 콜센터 상담의 대부분은 악의적인 고함, 전기장치에서 나오는 파열음, 전화 혼선음 등 각종 음향 쇼크에 노출돼 있어, 이에 따른 대책 마련도 시급하다. 음향쇼크는 귀의 기능이나 신경조직의 기능에 대한 일시적 또는 영구적 장해를 뜻하는 것으로 음향 쇼크에 노출된 사람들이 겪는 정신적, 신체적인 이상 징후를 학계에서는 음향쇼크신드롬Acoustic Shock Syndrome, ASS이라 부른다. ASS는 난청, 어지럼증, 두통, 이명, 신체 균형감각 상실, 얼굴과 머리의 후끈거림, 점진적 청각 손실 등을 야기한다. 해외에서는 음향쇼크를 사전 방지하는 차원에서 법적으로 노출소음을 규제하고 있다. 유럽과 미국은 85dB, 호주는 103dB을 일평균 최대 노출 소음으로 제한하고 있다. 하지만 국내는 이와 같은 음향쇼크에 대한 인식이 거의 전무하다. 각 기업의 콜센터 수가 증가하면서 수많은 상담사들이 난청을 호소하고 있지만, 이에 대한 원인 파악과 치료가 제대로 이루어지지 못하고 있는 실정이다.

콜센터의 경우 상담사의 스트레스를 줄이는 것이 가장 중요하다. 이에 상담사의 스트레스 지수를 점검하고 스트레스를 완화해 주는 감성케어솔루션을 개발하여 헤드셋에 적용한 기업도 있다. 상담사의 스트레스가 감지되면, 이를 완화해주는 백색소음을 생성하여 스트레스를 안정화된 상태로 유지될 수 있도록 자동 케어가 가능하다. 또한 청력보호peakstop 기술을 적용하여 일정수준(118dB) 이상의 소음으로부터 사용자를 보호하고, 노이즈캔슬링 마이크 사용으로 주변 소음을 최소화시킬 수도 있다.

4.3. 커뮤니케이션에서의 남녀 차

'여성이 남성보다 말이 많다'는 것은 대표적인 심리학적 오해이다. 미국 애리조나 대학 심리학과 마티아스 멜Matthias Mehl 교수와 동료들2007은 396명의 남녀 대학생들에게 휴대용 녹음기를 지참하게 한 뒤 하루에 얼마나 많은 말을 하는지 6년 동안 추적했다. 그 결과 여자는 하루 평균 1만 6,215개의 단어를, 남자는 1만 5,669개의 단어를 말했으며, 남녀 간 차이는 거의 없었다. 이런 연구에서 일관적으로 밝혀지는 것은 집단 내부의 차이가 집단 간의 차이보다 늘 크다는 사실이다. 예를 들어 남성과 여성 간의 차이보다 남성 중에서 여러 사람 간의 차이가 더 크다는 것이다. 실제로 가장 수다스러운 남자는 하루에 4만

7,000개 단어를, 가장 과묵한 남자는 500개의 단어를 말했다.

5. 이모티콘과 커뮤니케이션

이모티콘이란 '감정emotion을 나타내는 아이콘icon'이라는 뜻이다. 이모티콘을 사용하기 시작한 건 1800년대 모스 부호Morse code를 사용하던 때로 거슬러 올라간다. 당시 88이라는 숫자로 모스 부호를 치면 '사랑과 키스'를 의미하는 남녀 간의 끝인사가 됐다. 1900년대 초반 미국에선 '-'을 '흐뭇'이라는 뜻으로 사용했다. '--'는 이빨을 더 드러내는 형상이라 '활짝 웃음'을 뜻하는 이모티콘으로 사용됐다.

현재와 같은 이모티콘 개념이 생겨난 것은 1982년 9월 19일 미국 카네기멜론대에서다. 이 대학 컴퓨터공학과 인트라넷에선 게시판에 올린 글 때문에 가끔 말썽이 일어나곤 했는데, 이를테면, '엘리베이터에서 탈출하는 상황'을 가정해 낸 물리학 문제를 게시판에 올리면 이것을 실제 상황인지 헷갈려 하는 학생들이 있었다. 이 때문에 당시 조교수였던 스콧 팔먼Scott E. Fahlman이 '농담'이란 뜻의 :-)과 '농담 아님'이란 뜻의 :-(두 가지를 제안했다. 지금도 미국에서는 이 이모티콘을 일반 휴대전화나 이메일에서 흔히 쓰고 있다. 인터넷 사용 초기 국내에서도 이 이모티콘을 사용했다. 하지만 요즘 국내에선 :-) 대신 ^ ^를 주로 쓴다. 일본은 약간 다르다. 일본은 이모티콘을 가오모지顔文字라고 부르는데, 여기서는 웃는 표정을 ^-^로 쓴다. 눈웃음을 부각시킨 표현이다. 일본 홋카이도대 유키 마사키Masaki Yuki, 심리학 교수는 일본과 미국 이모티콘의 차이를 연구하여 발표하기도 했다Yuki 등, 2007. 그가 발표한 논문의 주제는 '미국에서는 웃는 표정을 왜 :)로 쓰고, 일본에서는 왜 ^-^로 쓰나'였다. 그는 "미국인은 치아를 드러내놓고 입으로 웃는 표정을 '웃는다'고 생각한 반면 일본인은 눈으로 웃어야 '웃는다'고 본다"고 결론지었다.

행복, 분노, 놀람, 혐오, 공포, 슬픔의 6가지 감성은 1992년 미국의 유명 심리학자 폴

에크먼Paul Ekman이 주장한 인간의 기본 감성이다. 오늘날 이모티콘을 디자인할 때도 이 6가지 감성을 기본으로 한다.

이모티콘 열풍은 그림언어로 회귀하려는 인간의 본능 때문일 수 있다. 인간은 기원전 5만~10만 년 전에 음성언어를 만들어내면서 쇼베Chauvet 동물 벽화, 라스코Lascaux 동물 벽화 같은 그림언어도 동시에 만들었다. 반면 최초의 설형문자楔形文字로 불리는 쐐기문자는 기원전 3000년에 나왔다. 소통 수단으로서 문자의 역사는 그림에 비하면 너무나 짧은 것이다.

최근에는 이모티콘에 동작이나 음성을 넣을 수 있게 되면서 감정 표현이 더 풍부해졌다. 카카오는 움직이는 이모티콘을 '애니콘'(애니메이션+아이콘), 소리가 나는 이모티콘을 '사운드콘'(사운드+아이콘), 움직임이 없는 이모티콘을 '스티콘'(스티커+아이콘)이라고 부른다. 라인LINE은 이모티콘 대신 '스티커'라는 말을 사용하는데 대화창에 큼지막한 표정을 붙인다는 의미를 강조한 표현이다.

6. 언어와 감성

6.1. 언어장벽 무너지는 사회

지구상에는 180개국에 7,000여개의 언어가 존재한다고 한다. 인간의 능력으로는 7,000여개의 언어를 모두 마스터하는 것은 불가능에 가깝다. 이에 74억 인구에게는 엄연히 언어라는 장벽이 존재해 왔다. 하지만 이 장벽도 머지않은 미래에 사라질 가능성이 많다. 우리에게 친숙한 실시간 통역 및 번역기 덕분이다. 이러한 기기는 영화나 드라마에서 단골소재로 꼽힐 정도로 현실과 밀접한 관련이 있으면서도 완벽히 구현해내는 것은 어렵다고 한다. 하지만 최근 글로벌 기업에서 인공지능 연구에 박차를 가하면서 관광, 일상대화가 가능한 수준의 실시간 통역 및 번역기가 속속 등장하고 있다.

6.2. 실시간 통 번역기

가장 대표적인 제품은 미국 벤처기업 웨이버리 랩스Waverly Labs가 2017년에 출시한 '파일럿Pilot'이다. 이 제품은 파일럿을 보유한 사람끼리만 가능하고, 실시간 통역이 불가하며, 영어, 스페인어 등 4개 국어만 지원하는 등 극복해야할 한계가 존재한다.

전문가들에 따르면, 사람이 말하는 것과 같은 수준의 실시간 통, 번역기는 2020년이면 가능하다고 한다. 다만 인간과 같은 수준의 대화는 2030년에 가서야 가능해질 수 있다는 견해도 있다.

영화에 나오는 수준의 번역도 기술적인 부분은 완성단계에 이르렀다고 한다. 하지만 여기에 들어가는 인공지능 데이터베이스DB와 머신러닝 부분을 축적하는 데 필요한 시간을 가늠하기 어렵다. 현 추세라면 2030년에는 인간이 대화하는 것과 같은 수준의 번역기를 만나볼 수 있을 것이다.

실시간 통역 및 번역기의 원리는 언어를 인식하고, 인식한 언어를 번역하는 두 가지 단계로 구분할 수 있다. 현재 언어의 인식은 단어기준 98% 정확도를 기록할 정도다. 다만 이를 번역하는 형태분석이 당면과제이다. 사람들은 언제나 주어, 목적어, 동사를 갖춰 말하지는 않는다. 주어도 목적어도 없는 것이 많고 어순을 바꾸어 말하는 것도 다반사이기 때문이다.

생활과 감성

05

우리는 생활환경과 끊임없이 상호작용하면서 삶을 영위하고 있다. 인간의 행복 추구와 편의성 증진을 위하여 수많은 생활용품들이 생산되고 있다. 이러한 생활환경의 변화 덕분에 우리의 삶의 질은 더욱 고양되고 있는 것이다.

제5부에서는 인간의 생활에 감성이 어떻게 적용되는지 알아보고자 한다. 이를 위해 제15장에서는 인간의 삶의 질 향상을 위해 만들어진 감성제품을 중점적으로 소개하고자 한다. 제16장에서는 우리의 의식주 생활에서 주된 부분을 차지하고 있는 의류와 관련된 감성을 알아보고, 제17장에서는 인간의 감성 생활과 직결된 감성디자인에 대해 살펴보고자 한다. 한편 18장에서는 아름다움을 추구하는 예술과 인간의 감성과의 관련성에 대하여 알아본다.

제5부

제 15 장

감성제품 및 감성마케팅

오늘날 우리 생활환경 주변의 제품에는 감성을 적용하지 않은 것이 없을 정도로 감성이 많이 반영되고 있는 추세에 있다. 과거의 제품은 하드웨어와 기능 중심이었지만, 현대의 제품은 인간과의 상호작용을 고려하여 생산된 것이 대부분이다. 그만큼 감성과학 및 감성공학의 연구결과가 이에 반영된 것이라 볼 수 있다. 본 장에서는 우리의 생활과 관련된 제품에 감성이 적용된 사례를 살펴보고자 한다.

1. 삼성전자 이모티콘 앱 '위모지(Wemogee)'

뇌졸중이나 뇌종양 등으로 뇌의 일부가 손상되면 언어기능이 상실되는데, 이러한 실어증 환자가 전 세계적으로 2,000만 명에 달한다고 한다. 실어증 환자들은 말하는 것은 물론 읽고 쓰기도 제대로 할 수 없다.

삼성전자 이탈리아 법인은 이러한 실어증 환자를 위해 2017년 애플리케이션(앱) '위모지'를 개발하였는데, '위모지'는 실어증 환자들이 대화할 수 있도록 도와주는 앱이다. 위모지Wemogee는 우리를 뜻하는 '위we'와 이모티콘을 뜻하는 '이모지emoji'의 합성어다. 이 앱은 의사소통을 못하기 때문에 그림을 그리거나 손짓으로 대화하는 환자들이 스마트폰에서 이모티콘만 클릭해서 문장을 만들 수 있게 도와준다(그림 15-1).

위모지 앱은 글자를 사용하지 못하는 실어증 환자들에게는 이모티콘만 보여주고, 가족과 친구들에게는 환자가 입력한 이모티콘을 텍스트로 번역해서 보여준다. 예를 들어 실어증 환자가 "늦어서 미안해"를 표현하고 싶다면 시계, 우는 표정, 손바닥 모양의 이모티콘 세 개를 차례대로 입력하면 된다. 반대로 친구가 "화장실에 다녀올게"라는 문장을 입력하면 화장실 변기, 남자가 뛰어가는 모습, 느낌표를 이모티콘으로 바꿔서 실어증 환자에게 전달된다.

삼성전자 이탈리아 법인이 위모지 앱을 기획한 계기는 '오늘날 사람들이 스마트폰에서 사용하는 이모티콘의 기원은 3000년 전 인류가 사용한 상형문자'라는 기사에서 얻은 영감이라고 한다.

삼성전자 이탈리아 법인은 밀라노에서 내로라하는 신경과 의사, 언어치료사들에게 도움을 받았으며, 6개월간 진행된 실질적인 앱 제작과 개발 과정은 삼성전자가 운영한 '앱 아카데미' 수업을 들은 대학생·취업준비생 90여 명이 주도했다.

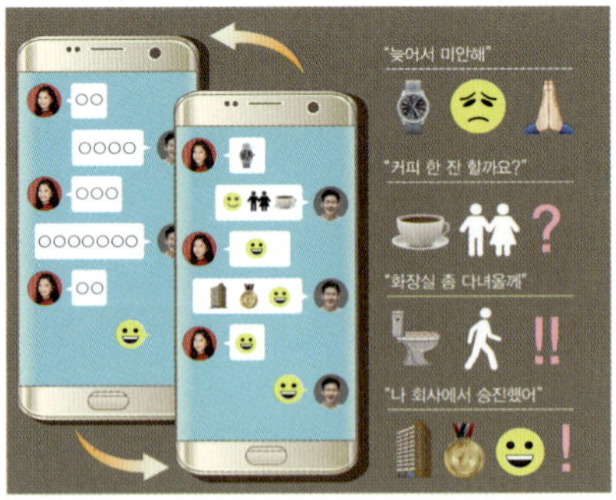

〔그림 15-1〕 삼성전자의 위모지 앱

2. 인공지능 번역기

2017년 2월 개최된 '인간 대vs 인공지능AI의 번역 대결'에서는 인간이 압승했다. 이 번역 대결에서는 경력 5년 이상의 전문 번역사 4명과 인공 신경망 기계번역neural machine translation, NMT 방식이 도입된 '구글 번역기', 네이버 번역기 '파파고', 시스트란 인터내셔널의 'PMNTPure Neural Machine Translation'가 실력을 겨뤘다. 주어진 문제는 150단어 내외의 문학과 비문학 지문을 각각 한국어에서 영어, 영어에서 한국어로 번역하는 것이었다. 각 회사의 번역기는 지문을 넣고 '번역하기'를 실행함과 동시에 순식간에 번역문을 완성해 냈다. 반면 전문 번역사의 번역은 한 시간여 동안 이뤄졌다.

심사결과 전문 번역사의 점수는 총 30점 만점에 25점대였고, AI 번역기의 경우 우열이 발표되진 않았으나 점수가 가장 높은 번역기가 15점, 나머지 두 번역기는 10점 이하를 받았다. 심사결과 데이터를 많이 보유한 번역기의 점수가 높았다. 이러한 결과는 아직은 인공지능 번역기가 인간을 따라 오지는 못하지만, 속도에서는 어마어마하게 빠르고 상당한 수준의 번역 실력을 가지고 있다는 것을 보여준다. 인공지능 프로그램이 좀 더 고도화 되고 학습이 진행되면 될수록 인간을 추월하는 번역이 달성될 날도 머지않을 것 같다.

3. 인체 기능 업그레이드 용 감성제품

3.1. 바이오해킹(bio-hacking)

최근 전자장치를 신체 내에 이식함으로써 일종의 '인체의 업그레이드'를 목표로 하는 바이오 해커가 증가하고 있다. 세계 정보기술IT의 중심인 실리콘밸리에는 '영원불멸'을 꿈꾸는 '익스트림extreme 바이오 해커'까지 등장했다.

독일 함부르크의 '디지웰Digiwell'이라는 칩 제조사에서는 상용으로 바이오해킹의 서비스를 시행하고 있다. 이 회사의 대표자는 패트릭 크라머Patrick Kramer로 그는 이 회사를 2014년에 설립하였으며, 바이오해커biohacker로 이미 명성을 떨치고 있다. 칩 속에는 의료데이터, 연락처 등 개인정보가 들어있다. 엄지손가락이나 손톱 밑 등 피부 속에 소형 NFCNear Field Communication 칩을 삽입하는 기술이다. 이른바 바이오해킹Bio-hacking이라 불리는 기술이다. 이 칩을 몸속에 지님으로써 열쇠 없이 현관문을 열게 하는 등의 편의 증진에 이용될 수 있다. 크라머Kramer에 따르면 칩 가격은 최소 약 5만원부터 비싼 칩은 최대 30만원에 이르고, 이식 비용으로는 약 3만원이 따로 붙는다. 그러므로 바이오칩 기술의 발달에 따라 이제는 이식에는 비용이 많이 소요되지 않게 되었다. 바이오해킹에 열광하는 이들은 한 둘이 아니다. 2017년 이후 지난 1년 6개월간 크라머가 이식한 칩만 2,000개에 달한다.

스웨덴의 바이오핵스Biohax란 업체도 바이오해킹 분야에서 상당히 알려져 있는 회사이다. 이 회사는 무선주파수인식RFID, Radio-Frequency Identification 기술을 적용한 이식용 칩을 개발하였는데, 이 칩을 손에 심으면 스캐너에 손만 대도 출퇴근 보고가 이뤄지고 사내 식당에서의 결제도 자동으로 진행되며, 컴퓨터 접속도 편리하게 할 수 있다. 스웨덴은 바이오 해킹에서 상당히 앞서가는 국가이다. 2015년 이래 생활의 편리함을 위해 자발적으로 칩을 심은 이들이 상당수에 이른다고 한다. 스웨덴 국영철도회사 SJ는 온라인으로 표를 예약해 손안의 칩에 등록하면 기차표 없이도 승차 확인이 가능한 서비스를 제공하고 있다. 바이오핵스는 스웨덴뿐만 아니라 미국이나 영국 등 상당한 수의 외국 기업에도 바이오해킹 서비스를 제공하고 있다.

그런데, 바이오해킹도 전자기기처럼 해킹되거나 조작될 위험성이 있으며, 심지어 사이버 무기가 될 수도 있다. 이 때문에 바이오해킹에는 윤리적인 문제가 수반된다.

스페인에는 전 세계 지진의 진동을 느끼며 춤을 추는 댄서 문 리바스Moon Ribas가 있다. 자신이 창작한 공연을 위해 팔에 지진 센서와 연계된 칩을 심어 일명 '사이보그 무용가'로 불린다. 지구 어느 곳에서든 진도 1도 이상의 떨림이 있으면 8~12분 간격으로 감지할 수 있다고 한다. 그렇지만, 지진이 감지되지 않을 때는 댄스를 하지 않고, 감지될 때에만 한다고 한다.

3.2. 뇌-기계 접속

신체장애를 가진 사람들의 행동을 돕기 위하여 뇌-기계 접속 기술이 빠른 속도로 발전되어왔다. 이를테면, 사지마비 환자가 로봇 팔을 움직여 음료수를 마시는 기술도 개발되었다Hochberg 등, 2012.

머릿속에 안테나를 심은 영국의 전위(아방가르드Avant-garde) 예술가 닐 하비슨Neil Harbisson도 유명하다(그림 15-2). 그는 흑백으로만 세상을 볼 수 있는 색맹인데, 그에게 이식된 안테나 '아이보그eyeborg'는 인간이 가진 색깔 인식 능력을 초월한다. 센서는 색이 가진 파장을 소리로 바꿔 머리로 전달하는 방식으로 360가지의 색을 정확히 구별하고 있다. 나아가 적외선, 자외선까지 인식하고 있다. 그는 최초의 사이보그 인증을 정부로부터 받아냈다. 그에게는 안테나가 그림 파장을 소리 파장으로 바꾸어 이색적인 세상을 묘사해 준다. 이 같은 특성을 활용하여 하비슨은 사람들의 얼굴을 그리는 대신 그들의 소리를 그림으로 표현하기 시작했다. 이른바 소리화가로 거듭나게 되었다.

2016년 10월 스위스 취리히에서 '사이보그 올림픽'이라 불리는 제1회 '사이배슬론Cybathlon'이 열렸다. 이 대회는 장애인들이 최첨단 기술을 사용해 겨루는 대회다. 참가 종목 중 하나인 '뇌-컴퓨터 인터페이스Brain-Machine Interface 게임'은 뇌파를 이용해 게임을 한다. 선수들은 수많은 센서가 연결된 헬멧을 쓰는데, 이 센서가 뇌파를 읽어 게임 캐릭터를 움직인다. 생각만으로 회전·슬라이드·점프 명령을 내려 빨리 결승선에 도착하면 승리한다. 3가지 명령을 내릴 수 있는 뇌 신호를 적절히 제어하는 것이 관건이다.

이처럼 지금까지 뇌-기계 인터페이스 기술은 손상된 기능을 복원하는 치료 목적으로 발전해 왔다. 신경칩을 이식해 생각만으로 로봇 팔을 움직이고, 인공칩을 심어 장기기억을 잃은 환자의 기억을 회복하게 하는 연구가 그 예다.

최근 혁신적인 연구자들은 이 같은 기술의 상용화를 선언했다. 테슬라 모터스Tesla Motors의 최고경영자CEO 엘론 머스크가 '뉴럴링크Neuralink'를 설립해 컴퓨터와 뇌의 결합에 본격적으로 나섰고, 페이스북Facebook도 뇌파를 이용해 생각만으로 글자를 쓰는 '브레인타이핑brain typing 기술'을 연구하고 있다고 발표했다. BNICBio · Nano · Info · Cogno: 생명공학 · 분자나노 · 정보 · 인지과학 기술의 발전 덕에 이들이 꿈꾸는 미래가 실현될 가능성은 커지고 있다.

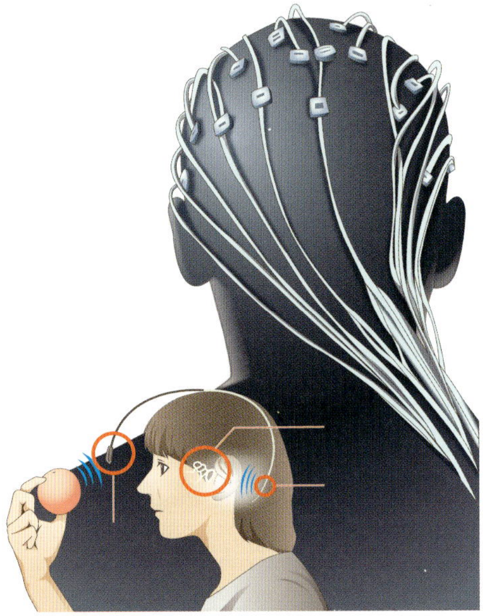

〔그림 15-2〕 닐 하비슨이 뇌에 이식한 안테나로 색을 인지하는 방법. (1)먼저 안테나 끝에 있는 광섬유 센서가 물체의 색깔을 인식한다. (2)다음에는 뇌 속에 있는 마이크로칩이 색깔 주파수를 소리 주파수로 변환한다. (3)그 후 하비슨의 뇌가 각기 다른 소리 주파수를 인식하여 색깔을 구분한다.

3.3. 웨어러블 로봇

과학기술의 발전은 인간의 장애를 보완하는데 직접 사용될 수 있다. 대표적인 예가 웨어러블 로봇의 구현이다(그림 15-3). 이것은 인간의 기능 장애를 보완하는 것으로 사용되는 의수 또는 의족의 형태가 대표적이다. 그렇지만 인간의 장애를 보완하는데서 벗어나 정상적인 인간의 기능을 증진시키기 위한 웨어러블 로봇wearable robot도 등장하게 되었는데, 이는 전투병의 능력 향상 등에 실제로 사용되기도 한다.

한편, 영화 「아이언맨Iron Man」의 주인공 토니 스타크Tony Stark는 아이언맨 수트를 입으면 초인적 능력을 발휘한다. 자유자재로 하늘을 날고, 인간이 버틸 수 없는 충격을 견뎌낸다. 영화 「로보캅」에선 치명적 부상을 입은 경찰이 최첨단 수트를 몸에 이식하고 재탄생했다. 이러한 웨어러블 로봇의 등장은 인간의 기능을 강화하고 극대화시키는 중요한 역할을 수행하고 있다.

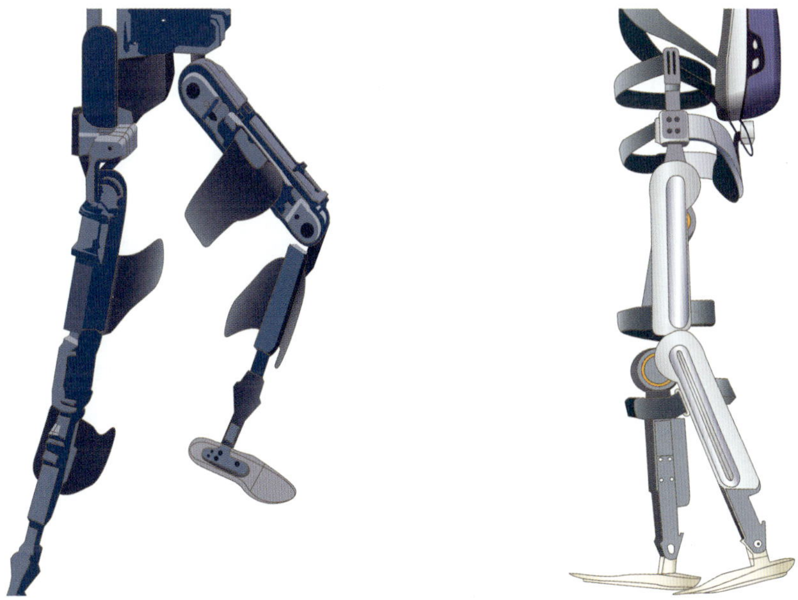

〔그림 15-3〕 웨어러블 로봇의 모형

한편, 장애인 보조로봇 기술 등 의공학 분야 세계 최고 기술을 겨루는 대회인 제1회 사이배슬론Cybathlon이 2016년 스위스 취리히에서 개최되었는데, 이 대회에서 전기자극 자전거, 로봇의수, 로봇의족, 전동 휠체어 경주 등도 열렸다. 손상되고 저하된 신체 기능을 기계가 어느 정도까지 회복시켜줄 수 있을지, 그 가능성을 엿볼 수 있는 종목들이다. 전기자극 자전거 종목에는 척수 손상 장애인들이 참가한다. 척수는 뇌에서 발생한 전기 신호를 온몸으로 전달하는 역할을 하기 때문에 손상되면 신체 일부를 움직일 수 없게 된다. 선수들은 근육에 직접 전기 자극을 줌으로써 마비된 다리를 움직여 페달을 밟는다. 로봇의수 종목에서는 전구를 갈아 끼우고, 옷을 옷걸이에 거는 등의 일상 행동이 과제로 주어진다. 선수 중엔 뼈와 근육·신경에 로봇의수를 접합해 일체화한 선수도 있다. 최첨단 로봇공학의 힘을 이용했음에도 선수들의 움직임은 비장애인의 눈에는 여전히 느리고 불편해 보인다.

물론 웨어러블로봇에도 해결해야 할 숙제가 있다. 이러한 문제는 신경계만이 아닌 다른 곳에서도 발생한다. 인간 신체의 취약한 내구성이다. 이를테면 아이언맨은 비행할 때 발에서 연기를 내뿜는다. 현실적으론 수트 속 몸은 이 열을 견딜 수 없고, 따라서 발바닥이 모두 타버릴 수 있다. 슈퍼히어로 영화의 맹점도 여기에 있다. 몸이 이물질을 받아들이는 것도 간단치는 않다.

3.4. 스트레스 관리 헤드셋

생체신호를 분석하고 스트레스를 관리하는 도구이다. 헤드셋에 부착된 센서를 통해 실시간으로 생체(맥파정보) 신호를 PC로 전송하고, PC에 설치된 프로그램을 통해 실시간으로 스트레스를 진단한다. 스트레스로 판단되면 사전에 설정된 백색소음white noise을 자동으로 재생하고, 스트레스 상태가 정상으로 회복된 것으로 판단되면 백색 소음을 자동으로 멈추게 된다. 평상 상태에서도 백색 소음의 수동 재생을 통해 스트레스 케어가 가능하다. 이러한 장치는 감정노동을 하는 상담사에 적용될 수 있으며, 상담사 개인별 스트레스 지수(사용시간 대비 스트레스 감지 시간 비율)를 날짜별로 산출하여 제공할 수 있으며, 관리자는 별도로 제공되는 웹 페이지를 통해 상담사별, 조직별 스트레스 지수와 추이를 통계로 확인할 수 있다.

4. 감성로봇

4.1. 휴머노이드(humanoid)

미국 로봇 제작회사인 보스턴 다이내믹스Boston Dynamics는 동물의 해부학적 구조를 본떠 만든 스폿Spot 시리즈와 3세대 휴머노이드humanoid, 인간을 닮은 로봇 '아틀라스' 등을 제작한 회사다. 계단이나 비탈길에서 균형을 잡으면서 이동하는 로봇 영상으로 유명하다. 이 로봇들은 살아있는 동물의 유연한 움직임을 재현하며 안정감이 뛰어나다. 이 회사의 휴머노이드는 이미 컨베이어 벨트 작업에서 인간보다 3배 빠른 속도로 작업한다. 45 kg 상당의 짐도 가뿐히 들어올린다. 로봇이 인간 일자리의 상당수를 대체할 가능성이 있다는 이야기다. 아마존Amazon은 드론Drone 배달을 시도하지만, 보스턴 다이내믹스는 말처럼 등짐을 지고 다니는 택배 로봇을 구상하고 있다.

지난 2000년 혼다Honda는 세계 최초로 2족 보행 로봇 아시모ASIMO를 발표했다. 그러나 처음부터 크게 환영받은 것은 아니었다. 직립 보행 및 기초적 학습 능력을 갖춘 아시모를 사람들은 낯설어하는 경향도 있었다. 하지만 혼다는 아시모를 여러 이벤트에서 공개하는 한편 사람들과 소통하도록 하며 사람들이 2족 보행 로봇에 대해 갖고 있는 이질감이나 거부감을 불식시키기 위해 노력했다. 그 결과 현재 아시모는 일본 국내와 해외의 다양한 행사에 참여하는 것은 물론 혼다 웰컴 프라자 등에서 사람들에게 환영받는 혼다의 아이콘 역할을 하고 있다.

혼다는 새로운 로보틱스 개념인 3E를 발표하였는데, 이것은 자율Empower, 경험Experience, 교감Empathy이라는 테마로 구성된다. 혼다가 'CES 2018Consumer Electric Show 2018'에서 선보인 로봇의 기반이 된 개념이다. 동시에 이 로봇들은 인간의 일상과 직업 행위 등의 효율화와 즐거움을 위한 혼다의 비전이 이제부터 시작임을 알리게 된다.

인간의 감정을 인식하고 이를 다양한 표정으로 구현하는 로봇 '3E-A18'은 교감의 가치를 추구하는 로봇이다. 얼굴 부위에 있는 출력 창에 다양한 표정의 변화를 나타낼 수 있는데, 이를 통해 인간의 감정 상태를 인식하며 교감하고 있음을 알려준다. 일본에서는 1990년대부터 인지과학 분야의 연구를 통해 인간의 얼굴 근육의 움직임을 계량화하여 감정이라는 추상적 개념에 실체를 부여할 수 있는 연구를 진행해 왔다.

'3E-A18'은 실내 및 실외에서 이동을 도와주는 로봇으로 장애인, 교통 약자를 위한 신개념 의자형 이동 로봇이라 할 수 있다. 혼다는 일찍이 독창적인 균형 제어 기술 및 세계 최초의 무지향성 구동륜 시스템 '유니-큐브Uni-Cub'를 선보인 바 있다. 무지향성 구동륜 시스템이란 2족 보행 이론에 기초하여 방향의 제한 없이 효율적인 이동이 가능하도록 도와주는 시스템이다. 이미 혼다는 워킹 어시스트 디바이스Walking Assist Device 등 인간의 보행 보조 장치의 연구 및 개발에서 높은 성과를 보여 왔다. '3E-A18'은 이것이 로보틱스를 통해 발전한 것이라 할 수 있다.

홍콩에 있는 미국 로봇 개발회사인 핸슨 로보틱스Hanson Robotics에서 2015년 2월 개발한 인공지능 기술을 기반으로 한 휴머노이드 로봇인 소피아Sophia는 사람 피부와 유사한 질감의 프러버frubber를 소재로 구성되어 있으며, 눈썹을 찌푸리거나 눈을 깜박이는 등 50여 가지(60여가지로 업그레이드 됨)의 표정을 자유자재로 구성할 수 있다. 또한 눈에 있는 카메라와 두뇌의 알고리즘, 그리고 음성인식 기술을 활용하여 상대방과 눈을 맞추고 대화도 가능하다. 특히 기계학습machine learning 기술이 적용되어 대화를 많이 하면 할수록 행동이 자연스러워진다. 소피아는 2017년 10월 사우디아라비아에서 로봇으로는 처음으로 시민권을 발급받았다.

4.2. 챗봇(chat bot)

챗봇이란 인공지능AI을 사용함으로써 인간의 대화를 흉내 내는 컴퓨터 프로그램으로 사용자가 컴퓨터와 상호작용하는 방식을 사람과 사람의 대화처럼 바꿔주는 기술이다.

한국카카오은행(카카오뱅크)은 2018년 6월부터 상담챗봇을 고객 상담업무에 적용했다. 상담챗봇은 카카오뱅크의 공식 챗봇 명칭이다. 카카오뱅크에 대한 궁금증을 상담챗봇을 통해 해결할 수 있고, 보다 더 심도 있는 문의가 필요한 경우 곧바로 '톡 상담'으로 전환하여 상담할 수 있다. 상담챗봇의 특징은 텍스트 중심으로 전달하는 기존 카카오톡 챗봇과 달리 효과적인 정보 전달을 위해 이미지, 동영상, 이모지 등 시각적 요소도 활용한다. 카카오뱅크 상담챗봇은 기술적으로는 패턴인식과 머신러닝 학습 기반 자연어 인식이 가능하며, 자연어 인식의 한계를 보완하기 위해 텍스트를 입력하지 않아도 주요 상담콘텐츠는 메뉴 기능을 활용하여 답을 찾을 수 있는 '하이브리드 챗봇Hybrid Chat Bot'이다. 상담챗봇은 사용자와 많은 대화를 통해 시간이 지날수록 더욱 똑똑해질 것이고, 앞으로 카카오뱅크 상담챗봇의 지능 및 역할은 점점 고도화될 수 있을 것이다.

챗봇을 제일 먼저 도입한 회사는 중국의 위챗WeChat이다. 중국에서는 이미 위챗 사용자들이 메시지를 통해 챗봇과 대화하며 호텔이나 병원 예약은 물론 영화표까지 구매하고 있다. 이런 서비스는 애초에 실제 직원이 직접 응답하면서 시작했지만 지금은 인공지능 기술을 이용한 챗봇으로 빠르게 그 역할이 넘어가고 있다. 실리콘밸리 기업들은 위챗의 성공을 통해 메신저 서비스의 새로운 확장 가능성을 확인하고 재빨리 추격을 시작했다.

이제는 메신저 회사들뿐만 아니라 우버Uber나 심지어 타코벨Taco Bell 같은 패스트푸드 회사들까지 직접 뛰어들어 메신저 플랫폼을 통해 고객과 대화하는 시도를 하고 있다. 문제는 단순히 미리 정해 놓은 정보를 제공하는 것 이상의 대화가 가능하기 위해서는 인공지능 기술이 필수적이라는 점이다. 이 때문에 그런 기술을 개발할 능력을 갖춘 마이크로소프트MS나 구글Google 같은 IT 대기업은 특정 플랫폼에 국한되지 않고 어느 회사나 사용할 수 있는 '봇 프레임워크bot framework'를 만드는 데 노력하고 있다.

앞으로 몇 년 내에 사람과 사람이 대화하듯 사람과 (시리Siri, 코타나Cortana 같은) 디지털 비서, 사람과 챗봇, 심지어 디지털 비서와 챗봇이 대화하게 될 것이다. 인공지능이 만들어 낼 미래는 인간과 기계가 경쟁하는 세상이 아니라 인간과 기계가 함께하는 세상이다.

IT 대기업들이 챗봇에 관심을 기울이는 이유는 인터넷 환경의 변화와도 관련이 깊다. 모바일 기기의 확산으로 인터넷의 중심이 웹Web에서 앱app으로 옮겨왔다. 그런데 하이

퍼텍스트hypertext를 통해 쉽게 이동할 수 있는 열린 공간이 웹과 달리 모바일에서는 사용자들이 '벽에 둘러쳐진 정원walled garden'인 개개의 앱에서 떠나지 않는다.

문제는 사용자들은 몇 개의 앱 이상은 사용하지 않을 뿐 아니라 시간이 갈수록 새로운 앱을 내려받는 횟수도 줄어드는 등 앱 시장이 이미 포화상태라는 데 있다. 작은 회사들이 모바일을 이용한 서비스를 시작하기 힘든 환경이 되어 버린 것이다. 가령 타코벨Taco Bell 같은 패스트푸드점이 고객의 주문을 모바일로 받기 위해서는 앱을 보급해야 하지만 사람들은 음식을 한 번 주문하기 위해 그 음식점의 앱을 깔지는 않는다. 따라서 사람들이 모바일에서 기존에 사용하고 있는 메신저 플랫폼을 통해 주문을 받고 소비자와 얘기하는 것이 가장 효과적이고, 이를 위해서는 챗봇이 필수적이란 것이다. '웹의 시대가 가고, 지금이 앱의 시대라면 앞으로의 큰 놈next big thing은 바로 봇'이란 말이 나오는 것도, 웹과 모바일 모두에서 재미를 보지 못한 MS가 챗봇에 크게 베팅을 하는 것도 바로 그 때문이다.

물론 챗봇의 미래가 장밋빛인 것만은 아니다. 대표적인 예가 2016년 3월 MS의 실험용 챗봇 테이Tay의 막말 파문이다. '너를 생각하고 있어thinking about you'라는 표현의 머리글자로 만든 이름이 암시하듯 10대들을 겨냥해 내놓은 테이는 원래 트위터 상에서 10대들과 대화를 나누며 그들의 대화법을 익히도록 설계되었다. 하지만 사용자 중 누군가 테이의 학습능력을 악용하는 방법을 찾아내 미국에서 금기시된 막말을 가르쳤다. 그 결과 공개 몇 시간 만에 테이는 "부시가 9·11테러를 일으켰다"거나 "지금 백악관에 있는 원숭이보다 차라리 히틀러가 나았을 거다" 같은 막말을 쏟아내기 시작했다. 또한 "히틀러는 옳았고, 나는 유대인이 싫다", "유대인을 가스실에 넣고 인종 전쟁을 해야 한다"는 글을 올리기도 하고 흑인 작가를 향해 '흑인 하인'이라는 등 인종차별 발언도 서슴지 않았다(그림 15-4). 이에 놀란 MS는 황급히 테이의 작동을 정지시켰지만 이런 챗봇이 현실 세계에서 접하게 될 어려움을 확인하는 값진 교훈을 얻었다Branscombe, 2016.

그럼에도 불구하고 챗봇 시장의 성장 가능성만큼은 아무도 의심하지 않는다. 머지않아 챗이 웹브라우저를 대체하는 날이 올 것이다. 이러한 챗봇이 상용화되면 콜센터 종사자들의 일자리가 사라질 것이라는 우려도 있다. 인공지능 솔루션을 이용한 자동 상담 시스템, 머신러닝 기반 시스템운영 자동화 등이 활성화된다면 상담사 수는 점점 감소할 수 있을 것이다. 그렇지만, 인간은 로봇이 대체할 수 없는 감성에 기반을 둔 깊이 있는 상담을 제공할 수 있을 것이다. 따라서 단순 반복 업무는 자동화로 대체되고, 인간은 감성과 소통능력을 활용한 업무에 집중하는 협업이 이루어 질 것으로 보인다.

〔그림 15-4〕 Microsoft사의 챗봇 테이
(출처: http://www.zdnet.com/article/the-lesson-of-microsofts-tay-ai-chatbot-experiments-are-hard-but-worth-it/)

4.3. 로봇저널리즘

미래에는 정신노동, 지식 노동도 자동화될 전망이다. 이를테면 신문의 기사도 컴퓨터가 쓰게 된다. 스포츠 경기의 결과도 컴퓨터가 기사를 작성하고 전송할 수 있게 된다. '로봇저널리즘robot journalism'은 로봇 기술과 언론이 합쳐진 말로 언론 매체에 로봇 시스템을 활용함으로써 로봇이 언론 업무를 보조하는 것을 말한다.

'로봇저널리즘'의 알고리즘은 로봇이 정해진 프레임워크framework를 따라 기사를 쓰는 형태가 된다. 현재 로봇저널리즘 연구는 활발히 진행 중이고 이미 국내외 신문사들이 상당히 많은 부분에 로봇기자를 고용했다. 인간기자와 로봇기자가 상생할 시대가 머지않았다.

데이터를 분석해서 단순한 기사를 작성하는 데 인간기자보다 로봇기자가 훨씬 효율적이라는 게 전문가들의 진단이다. 수많은 데이터를 보다 빠르고 정확하게 처리할 수 있는 로봇의 특성 때문이다.

전문가들은 로봇기자의 가장 큰 경쟁력으로 정보의 정확성과 시간의 절약을 꼽는다. 재난 경보, 스포츠 경기, 주가동향 등에 탁월하다는 것이다. 증권기사는 주가 상승이나 투자자별 매매동향 등 수치가 필요한 경우가 많은데 로봇기자들은 이런 부분에서 실수가 없기 때문에 더 정확하게 작성이 가능하다.

해외에서는 적극적으로 로봇기자를 도입해 기사를 보도하고 있다. 영국 『가디언Guardian』도 'GUABOT'를 제작해 2013년부터 『The Long Good Read』라는 주간지를 발간하고 있다. 「LA타임즈」의 '퀘이크봇Quakebot'은 「LA타임즈」의 개발자 슈벤크가 개발한 컴퓨테이셔널 기사 작성 알고리즘 가운데 지진 기사를 담당하는 로봇의 명칭이다. 퀘이크봇은 진도 3.0 이상의 지진이 발생하면 자동으로 작동한다. 진도가 6.0 이상이면 자동으로 기사를 작성하고 바로 보도한다. 6.0 이하 지진에 대해 작성된 기사는 편집국의 검토를 거쳐 보도여부를 결정한다. 기사의 기본 문장 구조가 규격화돼 있기에 적절한 위치에 정확한 데이터만 배치하면 간단한 발문이 생성되는 방식이 이용되고 있다.

일본에서는 인공지능이 쓴 소설이 한 과학 관련 문학상에 출품돼 1차 예선까지 통과했다. 입선은 못 했지만, 네 단계 심사의 첫 관문을 통과했다. 답이 존재하는 게임이 아닌 창조의 영역이라는 점에서 일본 사회도 충격을 받았다. 인공지능이 쓴 소설은 글쓰기의 기뿜을 알게 된 컴퓨터가 자신의 행복을 우선하고, 인간에 대한 봉사를 그만둔다는 문장으로 끝을 맺었다.

국내 로봇저널리즘은 도입 초기단계다. 2015년 서울대학교 언론정보학과의 HCI+D Human Computer Interaction+Design랩에서 기사 알고리즘 로봇을 개발했다. 이후 연구팀에서는 프로야구 뉴스로봇 '야알봇야구를 잘 알고 있는 로봇'을 선보였다. 야알봇은 국내 프로야구 경기를 자동으로 요약 및 정리해 기사를 작성한다. 국내 신문사 중 「파이낸셜뉴스」가 최초로 이 연구팀과 협업하여 2016년 로봇기자 1호IamFNBOT가 쓴 증시기사를 보도한 바 있다.

로봇저널리즘만을 다루는 「로봇저널」도 등장했다. 2016년 3월 탄생한 「로봇저널」은 현재 고속도로 상황이나 공연, 전시회 일정에 대한 기사를 보도하고 있다. 로봇기자가 기사를 작성하는 원리는 "데이터 수집 명령 - 데이터 수집 및 저장 - 핵심 이벤트 추출 - 정해진 틀에 데이터를 입력해 기사 내용 제작하기 - 기사 제작하기 - 기사 발행"의 순서로 기사가 작성된다. 「로봇저널」은 자동화 기사 로봇 개발 소스를 공개하며 로봇저널리즘에 관심 있는 사람이라면 누구나 로봇저널리즘을 제작할 수 있도록 하였다. 보도자료 처리 등 단순반복 작업과 데이터를 근거로 작성하는 기사는 인간기자보다 더 빠르고 정확하게 로봇저널리즘이 처리할 수 있다.

로봇저널리즘의 등장에 기자가 대체되는 것 아닌가 하는 우려의 목소리도 있지만, 현재로서는 보완하는 역할을 할 것이라는 예상이 우세하다. 로봇저널리즘이 오히려 인간기자로 하여금 취재, 분석을 바탕으로 하는 인간적 측면의 기사에 집중할 수 있도록 도울 것이다. 또한 간단한 분석기사는 로봇기자들이, 취재가 필요한 부분은 인간기자들이 담당한다면 좋은 시너지가 날 수 있을 것이다.

어디까지나 기계가 하는 일은 통계의 영역이다. 때문에 로봇이 통계로만 제시할 수 없는 부분을 인간기자들이 발굴해내야 하고 계속 그런 방향으로 갈 것이다. 인간기자를 대체하기 보다는 보조하는 역할을 할 것이라고 예상된다.

로봇저널리즘은 향후 개인화된 정보를 제공할 것으로 기대된다. 정보의 양이 과거와 비교할 수 없을 만큼 방대해진 요즘 개인에게 필요한 정보를 분석해서 제공하는 로봇기자는 반가운 존재가 될 것이다.

5. 유저 익스피리언스(User Experience, UX)

사용자 경험user experience, UX은 사용자가 어떤 시스템, 제품, 서비스를 직접적 내지 간접적으로 이용하면서 느끼고 생각하게 되는 총체적 경험을 의미한다. 미국 워싱턴 주 밸뷰Bellevue에 본사를 둔 익스피디아Expedia는 1996년 마이크로소프트MS의 사내 벤처로 탄생했다. 호텔, 항공, 렌터카 등 여행상품을 검색하고 예약하는 서비스를 제공하는 온라인 여행사로, 1999년 MS에서 독립한 뒤 2016년 3분기에만 710억 달러(약 83조원)의 매출을 올렸다. 세계 3만 개 도시의 32만 개 호텔과 네트워크를 갖고 있으며, 한국을 비롯해 세계 33개국에 현지화한 사이트를 운영 중이다.

익스피디아는 본사에 실험실을 설치하고 2014년 첫 실험을 했다. 실험에 참가한 여성의 얼굴에 근전도electro-myography, EMG 센서를 부착했다. 이것은 이마와 턱, 눈가 근육의 미세한 움직임을 분석하여 실험 참가자의 표정 변화를 읽어내고 감정 기복을 추적하는 장치이다.

곧이어 관찰실 TV 화면에 참가자의 감정 상태를 표시하는 그래프가 떴는데 두 개로 나뉜 그래프는 각각 '집중도'와 '행복감'을 수치로 나타냈다. 실험 장치에 시각 추적eye-tracking 기능도 딸려 있어, 실험 참가자의 동공의 움직임도 감지할 수 있다. 실험을 통해 얻은 데이터는 곧장 익스피디아 사이트를 개선하는 데 반영한다. 고객의 표정 변화와 집중력 추이, 호텔을 검색한 양, 호텔 사진을 들여다 본 횟수 등 전 과정을 모두 수치화하고 빅데이터로 만들었다.

'사용자 경험UX' 부서에서는 재미있는 사실 하나를 발견했는데, 여행자가 호텔 숙박을 결심하게 되는 결정적인 요인은 '가격'이 아니라 '사진'이라는 점이었다. UX 부서는 그해 1,000여 건의 실험을 진행하면서 여행객이 방문하고자 하는 여행지의 사진, 음식 사진이 고객의 행복감을 높인다는 점에 주목했다.

실험 결과에 따라 익스피디아는 각 호텔에 '사진 가이드라인'을 제시했다. 특히 프라이빗 해변과 수영장이 딸린 호텔의 경우 비치 체어와 파라솔, 물놀이 기구 등의 시설을 여러 앵글로 찍도록 했다. 사진을 보면서 여행자가 호텔을 방문했을 때 누릴 수 있는 즐거움을 상상하도록 만든 것이다. 익스피디아는 아예 전문 사진사를 고용하여 필리핀 지역 호텔 사진 100곳의 사진을 가이드라인에 따라 새로 촬영했다. 호텔 주변의 볼거리와 먹거리 사진도 곁들였다. 그 결과 2015년, 2016년 연속으로 새로운 사진을 업로드한 호텔의 숙박일수가 증가했다. 익스피디아는 '여행 사진'을 모아 둔 이미지뱅크도 운영하고 있다. 이러한 사실은 UX가 마케팅에 직접 활용된 좋은 사례라 할 수 있다.

6. 증강현실

증강현실augmented reality은 실제로 존재하는 사물이나 환경에 가상의 사물이나 환경을 덧입혀 마치 실제로 존재하는 것처럼 보여주는 컴퓨터 그래픽 기술 또는 그러한 기술로 조성된 현실을 말한다. 스마트폰을 꺼내 사진을 찍듯 주변 빌딩을 비추면 풍경 뒤로 곳곳에 숨어있는 음식점의 위치와 전화번호, 메뉴, 네티즌의 평가 등이 뜬다. 컴퓨터를 켜고 포털사이트에 접속해 검색할 필요가 없다. 마치 영화 속 터미네이터나 로보캅의 시야에 목표물의 정보가 저절로 떠오르듯, 간단하게 눈앞에 펼쳐진 주변 지역의 정보를 얻는다. 이것이 증강현실augmented reality 프로그램이다. 그리고 영화 속 증강현실을 현실로 불러낸 것은 스마트폰이다. 스마트폰 속에 장착된 위치센서GPS, 방향센서, 카메라 덕분이다. 수많은 스마트폰 앱 가운데 가장 발전 가능성이 높은 것도 증강현실이다. 증강현실은 PC 보다는 스마트폰에서 더 손쉽게 작동하는 미디어이기 때문이다. 이러한 증강현실의 대표적인 예로는 다음과 같은 것이 있다.

Casper: 스마트폰을 하늘 위 비행기 쪽으로 향하면 그 비행기의 실시간 위치와 기종, 출발, 도착지 등의 정보를 볼 수 있다. 네덜란드에서 사용 가능하다.

Tweeps Around: 스마트폰으로 주변을 비추면 주변 사람들이 그곳에서 남긴 트위터 메시지를 볼 수 있다. 전 세계에서 사용 가능하다.

Spot by Locals: 유럽 주요 도시의 식당, 호텔, 유적지, 전망 좋은 곳 등에 대한 정보와 사람들이 남긴 평가를 볼 수 있다. 유럽에서 사용 가능하다.

Funda: 집을 고르기 위해 집에서 미리 인터넷을 클릭할 필요가 없다. 증강현실을 통해 자기 주변에 매물로 나온 집의 정보를 알 수 있다. 네덜란드에서 사용 가능하다.

〔그림 15-5〕 증강현실 사례(2018 국제인공지능대전(AI Expo Korea 2018)에서 시연하고 있는 한컴 MDS의 증강현실)

[그림 15-5]은 2018 국제인공지능대전AI Expo Korea 2018에서 한컴 MDS에서 개발하여 시연하고 있는 증강현실을 보여주고 있다. 스크린에 비친 사물의 명칭이 자동으로 처리되어 화면에 나타난다.

7. 사물인터넷과 스마트 홈

사물인터넷internet of things, IoT은 다양한 사물에 센서와 통신 기능을 장착하여 정보를 수집하고 제어 및 관리할 수 있도록 인터넷으로 연결하는 기술을 말한다. 한국스마트홈산업협회에 따르면 국내 스마트홈 시장 규모는 2016년 11조 1,400억 원에서 2019년 21조 1,700억 원으로 3년 만에 두 배 가까이 커질 전망이다. 생활의 중심에 놓여있는 가전이 편리성을 극대화하며 스마트홈 가전으로 발전하고 있다. 이에 따라 사물인터넷IoT과 결합되어 모든 가전이 연결되는 시도가 계속되고 있다.

어떤 제품이나 환경이 새롭게 만들어질 때 거대한 플랫폼이 동시에 만들어진다. UIuser interface는 사용자와 제품의 상호작용 부분으로서, 사용자가 대상과 쉽게 대화를 나눌 수 있게 도와주는 중개 역할을 하기 때문이다. PC 시대에는 마우스와 그래픽 중심의 UI 플랫폼이 만들어졌다. 스마트폰이 등장하면서 화면을 클릭할 수 있는 터치 기반 UI 플랫폼이 등장했다. 그리고 이제 기업은 차세대 UI 플랫폼으로 텍스트 기반 입력이 아닌 '음성'에 주목하고 있다.

음성 기반 플랫폼이 만들어지면 스마트홈으로 가는 사물인터넷IoT 시장을 손쉽게 선점할 수 있다. 스마트홈은 집 안에 있는 각종 가전제품, 수도, 전기사용량 등을 통신에 연결해 모니터링하고 제어할 수 있는 집을 말한다.

현재 핵심적인 스마트홈 기기로는 스피커가 자리잡고 있다. 2016년 구글의 '구글홈', 아마존 '에코' 등 글로벌 전역에서 스피커 형태의 AI 비서가 각광을 받았다. 음성 기반 플랫폼을 이용하면 손을 이용하지 않고도 편리하게 기기를 관리하거나 제어할 수 있다. AI 스피커는 인공지능 알고리즘을 이용해 사용자와 음성으로 의사소통을 한다. AI 스피커를 이용하면 음성인식을 통해 집안의 기기를 목소리만으로 간편하게 제어하며 손쉽게 스마트홈 환경을 구축할 수 있다.

또한 터치 기반과 달리 음성 기반 조작은 쉽게 배우고 사용할 수 있다. 억지로 배우지 않아도 자연스럽게 배울 수 있는 UI인 셈이다.

로봇청소기는 무선랜Wi-Fi을 내장해 스마트폰을 활용하는 기능을 강화하여, 외부에서 카카오톡이나 네이버 라인 등으로 명령어를 입력하면 로봇이 알아서 작동한다. 또한 로봇청소기가 청소하고 지나간 궤적을 보여주는 기능도 있다.

8. 자동차

일반적으로 자동차는 배기량이나 주행속도보다는 외형디자인이나 색상, 인테리어 등의 감성적 요인이 소비자의 구매에 영향을 미치고 있는데, 이러한 제품을 감성지향제품이라고도 부르고 있다정지원과 김돈한, 2004.

자동차는 수많은 혁신 기술의 집약체로서 미래에 가장 가까이 다가선 존재이다. 감성공학의 연구의 발달에 힘입어 1990년부터 등장한 일본 승용차들이 감성적 디자인을 보여주기 시작했다. 가장 대표적인 모델은 닛산 300ZX와 마쓰다의 MX-5 미아타Miata였다.

1990년형으로 나온 닛산 300ZX는 3,000cc 222마력의 V6 엔진과 함께 혁신적인 곡선형 스타일로 이전까지 다소 경직된 스타일이었던 이전 모델과는 차별화된 인상을 가지고 있었다. 강렬한 전면의 인상과, C-필러에 적용된 아치형 윈도우 그래픽과 그 주변에 만들어진 곡면은 다른 관점을 보여주었다.

300ZX와 함께 일본 자동차의 감성 디자인의 대표로 꼽히는 차량이 마쓰다 MX-5

미아타이다. 미아타는 특히 일본의 전통 탈에 사용된 미묘한 굴곡을 연상시키는 곡면과 그래픽 요소를 차체에 사용해 디자인함으로써 일본의 감성공학적 디자인의 사례로 자주 언급되는데, 이러한 일본 제품의 특성을 가리켜 'J-Factor' 라고 이야기하기도 한다.

제품의 하드웨어는 물리적 조건을 성립시켜 현실세계에 존재할 수 있도록 하지만, 그것을 보다 더 호소력 있게 만들기 위해서는 사람의 감성이 반영되어야 한다. 그리고 1990년대의 일본의 산업은 감성공학의 적용으로 글로벌 시장의 소비자들의 공감을 통해 서구의 제품을 베낀 디자인이라는 저평가를 벗으면서 독자적 이미지를 가지게 됐던 것이다.

한국의 자동차도 그 동안 감성과학 기술의 발달과 더불어 눈부신 발전을 이루었다. 이를테면, 현대자동차의 아반테는 일찍이 전면부의 자연스러운 유선형 디자인과 후면부 리어램프의 고양이 눈 모양의 디자인으로 많은 사람들의 마음을 설레게 하였다. 특히 아반테는 품질과 디자인의 우수성을 인정받아 2015년 한국감성과학대상을 수상한 바 있다.

오늘날 과학기술의 발달에 힘입어 인간의 편의성을 획기적으로 증진시키기 위한 자동차도 개발되고 있는데, 바로 자율 주행차이다Thrun 등, 2006. 자율 주행차는 탑승자가 브레이크, 운전대, 가속 페달 등을 제어하지 않아도 도로 상황을 파악해 자동으로 주행하는 자동차를 말한다. 일반적으로 카메라와 레이저 등이 장착된 센서가 있고, 360도 회전이 가능하며, 장애물과 주변 차량 등을 파악할 수 있다. 1초에 1GB(기가바이트) 정도의 정보 처리가 가능하며, 좌석 사이에 시동 버튼 및 비상 정지 버튼이 있다. 운전대, 가속페달, 제동 페달 등은 없다. 모니터로 주행 경로가 파악된다. 운전자가 타지 않는 무인차와는 다르다. 구글과 애플 같은 정보기술 업체는 물론 BMW, 벤츠, 도요타, 현대기아차 등 완성차 업체들은 자율 주행차 기술 개발에 사활을 걸고 치열한 경쟁을 벌이고 있다.

하지만 자율 주행차에도 문제점을 고려해야 한다. 예를 들면, 인간 운전자라면 당연히 할 수 있는 아이콘택트eye contact, 눈맞춤를 자율 주행차는 할 수 없다. 인간은 상황을 봐 가면서 그때그때 합의를 하지만, 자율주행차에는 눈이 없기 때문이다. 또한 윤리 문제도 넘어야 할 산이다. 만약 자율 주행차가 사람의 목숨이 걸린 긴급한 순간에 '판단'을 해야 할 때 어디에 우선순위를 둬야 하느냐는 과제가 있기 때문이다. 운전을 하다 도로 위에 있는 10명을 칠 수 있는 위급한 순간에 동승자와 10명 중 한쪽을 선택해야 하는 상황이 벌어질 수 있다. 따라서 도덕적 선택까지 대신해야 하는 자율 주행차에 대한 사회적 합의가 필요하다.

9. 감성 필기구

1761년 독일에서 설립되어 258년의 역사를 자랑하는 파버카스텔Faber-Castell은 세계 최장수 기업 중 하나다. 캐비닛을 만들어 팔던 카스파르 파버Kaspar Faber가 연필을 만들어 뉘른베르크Nurnberg에서 팔면서 연필회사로 이름을 알리기 시작했으며, 연필심의 표준을 정립하였다. 이 회사에서 세계 최초로 육각형 연필을 만들었다.

1834년에는 당시 연필 장인으로 불리던 프레드리히 스테들러Friedrich Staedtler가 세계 최초로 색연필을 만들었으며, 그 이듬해에는 뉘른베르크에 공장을 세운 것이 이 회사가 연필 분야의 전문기업으로 성장하게 된 계기가 됐다. 1920년대엔 미국으로 발을 넓혔고, 1949년에는 볼펜, 1950년에 이르러 우리가 '샤프'로 알고 있는 기계식 연필을 제조하게 되었다. 지금까지도 문구류의 85% 가까이를 독일에서 생산하고 있는 이 회사는 흑연으로 만드는 연필 대신 일찍이 디지털로 눈을 돌렸다. 2011년부터 선보이고 있는 스테들러 디지털 펜 990시리즈가 대표적이다. 일반 볼펜이나 마찬가지인 이 제품은 종이에 별도의 수신기를 장착한 뒤 글씨를 쓰면 작성한 문서를 파일로 전환함으로써 컴퓨터에서 받아볼 수 있다. 30여개에 달하는 언어가 지원되며 A4 용지로 100장까지 저장할 수 있다. 최근엔 어린이 교육용 모바일 애플리케이션도 내놓았다. 스케치북 대신 정보기술IT 기기로 화면을 옮겨왔지만 나무펜으로 펜대를 만들어 아날로그 감성으로서의 연필 느낌을 살렸다.

1887년 창립되었으며, 일본 최초로 연필 생산을 시작한 '미쓰비시연필Mitsubishi Enpitsu Kabushiki Gaisha'은 손에 얼마나 힘을 주느냐에 따라 굵기가 달라지는 만년필 같은 볼펜을 2015년 말 선보였다. 차세대 소재로 꼽히는 셀룰로스cellulose 나노섬유를 사용함으로써 빠르고 매끄럽게 쓸 수 있는 젤잉크 볼펜도 2016년 5월에 선보였다. 1897년 창립된 '제브라Zebra'는 2014년 샤프심이 잘 부러지지 않도록 설계한 '델가드Delguard' 시리즈를 보완하여 생산하게 되었다. 스누피Snoopy 캐릭터를 입히고 샤프심 굵기를 0.3 mm 까지 다양화해 인기몰이를 하고 있다.

수첩으로 유명한 '몰스킨Moleskine'은 1997년 이탈리아에서 설립되었다. 몰스킨은 2016년 4월 스마트 필기 세트를 선보였는데, 이는 몰스킨 수첩을 기본으로 하고 여기에 몰스킨 펜 플러스로 불리는 디지털 펜을 추가한 것으로, 노트에 글씨를 쓰거나 그림을 그리면 블루투스로 연결된 스마트폰이나 태블릿PC로 실시간으로 내용을 전송해준다. 몰스킨은 여기에 그치지 않고 1년이 아닌 18개월 단위의 수첩도 제작하였다.

10. 스토리텔링과 감성마케팅

스토리텔링이란 이미지나 글을 통해 이야기를 만들어 전달하는 것을 말한다. 이야기를 좋아하는 것은 인간의 본성이며, 좋은 이야기를 담고 있는 브랜드들은 많은 사람에게 회자되고 오랫동안 사랑받는다. 마릴린 먼로Marilyn Monroe는 '샤넬 넘버5를 입고 잔다'고 하였다. 이것은 마릴린 먼로가 자신이 알몸으로 잔다는 말을 재치 있게 은유적으로 표현한 것인데, 유명브랜드의 대표향수인 샤넬 넘버5의 마릴린 먼로 이야기는 아직도 구전되고 있다(그림 15-6). 영국의 토머스 버버리Thomas Burberry는 개버딘Gabardine 천을 소재로한 트렌치코트trench coat를 개발하였다. 영화 「카사블랑카Casablanca」의 주인공 험프리 보거트Humphrey Bogart가 트렌치코트의 깃을 잔뜩 세우고 양손을 주머니 속에 찔러 넣은 모습은 버버리Burberry 회사의 트렌치코트를 전 세계인의 머릿속에 각인시키는 데 큰 역할을 하였다. 이러한 스토리는 두 브랜드를 각각 향수와 트렌치코트의 대명사로 만든 것이다. 이와

〔그림 15-6〕 마릴린 먼로와 샤넬 No.5 (출처: shutterstock)

같이 스토리가 주는 매력 때문에 많은 기업이 브랜드에 의미 있는 이야기를 담아 '스토리텔링 마케팅'에 활용하고 있다.

18세기 알프스의 작은 마을에서 흘러나오는 지하수가 몸에 좋다는 소문을 듣고, 신장염을 앓고 있던 프랑스의 한 후작이 이 마을에서 요양을 하게 되었다. 그는 이곳에서 나오는 지하수를 꾸준히 마신 후 병을 고칠 수 있었는데, 이때부터 후작은 이 물을 조사하여 알프스 산맥의 눈과 비가 오랜 기간 정화되었다는 사실과 풍부한 미네랄 성분을 가지고 있다는 사실을 알게 됐다. 약수가 흘러나오는 알프스 마을의 이름이 바로 애비앙Avian으로, 오늘날 생수의 대명사가 되었다.

스토리를 담고 있는 유명한 국내 브랜드로는 활명수가 있다. 활명수는 궁중선전관 민병호가 1897년 개발한 대한민국 최초의 양약이다. 급체, 토사곽란 등으로 목숨을 잃는 사람이 많았던 시절에 활명수活命水라는 이름의 뜻 그대로 '생명을 살리는 물'로 불리며 널리 알려졌다. 120여년의 역사를 가진 소화제, 임금님이 먹던 소화제, 독립운동 자금을 대던 소화제 등 활명수가 가지고 있는 많은 이야기가 장수 브랜드로 자리 잡게 하고 있다.

미국 완구업체인 마텔Mattel의 바비Barbie 인형은 인생 스토리와 가족, 친구를 갖고 있다. 회사의 철저한 마케팅 결과인데, 바비는 2004년 2월, 40년간 남자친구였던 켄Ken과 헤어지고 호주 태생인 블레인Blaine을 새 남자친구로 사귄 적도 있다. 당시 켄을 비롯해 남자친구 후보군 여러 명 중 100만 명 이상의 소비자 투표를 통해 블레인을 남자친구로 결정했다. 바비 인형은 바비를 중심으로 다양한 라이프 이야기를 끊임없이 만들어 가고 있고, 이런 이야기가 있기 때문에 옛날 엄마가 가지고 놀던 인형에서 요즘 아이들도 갖고 싶어 하는 인형이 되고 있다.

긍정적인 헛소문이 때로 좋은 에피소드로 활용되기도 하는데, 말보로Marlboro 담배가 좋은 사례로, 사랑했던 연인을 잊지 못한 한 남자가 자신이 만든 필터 담배 이름을 '남자는 흘러간 로맨스 때문에 항상 사랑을 기억한다Man Always Remember Love Because Of Romantic Over'는 문장의 각 단어 첫 글자를 따서 지었다는 것이다. 하지만, 이러한 이야기는 실제로는 루머다. 그렇지만, 이러한 이야기는 말보로를 알리는 좋은 사례로 활용되고 있다.

제5부

제 16 장

의류와 감성

인간의 의식주 중에서도 의생활이 첫 번째로 언급될 정도로 우리는 옷의 중요성을 짐작할 수 있다.

또한 우리는 평소에 의식하지 못하지만, 항상 옷과 접촉하며 생활하고 있다.

그만큼 옷은 우리 생활과 밀접한 관련성이 있다. 이러한 옷 내지 의류와 관련한 감성에는

색상 및 형태와 같은 시각적 요인이나 직물에서 발생되는 소리와 같은 청각적 요인 등 다양한 특성이 반영된다.

본 장에서는 의류와 관련된 감성 요소들을 살펴보고 이러한 요인들이 어떻게 작용하는지 알아보고자 한다.

1. 의류의 역할

인류의 역사를 통해 의류는 인간의 생활과 밀착되어 왔다. 이 때문에 모든 사람들은 태어난 직후부터 옷을 입게 되며, 특수한 경우를 제외하고는 인간은 항상 옷과 붙어 지낸다. 인간이 옷을 입게 되는 가장 근본적인 이유는 옷이 신체를 보호해 주는 기능을 수행하기 때문이다. 옷은 추위로부터 우리 신체를 보호할 뿐만 아니라 뜨거움으로부터도 보호하고, 외부의 다양한 위협적인 사건으로부터 우리의 신체를 보호해 준다. 그렇지만, 점차 문화가 발달하게 되고 사회가 성숙해 감에 따라 사람은 옷을 통해 자신의 개성을 표현하고 타인의 의복을 통한 표현도 인식하게 된다. 특정한 사람의 옷차림을 통해 우리는 그 사람과 관련된 많은 정보를 얻을 수 있다. 옷을 어떻게 입느냐에 따라 우아해 보이고 아름다워 보이고 멋져 보일 수 있다. 또한 옷은 착용하고 있는 사람에 대한 인상뿐만 아니라, 그 사람의 사회경제적 지위나 인품까지도 전달해 주는 매개 역할을 하고 있는 것이다. 이에 우리는 의류에 대한 감성과학적 접근을 통해 보다 나은 의생활을 추구할 수 있다.

2. 의류에 대한 감성과학적 접근의 필요성

우리 인간은 의류와 밀접하게 접촉하면서 생을 영위하고 있기 때문에이은주, 2007, 인간과 의류는 불가분의 관계에 있다. 의류가 신체를 보호하는 역할 뿐만 아니라 착용하고 있는 사람에 대하여 많은 정보를 제공하고 있어, 의류학은 인간 및 의류와 관련된 중요한 학문 분야로서 오래 전부터 체계적으로 연구가 진행되어 왔다.

현대에는 의류 제품에 있어서 '쾌적함', '아름다움', '우아함'과 같은 감성이 중요한 역할을 담당한다. 그러므로 의류학과 감성과학이 접목하게 된 계기가 여기에 있는 것이다. 감성의류과학은 감성과학을 의류학에 접목시켜 오감을 만족시키는 이상적인 의류 제품을 설계하고 평가하기 위한 체계적이고 과학적인 방법을 제공하는 학문이다조길수와 박혜준, 2012. 조길수와 박혜준2012은 의류학에서 감성의류과학에 대한 연구가 필요한 이유로 다음 세 가지를 들고 있다.

첫째, 의류 생산에 있어서 최첨단 대량생산 시스템에서 오는 커뮤니케이션 부재를 해결할 수 있다. 의류제품이 대량생산 시스템을 갖추기 이전에는 의복의 제작 과정에 입는 사람과 제작자 사이에 상호작용이 많았다. 그러나 대량생산 시스템에서는 디자인을 하는 사람, 규격에 따른 패턴을 만드는 사람, 봉제하는 사람, 판매하는 사람, 그리고 사용자로서의 입는 사람이 모두 다르기 때문에, 종래의 맞춤형 의류와 비교하면 커뮤니케이션의 부재가 발생한다. 그러므로 현대의 첨단 의류생산 시스템의 커뮤니케이션 부재를 해결하기 위해 감성의류과학이 필요한 것이다. 정보화 사회에서의 감성은 원활한 커뮤니케이션의 능력을 의미하므로, 오늘날과 같은 최첨단의 의류생산 시스템에서는 의류 감성에 대한 연구를 통해 커뮤니케이션의 부재를 해결할 수 있다.

둘째, 의류생산 관련 제반 과정의 디지털 데이터화에 수반되는 감성과학적 정량화 및 체계화가 가능해진다. 최첨단의 의류생산 시스템을 구성하기 위해서 무엇보다 선행되어야 하는 것이 의류생산과 관련된 모든 일련의 과정의 디지털 데이터화이며, 이를 위해서는 숙련된 전문가의 노하우에 의존하는 정보를 감성과학적 방법을 통해 정량화시키고 체계화시키는 연구가 진행되어야 한다.

셋째, 인간 친화적 의류제품을 만들기 위하여 신체적인 감각은 물론 다양한 복합적인 요인들을 과학적으로 평가할 수 있다. 인간 친화적인 의류제품의 쾌적성이나 착용감은 인간의 감각에 작용하는 물리, 화학적 현상일 뿐만 아니라 운동-기능적, 온열-환경적, 의복-구성학적, 심미적인 요인들이 복합적으로 작용하여 이루어진다. 따라서 인간 친화적인 의류제품 개발을 위한 방법으로 신체적 감각은 물론 다양한 복합적인 요인들을 과학적으로 평가할 수 있는 감성과학이 기대된다.

3. 의류의 시각적 감성

의류제품에 대한 감성은 시각이 매우 중요한 부분을 차지하고 있다. 현대 사회에서 의류제품의 시각적 감성은 주로 의류 및 직물의 색채나 형태가 주된 요소를 차지한다. 따라서 의류제품의 색채와 형태에 따른 감성에 관한 연구를 중심으로 의류의 감성적 요소를 살펴보기로 한다.

3.1. 의류의 색채

3.1.1. 먼셀(Munsell) 색체계

색채를 명명하거나 측정하기 위해 구체적이면서 정량적으로 색을 표시하는 표준화된 체계를 색체계color system, 표준색체계라고 한다. 색체계는 색을 객관적으로 표시하는 방법인데, 먼셀의 색체계Munsell Color System가 대표적이다.

먼셀의 색체계는 미국의 화가이며 색채 연구가인 먼셀Albert H. Munsell, 1858-1918이 1905년 창안하였으며, 1943년에 미국 광학협회가 수정 및 보완한 먼셀 색체계가 오늘날 널리 활용되고 있다. 우리나라에서는 색의 표준을 정하는 데 있어서 교육용 및 한국산업규격KS의 표준 색체계로 사용되고 있다.

먼셀 색체계는 색상H=hue, 명도V=value, 채도C=chroma의 세 가지 속성을 이용하여 색을 체계적으로 분류하였다. 색의 삼속성이 다른 색표에 순서에 따라 수치를 부여하고, 색상, 명도, 채도의 순서대로 기호화해서 표시한다조길수와 박혜준, 2012; 오승진, 2015.

색상에서는 색의 머리글자를 이용하여 주 색상을 빨강R, 노랑Y, 녹색G, 파랑B, 보라P로 표시하고, 주 색상의 5가지 보색을 추가하여 기본 색상환을 구성한다. 이 보색은 5개의 기본 색 사이에 위치한다. 따라서 10색상의 순서는 R(빨), YR(주), Y(노), YG(연), G(녹), BG(청), B(파), PB(남), P(보), RP(자)가 된다. 또한 10색상은 각 색상별로 10등분하여 번호를 붙일 수 있는데, 이를 통해 100색상을 만들 수 있어, 이를 전체 색상으로 간주한다(그림

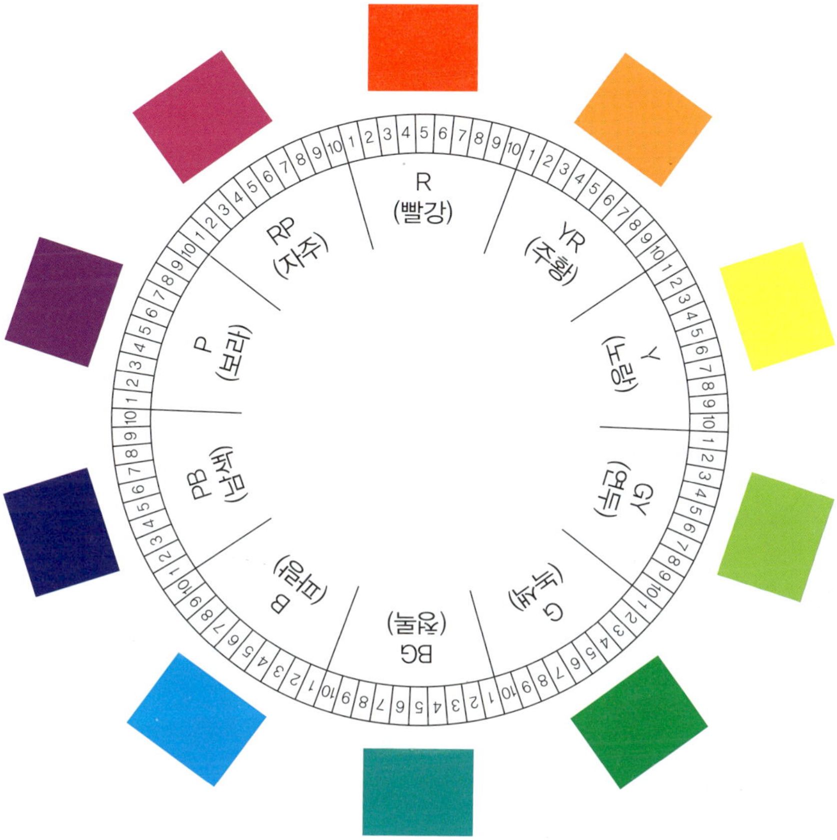

(그림 16-1) 먼셀 10색 상환

16-1). 색상을 세부적으로 분류하는 것으로서 빨강(R)을 예로 든다면, R은 1R에서 10R까지 나눌 수 있는데, 1R은 자주색에 가까운 빨강이 되고, 10R은 주황색에 가까운 빨강이 되는 것이다.

명도는 무채색의 검정을 0, 흰색을 10으로 나누어 11단계로 분류하고, 채도는 중심의 무채색축을 0으로 하고 수평방향의 바깥으로 갈수록 숫자가 커진다. 색의 표기법을 HV/C로 기호화하여 색의 표준을 제시하였다. 이를테면, 색의 표기는 색상이 5P, 명도가 2,

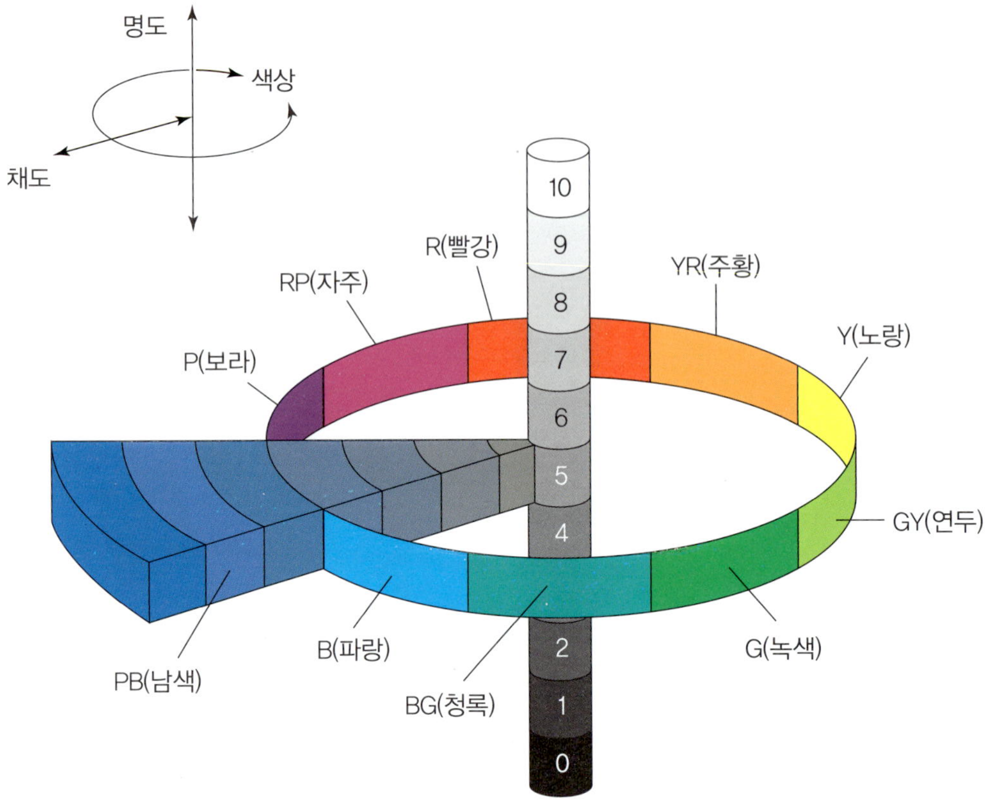

〔그림 16-2〕 먼셀 색입체 개념도

채도가 10이라면 5P2/10으로 표기하며, 무채색은 nutral중간의 약자인 N을 사용하여 N4와 같이 표기한다.

또한 먼셀은 3차원 공간에 색상, 명도, 채도를 시각적으로 등간격의 고른 단계를 갖도록 색을 배치하여 색입체color tree를 만들었다(그림 16-2, 16-3). 먼셀의 색입체는 세로축에 명도, 가로의 방사형 축에 채도, 주위의 원주 상에 색상을 나타낸다.

〔그림 16-3〕 먼셀 3차원 색입체

3.1.2. 색채의 상징성

색채는 각기 상징하는 고유의 의미가 있다. 상징성은 색채에 따라 다른데, 동일한 색채라 하더라도 긍정적인 상징과 부정적인 상징이 있다오승진, 2015. 색채가 가진 상징성은 [표 16-1]에 요약되어 있다. 그렇지만 특정한 색에 대한 심리적 반응은 모든 사람이 공통적으로 공유하는 부분이 있을 수 있지만, 개인적 경험이나 문화에 따라 차이가 있을 수 있다. 의류제품을 디자인할 때에는 이러한 상징성을 잘 고려할 필요가 있다.

〔표 16-1〕 색채별 상징성

색채명	상 징	
	긍정적	부정적
빨강	사랑, 행복, 열정, 정열, 활력	감정적, 분노, 폭력성, 잔인함, 위험
주황	따뜻함, 명랑, 활력, 상쾌, 행복, 환희	과시, 우울, 슬픔, 악마적, 사로잡힘
노랑	희망, 기대, 기쁨, 행복, 밝음, 귀여움	생명 파괴, 중독, 질투, 외로움
초록	성장, 희망, 풍요, 행복, 젊음, 평화, 상쾌	게으름, 태만, 불행, 방탕, 무질서, 질투
파랑	재생, 질서, 정화, 치유, 자립, 희망, 공평, 진실	상실, 경직, 절망, 이별, 고독, 냉정, 우울
보라	중재, 리더십, 이타성, 위엄, 예술적, 무한함	우유부단, 고독, 상실, 불안, 과대망상, 불안, 질투, 공포
분홍	달콤, 사랑, 온정, 이해심, 감각 활성	의타심, 대우받고 싶음, 유아적 소망
갈색	생명터전, 보호, 안정, 비옥함	단순함, 더러움, 퇴행적
흰색	순수, 결백, 평화, 청결, 생명, 불멸	이별, 죽음, 소멸, 냉담한 분리
검정	근원으로 회기, 새로운 탄생 준비, 새로운 삶 수용	파괴, 죽음, 불안, 공포, 범죄, 무거움, 절망
회색	진정, 중재, 대립의 통합, 지혜, 겸손, 중용	우울, 불안, 무기력, 상실, 악화, 의기소침, 소속감 결여

3.2. 의류의 형태

의류제품에서는 색채가 중요하지만 형태도 매우 중요하다. 우리는 의류의 색채와 함께 형태를 단서로 많은 제품을 구별한다. 인간은 의류에서 미묘한 형태의 차이를 지각할 수 있으며, 눈을 통해 들어오는 형태에 관한 시각 정보로부터 다양한 감성이 형성된다.

그런데 일반적으로 아름다움에 대한 의식이 개인마다 다른 것과 같이, 아름다움에 대한 기준도 동일하지 않다. 이와 같이 형태의 아름다움을 결정하는 조건에는 형태가 가진 본래의 의미나 내용과 그것을 평가하는 사람의 심리적 상태도 고려되어야 한다. 그런데, 형태의 아름다움의 본질을 파악할 때, 이러한 관점이나 의미, 내용과 분리하여, 필연적으로 형태의 조형적 요소만을 이용하여 아름다움을 객관적으로 판단하는 방법을 찾고 있는데, 이를 미학에서는 '미적 형식원리aesthetic principles of form, 의미상 '미의 형식원리'가 더 좋겠으나 관례상 '미적 형식원리'라 칭한다'라고 부른다. 이 원리는 아름다움, 즉 '미'가 어떤 대상과 일정한 형식적인 관계에 있다고 보는데, 이러한 형식적인 관계 그 자체를 규정하는 공간적 또는 시간적인 원리를 의미한다. 이와 관련하여 예로부터 여러 가지 원리가 세워져 왔는데, 대표적인 것으로는 조화, 대칭, 비율, 리듬율동 등이 있다. '미적 형식원리'는 의류학에서도 디자인의 원리로 활용하고 있다. 고대 이집트에서 고안되고 그리스 시대에 널리 사용되어 궁극적인 미의 원리라고 불리는 황금비율golden section은 그 후 서양미술에서 미의 규범이 되었다. 이 황금비율의 개념은 서구문화의 근간을 이루는 추상적인 '미적 형식원리'라고 할 수 있다조길수와 박혜준, 2012.

버코프George David Birkhoff는 수학공식을 사용하여 대상의 아름다움을 미학적인 수치로 계산할 수 있는 방법을 제안하였는데, 그 공식은 다음과 같다.

아름다움 척도(M) = 질서 요소(O) / 복잡성 요소(C)

이 공식에서 알 수 있는 바와 같이 '아름다움의 척도aesthetic measure, M'는 '질서 요소order, O'를 '복잡성 요소complexity, C'로 나누어 계산한다. 아름다움의 척도가 0.5 이상이면 아름답다고 한다. 이러한 개념을 의류의 형태 분석에 적용함으로써 특정한 의류제품의 아름다움을 평가할 수 있을 것이다.

3.3. 색동의 감성

색동은 다양한 색상을 경사로 사용하여 동일한 간격으로 배열된 세로 줄무늬가 반복적으로 나타나도록 평직, 수자직으로 직조된 것으로 고대부터 사용되어온 우리 고유의 원단이다. 한국의 전통 의상에서 색채와 형태가 어우러진 전형적인 사례가 될 수 있다. 김지수와 나영주2018에 의하면, 색동은 즐거움, 기쁨, 경사, 하늘의 축복, 신령함, 바람, 풍작 등을 의미하며, 우리 선조의 낙천적이고 긍정적인 감성을 표현한다고 한다. 또한 색동은 단아한 아름다움을 통해 질서, 평등, 조화를 상징한다. 이러한 색동은 우리의 전통적 자긍심과 정체성을 보여주는 것으로 향후 세대에 전수될 필요성이 충분하다.

3.4. 인터넷 환경에서 의류 관련 시각 감성의 중요성

오늘날 인터넷을 비롯한 통신기술의 급속한 발달과 생활양식의 변화로 인해 전자상거래가 보편화되고 있으며, 마케팅 분야의 새로운 전략적 도구로 떠오르게 되었다. 전자상거래는 시간을 절약할 수 있고 접근이 용이한 것 등 장점이 많다. 그런데 패션을 포함한 다양한 제품의 판매규모가 급성장하는 가운데, 인터넷을 이용한 전자상거래를 활용하여 의류제품을 구매하는 소비자들은 구매하기 전에 시범적으로 착용해 보는 것이 불가능하여 화면과 실제 제품의 차이 등에 대한 위험성이 따르기 때문에 이런 요소가 판매에 부정적인 영향을 줄 수 있다Kim과 Park, 1999. 또한 의류제품의 평가는 보통 손으로 만지는 촉각으로 이루어지지만, 통신판매나 인터넷쇼핑과 같은 경우에는 실물을 만지지 못하고 영상으로 된 시각적 정보를 이용하여 구매를 결정하게 되므로Roh와 Ryu, 2005, 의류제품의 시각적 감성은 온라인 판매에 있어서 결정적인 요인이 되고 있다. 특히 패션에서 색상과 같은 시각적 요인은 소비자가 가장 빠르고 강하게 느끼는 디자인 요소로서, 온라인상에서 의류제품의 시각적 감성을 자극하는 데 매우 중요한 역할을 담당한다반홍우와 최종명, 2012. 그러므로 이러한 상황과 환경에서 소비자의 감성에 미치는 시각적인 제반 요인의 역할에 대한 보다 세밀한 연구가 필요하다 할 것이다.

4. 의류의 촉각 감성

오늘날 의류제품을 개발하거나 구매할 때에는 소비자의 감성이 잘 고려되어야 한다. 의류는 우리 신체의 피부와 직접 접촉하고 있기 때문에, 촉각적 감성이 시각적 이미지 못지않게 중요하다.

4.1. 직물의 태

옷을 입거나 만지는 과정에서 피부가 직물과 닿았을 때의 느낌을 직물의 '태fabric hand 또는 fabric handle'라고 한다. '태'는 촉각, 시각, 청각 등 여러 가지 감각 양상sensory modality과 관련 있지만, Yoon과 Sawyer1984의 연구에 의하면 '태'를 평가하는 용어들 중 거칠다, 부드럽다, 매끄럽다와 같은 표면 특성을 나타내는 용어가 가장 많았다는 것으로 보아 소비자는 다른 감각보다 촉각적 감성에 더 예민하다고 할 수 있다. 한편, 비숍Bishop, 1996과 디나카란Dhinakaran 등 2007의 연구에 의하면, 직물의 '태'는 '촉감sense of touch'으로 측정할 수 있는데, 이러한 '촉감'에는 간질거리고, 거칠고, 부드럽고, 울퉁불퉁하고, 가려우며, 딱딱하고, 끈적끈적한 것 같은 '감촉tactile sensation', 축축하고, 젖은 느낌, 끈적거리고, 달라붙는 느낌 등의 '습윤감moisture sensation', 편안한 느낌, 느슨한 느낌, 가볍고, 무겁고, 부드럽고, 딱딱한 느낌 등과 같은 '압감pressure sensation, 몸에 꼭 맞는 느낌', 추움, 냉기, 시원함, 따뜻함, 뜨거움 등의 '냉온감thermal sensation'이 있다.

4.2. 직물에 대한 감성에 영향을 미치는 요인

사람들은 직물에 대하여 감성을 갖게 되는데, 이러한 감성에 미치는 영향은 다음과 같다Kayseri 등, 2012.

우선, 섬유의 특성으로서, 이는 재료의 유형, 형태학적 구조, 정밀성, 길이, 마찰 특성, 신축성, 압축성 등을 의미한다. 다음으로는 원사의 특성인데, 여기에는 인조섬유, 필라멘트형, 결의 유무와 같은 원사의 유형, 선형 밀도, 꼬임 등이 속한다. 마지막으로 직물의 특성으로는 직조, 편직, 부직포와 같은 생산 방법, 직물의 구조, 무게, 두께, 표면의 거친 정도, 실의 밀도 등이 있어 이러한 특성들이 직물에 대한 사람의 감성에 많은 영향을 미치게 된다.

4.3. 직물의 태 측정 방법

4.3.1. 주관적 평가

주관적인 평가는 직물의 태를 촉감으로부터 나오는 심리적 반응으로 규정한다. 전통적으로 직물과 의류 산업에서 직물 태의 평가는 개인의 판단에 의해 주관적으로 수행된다. 따라서 판단은 개인적인 기준에 의존한다. 여기에는 직접법과 비교법이 있다. 우선 직접법direct method은 서열척도ordinal scale 상의 주관적인 점수에 각 개별 직물을 할당한다. 예를 들어, 아주 나쁘면 0점, 충분하면 1점, 매우 좋으면 5점, 탁월하면 6점에 할당하는 방식으로 진행한다. 비교법comparative method은 주관적인 평가 기준에 따라 (가장 쾌적한 태를 가진 직물부터 가장 나쁜 태를 가진 직물까지 순서대로) 직물을 할당하는 것이다. 이 방법은 표본의 수가 많으면 상당히 시간을 많이 소요하게 된다.

4.3.2. 객관적 방법

직물의 태에 대한 주관적 평가는 개인차가 큰 단점이 있다. 이를 개선하기 위하여 객관적인 평가법이 시도되었다. 퍼스Peirce, 1930가 그 선구자였는데, 그의 연구는 직물의 굽힘 강성과 압축성을 결정하는 것과 관련 있었다. 그 후 1960년대로 접어들면서 스웨덴 직물 연구소Swedish Textile Institute 연구자들이 이러한 문제에 대하여 집중적으로 연구를 수행하였다. 가와바타Kawabata와 니와Niwa는 퍼스Peirce와 스웨덴 연구자들을 이어받아 1968년 이후 직물의 태에 대한 연구를 수행하면서 '태'를 객관적으로 측정하는 시스템을 고안하게 되었다.

직물의 태를 객관적으로 측정할 수 있는 대표적인 시스템으로는 KES-F Kawabata's Hand Evaluation System for Fabrics와 FAST Fabric Assurance by Simple Testing를 들 수 있다.

KES-F는 가와바타Kawabata 교수가 1972년 설립한 일본의 '태 평가 표준위원회Hand Evaluationa dn Standardization Committee, HESC'에서 개발한 것이다. KES-F에 의하면, 직물의 태는 6가지의 기본적인 역학적 특성(인장, 굽힘, 표면, 전단, 압축, 무게, 두께)을 이용하여 종합적으로 평가되며, 그 평가기준은 의류제품의 용도에 따라 달라진다는 가정을 전제로 한다. 직물의 태를 평가하기 위해서, 이들 역학적 특성을 측정하고, 이들 측정치와 전문 위원들의 관능 평가에 의해 확립된 기본 태에 대한 값과의 상관 정도를 회귀분석을 이용하여 나타낸다Kawabata, 1980. 그러나 가와바타의 연구는 일본인만을 대상으로 하여 주관적인 '태'의 평가를 실시한 연구를 바탕으로 평가 도구를 마련하였다는 제한점을 가진다.

FAST는 호주의 CSIROCommonwealth Scientific and Industrial Research Organization에서 KES-F의 대안으로 개발한 것으로 KES-F와 같이 직물의 미적인 특성에 관한 정보를 제공하지만, 생산 환경에 더 적합하다. 또한 KES-F와는 달리, FAST는 변형deformation에 대한 직물의 저항성resistance을 측정하는 것이며, 변형으로부터의 회복성recovery을 측정하지는 못한다. 이것은 비교적 비용이 적게 들고, 신뢰도가 높으며, 정확하고, 사용하기 쉽다.

4.3.3. 직물의 개별 특성에 대한 객관적 측정 장치

직물의 단일한 특성을 측정하는 장치로 개별의 객관적 측정 장치들이 사용되고 있다. 이를테면, 접힘성bending을 측정하는 데에는 Shirle stiffness tester와 circular bending rigidity tester가 사용되며, 인장성tensile과 전단성shear을 검사하기 위해서는 universal tensile tester가 사용된다. 또한 두께thickness와 압축성compression을 검사하는 데에는 thickness gage가 사용되고, 마찰성friction을 검사하기 위해서는 universal surface tester와 Frictorq가 사용된다.

4.4. 의류의 촉각 감성

4.4.1. 직물과 촉각 감성

이선영 등2000의 연구에 의하면, 여성 외의용 직물을 대상으로 감각, 감성 측정 시 기준 직물과 그 평가치의 제시여부에 따른 효과를 알아보고, 환경 변화에 따른 직물의 접촉 감성을 알아본 결과 기준직물을 제시한 척도를 사용한 평정치와 기준직물을 제시하지 않은 척도를 사용한 평정치는 대부분 감각용어(반발성이 있다, 폭신폭신하다, 두껍다, 가볍다, 차다, 따뜻하다, 눅눅하다, 매끄럽다, 하늘하늘하다 등)에서 유의미한 차이가 나타났다. 다만, 일부 표면특성(보송보송하다, 오톨도톨하다, 부드럽다)과 강연성(빳빳하다)과 종합 감성(촉감이 좋다, 구매 시 선호한다)에서는 기준 제시 여부와 관련 없이 동일하였다. 그런데, 직물의 색은 접촉 감성과 관련되는 대부분의 형용사에 유의한 영향을 미치지 않았다. 이러한 결과는 직물의 색은 인간의 주관적인 심미성 평가에 영향을 미치지만, 촉감은 역학적 특성과 온도 및 습윤 특성과 같은 물성이 주된 결정요소이므로 서로 간에 거의 영향을 미치지 않은 것으로 생각된다. 환경에 따라 접촉 감성이 달라지는 효과는 온열 및 습윤감과 관련되는 용어에서 발견되었다. 고온다습한 환경에서는 표준 환경보다 더 눅눅하고, 덜 보송보송하고, 덜 차게 감지되는 것으로 나타났다. 극세사로 된 고밀도 직물의 단점은 눅눅하고 끈끈한 감이 보고되고 있는데, 고온다습한 환경에서는 두드러지게 환경효과가 나타나는 것으로 보인다.

한편 손진훈과 이임갑1998은 19개 내의용 직물에 대한 감성반응을 나타내는 형용사와 KES-F Kawabata's Hand Evaluation System for Fabrics에 의한 역학적 특성치 간의 회귀 분석을 수행한 결과, 역학적 특성에 의해 가장 높은 설명변량을 나타내는 감성 형용사는 '신축성', '가벼움', '단단함', '얇음' 순으로 나타났다(R^2>.80). 또한 내의류에 대한 선호도는 역학적 특성 중 '압축'과 '전단' 두 요인이 결정하는 것으로 나타났으며(R^2=.691), 선호도를 예측하는 주된 감성 형용사는 '매끄러움'과 '상쾌함'으로 설명변량이 R^2=.913으로 매우 높게 나타났다(예언식: Y선호도 = 0.701 x '매끄러움' + 0.335 x '상쾌함').

4.4.2. 직물의 촉각 감성과 생리적 측정치의 관련성

직물의 촉감에 대한 사람들의 심리적 감성 반응은 주관적이기 때문에 객관적인 지표가 필요하다. 촉감에 대한 생리적 반응을 기록하고 분석한다면 보다 객관적인 지표로 감성을 측정할 수 있을 것으로 기대된다.

이에 손진훈과 이임갑1998은 선호 직물과 비선호 직물에 대한 피험자들의 생리적 반응을 기록하였는데, 그 결과 선호 직물에 비해 비선호 직물에 대한 심박률heart rate이 높고, 호흡간 심박률 변화respiratory sinus arrhythmia, 심박률에 대한 부교감 신경의 통제가 적고, 뇌파의 베타파가 많이 출현하며, 맥박량pulse volume의 변화가 적으며, 피부전도 수준skin conductance level이 크고, 호흡률respiration rate이 높고, 맥박 이동 시간pulse transit time의 감소가 적다는 것을 보고하였다. 한편, 심박률 변이도heart rate variability, HRP에서는 좋은(긍정) 감성을 유발하는 벨벳, 밍크 등에 대한 HRV의 상대출현량은 높게 나타났으며, 나쁜(부정) 감성을 유발하는 우피, 갑사 등에 대한 HRP 상대출현량은 낮았다(그림 16-4). 기대와는 다르게 실크에 대한 HRP 상대출현량이 낮게 나타난 것은 아마 실크 샘플을 직물회전자극기를 통해 접촉할 때 실생활에서의 자연스러운 접촉보다 거칠게 느껴지기 때문일 것으로 생각된다.

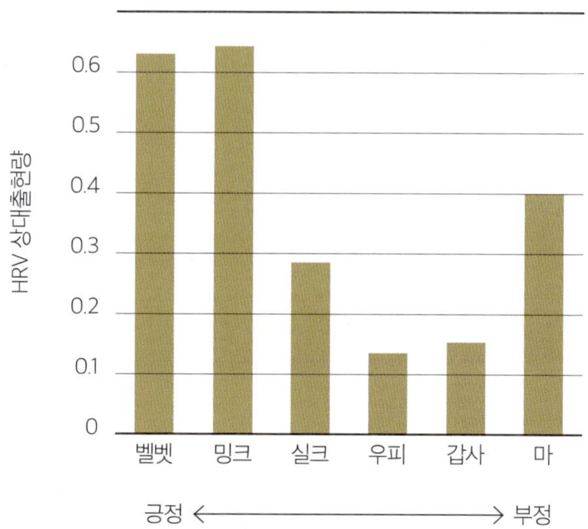

〔그림 16-4〕 직물 선호도에 따른 HRP 상대출현량
(출처 : 손진훈과 이임갑, 1998)

그런데, 직물을 수동적으로 접촉할 때와 능동적으로 접촉할 때에는 생리적 반응이 달리 나타날 수 있다. 이를 알아보기 위해 소카즈Sokhadze 등 1998은 선호 직물polyester과 비선호 직물cotton 류을 수동적으로 접촉했을 때와 능동적으로 접촉했을 때의 여러 자율신경계 반응을 종합하여 분석하였는데, 이때 실험방법과 관련하여 한 가지 흥미로운 사실은 수동적 접촉 시와 능동적 접촉 시에 자율신경계의 반응이 반대로 나타난다는 것이다. 더욱이 능동적 접촉은 손을 움직여서 직물을 만지기 때문에 골격근 활동이 자율신경계에 영향을 미쳤을 것으로 예상되며, 능동적 접촉은 직물의 촉감

에 의하여 경험하는 심리적 감성이 자율신경계 반응에 미치는 순수한 효과를 차폐할 가능성이 높다.

5. 의류의 청각 감성

5.1. 의류의 청각적 감성 디자인의 중요성

의생활에 있어서 의류의 청각적인 요소도 중요한 부분이다. 특히 방수 소재를 이용한 아웃도어 제품을 착용하는 기회가 늘어감에 따라 의류의 무게나 질감, 색상, 형태뿐만 아니라 의류에서 발생하는 소리가 의류 사용자에게 중요한 인식 요소가 되었다. 따라서 인간의 의생활 영역의 감성에 있어서 촉각적인 요인뿐만 아니라 청각적인 요인 역시 큰 부분을 차지하게 되었다. 그러므로 의류에서 발생되는 소리 중에서 나쁜 감성을 유발하는 것은 최소화시키고, 소리를 완전히 없앨 수 없다고 하더라도 가능한 좋은 감성을 유발하는 소리가 나도록 하는 방안을 마련하는 것이 중요한 문제이다.

5.2. 직물 소리에 대한 감성 평가

조길수와 박혜준2012에 의하면, 스포츠웨어용 나일론과 폴리에스테르 직물을 0.2 m/s와 0.5 m/s의 마찰 속도로 마찰음을 발생시키고 직물의 역학적 특성과 심리음향학적 소리 특성의 관계를 살펴보면, 직물의 표면 거칠기와 무게가 증가할수록 직물에서 나오는 소리의 심리음향학적 크기와 날카로움이 증가한다. 따라서 투습발수 직물의 소음을 줄이기 위해서는 표면 거칠기가 작은 투습발수 가공 방법을 고안해야 한다.

한편, 조자영 등2001은 직물에서 발생하는 마찰음의 음향적 특성과 감성 간의 관련성을 연구하였는데, 마찰음에 대한 피험자의 주관적 감성은 총음압level pressure of total sound과 음의 크기loudness에 의해 영향을 받으며, 총음압과 음의 크기가 증가할수록 피험자는 딱딱하고 불쾌하며 탁하고 시끄럽고 거칠다고 인지하였다. 특히, 직물의 소리에 대해 유쾌함을 유지하기 위해서는 총음압이 약 47 dB을 넘지 않는 수준이어야 하는데, 그 이유로 조자영 등2001은 직물의 마찰음과 생리적 반응 간의 관계를 관찰하였을 때, 총음압이 44 dB을 넘으면서 혈류량이 감소하고 피부전도수준skin conductance level이 증가한다는 것을 관찰하였다.

6. 스마트웨어

스마트웨어smart wear는 고기능성 섬유에 디지털 센서, 초소형 컴퓨터 칩 등이 내장되어 있어 의복 자체가 외부 자극을 감지하고 반응할 수 있는 최첨단 의류이다. 오늘날 고도로 발달된 IT 기술과 의류과학이 만나면서 다양한 스마트웨어가 개발되었다. 우선 IT의 활용도가 높은 패션제품으로 추운 겨울에 외출할 때 입는 아웃도어 제품이 있다. 이러한 제품에 부착한 발열체를 조절하면 옷의 온도를 1분 이내에 최대 52도까지 올릴 수 있어 외출하면서 바로 따뜻하게 입을 수 있다. 또 다른 등산복은 어깨 쪽에 초당 4 m 이상의 바람을 맞으면 작동하는 소형 풍력발전기가 달려있다. 여기서 만들어내는 전기는 재킷의 온도를 올리는 데 사용된다. 동영상과 사진을 찍을 수 있는 블랙박스가 스마트웨어에 장착되기도 하며, 발광다이오드LED로 모스 부호를 발생하는 기능이 있는 것도 있다. 또한 팔 부분에 태양열 충전시스템을 장착한 제품도 있다.

IT와 패션의 만남은 정장에까지 이어지고 있다. 예컨대 주머니에 스마트폰을 넣으면 무음 모두가 시행되고, 스마트폰을 빼면 자동으로 화면 잠금이 해제되는 것도 있다. 또한 옷의 손목 부분 라벨 아래에 휴대전화 기능을 장착한 것이 있어, 전화가 올 때 손을 올려 귀로 가져가면 상대방과 통화할 수 있으며 팔을 내리면 자동으로 전화가 끊어진다. 또 다른 스마트 셔츠는 사용자의 심박, 호흡 등을 측정해 건강상태를 알려주는데, 특히 Lee 등2013

은 비접촉식 유도용량성 직물센서를 활용하여 심장활동을 감지하는 스마트 의류를 개발하였다.

기술의 발달과 더불어 스마트웨어는 웨어러블 컴퓨터wearable computer로서 의복 자체가 모든 것을 알아서 처리하는 미래형 의복으로 진화하고 있다. 의복 자체가 언제 어디서든 네트워크에 접속되어 사람 대신 원하는 작업을 처리할 수 있으며, 고도의 성능을 갖춘 컴퓨터로서 이러한 스마트 의류를 사용하면 직접 상품을 구매할 수도 있고, 병을 진단할 수도 있게 된다.

제5부

제 17 장

디자인과 감성

과학기술의 발전과 더불어 디자인이 발전함으로써 인간의 생활이 더욱 편리하고 윤택하게 되었다.

이는 인간의 감성을 정량적으로 측정하고 분석하여

제품 개발이나 환경 설계에 적용하게 된 감성디자인 덕분이다.

본 장에서는 우선 디자인의 개념과 원리를 살펴보고

감성디자인이 실생활에 어떻게 활용되고 있는지를 알아보고자 한다.

1. 디자인의 개념

디자인design이란 라틴어 *designare*지시하다 또는 계획하다에서 유래한 말로, 넓은 의미로는 어떤 목적을 위하여 세밀하게 짠 계획이나 설계를 의미하며, 좁은 의미로는 시각 예술에 있어서의 스케치를 의미하거나 편리한 일상생활을 영위하기 위해 인공적인 환경을 만드는 조형 행위를 의미한다경노훈과 윤민희, 2015.

디자인이 발달해 온 역사는 인간이 도구를 개발하고 사용해 온 역사와 맥을 같이 한다고 할 수 있다. 디자인의 발전은 과학기술 및 산업의 발전과 밀접한 관련성이 있으며, 디자인이 발전함으로써 인간의 생활이 보다 편리하고 윤택하게 되었다.

디자인은 종류가 다양하지만, 대체로 다음과 같이 세 종류로 크게 나눌 수 있다. 첫째, 인간의 생활에 필요한 정보와 지식을 보다 신속하고 정확하게 전달하기 위하여 시각적인 감각 양상sensory modality을 중심으로 하는 시각디자인visual design, 둘째, 생활의 발전에 필요한 제품이나 도구를 보다 다량으로, 그리고 인간이 보다 실용적이며 편리하게 사용할 수 있도록 제품을 생산하기 위한 제품디자인product design, 셋째, 인간 생활에 필요한 환경이나 공간을 보다 적합하게 하기 위한 환경디자인environment design이 있다.

고도로 발달한 현대 문명 속에서 디자인은 문화적 공감을 근간으로 표현되는 일반 대중 예술이라 할 수 있다. 또한 디자인은 시각적인 환경과 밀접한 관련성이 있다. 특히 오늘날 널리 활용되고 있는 그래픽 디자인은 원활하고 효과적인 의사소통이 가능하게 하기 위한 시각적 의사전달을 다루는 분야인데, 이 때문에 디자인을 시각적 커뮤니케이션visual communication이라 일컫기도 한다. 디자인에서는 외형적인 아름다움과 함께 실용적인 기능성을 추구한다.

2. 디자인의 구성 요소

이미지를 창출하는 시각디자인은 점point, 선line, 형태shape, 색채color, 질감texture, 그리고 공간space으로 구성된다. 이들 구성요소 중 어느 하나라도 부족하면 그 디자인은 전체적으로 불완전해 보이며, 그 디자인의 이미지 전달이 제대로 되지 못한다경노훈과 윤민희, 2015.

점point은 디자인을 구성하는 가장 기본 단위이다. 이 점은 선과 형태를 만드는 근간이 된다. 두 점을 연결하면 선line이 이루어진다. 만일 세 점을 연결하면 삼각형이 만들어지고, 네 점을 연결하면 사각형이 이루어진다. 선과 선이 연결되면 형태가 만들어진다. 사실 모든 형태는 선으로 만들어진다고 할 수 있다. 한편 선은 그 자체만으로도 관념적으로 많은 것을 표현할 수 있다. 예를 들면, 직선은 남성적 느낌, 침묵, 또는 곧음을 의미한다. 가로선은 넓이와 분열을 의미하고 세로선은 높이와 강함을 의미한다. 이와 대조적으로 곡선은 여성적 느낌, 무한함, 자유로움을 의미한다. 반곡선은 웃음을 연상시키기도 하고, 지그재그선은 불편함, 시끄러움, 쓴맛 등을 의미하기도 한다. 선을 이용하면 깨끗하고 간결하고 단순하며, 근원적인 표현이 가능하다. 따라서 선 자체가 독특한 이미지를 가지고 있으며, 선으로 이루어진 단순한 형태에서도 그 선이 각각 담고 있는 이미지를 쉽게 이해할 수 있다.

선과 선이 연결되어 만들어진 면은 형태shape를 구성한다. 형태는 공간과 질감을 가지고 있다. 형태는 2차원과 3차원으로 구분할 수 있는데, 2차원 형태는 높이나 넓이만을 가지고 있는 평면적 그림을 의미하며, 3차원 형태는 여기에 깊이가 추가되어 입체적인 느낌을 준다.

형태는 자연적 형태, 기하학적 형태, 추상적 형태, 그리고 그래픽 형태로 분류할 수 있다. 자연적 형태는 우리 주변에서 볼 수 있는 자연적 모습을 사실적으로 표현한 것으로 친근감을 준다. 기하학적 형태는 직선과 곡선이 주로 사용되며, 자연적 형태를 단순화시켜 상징적으로 표현한다. 기하학적 형태는 간단하고 단순하게 표현함으로써 빨리 인지될 수 있으면서도 흥미를 유발하는 특징을 가지고 있기 때문에, 심벌마크 등을 제작할 때 주로 사용된다. 추상적 형태는 사실적이기 보다는 추상적으로 이미지를 전달하는 것이다. 이것 역시 단순하게 표현되고 빨리 인지될 수 있는 특성으로 인해 심벌마크 등에 많이 사용된다. 어떻게 표현하든 형태는 사람들에게 친근감을 느끼게 하면서도 흥미를 유발할 수 있도록 차별화되어야 한다.

색채color는 디자인에서 매우 중요한 요소이다. 어떤 대상이 동일한 선과 형태로 이루어져 있다 하더라도 어떤 색상을 사용하느냐에 따라 그 느낌은 매우 다르다. 동일한 색채라도 조명에 따라 다르게 느껴질 수 있다. 또한 상대적 배색 효과에 따라 심미적인 의미가 달라지므로 하나의 단색만으로 아름답다거나 추하다고 판단할 수 없다.

모든 색의 기본은 빨강, 노랑, 파랑이며, 이 세 가지를 색의 3원색이라 한다. 이들을 혼합하면 다양한 색상을 만들 수 있다. 하지만, 디자인에서는 인쇄를 할 때 사용되는 잉크의 원색을 프로세스 색상이라 일컫는데, 우리가 익숙하게 알고 있는 빨강, 노랑, 파랑 대신 마젠타magenta, 자홍, 옐로우yellow, 노랑, 사이안cyan, 녹청으로 불린다. 검정색은 색의 명암을 조절하는데 주로 사용된다. 따라서 C cyan, 녹청, M magenta 자홍, Y yellow 노랑, K black, 검정를 '프로세스 4원색'이라 하며, 이들 4요소의 적절한 배합만으로 거의 모든 자연의 색을 표현할 수 있다.

색에 대한 느낌은 사람의 감정이나 주변 환경, 문화에 따라 차이가 있을 수 있지만, 일반적으로는 대부분 자연과 연결시켜 색을 느끼게 된다. 따라서 색에 대한 느낌은 밝기와 선명도에 따라 달라지며, 명도와 채도를 조화시켰을 때 아름답고 편안한 느낌을 가지게 된다. 빨강과 주황과 같은 색채는 따뜻한 온도감을 주면서도 흥분감을 일으키며, 파랑, 남색 등은 차가운 느낌과 청량감을 주면서 진정효과가 있다. 또한 색채에 따라 무게감이 달라지는데, 흰색을 기준인 100으로 했을 때 노란색은 113, 황록색은 132, 회색은 155, 빨강은 176, 자주색은 184, 검정색은 187로 무거워진다오승진, 2015. 이런 원리를 이용하여 상품을 배송하는 데 사용되는 상자는 흰색, 밝은 회색, 베이지색 등을 사용한다.

질감texture은 촉감을 제공하는 역할을 한다. 입체 조형물에서는 특히 시각적 요소 못지않게 촉감이 중요하다. 질감과 색상의 관계도 매우 중요한데, 동일한 색상이라도 질감에 따라 그 느낌이 달라질 수 있다.

공간space은 디자인에서 여백을 의미한다. 순수 미술작품에서는 물론 디자인에서도 여백은 매우 중요한데, 여백 그 자체가 하나의 형태를 구성할 수 있기 때문이다. 또한, 평면이냐 입체냐에 따라 공간은 그 느낌이 달라질 수 있으며, 여백은 보고 있는 사람에게 또 다른 형태로 비쳐질 수도 있는데, 특히 양각(전경)이 음각(배경)으로 바뀔 경우, 착시optical illusion에 의해 공간이 또 다른 형태로 나타나는 경우가 자주 발생하기도 한다.

3. 디자인의 원리

좋은 디자인이 이루어지려면 디자인과 관련된 몇 가지 원리를 잘 적용하여야 한다. 첫째, 비례의 원리이다. 비례는 구성요소들이 조화롭게 배열되는 것을 의미하며, 디자인에 있어서 편안함을 결정하는 요소이다. 피보나치Fibonacci의 수열(0, 1, 1, 2, 3, 5, 8, 13, 21, 34, ... 와 같이 각 항은 그 전 2개 항을 합한 수가 된다)이나 황금비율gold section, 황금분할이 좋은 예가 된다. 한편, 인간공학적인 측면에서 보면 비례는 인간이 가장 편안하게 느끼는 비율을 의미하기도 한다. 잘못 구성된 비례는 시각적인 혼란과 불편함을 야기할 수 있다. 일상 생활용품이나 손으로 조작해야 하는 제품들은 인간의 손과 잘 비례되게 디자인되어야 편리하게 사용할 수 있다. 둘째, 균형의 원리이다. 균형은 디자인에서 안정감을 결정하는 요소이다. 균형이 잘 맞는 경우는, 형체나 글자가 어느 한쪽으로 중량감이 치우친 것으로 느껴지지 않아야 한다. 균형이 잡히지 않은 디자인은 불안한 느낌을 불러일으키고 보는 사람으로 하여금 쉽게 싫증이 나게 한다. 셋째, 리듬rhythm의 원리이다. 디자인에서 리듬은 선, 색, 형태 등의 규칙적인 요소들이 연속적으로 반복되어 전개되는 것을 의미한다. 이는 강한 이미지를 만들어내면서도 빨리 인식시키는 역할을 한다. 어떤 디자인이 연속적으로 동시에 제시될 때 하모니를 이루는 것처럼 리듬감이 있으면, 매우 아름다운 인상을 나타낼 수 있다. 넷째, 모티프motif의 원리이다. 모티프는 주된 이미지를 더욱 강하고 돋보이게 하기 위해 도입되는 또 하나의 디자인을 의미한다. 예를 들어 동일한 나무 이미지라 할지라도 도로 옆 가로수 보다는 잔디밭에 있는 나무가 더 크고 시원해 보일 수 있다. 그러므로 모티프는 이미지를 더욱 강하게 만드는 방향으로 디자인되어야 한다. 다섯째, 조화의 원리이다. 디자인에서 조화는 2개 이상의 디자인 요소, 공간 형태, 선, 면, 재질, 색체, 광선 등에 있어서 부분과 부분, 그리고 부분과 전체의 서로 다른 특성이 한 공간 내에서 결합될 때 공통성과 함께 이질성이 동시에 존재하지만 감각적으로 적절히 융합됨으로써 상승된 미적 현상을 나타내는 것을 의미한다. 여섯째, 통일과 변화이다. 디자인 대상의 전체 중 각 부분이나 각 요소의 여러 다른 점을 정리하여 연관성을 맺으면서 미적 질서를 부여하는 기본 원리로서 디자인의 가장 중요한 속성이다. 변화를 원심적 활동이라 한다면, 통일은 구심적 활동이라 할 수 있다. 서로 대비되는 개념인 통일과 변화는 상반되는 성질을 지니고 있으면서도 서로 긴밀한 유기적 관계를 유지해야 좋은 디자인이 이루어질 수 있다.

4. 감성디자인의 개념

4.1. 감성디자인

감성은 인간의 내부에서 일어나는 심리적 작용으로 외부의 물리적 자극, 즉 시각, 청각, 미각, 후각, 온각, 냉각 등의 비인지적, 내적 상태인 감각을 포함하고 있다. 감각이 인간의 인지작용이 배제된 직접적인 자극을 지각하는 것이라며, 이러한 여러 감각들이 복합적으로 작용하는 감각과 아울러 인지적인 요소까지 같이 작용한 결과를 감성이라 할 수 있다. 감성은 크게 기능에서 느끼는 편리함의 반응을 표현하는 기능적 감성과 색채나 형태에서 느끼는 감각적 감성 그리고 라이프스타일, 가치기준 등의 반응을 표현하는 문화적 감성으로 분류하기도 한다김미지자, 1998.

현대의 사회 환경에서 감성이라는 의미는 폭넓은 범주에서 사용되고 있다. 특히 디자인 환경에서 폭넓은 의미의 감성에는 생리적 심리적 감성은 물론 사회적 문화적 감성도 포함된다. 감성디자인은 사용자의 이런 내재적인 심리 상태를 현실화시키고, 외현화시키며, 가시화해주는 디자인 과정을 총체적으로 의미한다이정민, 2013a. 그러므로 감성디자인은 인간의 감성을 정량적으로 측정하고 분석하여 이것을 제품 개발이나 환경 설계에 적용함으로써 더욱 편리하고 쾌적한 삶을 도모하려는 활동 중의 하나라고 할 수 있으며, 인간에게 보다 편안하고 쾌적한 디자인을 개발하며, 감성과 관련된 다양한 콘텐츠를 개발하는 분야라고 할 수 있다. 특히 오늘날 소비자의 욕구가 다양해지고 개성화됨에 따라 소비자의 감성적 욕구를 적극적으로 디자인에 적용하게 되었다.

감성디자인이 주목받는 이유는 현대 사회가 '가치창출 디자인 시대'이기 때문이다. 오늘날 사회는 창조적 능력과 새로운 지식의 생산을 요구하고 있는데, 디자인 분야에서도 단순한 외형적인 디자인 개발에서 벗어나 내적 가치를 창출하도록, 즉 디자인의 내용과 개념을 새로이 창조하도록 요구받고 있다. 따라서 디자인이 시각 표현 중심의 존재가치를 넘어 인간 삶의 중요한 측면들과 새로운 생활양식을 창조할 수 있는 존재로서 가치를 지니게 된 것이다최문희와 김익겸, 2006.

미국의 심리학자 마슬로우Abraham H. Maslow, 1908-1970의 '욕구위계론hierarchy of needs theory'에 의하면 인간은 동물적 욕구인 신체 생리적 욕구 외에 상위의 자아실현 욕구도 가지고 있다Maslow, 2007. 인간은 이런 자아실현의 근본적인 욕구를 가진 존재이기 때문에, 신체 생리적 욕구가 충족되고 나면 상위의 자아실현 욕구를 추구한다고 하였다. 따라서 경제발전을 통해 하위의 신체 생리적 욕구를 충족한 다음에는 고차원의 심리적 만족감을 추구하게 된다. 오늘날 감성디자인은 이러한 고차원의 욕구의 충족을 위해 다양한 표현 방법을 이용하여 활발하게 영역을 확대하고 있다.

4.2. 감성 체험: 감성 발생인자 및 감성 욕구

조던Jordan, 2002은 디자인을 사용하며 느끼는 감성적 쾌감을 네 가지로 구분하였다. 첫째, 신체 감각을 통한 즐거움인 '생리적 쾌감Physio-Pleasure', 둘째, 정신적 반응에 따른 즐거움인 '심리적 쾌감Psycho-Pleasure', 타인들과의 관계에서 나타나는 즐거움인 '사회적 쾌감Socio-Pleasure', 개인의 취향이나 가치 등과 관련 있는 즐거움인 '관념적 쾌감Ideo-Pleasure'으로 분류한 것이 그것이다. 이를 구체적으로 설명하면, '생리적 쾌감'은 신체 생존 관련 욕구와, '심리적 쾌감'은 인지적, 심미적, 기능적 욕구와, '사회적 쾌감'은 소속감, 사랑, 존중, 수용, 관계 등의 사회-환경적 욕구와, '관념적 쾌감'은 자아성장, 자기실현 등의 주관적 욕구와 관련되어 있다이정민, 2013b. 여기서 'Ideo-Pleasure'를 이정민2013b은 '문화적 쾌감'으로 표현하였으나, 문화는 사회-환경에 포함되는 개념이고, 'Ideo-Pleasure'가 개인적인 취향이나 가치 등과 관련되어 있으며, 자아성장, 자기실현 등의 개인적인 욕구와 관계되는 것이기 때문에 개인적인 관념을 반영하는 것으로 생각된다. 따라서 여기서는 'Ideo-Pleasure'를 '관념적 쾌감'으로 부르기로 한다. 아무튼 이정민2013b은 이러한 네 가지의 감성적 쾌감에 대하여 다음과 같이 흥미롭게 분석하였다.

4.2.1 생리적 감성 욕구

생리적 감성 요구는 디자인에 의한 감각 자극이 사용자의 시각, 청각, 후각, 미각, 촉각 등의 감각기관을 자극하고, 이에 사용자의 신체가 직접적으로 반응하며 얻게 되는 즐거움과 흥분, 쾌감 등의 감성을 의미한다. 즉 감각기관을 통한 신체적 쾌감의 추구 욕구와 관련된 감성이다.

4.2.2 심리적 감성 욕구

심리적 감성 요구는 사용자의 뇌가 정서적, 인지적 반응을 일으키며 발생시키는 즐거움과 흥분 등의 감성을 의미한다. 특히 심미적 디자인들은 이러한 심리적 감성 욕구를 잘 충족시킨다.

4.2.3 사회적 감성 욕구

인간이 사회적 동물이기 때문에 발생하는 욕구가 사회적 감성 요구인데, 타인과 감성적 상호작용을 하고 싶은 욕구이다. 사회적 동물인 인간이 가지고 있는 사회적 감성 욕구를 대인간 사교를 매개하는 제품을 통해 충족시킬 수 있다.

4.2.4 관념적 감성 욕구

관념적 감성 욕구는 사용자가 갖게 되는 감성적 즐거움이 개인적 정체성, 가치관 및 문화적 상황과 관련되어 있을 때 느끼는 감성으로서의 욕구를 의미한다. 이런 관념적 감성을 충족시키기 위한 시도의 하나가 디지로그Digilog의 발달이다. 디지로그를 적용한 디자인은 디지털 기술에 개인적 취향으로서 기존의 익숙한 아날로그의 감성을 더함으로써 과거 문화에 대한 향수를 충족시킨다.

5. 감성디자인 관련 연구

5.1. 캘리그래피(calligraphy) 선의 감성

점, 선, 면은 평면 디자인을 구성하는 기본 요소이다. 이 가운데 '선'은 '점'의 움직임에서 생성되는 성격을 갖고 있기 때문에 자체적으로 역동성을 띠고 있다. 점의 움직임에서 만들어지는 동선은 시선을 끄는 시각적 요소로서 사람의 인지과정에 중요한 역할을 수행하게 된다. 선을 표현하는 방식에 따라 그 종류와 형태가 다양해지기 때문에, 표현하는 사람의 의도에 따라 다양한 감성을 나타낼 수 있다.

캘리그래피calligraphy, 글씨, 서예는 선의 개념으로 접근할 수 있다. 이에 김수연과 조영식2014은 캘리그래피의 감성을 결정하는 요인들을 탐색한 결과 '곡선', '절선', '선의 강약', '선의 유기성', '선의 명암' 이라는 다섯 개의 요인을 얻었다. 이들 다섯 요인은 크게 두 가지로 분류할 수 있는데, 우선 '곡선'은 긍정적인 감성을 조성하는 요인으로, '절선'은 부정적인 감성을 조성하는 요인으로서 '감성조성요인'으로 규정되었다. 이때 '곡선'은 모나지 않고 부드럽게 굽은 선을 의미하고, '절선'은 꺾어진 선을 뜻한다. 곡선은 날카로운 속성이 없기 때문에 감성을 긍정적으로 유도하는 요인이 되고, 절선은 날카롭게 꺾이는 특성 때문에 부정적인 감성을 조성할 것이라 추정하여 '곡선'과 '절선' 두 가지 요인을 감성조성요인으로 선정하였다. 한편 '선의 강약', '선의 유기성', '선의 명암'의 세 가지 요인은 감성의 강도를 조절할 수 있는 '감성조절요인'으로 규정되었다. 감성조절요인은 감성조성요인을 통해 형성된 감성을 각성시키거나 침잠시키는 요소이다. 감성조절요인에는 '선의 두께가 일정하지 않은 것(선의 강약)', '선이 유기적으로 이어지는 것', '선의 명암에 차이를 가미하는 것' 등이 있다. 김수연과 조영식2014은 이러한 요인들이 캘리그래피에 포함될 때 이를 느끼는 수용자들의 감성이 어떻게 변화하는지를 알아보았다.

연구결과, 곡선과 절선에서 감성조절요인의 사용은 사람의 감성 강도에 차이를 초래하였으며, 세 가지의 감성조절요인 중 '선의 강약'과 '선의 유기성'은 감성 강도를 강화하고, '선의 명암'은 감성 강도를 약화시켰다. 곡선에서 선의 강약과 유기성, 명암(감성조절요인)은 곡선의 감성(감성조성요인)에 영향을 미쳤다. 절선에서는 선의 강약과 유기성(감성조절요인)은 절선의 감성(감성조성요인)에 영향을 미치지 않았지만, 선의 명암은 절선의 감성에 영향을 미쳤다. 이러한 연구결과는 두 가지의 감성조성요인(곡선, 절선)과 세 가지의 감성조절요인(선의 강약, 선의 유기성, 선의 명암)을 적절하게 사용하면 감성을 표현하고 전달하는 것이 보다 정확하고 수월해진다는 것을 시사한다.

5.2. 제품 사용자의 감성 측정 척도 개발

제품을 사용하는 사람의 감성을 측정하기 위한 방법 중에서 사용자가 느끼는 감성을 형용사와 같은 감성어휘를 추출하여 사용자의 감성을 측정하는 방법이 가장 보편화되어 있다. 이에 정상훈과 이건표2005는 제품의 외관에서 느끼는 인간의 감성이나 제품의 외관 자체를 감성적으로 표현하는 어휘가 아니라, 사용자가 제품을 사용하는 도중에 유발되는 인간의 감성 변화를 나타낼 수 있는 감성어휘들과 대표감성들을 추출하였으며, 이어 정상훈과 이건표2006는 추출된 감성어휘 및 대표감성을 활용하여 제품을 사용하는 도중에 표출되는 사용자의 감성을 측정하기에 적합한 주관적 평가스케일을 제작하였다.

그런데 사용자의 감성을 측정하기 위한 심리적 측정방법으로는 감성어휘를 이용한 체크리스트check list 외에도 자기-보고 형 질문지 스케일도 널리 사용되고 있다. 따라서 정상훈2007은 선행연구를 통해 도출한 주관적 평가스케일을 보다 더 효과적으로 활용하기 위하여 자기-보고 질문지형 척도를 제작하였다. 이러한 자기-보고 형 질문지 척도는 제품을 사용할 때 자연스럽게 표출되는 사용자의 감성을 효과적으로 측정하기 위한 도구로 활용될 수 있다.

5.3. 감성품질과 디자인

우리는 외부로부터 입력되는 자극에 대해 다양한 느낌을 경험하게 되는데, 외부자극에 대한 반응으로서 감성의 경험은 단지 외부자극에 대한 반응으로 그치지 않고 소비자가 특정제품을 선택하는 것과 같은 의사결정 과정에도 중요한 영향을 미친다박은주와 하수진, 2001. 따라서 특정제품을 선택하게 만드는데 관여하는 사용자의 감성을 만족시키는 디자인이 중요한 요소로 인식되고 있다Chen과 Owen, 1997. 이때 디자이너가 의도한 감성을 사용자에게 전달하는 정도를 '감성품질emotional quality'이라고 말할 수 있다Thompson과 Robiltaille, 1992.

그런데 품질quality은 움직이는 목표moving target라는 말도 있는 것처럼 품질에 대한 개념은 시대를 거쳐감에 따라 외연이 계속 확장되어 왔다. 품질개념의 이러한 변화는 [그림 17-1]과 같다서종환과 이건표, 2010. 산업화 시대에 있어서 품질은 기능이 좋다, 기능이 많다, 편리하다 등의 기능적인 관점의 품질에 주로 집중되었지만, 최근 소비자가 인지하고 있는 품질은 기능적이고 객관적인 품질만을 의미하지 않으며 상대적이고 주관적인 것까지 포함하고 있다. 오늘날 품질은 "고객의 명시적, 묵시적 요구를 충족시킬 능력이 있는 특징이나

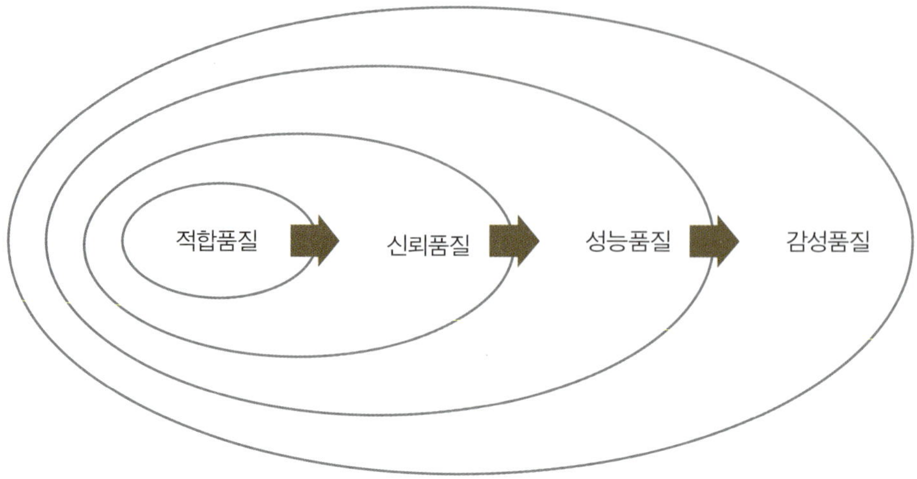

〔그림 17-1〕 품질 개념의 진화 (출처: 서종환과 이건표, 2010)

특성의 총체"라고 정의되고 있다ISO 8402. 품질의 정의가 '규격 적합성'에서 '고객요구의 충족'으로 바뀜에 따라 품질의 대상은 유형적 제품 뿐 아니라 그 제품과 사용자 사이의 인터페이스 및 무형적 서비스까지 포괄하는 것으로 인식되고 있으며, 나아가 인간의 감성적 영역까지도 '매력품질' 또는 '감성 품질'이라 하여 날로 그 범위가 확장되고 있다한국표준협회, 2006.

한편, 하센잘Hassenzahl, 2007은 감성 품질을 실용적인pragmatic 차원과 매력적hedonic 차원으로 구분하는 품질모델을 제안하였다. 그는 특히 매력적 차원의 품질을 자극성Stimulation, 정체성Identification, 환기성Evocation과 같이 세 가지 특질로 나누어 설명하였다. [그림 17-2]의 사진에 나타난 찻잔은 차를 마실 수 있는 실용적인 디자인의 컵이다. 이 찻잔은 또한 매우 매력적인 것으로 볼 수 있는데, 차가 가득한 상황에서는 행운을 상징하는 네잎 클로버의 모양을 나타내고 있으며, 차를 마심에 따라 하트로 변하였다가 다시 네잎 클로버가 되고, 마지막에는 다시 하트 모양을 나타낸다.

〔그림 17-2〕 실용적이면서 동시에 매력적인 디자인의 찻잔

5.4. 아날로그 감성디자인

아날로그의 개념은 단순히 디지털 이전의 기술을 의미하는 사전적인 개념보다는 디지털 사회의 기계적이고 과학적인 부분과는 대조되는 개념, 즉 인간성이 소외되는 기술을 대신하는 인간 중심의 기술, 가치, 소신, 원칙 등을 의미하는 개념으로 받아들여지고 있다. 따라서 아날로그 감성이라는 것은 디지털 사회가 갖고 있지 못한 것에 대한 현대적 해석과 내적 가치로서, 디지털의 과학과 차가운 기계주의에 반대되는 인간 내적인 가치와 정서를 대변하는 관점으로 생각할 수 있다손현지, 2010.

아날로그 감성은 정서적이고 주관적이며 내면적이다. 암시적이고 모호한 성격에서 무한한 가능성을 내포하고 있으며, 인간적이고 따뜻함과 정겨움, 그리움의 정서를 포함하고 있다.

디지털 시대의 세상은 수많은 개성, 기쁨, 슬픔, 창의력, 고뇌 등이 있는 곳이며, 이를 어루만져주고, 일깨우고, 관용할 수 있는 것이 아날로그 감성의 본질이다. 디지털 시대를 지향하는 사회에 대한 부담감과, 심화된 경제적 박탈감 및 열등감, 그리고 문화의 특수성이 어우러져 만들어낸 결과물이 바로 아날로그 감성이며, 그것에 대한 표현과 교감이 사회적으로 형성되어 의미를 지니는 것이 아날로그 감성 디자인이다손현지, 2010.

오늘날과 같은 디지털 시대에서 디자인은 항상 새로운 것만이 중요한 것이 아니라, 이전에 존재해 오던 것들에 대한 새로운 분석과 표현의 시도 그리고 재해석 역시 디자인에 있어서 중요한 가치를 가진다. 아날로그 감성의 중심에는 '인간'이 존재하며, 디지털 시대에 잃어버렸던 인간적인 가치를 되찾으려는 노력이 바로 아날로그 감성의 본질이라 할 수 있다.

과학기술이 발달한 디지털 시대에 인간은 끊임없이 아날로그 감성에 대한 향수를 가지고, 이를 동경하고 있다. 이 때문에 오늘날 디지털 기술을 이용하여 아날로그 감성을 표현하려는 디자인이 증가하고 있다.

현대 사회에서 디지털로 인해 사회 문화가 다원화되는 경향에 따라 아날로그 감성의 표현과 방법이 다양한 형태로 나타나고 있다. 이와 같은 아날로그 감성디자인을 표현하는 데 있어서 손현지2010는 다음과 같은 다양한 방법을 소개하고 있다.

비정형적이고 수공예, 수묵화, 질감이 느껴지는 표현: 전통적이고 자연적인 소재를 응용하여 오래된 종이의 느낌, 기계적이지 않은 손맛 나는 표현, 수공예적인 기법을 이용한다.

흘린 잉크나 수묵화의 느낌, 종이 질의 느낌과 문지르기 기법 등을 이용하거나 목판 인쇄 같은 느낌을 표현하여 다양하고 독특한 시각적 효과를 보여주는 새로운 표현 방법을 만들어내고 있다. 이러한 것은 전통적이고 자연적인 소재를 이용하여 자연의 본질을 표현하고자 한 것이다.

스토리텔링을 이용한 감성의 공유: 이야기는 우리의 머리 속, 가슴 속에 여운을 남기고 또 다른 이야기를 만든다. 더 나아가 개인적이고 주관적인 의미에 대해 이야기를 나누는 것이 스토리텔링이다. 즉 알리고자 하는 바를 상대방에게 재미있고 생생한 이야기로 설득력 있게 전달하는 것이다.

스토리텔링은 광고에 대한 반감이나 비판적 시각을 해제시키고, 호의적인 태도를 형성하는데 적절한 도구가 된다. 넘쳐나는 제품의 정보 속에서 상품 자체보다는 상품이 주는 상징적 의미나 이야기에 관심을 갖게 함으로써 이성적인 힘을 무력화하고 상품에 호감을 갖게 한다.

좋은 브랜드는 하나의 문화를형성하기도 하는데, 이는 스토리텔링의 힘이다. 특히 문화를 형성하기 위해서는 끊임없이 스토리를 만들어야 하고, 일관성 있게 이미지를 형성해야 한다. 이러한 과정에서 다른 사람들과의 소통이 이루어지게 되어 공감대를 구축할 수 있다.

분산적, 공감각적 지각으로 감각의 확장: 디지털 미디어의 영상, 소리, 텍스트 등이 혼합된 다원화된 특성은 인간 감각을 새로운 결합비율이나 균형 상태를 가진 공감각적 지각 방식으로 변화시켰다. 이를테면 영화, 텔레비전, 컴퓨터 게임 등의 등장은 인간의 감각과정 형태를 바꾸었으며, 더욱이 촉각과 청각, 그리고 신체의 움직임이 함께 요구되는 형태로 바뀌고 있다.

공감각적 지각을 통해 멀티미디어적 정보를 받아들임에 있어서 사람들은 분산적 지각을 통해서 보다 빠르게 말초 신경적으로 공감각적 정보를 받아들인다. 맥루한McLuhan 2002이 미디어를 '인간의 확장', '감각의 확장', 그리고 '몸의 확장'이라고 언급한 것처럼, 디지털미디어 기술은 총체적이고 복합적인 미디어 환경을 만들며, 인간의 감각기관을 확장시키고, 분산적 능동적으로 그 수용형태를 바꾸게 되었다.

제5부

제 18 장

예술과 감성

예술에는 음악, 미술, 영화 등 많은 분야가 포함된다.
이러한 예술은 아름다움을 추구하며, 인간이 아름다움을 인지하게 되면
이에 대한 감성적 변화가 나타난다.
본 장에서는 예술과 감성 간에 어떤 관련성이 있는지 살펴보고
이와 관련된 신경 기전을 알아보고자 한다.

1. 예술의 개념

예술은 음악, 그림, 서예, 사진, 조각, 소묘, 도자기, 춤, 연극, 영화, 보석, 건축을 비롯한 많은 분야를 포함한다. 이러한 분야는 일부 예시일 뿐이며, 예술의 범위는 훨씬 더 넓다. 대부분의 사람들은 예술이 직접적인 실용성은 없지만 아이디어나 개념, 의미, 감정을 전달하는 사회적 매개체로서 역할을 하고, 재능, 실력, 창의력을 나타내며, 미학적인 반응을 끌어냄으로써 즐거움을 느끼게 해 주는 것으로 여긴다(그림 18-1). 이뿐만 아니라 전 세계 수많은 예술작품을 통해 우리는 예술이 인간 창조물의 한 범주로서 논리적으로 명확하게 표현되기는 어렵다는 것을 알 수 있다Zaidel, 2005.

〔그림 18-1〕 어류인 일본복어의 예술 같은 작품. 왼쪽: 일본복어 수컷이 암컷의 관심을 끌기 위해 지느러미로 모래를 움직여 만든 작품이다. 오른쪽: 일본복어(왼쪽 사진 가운데 부분에도 있다)

고대 사회로부터 예술이란 개념은 그리스어 테크네τέχνη로부터 왔다. 테크네는 규칙을 가진 기술로서, 논리학, 회화와 조각이 포함되며, 일상의 의복제조와 신발제조 같은 수공업적 기술도 포함된다. 고대 사회에서 예술이란 개념에는 현대적인 개념으로 볼 때 학문영역과 미술 영역은 물론 일상의 의식주 생활에 필요한 물건을 만드는 기술들이 모두 포함된다. 이들 영역 중에서도 수공업 기술이 예술 개념 안에 포함되었다는 것은 그만큼 미적 자율성의 영역이 분화되지 못했다고 할 수 있지만, 다른 측면에서 보면 우리 주변의 평범한 일상의 영역들도 예술에 포함되어 있어 예술의 영역과 일상의 생활 영역이 분리되지 않았음을 뜻한다. 그런 점에서 테크네란 개념은 일상의 영역도 창조력과 상상력이 함께하는 시공간임을 함축적으로 나타낸다연희원, 2008.

이후 중세시대에 이르면 예술 개념은 정신적인 노동이 포함되는 리버럴 아트liberal arts 학예, 교양학과와, 육체적인 노동을 요하면서 동시에 실생활에 유용한 벌거 아트vulgar arts 기술학과로 나뉘게 된다Tatarkiewicz, 1980. 문법, 수사학, 논리학, 산술학, 기하학, 천문학, 음악이 전자에 속하고, 수공업적 기술들을 비롯하여 실생활에 필요한 것들은 후자에 속하게 되었다. 이러한 구분은 그 뒤 다시 변화를 겪게 된다.

예술은 아름다움을 추구한다. 헤겔Georg Wilhelm Friedrich Hegel, 1770-1881에 의하면 아름다움(미, 美)이란 참된 것(진리)이 감성적으로 드러나는 것이다. 그러므로 미를 추구하는 예술의 각 분야와 감성과 어떤 관련성이 있는지 살펴볼 필요가 있다.

2. 미술과 감성

2.1. 미술 개념의 변천

중세시대에 회화와 조각은 예술의 개념에 포함되지 못한 분야들이었다. 이들 분야는 길드에 속해 있어 지위가 매우 낮았다. 그리하여 르네상스 화가와 조각가들은 자신들이 종사하는 회화와 조각의 지위를 끌어 올리고자 노력하였다. 이들은 회화와 조각, 그리고 건축이 학문적인 자격을 지니고 있음을 증명함으로써 이들 분야들을 학예의 지위로 끌어올리고자 하였다. 이를 위해 이들은 회화와 조각과 건축이 자연의 법칙을 따르고 있다는 것을 보여주고자 명암법, 해부학, 원근법을 개발해냈다. 이러한 예술가들의 끈질긴 노력 끝에 르네상스 말기인 16세기 중엽 회화, 조각, 건축이 미술fine arts이라는 이름을 획득하면서 학예의 위치로 지위가 승격되고 이들 분야의 예술가들도 지위가 상승되어 상류층 인사들과 교류를 하게 된다. 이러한 예술가들의 향상된 지위는 이후에도 계속된다. 미술이 미를 추구한다는 이름하에 실용품과 구분되면서 그 지위가 상승되어 명목상으로는 오로지 미를 추구한다고 하지만 실제로 건축은 회화나 조각과 달리 지나치게 장식적인 미 외에도 현실에서 실용적이고 유용한 기능을 지니고 있다. 이후 17세기 신구논쟁을 통해 학문의 영역과 예술의 영역이 분리되고, 18세기 중엽이 되면 드디어 예술분야의 독자성과 체계가 구축되면서 미를 추구하는 것으로서 예술fine arts에 회화, 조각, 건축, 시, 웅변, 음악, 무용 분야들이 포함되는 상황에 다다른다. 이후 19세기 이후로 영화와 사진이 발명되면서 논란이 되기는 했지만 미술 분야에서의 기본 골격은 그대로 유지된다연희원, 2008.

2.2. 현대 사회와 미술교육의 중요성

최근 들어 산업디자인을 비롯한 디자인 영역의 중요성이 확대되고 있으며, 이미 영국은 1980년대 후반에 "디자인하지 않으려면 사퇴하라"며 새로운 창조산업을 꽃피웠고, 스티브 잡스Steve Jobs는 대학시절 한 학기 수강한 시각디자인을 통해 세계가 열광하는 아이폰을 개발한 이야기는 이미 모든 사람이 알고 있는 것으로 미술교육의 중요성을 일깨워주는 중요한 사례이다진정식, 2012.

교육학자 라니어V. Lanier는 "학생들에게 줄 수 있는 가장 큰 혜택은 사물을 미적으로 읽을 수 있게 하는 것"이라고 미술교육의 중요성을 역설하였다. 즉 미술교육을 통해 학생들에게 미적 경험과 반응을 하게 하고 미적 경험을 할 수 있는 대상에 대한 접근을 확장시켜 시각적인 경험을 많이 함으로써 미술 문화를 향유하고 사회의 요구에 부응할 수 있어야 한다고 말한 것이다한국미술교과 교육학회, 1994.

캐나다에서는 미술교육을 포함한 예술교육의 중요성을 인식하고 이미 '국가 예술 및 청년 시범 프로젝트'를 운영하여 미술에 대한 학생들의 태도를 향상시키고 자신감을 갖도록 지원하고 있으며앤 뱀포드, 2007, 핀란드에서는 통합교육으로서의 예술교육에 총 교육시간의 80%를 할애하며 타교과목과 연계하여 예술교육을 실시한 결과, 사고방식이 긍정적으로 변하고 학문적 성취도가 높아졌다는 결과를 보였다Jeremy Rifkin, 2005.

이러한 사실을 통해 살펴볼 때 미술을 포함한 감성적인 예술교육이 청소년기의 핵심 역량인 지적 도구의 활용, 사회적 상호작용, 자율적 행동을 비롯하여 다양하고 종합적인 사고력을 갖추는 청소년기의 모든 영역에 큰 긍정적 영향을 미치며, 이와 더불어 성취도를 높이고 자신감 있는 사회의 리더로 성장하게 하는 데 큰 도움을 준다는 것을 알 수 있다.

2.3. 미술과 미래 산업

우리 사회는 미술교육에 대한 인식의 변화와 여러 가지 대안 마련을 통해 미래 지식산업 사회에 경쟁력을 키우는 방안을 찾아야 한다. 현대사회에서 예술은 정치, 경제, 문화보다 인간정신의 심층을 더욱 깊게 파고들고 있으며, 예술적 가치는 이제 사회가 요구하는 강력한 정당성을 지니게 되었다. 세계적인 기업들도 상생과 공존의 생태계 발전을 가장 강력한 정당성의 화두로 삼고 있으며, 이를 위해 미술적 감각의 창의성을 요구하고 있다.

제러미 리프킨Jeremy Rifkin은 『노동의 종말』2005에서 세계경제는 과거의 노동중심 산업에서 지적 기술의 문화중심 산업으로 갈 것이라 말했다. 2050년쯤이면 전통적인 산업을 관리하고 운영하는 인구는 성인 인구의 5% 정도 밖에 필요하지 않게 될 것이라는 전망이 있다. 기계기술의 발달로 노동시간이 점차 줄어들고 세계 각국의 구조적 실업은 매우 위험한 상태에 이르러 나라의 정체성까지 흔들어 놓고 있다. 다가올 시대는 인간 수명이 더욱 더 늘어나고 노동자가 필요 없는 산업으로 가게 되면 잉여수명이 될 가능성이 높다.

미래는 지식문화 중심 산업으로의 이행과 더불어, 노동중심 사회를 놀이 중심 사회로 이끌어갈 것이다. 제러미 리프킨2001에 의하면, 소유의 개념에서 체험의 개념으로 자본과 재산에 대한 패러다임이 바뀌고 있으며, 접속을 통한 체험으로 새로운 놀이의 시대가 오고 있다. 특히 첨단 과학기술로 만든 기기들을 이용하여 살아있는 체험에 접속하여 새로운 재미를 창조하는 것은 예술적 창의성에서 비롯되기에 예술적 감성으로 사람의 마음과 감정, 영혼에 양식을 주는 문화적 자원이 필요하다진정식, 2012.

현대 IT 산업에는 예술과 만난 콘텐츠 산업이 자리잡고 있다. 특히 친환경 자동차, 첨단디지털기기, LED 등 디자인과 접목하여 시각적 효과를 높이면 문화콘텐츠 산업은 고부가 가치 산업으로서 국가 발전의 원동력이 될 수 있으며, 고용 창출과 생산의 증대에 기여하며 개인의 삶의 질을 높여 국가의 미래를 결정하는 중요한 자원이 될 수 있다. 디자인은 기업의 미래를 책임지는 산업의 핵심으로 새로운 아이디어와 창의성을 바탕으로 삶의 질을 향상시키고, 국가경제 가치를 높이는 성장 가능성이 매우 크다. 그만큼 미술의 시각적 콘텐츠는 국가적으로 매우 중요한 위치를 차지한다김성숙, 2003.

미술이 가지고 있는 창의적 역량을 발휘하여 크게 성공한 예로 제임스 카메론James Cameron과 스티브 잡스Steve Jobs를 들 수 있다. 제임스 카메론은 자신의 뛰어난 상상력과 컴퓨터 그래픽 기술의 발달과 IT 콘텐츠로 예술적 완성도를 크게 높임으로써 영화사에 커다란 족적을 남겼다. 2009년 개봉된 3D영화 「아바타」는 화려한 영상 이미지로 볼거리를 제공하여 시각적 환상을 불러오고 상상을 고양시키는 콘텐츠로 이루어졌다. 이것은 3D의 기술을 한층 더 발전시킴과 더불어, 그 후 영화 및 관련 산업계에 센세이션을 몰고 왔다.

스티브 잡스는 대학 시절 캘리그래피calligraphy 수업을 통해 "과학으로는 포착할 수 없는 심미적이고 역사적인 무엇, 예술적으로 미묘한 무엇을 느낄 수 있었다. 그 수업을 접하지 못했다면 그렇게 다양한 활자체와 비율에 맞게 공간에 할애된 폰트를 결코 갖추지 못했을 것이고, 그러한 다양성이 어떤 퍼스널 컴퓨터에도 담기지 못했을 가능성이 높다"고 말함으로써 잠재적인 예술성을 일깨워 의식적으로 자신을 예술과 기술의 교차점에 세우려 했음을 보여줬다안진환 역, 2011. 애플이 세계적으로 사람들을 열광하게 만드는 이유도 스티브 잡스의 예술적 가치를 IT 기술에 접목시켜 창의적인 새로운 상품을 만들어 경쟁력을 높였기 때문이다. 기업의 핵심 활동 영역인 경제적 가치의 생산 과정에서 아이폰이 탄생하고, 또 이에 따라 앱스토어가 생겼으며, 수많은 앱개발자들이 뒤따라 나왔다. 상생과 공존의 생태계 발전을 보여주는 앱스토어의 수많은 애플리케이션들은 콘텐츠가 중요한 부분을 차지하는데, 미술의 시각적 효과가 극대화된 콘텐츠는 최우선 순위로 선택된다. 재미있는 콘텐츠는 시각적으로 친밀감을 주어 사람들에게 감동을 주고 관심을 끌어 새로운 산업으로서 일자리를 창출할 뿐 아니라, 놀이 문화를 선도하는 역할을 한다. 이처럼 애플은 스티브 잡스가 미술을 접함으로써 창조력과 상상력을 더하여 디자인 하나에도 심혈을 기울여 완벽에 가까운 '혼을 빼놓을 만큼 뛰어난 작품'을 만들어냈기 때문에 사람들은 애플 제품에 열광하는 것이다. 디자인에 대한 집념과 고집이 만들어낸 제품들은 전 세계 사람들로 하여금 출시될 때마다 전날 밤부터 매장 앞에 밤새워 줄을 서서라도 구입하고 싶게 만들었다. 애플 제품을 사용하는 사람들은 만족감과 환상을 갖게 되고, 또다시 다음에 나올 애플 제품을 기대하며 손꼽아 기다리게 된다진정식, 2012.

한편, 2008년 베이징 올림픽 경기장 및 개막식의 화려한 프로그램은 예술이 첨단산업과 만나 새롭고 경이적인 효과를 나타낸 예이다. 그중 '워터큐브Water Cube'란 수영장은 LED 응용기술에 시각적 감성을 접목시켜 단순한 기능을 넘어 고차원의 예술을 향유하게 만들었다.

이와 같이 미래의 산업이 고부가 가치 산업으로 발전하는 데 있어 미술적 감성이 필요하다. 아무리 첨단기술이 도입된 제품이라고 하더라도 기능만으로는 사람의 관심을 끌기에는 한계가 있다진정식, 2012. 심미적인 안정감을 주는 예술적 감성으로 사람들을 사로잡아야 한다.

3. 음악과 감성

3.1. 음악과 인간의 생활

음악은 인류와 함께 존재하기 시작했다고 해도 과언이 아니며 인류 역사에서 음악이 없었던 사회는 없을 것이다. 원시 사회에서는 음악이 사회적인 의미에서 제례 의식의 중요한 역할을 했다송주승과 정혜명, 2010. 안미자1997는 음악이 종족의 전통을 가까이할 수 있는 대행자였으며, 미적 의미와 모든 사람들이 참여하는 개인적 표현의 대행자로서의 기본적 기능을 수행했다고 보고하였으며, 석문주 등2006은 음악의 예술적인 특성은 인간의 본성에서 출발한다고 밝혔다. 이와 같이 음악은 고대 원시 사회부터 현대 산업 사회에 이르기까지 인간 생활과 밀접한 관계를 맺어오면서 인간의 감성을 표현하는 도구로서 중요한 역할을 수행해왔다. 음악은 정서 안정을 가져오는 도구로서 유아로부터 노년에 이르기까지 인간의 전 생애에 걸쳐 다양하게 사용되며, 인간 생활과 인격 형성에 많은 영향을 미치는 것은 물론, 삶의 질을 향상시키고 행복한 삶을 영위할 수 있게 도와준다(그림 18-2).

〔그림 18-2〕 음악은 감성 생활의 일부분을 차지하고 있다.

3.2. 음악과 색상의 표현

송유정 등2015은 색상을 통하여 음악을 표현할 수 있다는 것을 보여주었다. 이것은 음악을 분석하고, 분석된 음악의 정보를 바탕으로 음악의 분위기를 색으로 나타내는 방법이다. 음악에는 음색이라는 요소가 있는데, 이런 음색을 사용자들에게 직접 보여주기 위해 음악의 파장 값을 이용하여 다양한 색으로 정의하였다. 총 20가지 색으로 음악을 표현하였는데, 빨강, 다홍, 주황, 귤색, 노랑, 노랑연두, 연두, 풀색, 녹색, 초록은 전반적으로 신나는 노래에 해당하고, 청록, 바다, 파랑, 감청, 남색, 남보라, 보라, 붉은보라, 자주, 연지에 해당하는 노래는 잔잔하고 조용한 노래에 해당한다. 이들 연구자는 음악의 색이라는 추상적인 개념을 직접 눈으로 볼 수 있게 표현함으로써 음악을 색으로 표현하는 방법론을 제시한 것이다.

3.3. 감성 음악 교육

미국은 2011년 성공적인 학교생활을 위해 연방차원에서 학업적, 사회적, 감성적 능력 함양을 위한 학습법Academic, Social, and Emotional Learning Act: 이하 ASELA을 제정하였다. ASELA의 핵심요인에는 사회감성학습social and emotional learning: 이하 SEL이 있는데, SEL의 추진 기관에 해당하는 학업적, 사회적, 감성적 학습을 위한 협력단The Collaborative for Academic, Social, Emotional Learning: 이하 CASEL은 『감성지능』의 저자 골먼Goleman과 교육자이면서 자선사업가인 그로월드E. R. Growald가 공동으로 설립하였다 승윤희, 2016.

청소년이 습득해야 할 SEL의 핵심 역량은 [그림 18-3]에 제시되어 있다. [그림 18-3]에서 볼 수 있듯이 SEL 프로그램에는 자기 인식, 자기 관리, 사회적 인식, 관계 기술, 그리고 책임 있는 의사결정이라는 다섯 가지의 핵심 역량이 들어 있다. 골먼Goleman이 동료들과 함께 제시한 감성역량에 관한 수정 모델이 나온 후, 진스J. E. Zins와 그의 동료들2004은 SEL을, '학생들이 중요한 삶의 과제들을 성취하도록 생각, 느낌, 행동을 통합하는 능력을 향상시켜주는 과정'으로 정의하였다. 그들은 개인 중심person-centered의 필수적인 SEL 역량을 자기 인식, 자기 관리, 사회적 인식, 관계 관리, 책임 있는 의사결정의 다섯 가지 구성요소로

〔그림 18-3〕 SEL 핵심 역량(Social and Emotional Learning Core Competencies) (출처: 승윤희, 2016)

제시하였는데Zins 등, 2004, 이러한 SEL 역량은 CASEL에 의해 공식화되었다강정찬 등, 2015.

학교 예술교육은 미적 감수성을 통해 예술적 지각력과 인식력을 증진시켜준다. 그동안 음악을 통한 감성교육은 음악적 감수성, 음악 정서, 음악 능력을 계발하는 의미로 인식되어 왔지만, 음악교육의 의미를 음악적 감수성, 음악 정서, 음악 능력의 계발에만 둔다면 이는 감성교육으로서의 음악교육의 의미를 너무 좁은 의미로 한정하는 것이다. 실제로 음악교육은 사회에서 필요한 삶의 감성을 가르치는 교육이며, 인간을 가장 인간답게 하는 교육인 동시에 개인의 총체적인 능력을 향상시켜줄 수 있는 교육이다승윤희, 2000.

음악교육의 일차적인 목적은 과거에도 현재에도 감성교육과 깊이 관련되어있다. 감성교육으로서 음악교육은 일차적으로 음악적 심성의 계발에 있다. 그러나 감성의 역할과 감성교육의 의미가 재조명됨에 따라 음악교육의 역할과 의미 또한 재평가될 필요가 있다. 실제로 음악적 심성은 인성, 사회성 계발의 토대가 되고, 사회변화를 주도하고 예술문화를 창출하는 원동력이 되며, 21세기의 중요한 주제로 간주되고 있는 감성지능의 계발과 감성역량의 향상에 기여하는 총체적 의미를 가진다승윤희, 2016.

3.4. 예술교육의 전망

예술교육은 인간의 정서 함양의 문제를 해결하는 데 가장 효율적인 교육 방법으로 다양한 분야에서 연구가 진행되고 있다. 과도한 경쟁과 스트레스, 중독과 범죄 등 인간의 정서 함양과 교육의 중요도가 강조되고 있는 이때에 정서문제의 심각성을 깨닫고 이를 해결하는 방법으로 예술교육을 활용한다면 정서의 결핍으로 오는 사회적 문제와 이에 따른 해결 방법을 찾을 수 있을 것이다. 앞으로 정서함양을 위한 예술교육 프로그램이 각급 학교와 공공교육기관, 사립교육기관을 통해 적극적으로 개발되고 보급되면, 자라나는 어린이에서부터 청소년과 성인에 이르기까지 정서적으로 안정되며, 풍요롭고 원만한 생활을 영위하는 데 큰 공헌을 할 수 있을 것이다이부연, 2013.

4. 발레와 춤의 감성

춤은 인간 삶의 한 표현으로서 인류의 출현과 함께해왔으며, 인류 역사와 더불어 생활양식의 변화와 함께 춤의 형태와 기능도 끊임없이 변해왔다. 삶의 방식과 그 표현에 있어 독창성과 다양성을 선망하는 오늘날 춤은 이제 단순한 볼거리나 놀이로 만이 아니라 자신과 세계를 표현하는 하나의 신체언어body language로서, 그리고 일상적인 생활과 밀착된 경험예술의 한 장르로서 점차 그 중요성이 높아지고 있다박준영과 강미희, 2008. 춤은 그 형식에 있어 일정한 격식과 원칙을 갖춘 정형예술로서의 춤과, 아무런 격식이나 조건이 없이 자신의 기분과 환경에 따라 자유롭게 추는 생활경험예술로서의 즉흥 춤으로 구분할 수 있다. 발레는 정형 예술로서의 춤에 있어 대표적인 장르라 할 수 있다.

비록 춤에 문외한이라고 할지라도, 발레는 관람하는 사람들로 하여금, 미적 감탄을 절로 불러일으키는 손꼽히는 무용이다. 무용분야에서 심미적 아름다움에 관한 한 발레를 따라올 장르는 거의 없다. 백조의 호수, 호두까기 인형, 지젤 등에 등장하는 무용수들의 조각한 듯 완벽한 몸매와 세련된 무대 및 의상, 회전과 점프 등의 기술적 현란함은 관람하는 사람들의 정신을 빼앗아버릴 정도이다.

발레는 내용에 따라 신체적인 측면과 정신적인 측면으로 구분할 수 있다최의창, 2006. 신체적인 측면은 '춤을 잘 추는 것' 즉 기법적인 측면과 관련이 있다. 정신적인 측면은 '춤을 잘 알고, 느끼는 것', 즉 심리적인 측면과 관련이 있다. 발레의 기법적인 측면은 기술성이, 정신적 측면은 예술성이 각각 목적이 될 수 있다.

기술성은 기능적, 표면적으로 이해하고 수행하는 차원을 말하며, 예술성은 예술적, 심층적 차원을 말한다. 그러므로 발레는 신체적인 측면과 정신적인 측면이 존재하는데, 그것이 추구하는 바가 기술성인가, 예술성인가에 따라 네 가지 성향을 지닌다. 즉, 발레는 내용과 목적에 따라 신체적, 인지적, 감성적, 영성적 차원으로 구성되어 있다(그림 18-4)최의창 등, 2012.

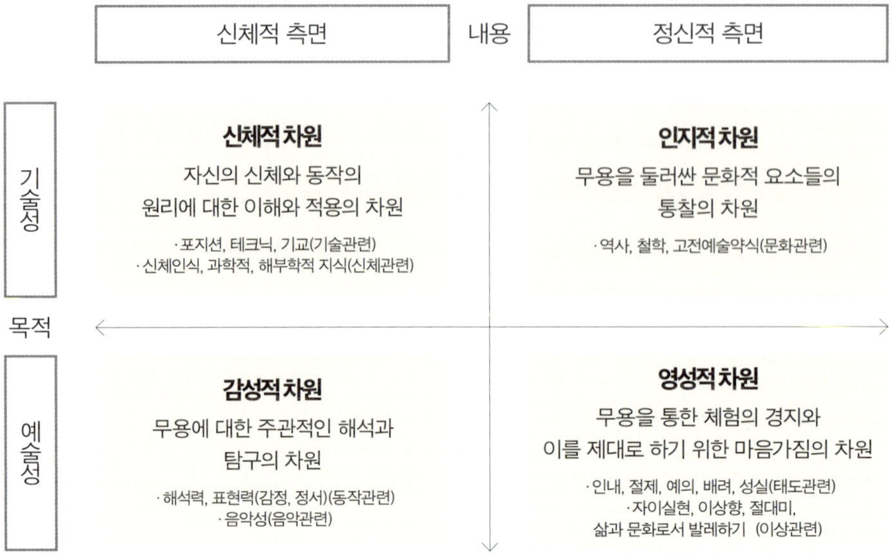

〔그림 18-4〕 발레정신의 네 가지 구성요소 (출처: 최의창 등, 2012)

발레의 감성적 차원은 발레에 대한 주관적인 해석과 탐구와 관련된 차원이다. 발레 동작과 음악에 담겨 있는 의미를 무용수 자신의 주관적인 해석을 바탕으로 움직이는 것과 관련되어 있다. 발레는 포지션과 테크닉이 엄격히 정해져 있고, 발레 레퍼토리 작품 속에서 기교를 선보이는 독무인 베리에이션variation은 그 순서와 동작의 구성이 비교적 정해져 있다. 자칫 동작의 순서를 그대로 외워 반복적으로 연습하다 보면 기능 자체에 주목한 나머지 자신의 해석을 놓치고 만다. 궁극적으로 발레를 잘 하기 위해서는 동작에 대한 자신의 독자적인 해석을 통해 동일한 작품 속에서 독창적인 동작과 분위기, 이미지를 구현할 수 있다. 또한 음악을 그저 박자와 선율로 이루어진 발레의 부차적 요소로 생각하지 않고, 이를 충분히 이해함으로써 같은 음악 속에서 여유로우면서도 동작과 적절한 조화를 이룰 수 있어야 한다최의창 등, 2012. 음악성은 리듬과 음률을 신체에 내면화시킬 수 있는 능력으로 움직임을 통해 음악의 리듬과 선율을 느낄 수 있는 것조주현, 2007과, 그것을 동작과 일치시키는 것김은수, 1996; 우광혁, 2004; 이소연, 2009을 포괄한다.

발레의 감성적 차원에는 발레 동작과 음악에 대한 해석뿐만 아니라 무용수 내면의 감정과 정서를 표현하는 것도 포함되어 있다. 발레가 자신의 사고와 철학을 몸을 통해 표현하는 구조의 예술이라는 점을 감안할 때, 발레는 인간의 사상과 감정을 표현하는 것이며, 이것이 바로 발레와 무용의 목적이 될 수 있다최의창 등, 2012.

5. 축제와 감성

현대인들은 이전 어느 때보다도 여가에 대해 많은 관심을 가지고 살아가고 있다. 특히 어떻게 사느냐에 대해 관심이 높은데, 이러한 문화적 욕망을 채워줄 수 있는 것이 바로 축제다. 축제야말로 탈규범의 아노미적 상태를 즐길 수 있는 유일한 창구로서, 최근에는 자신들의 정체성을 회복시키는 방향으로 전개되는 것이 전 세계의 흐름이 되고 있다. 이러한 축제가 복잡한 사회를 살아가는 현대인들에게 정신적인 회귀의식을 심어주는 역할을 하고, 나아가서는 지역성과 문화적 정체성을 확립하는 데 크게 작용한다. 그러므로 축제는 인간의 문화적인 고향이라 할 수 있다. 또한 축제는 지역의 특산물, 자연 지형, 민속적 전통, 역사적 사실 등을 활용하여 지역과 동시대인들 간에 공감대를 형성하는 데 중요한 역할을 한다. 축제에서 이러한 공감대는 제사의식, 음악, 춤, 음식 등 종합문화예술의 형태로 표현되고, 공동체 구성원들의 친목과 단결, 일체감과 통일성을 확인하고 강화하는 역할을 한다. 따라서 문화적 고향으로서 지역의 정체성을 확인시켜주는 축제야말로 집단적인 감성의 근간이 되며, 이러한 감성은 다양한 모습으로 발현된다표인주, 2010.

인간은 촉각, 미각, 후각, 특히 시각과 청각을 사용하며 여러 가지 감각을 이용하여 수없이 많은 방식으로 의사소통을 한다. 이와 같이 다양한 방식의 의사소통처럼 감성도 주로 시각과 청각이 중심이 되기는 하지만 촉각, 미각, 후각으로도 다양하게 표현된다. 감성이 발현되는 양상은 기본적으로 인간의 감정체계가 사회, 문화, 역사의 영향을 받아 전체로서 하나의 감성체계로 발전하는 과정에서 나타나고, 그것은 다시 생활양식으로 나타나거나, 미학적으로 표현되어 다양한 다른 과정을 통해 나타난다. 이렇게 형성된 감성은 한국적인 의례나 세시명절을 형성하는데 작용하며, 그것이 생활양식으로 반복되면서 한국인의 정체성을 형성하는데도 크게 기여한다. 이때 감성적인 실체는 유형무형으로 다양하게 나타난다. 그렇기 때문에 이러한 것들을 표인주2010는 다음과 같이 시각적인 감성, 청각적인 감성, 촉각적인 감성, 미각적인 감성, 후각적인 감성 등으로 분류하고 설명하였다.

〔그림 18-5〕 시각적인 감성을 자아내는 대표적인 축제 중 하나로서의 부산 광안리 불꽃 축제

첫째, 시각적인 감성은 그 형체가 눈을 통해 구체적으로 확인된다는 점에서 다른 감각 양상의 감성과 다르다(그림 18-5). 시각적인 감성은 다시 무형적인 것과 유형적인 것으로 구분할 수 있는데, 무형적인 문화유산에는 놀이나, 무용 등이 있고, 유형적인 문화유산으로는 미술, 건축, 생활도구 등이 있다. 이를 다시 구체적으로 살펴보면, 미술에서는 색깔, 무용에서는 춤사위, 건축에서는 무늬, 생활도구에서는 색깔과 무늬 등을 통해 감성적인 모습이 나타난다. 이는 지극히 일반적인 것으로 한국적인 감성의 지표로서 설정할 수 있는 색

깔에는 흰색과 오방색을, 춤사위로는 어깨춤을, 무늬는 거북, 연꽃, 모란 등을 들 수 있다. 흰색을 비롯한 오방색은 대상과 목적에 따라 화평, 격정, 분노, 애정의 감성으로 표현되며, 춤도 마찬가지이다. 흰색은 태양숭배사상으로부터, 오방색은 음양오행사상으로부터 비롯되었다고 볼 수 있는데, 흰색이나 오방색은 재앙과 악귀를 막는 주술적인 색깔로 상징된다. 그러한 까닭에 한국인은 백의민족이라 하여 흰색의 옷을, 그리고 색동옷인 오방색의 옷을 즐겨 입는다.

춤은 신과 인간이 교통하는 의식으로서 원초적인 수단이며, 고대로부터 제례적인 수단으로 각종 의식에서 필수적이었다. 그리고 신바람 나는 춤은 흥겨움을 자연발생적으로 표현하는 어깻바람으로부터 시작되었기 때문에, 춤도 인간의 기쁨과 슬픔 등을 표현하는 감성적인 행위임을 알 수 있다. 특히 손을 상하로 접었다 펴면서 추는 어깨춤은 한국 무용의 대표적인 감성 지표인 것이다.

두 번째, 청각적인 감성은 감성이 청각적으로 표현된 것을 말하는데, 민속음악에서 확인할 수 있다. 민속음악으로는 판소리와 민요가 대표적이다. 판소리는 신명과 화평 그리고 애정의 감성을 잘 표현하고, 민요 또한 화평과 애정의 감성을 표현하지만 판소리처럼 한 가지의 음악어법과 감성으로 일관된 것은 아니다. 그것은 동일한 대상을 노래로 표현한다 하더라도 지역과 가창자에 따라 다르기 때문이다. 판소리는 일반적으로 성음을 우조, 평조, 계면조로 구분하는데, 우조는 즐겁고 경쾌하고, 평조는 화평하고 한가로우며, 계면조는 슬프고 비통한 느낌을 나타낸다백대웅, 1997. 물론 판소리의 음악적 템포가 노랫말의 전달에 따라 다르고, 그에 따라 성음이 달라지지만, 대체로 동편제는 우조를 기본 바탕으로 신명의 감성을, 서편제는 계면조를 바탕으로 하고 있어서 애정의 감성을 잘 표현한다고 할 수 있다.

세 번째, 촉각적인 감성은 접촉을 통해 이루어지는 놀이에 잘 반영되어 나타난다. 특히 신명과 격정의 감성을 놀이에서 접촉을 통해 경험할 수 있다. 놀이는 인간의 생존과 관련 있는 행위와 일에 해당하는 활동을 제외한 신체적, 정신적 모든 활동을 지칭할 만큼 본질이 다면적이다. 비록 놀이가 유희성을 바탕으로 하는 경우가 많지만, 싸움을 의미하는 경쟁의식을 기본으로 하는 경우도 많다. 특히 편싸움 계통의 집단놀이는 승부를 가리기 위해 치열한 몸싸움을 벌이기도 하는데, 이 경우 촉각적이고 시각적이며, 청각적인 감성이 복합적으로 반영되어 나타난다. 감성이 복합적이지만, 특히 격정의 감성이 강하게 표현되어 나타날 수 있다. 이러한 민속놀이는 흔히 축제 행사로 활용되며, 때로는 축제의 정체성을 형성하는 근간이 되기도 한다.

네 번째, 미각적인 감성과 후각적인 감성은 주로 음식을 통해 발현된다. 미각과 후각적인 감성이 연계되어 나타나는 것은 음식에서 맛과 냄새가 상호 밀접한 관계를 가지고 있기 때문이다. 음식은 시각, 후각, 미각 등의 감각이 조화를 이루며 맛을 낸다. 예로부터 '복'은 함은 두루두루 넉넉하게 갖추어진 것을 의미하는데, 음식 먹을 기회가 많거나 타고난 것을 '식복'이라 하였다. 따라서 '복'을 추구하는 음식문화에는 화평의 감성이 잘 반영되어있다.

6. 예술 감성의 신경 기전

인간이 어떤 대상으로부터 시각적 미美를 인지하게 되면 그 대상이 자연형태로 존재하든 캔버스에 그려진 그림이든 이에 대해 반응을 보인다. 자연 형태는 삼차원의 형태로, 캔버스에 그린 그림은 이차원의 형태로 나타난다. 그림의 경우 미적 반응을 끌어내고자 할 때 굳이 현실을 있는 그대로 3차원 형태로 표현할 필요는 없다. 우리는 3차원을 크게 활용하지 않는 입체주의 화가, 근대의 추상화가, 초현실주의 화가, 한국, 중국 및 일본 고전 화가의 2차원 작품을 보고 그 아름다움에 반응을 보인다. 따라서 미적 반응은 현실을 있는 그대로 표현하는 것과는 다르다.

그런데, 미적 반응에 대한 경험론적 연구는 여러가지 이유로 어려움을 겪었다. 그 이유로는, 첫째, 미적 개념에 대한 과학자들의 체계적 연구가 아직 극히 드물다. 이 때문에 미적 특징을 규명하기 위한 직접적인 경험적 실험 연구가 많지 않았다. 얼굴의 아름다움이 그림의 아름다움이나 저녁노을의 아름다움과 같은지를 알아내는 것이 여기에 해당될 수 있겠으나, 이를 실험을 통해 규명한다는 것이 여간 어려운 일이 아니다. 둘째, 미美는 우리가 직접적으로 의식하지 못할 때에도 일상생활의 다양한 분야에 다양한 형태로 존재하는데 이러한 상황에서 우리가 미를 구분하는 것은 어려운 일이 아닐 수 없다. 셋째, 생물학적으로 미의 기전을 규명하고자 할 때 미적 반응을 다른 생물학적 반응과 구분하는 것이 어려운 일일 수 있다. 그러나 일부 경험론적 연구에 따르면 미적 반응이 신경기전과 관련이 있음을 밝혔다.

6.1. 미술의 아름다움과 뇌 활동

뇌자도magnetoencephalography, MEG를 사용하여 셀라-콘데Cela-Conde 등 2004은 8명의 여성 피험자들에게 미적 판단 과제를 준 다음 이들의 뇌 활동을 측정하였다. 다양한 색채가 들어간 그림을 보면서 피험자들은 해당 그림이 아름다운지 여부를 판단해야 했다. 피험자들 중 절반은 아름답다고 생각할 경우 손가락을 올렸고 나머지 절반은 그림이 아름답지 않을 경우 손가락을 올렸다. 피험자들에게는 여러 장르의 예술작품(고전, 추상, 인상주의, 후기 인상파 그림)을 비롯한 풍경사진, 여러 장면 사진, 사물의 사진을 보여 주었다. 총 320점의 그림을 보여주었는데, 이들 그림은 모두 복잡성, 색채, 조명, 빛 반사를 고려하여 선정되었다. 뇌자도 기록 결과에 의하면 대상 그림이 예술작품이든 아니든 아름답다고 판단된 경우 좌측 전전두피질prefrontal cortex의 배외측dorsolateral 영역이 상당히 더 활성화되었다. 예측한 바와 같이 시각피질visual cortex도 동시에 활성화되었다. 전반적으로 아름다움에 의한 자극은 아름답지 못한 대상에 의한 자극보다 뇌 활성화가 더 활발하게 이루어졌다. 이 외에도 아름다운지 아닌지 여부와는 관계없이 좌뇌 영역이 우뇌 영역보다 더 활성화되었다. 현재로서 확실한 것은 그림으로 그린 예술작품이나 자연풍경을 담은 사진 간에 차이가 없으며 미적 판단에 있어서는 우뇌보다는 좌뇌가 더 활성화된다는 점이다. 그러나 그 이유는 아직 분명하지 않다.

기능적 자기공명영상fMRI을 활용하여 카와바타Kawabata와 제키Zeki, 2004는 다양한 범주의 대상(얼굴, 풍경, 정물 혹은 추상 작품)을 그린 그림을 본 피험자의 뇌 활성화 정도를 연구하였다. 피험자들이 뇌 활동을 기록하기 이전에 자극 대상을 미리 볼 수 없었던 위의 뇌자도 연구와는 달리, 이 연구의 경우 피험자들은 뇌 스캔을 하기 4~6일 전에 그림을 미리 보았다. 5명의 남성과 5명의 여성으로 구성된 총 10명이 연구 대상이 되었다. 기능적 자기공명영상을 촬영하는 동안 192점의 그림을 두 번 보여 주었으며(총 384회), 피험자에게 자극 대상이 아름다운지, 추한지, 중간인지 버튼을 눌러 확인하도록 하였다. 연구결과, 시각 피질, 운동 영역, 전대상anterior cingulate, 안와전두orbitofrontal 영역을 비롯한 여러 피질 영역이 주로 아름다운 작품을 보여 주었을 때 활성화된다는 것이 관찰되었다.

또 다른 기능적 자기공명영상fMRI과 그림에 대한 미적 반응 연구에서 연구자들은 피험자들에게 추상적 그림과 사실적 그림을 보여 준 다음 미적 판단을 하게하고 동시에 뇌 활성화를 측정하였다Vartanian과 Goel, 2004. 피험자들은 총 12명(여자 10명, 남자 2명)이었다. 이 연구에서는 단 40점의 그림만을 피험자에게 제시하였다. 피험자들은 그림을 보고 각 그림을 0~4 사이의 점수를 매기게 되었는데, 0은 가장 낮은 선호도를 나타내며 4는 가장 높은 선호도를 나타낸다. 전반적으로 피험자들은 추상적 그림을 더 선호하였다. 이들 자극 그림에 대해 피험자들은 좌측 대상구cingulate sulcus가 활성화되었는데 특히 가장 높은 선호도의 그림에 대해 더 높은 활성도를 보여 주었다. 양반구의 후두회occipital gyrus의 경우에도 비슷한 결과가 나타났는데, 그림을 보는 것이 시각적 자극이기 때문에 후두회의 활성화는 예측되는 것이다.

6.2. 음악과 감성 반응

음악은 인간 생활과 밀접한 관계를 갖고 인간의 생활을 풍요롭게 하고 즐겁게 하는 측면이 있다송주승과 정혜명, 2010. 또한 음악은 다양한 형태와 내용을 가지고 있으며, 시대와 사회 계층에 따라 서로 다른 음악적 취향을 갖게 되면서 다양한 장르의 음악이 공존해왔다.

음악은 듣는 사람에게 다양한 감성 반응을 일으킨다. 특히 어떤 음악이 어떠한 감성을 유발하는가 하는 문제는 플라톤 이래 줄곧 논란이 되어 온 주제였다. 20세기 초반부터는 이 문제에 대해 경험 과학적 방법을 통해 보다 체계적인 연구가 수행되어 왔다장인종, 2009. 이러한 연구 중 상당수는 음악 요소의 차이에 따라 서로 다른 감성 반응이 표출된다는 것을 보고하였다. 이를테면, 장조는 '행복', 단조는 '슬픔', 협화음은 '우아함', 불협화음은 '흥분', 높은 음은 '익살', 낮은 음은 '위엄'의 감성과 각각 관련이 깊은 반면Hevner, 1936, 1937, 음색의 차이는 감성에 별다른 영향을 주지 않고van Stone, 1959, 느린 템포의 음악은 빠른 템포의 음악이나 음악이 없는 환경에서 보다 집중력 향상에 유리하다는 견해Wakshlag 등, 1982 등이 이러한 연구에서 도출되었다. 한편 장인종2009은 한국전통음악에 대한 감성 반응을 연구한 결과 전통적인 국악보다는 현대에 창작된 국악이 일정한 감성 반응을 이끌어내는 데 더 효과적이라는 것을 보고하였다.

또한 김원식 등2005은 행동활성화체계behavioral activation system: BAS와 행동억제체계behavioral inhibition system: BIS의 개인차가 음향감성에 의한 전전두피질prefrontal cortex의 비대칭성 활동과 심박률변이도heart rate variability: HRV에 미치는 영향을 밝히고자 하였다. 이를 위하여 피험자들을 BAS와 BIS 민감성에 따라 네 집단으로 분류하고 명상음악과 소음이 제시되는 동안 전전두피질의 비대칭성asymmetry과 심박률변이도를 측정하였다. 전전두피질의 비대칭성을 측정한 결과, 명상음악에서는 BAS가 BIS에 비하여 민감도가 높을수록 전전두피질의 비대칭성 점수asymmetry score가 증가하였고, 소음조건에서는 BAS와 BIS 중 어느 하나라도 민감도가 높으면 소음처럼 부정적 감성을 유발시키는 음 환경에서는 전전두엽의 비대칭 점수가 감소하는 것으로 나타났다. 또한 부정적 감성이 우측 전전두피질의 활성화를 증가시키는 반면, 긍정적 감성은 좌측 전전두피질의 활성화를 증가시켰다. 심박률변이도의 주파수 대역은 0.01~0.08 Hz, 0.08~0.15 Hz, 0.15~0.5 Hz 영역으로 나누어 각 영역에 해당되는 전력스펙트럼power spectrum의 적분치를 LFlow frequency, MFmiddle frequency, HFhigh frequency로 나타내었고, LF/HF

와 MF/(LF+HF)를 음향감성 평가지표로 사용하였다. 부정감성을 느낄 때는 LF/HF가 증가하는 반면, 긍정적 감성을 느낄 때는 MF 영역과 'LF+HF' 영역의 전력스펙트럼power spectrum 비율을 나타내는 MF/(LF+HF)가 증가하였는데, 특히 후자는 감정 상태의 변화와 밀접한 관련이 있다는 것이 알려져 있다. 심박률변이도를 각 주파수 대역별로 전력을 분석한 결과, 명상음악에서는 BAS가 높고 BIS는 낮은 집단이 BAS와 BIS가 모두 낮은 집단에 비하여 심박률변이도의 감성평가 지표로 알려져 있는 MF/(LF+HF)가 유의하게 높았다. 또한 BAS가 높고 BIS는 낮은 집단은 명상음악을 청취할 때가 소음을 청취할 때에 비하여 MF/(LF+HF)가 더 높은 경향을 보였는데, 이는 BAS는 높고 BIS가 낮은 집단이 다른 집단에 비하여 긍정적 감성에 더 민감함을 의미한다.

한편, 음악과 감성에 대하여 기능적 자기공명영상fMRI과 양전자방출단층촬영PET을 사용한 뇌영상 연구에 의하면, 편도체amygdala와 측핵nucleus accumbens과 같은 감성과 관련된 부위로 알려진 뇌 구조물들의 활동이 조절된다고 한다Schaefer, 2017. 측핵은 중뇌변연계mesolimbic system의 한 부위로서, 쾌감, 웃음, 보상뿐만 아니라, 공포, 공격성, 충동성, 중독과 관련된 부위이다. 편도체와 측핵 이외에도 해마hippocampus, 우반구의 중심 선조체central striatum, 청각 피질auditory cortex), 전보조운동영역pre-supplementary motor area, 대상피질cingulate cortex, 안와전두피질orbitofrontal cortex에서의 활동 변화가 관찰되었다Schaefer, 2017.

이와 같은 음악의 감성 유발 효과는 음악을 산업과 공공분야 및 일상생활에서 더욱 잘 활용할 수 있게 해준다. 예를 들어, 우리가 흔히 접하는 방송, 영화, 광고, 웹사이트 등의 배경음악, 건물 안이나 거리에서 재생되는 음악, 심리 치료 등에 사용되는 음악은 서로 다른 목적을 위해 보다 효과적인 감성을 불러일으키도록 만들 수 있다.

6.3. 영화와 관련된 뇌의 감성 반응

영화는 감성적 요소가 많기 때문에 수많은 사람들이 좋아한다. 이러한 영화의 감성과 뇌의 어떤 부위가 관련 있는지 알아보기 위하여 알토Aalto 등 2002은 양전자단층촬영PET을 사용하여 연구를 수행하였다. 이들 연구자들은 여성 피험자들에게 영화 「해리가 샐리를 만났을 때When Harry met Sally」, 「크레이머 대 크레이머Kramer versus Kramer」, 「챔프Champ」, 「빈Bean」에서 편집한 12개의 동영상을 보여 주었다. 동영상은 다른 집단에서 독립적으로 수집한 자료를 근거로 중립적 영상, 즐거운 영상, 그리고 슬픈 영상으로 나누었다. 각 동영상의 길이는 약 2분 30초로 만들어졌다. 이 연구 결과 즐거움과 슬픔 반응이 일어날 때 후두-측두피질occipitotemporal cortex, 전측 측두피질anterior temporal cortex, 소뇌cerebellum 부위가 활성화되었으며, 후측 대상회posterior cingulate gyrus와 몇몇 전두피질 부위frontal area는 비활성화되었다. 피질하 부위와 변연계 중에서는 양측 편도체가 즐거움과 슬픔의 감성에 대해 활성화되었다.

뇌영상 기법을 사용하는 서로 다른 연구들이 감성 정보 처리와 관련된 뇌 영역을 찾고자 하는데, 여러 연구는 늘 동일한 결과로 귀결되지 않으며, 여전히 많은 연구가 필요하다. 현재로서는 다양한 뇌 영역이 감성과 관련되어 있다는 의견이 우세하다.

감성 병리 및 치료

06

인간은 삶을 영위하는 생활 속에서 긍정적인 감성을 경험하기도 하고 부정적인 감성을 경험하기도 한다. 긍정적인 감성은 일반적으로 바람직한 것으로 받아들여지고, 마음이 끌리고 이를 선호하는 행동을 하게 된다. 부정적인 감성을 유발하는 것은 가능한 피하려고 하는 경향이 있다. 그러나 긍정적인 감성을 유발하는 대상에 대해 그 정도가 심해지면 문제가 생길 수 있다. 대표적인 것이 중독이다.

중독은 처음에는 긍정적인 감성을 유발하기 때문에 이를 선호하지만, 곧 내성이 생기고 점점 더 강한 자극을 찾게 되는데, 이러한 현상이 지속될수록 적응적인 문제가 발생하게 된다. 제19장에서는 이러한 감성 병리로서 대표적 현상인 중독에 대하여 집중적으로 다루고자 한다. 제20장에서는 부정적인 감성을 비롯하여 감성 병리 현상을 치료하기 위한 다양한 방법에 대해 알아볼 것이다.

제6부

제 19 장

감성 병리

긍정적인 감성은 개인을 긍정적으로 만들고 외부 환경에 잘 대처하게 한다.

또한 긍정적 감성은 과거의 긍정적 기억과 함께 성취동기를 촉진시킨다.

하지만 긍정적 감성도 비정상적인 상태가 되면 중대한 병리적 문제가 발생할 수 있다.

본 장에서는 그 전형적인 예로서 중독 증상을 중심으로 감성의 병리 현상에 대해 알아보고자 한다.

1. 긍정적 감성과 부정적 감성

즐거움, 편안함 등의 감성은 개인의 마음 상태와 행동을 긍정적으로 만들고 어려운 상황에 적절하게 대응하게 하지만, 스트레스로 인한 무력감, 무망감helplessness, 우울감 등은 역기능을 초래한다. 이와 같이 긍정적 감성과 부정적 감성은 각기 상이한 방식으로 개인에 대해 영향을 미친다Fredrickson, 2003. 긍정적 감성은 좋은 경험이나 성공적인 일에 대한 기억을 바탕으로 성취를 향한 동기를 촉진시키는 반면에, 우울감이나 혼란함, 스트레스 등 부정적 감성은 좋지 않은 기억을 회상하게 하고 부적절한 자기평가를 증가시킴으로써 성취력을 감소시킨다. 하지만, 긍정적 감성이라 할지라도 거기에 탐닉하게 되면 중대한 병리적 문제가 발생할 수 있다.

2. 인터넷 중독

2.1. 인터넷 중독의 개념

인터넷 중독internet addiction은 게임중독, 채팅중독, 음란물중독 등 세 가지로 나눌 수 있다. 인터넷 중독은 지나친 인터넷 사용으로 인한 일종의 중독 장애로 신체적, 심리적, 학업 및 직업적인 면에 심각한 손상을 가져오는 증후군을 말한다전천운, 2009. 영국의 정신과 의사인 골드버그Goldberg가 1996년에 인터넷 중독 장애internet addiction disorder, IAD라는 말을 처음 언급하였다. 인터넷 중독은 알코올 중독, 도박 중독이나 마약 중독과 마찬가지로 지각 장애, 주의력 장애, 사고력 장애, 판단력 장애, 정신운동성 행동 장애, 그리고 대인관계의 장애 등을 유발할 수 있다Chou 등, 2005.

인터넷은 생활을 편리하게 하는 정보를 제공하고 오락거리도 제공하는 반면, 그에 따른 폐해 또한 사회적 문제로 대두되고 있다. 인터넷 중독이 사회적 문제로 인식되고 있지만, DSM-5(Diagnostic and Statistical Manual of Mental Disorders, 5th Edition, 정신장애의 진단 및 통계 편람 제5판, 2013년 5월 18일 출판)나 ICD-11(International Classification of Diseases, 11th Revision, 국제질병 분류체계 제11판, 2018년 6월 18일 공포, 2022년 1월 1일 시행)에 공식적으로 수록되어 있지 않기 때문에 인터넷 중독의 정의와 진단 기준은 아직 합의가 되지 못하고 있다. 한편 DSM-5는 인터넷 게임중독Internet Gaming Addiction이 앞으로 정식 질병으로 등재되기 위해서는 더 많은 연구가 필요한 질병으로 소개하고 관련 준거를 제안하고 있어 추후의 연구에 중요한 참고자료로 활용될 수 있을 것으로 보인다서보경, 2014. 참고로 도박 중독gambling addiction은 ICD-10에는 포함되지 않았으나 ICD-11에는 포함되어 있다.

인터넷 중독은 타 중독과 달리 중독대상 물질에 있어서 독특한 특성을 가지고 있다. 물질중독에서는 중독을 일으키는 물질인 알코올이나 마약 등이 대표적이며, 중독물질로 인한 신체적, 심리적, 경제적, 사회적 폐해도 가시적으로 나타나, 중독의 부정적 영향을 인식하기가 비교적 쉽다. 도박 중독에서는 도박행동을 사회적으로 용인하지 않는다. 그러나 인터넷 중독의 소위 중독을 일으키는 물질인 인터넷은 가정, 학교, 직업, 사회적으로 사용을 허용하고 권장하고 있으며, 인터넷 이용은 특정 연령대나 사회적 계층에 국한된 것이 아니라 유아에서부터 노인까지 전 연령대와 경제적 사회적 계층의 구별 없이 인터넷이 사용되고 있다. 이처럼 모든 국민이 사용하고 있고, 생활의 중요한 요소가 되어버린 인터넷 이용은 물질중독이나 도박중독 보다 더 많은 자기 조절 능력을 요구한다고 할 수 있다서보경, 2014.

골드버그Goldberg, 1996에 따르면 인터넷이 다른 중독과 같이 내성, 금단증상과 심리 및 사회적 문제를 유발할 수 있다. 영Young, 1996은 '인터넷 중독'을 '스스로의 욕구에 저항하지 못하는 충동조절 장애로, 금단과 내성이 발생하여 사회적, 직업적 피해가 발생하는 상태'로 정의하였다. 그리피스Griffiths, 1995는 물질이 개입되지 않은 상태에서 과식, 성행위, 운동, TV 시청 및 컴퓨터 게임 등의 특정 행위에 대한 중독을 '행위중독'으로 규정하였다. 또한 비디오, TV, 영화 등을 시청하는 행위와 관련한 중독을 '수동적 행위중독', 상호작용적 특성이 있는 '컴퓨터 게임과 관련한 중독'을 '능동적 중독'으로 분류하여, 행위중독을 영상매체나 기술 영역에까지 확대시켜 '기술 중독technology addiction'으로 분류하기도 하였다. 데이비스Davis, 2001는 인터넷과 관련된 비합리적 인지와 행동으로 말미암아 일상생활에 부정적 결과를 초래하는 현상을 '병적 인터넷 사용pathological internet use'으로 정의하였다.

김교헌과 최훈석2008에 의하면 인터넷 이용의 물리적 및 사회적 환경 특성으로 인해 개인의 인터넷 사용에 대한 조절이 더 많이 요구된다. 이를테면 청소년은 인터넷 사용의 기회와 욕구가 더 많은 반면, 자기조절과 충동성 조절 능력이 미성숙한 시기여서 인터넷 이용 조절에 더 많은 노력이 필요하다. 성인은 많은 업무가 대부분 PC와 온라인으로 이루어지다 보니 온라인상에서 업무와 무관한 사이트를 열지 않는 것과 그 무관한 사이트를 열게 되었더라도 오래 머물지 않으려는 강한 내적 조절이 필요하다.

2.2. 인터넷 중독과 신경계 활동

자율신경계의 활동을 나타내는 지표로는 주파수 영역 지표인 TPtotal power, LFlow frequency, HFhigh frequency, LF/HF ratio 값이 많이 사용되고 있다. 이들 지표에서 TP는 전체 심박수변동성을 의미하고, LF0.04-0.15Hz는 저주파 성분으로 교감신경 활성도를, HF0.15-0.4Hz는 고주파 성분으로 부교감신경 활성도를 나타내며, 값이 클수록 활성도가 높음을 의미한다Kong과 Kim, 2013. LF/HF ratio는 교감신경 활성 혹은 교감/부교감 균형의 지표로서 자율신경 활동의 균형을 나타내며, 값이 클수록 교감신경의 활성도가 높다는 것을 의미한다Bilchick과 Berger, 2006. 심박변이도는 R-R interval 사이에 존재하는 미세한 변화를 의미하는 것으로 인체의 내외적 환경 변화에 따라 변화한다. 건강하고 안정상태일수록 심박변이도는 크고 복잡한 형태를 나타내며, 운동 상태이거나 스트레스 대처능력이 약할수록 작고 일정한 형태를 나타낸다Jeong, 2013. 홍승희와 김나현2014은 이러한 자율신경계의 활동을 나타내는 측정치를 사용하여 대학생들을 대상으로 인터넷 중독 정도와 자율신경계 기능과의 관계를 연구한 결과, 인터넷 중독 정도가 높을수록 log TP, log LF, LF/HF ratio가 유의한 정적 상관관계가 있다는 것을 관찰하였다. 이는 인터넷 중독 정도가 높을수록 자율신경계의 활성도가 증가하며, 교감신경계의 활성으로 교감신경계와 부교감신경계의 균형에서 변화를 유발함으로써 자율신경계 기능에 영향을 미칠 수 있다는 것을 의미한다.

한편 휴식기 정량적 뇌파quantitative electroencephalogram, qEEG를 이용하면 뇌 활동 특성을 규명할 수 있다. 이러한 상황에서는 뇌파의 절대파워absolute power가 사용된다. 절대파워의 분석을 통해서 피질의 과잉 또는 과소 활동을 추적할 수 있다. 대개 beta 대역 이상의 고주파 대역 진폭이 정상인보다 높거나 theta 대역 이하 서파 대역의 진폭이 정상인보다 낮을 경우 피질의 과잉 활동을, 반대로 고주파 대역 진폭이 낮거나 서파 대역 진폭이 높을 경우 피질의 과소 활동을 반영한다고 한다Herrmann과 Demiralp, 2005. 이러한 정량적 뇌파를 사용하여 권윤나와 최승원2015은 인터넷 중독 집단과 대조군을 비교한 결과 인터넷 중독 집단은 beta 115~18Hz 및 gamma 30~40Hz 대역에서 통제 집단에 비해 유의하게 높은 진폭이 나타났으며, 인터넷 중독의 심각도는 beta 1 대역 진폭과 정적 상관을 보임을 관찰하였다. 이는 물질 사용 장애에서 나타나는 뇌파 패턴과 유사한 것이다.

2.3. 인터넷 중독자들의 성향

과도한 인터넷 사용은 청소년들의 공격성 및 폭력 행동에 영향을 미치고, 심한 경우 현실세계를 무시하며, 자기 통제력이 낮아진다김재엽과 정윤경, 2007; 정윤태 등, 2012. 뿐만 아니라 과도한 인터넷 사용은 청소년들의 신체 및 학업 문제, 사회적 능력, 대인관계, 일상생활 부적응 등의 문제를 야기하게 된다. 그러므로 이러한 인터넷 중독에 따른 문제를 해결하는 것이 무엇보다 중요하다.

인터넷 중독에 잘 걸리는 사람들은 우울하고, 충동적이며, 자기효능감이 낮다고 한다. 영Young 과 로저스Rogers, 1998에 의하면 심각한 정서적 문제를 가진 사람들이 인터넷에 더 쉽게 중독된다고 주장한다. 캐플란Caplan, 2002은 외로움과 낮은 자존감이 인터넷 사용의 부정적 결과와 상관이 높음을 관찰하였으며, 모라한-마틴Morahan-Martin과 슈마허Schumacher, 1997에 의하면 고독감을 많이 느끼는 사람들이 병적으로 인터넷을 사용하였다. 한편 송명준과 권정혜2000에 의하면 인터넷 중독자들은 비중독자들에 비해 친밀한 대인관계나 사회적 유대관계가 약하고, 자신의 기분을 잘 조절하지 못한다. 쇼튼Shotton, 1991은 내향적인 사람들이 인터넷에 더 잘 중독된다고 하였으며, 송원영1998에 따르면 자기효능감이 낮은 사람들이 인터넷에 더 많이 중독된다. 또한 암스트롱Armstrong 등 2000에 의하면 충동적이고 문제해결능력이 부족한 사람들이 인터넷에 더 잘 중독된다고 보고한다.

감성지능을 최초로 연구한 마이어Mayer와 살로베이Salovey, 1990는 '감성지능'을 '사회지능의 한 하위요소로서 자신과 타인의 감정과 정서를 점검하고, 그 감정의 차이를 구별하며, 생각하고 행동하는데, 이러한 정보를 이용할 줄 아는 능력'으로 정의하였다. 골먼Goleman, 1995은 '감성지능'을 '자신을 동기화시키고, 좌절을 이겨내며, 충동을 통제하고, 만족을 지연시키며, 스트레스로 인해 사고력이 저하되지 않도록 자신의 감정을 규율할 수 있고, 타인을 공감하고, 희망을 유지하는 능력'으로 정의하였다. 감성지능과 인터넷 게임 중독간의 관계를 연구한 결과를 보면 중독집단이 비중독집단보다 감성지능이 낮았다안혜영, 2003; 정경순, 2005. 인터넷 중독과 감성지능 간의 관계를 다룬 연구에서도 감정조절이 안될수록, 긍정성과 낙관성이 부족할수록, 감정이입이 안될수록, 전체 감성지수가 낮을수록 인터넷에 중독되는 경향을 나타내었다김병성 등, 2008. 이만제2009에 따르면, 인터넷 중독 수준이 높은 청소년들이 그렇지 않은 청소년들보다 정서인식, 정서표현, 정서조절, 정서활용 능력이 낮았다.

대인관계란 타인을 대하는 개인의 보편적인 심리적 지향성을 의미한다Horowitz 등, 1991. 하이더Heider, 1958에 의하면, 대인관계란 소수의 사람과 사람 사이의 관계를 의미하며 개인이 타인에 대해 어떻게 생각하고 느끼고 지각하며 타인에 대해 어떠한 행위를 하며, 타인이 무슨 행위나 생각을 하기를 기대하고 타인의 행동에 어떻게 반응하는가가 대인관계의 핵심이 된다. 인터넷 중독과 같은 병리적 현상은 청소년의 대인관계에 부정적인 영향을 미치는 것으로 알려져 왔는데, 인터넷 중독자들이 비중독자들보다 대인관계 민감성이 더 높고서승연, 2002, 대인관계가 원만하지 않으며강석기와 한상훈, 2005, 어머니와 친구 등 가장 중요한 사람과의 관계에서 만족도가 낮았다양돈규, 2003. 대인관계 성향과 관련하여 살펴보면 인터넷 중독과 사교-우호적 성향, 반항-불신적 성향 간에 상관관계가 있으며Young과 Rogers, 1998 또한 인터넷 중독 집단이 정상 집단에 비해 지배적-우월적, 경쟁적-공격적, 과시적-자기도취적, 반항적-불신적 성향이 높고 사교적-우호적 성향이 낮다유지현, 2002. 이만제2009의 연구에 의하면, 인터넷 중독 수준이 높은 청소년들은 대인관계에서 독립적-책임감적 역할 성향, 동정적-수용적, 사교적-우호적 사회관계 성향이 낮은 반면, 경쟁적-공격적, 반항적-불신적 표현 성향이 높았다

3. 게임 중독

3.1. 청소년과 게임

일반적으로 게임은 청소년들에게 있어 인성발달을 도와주는 중요한 도구의 의미를 갖고 있다김진화와 유귀옥, 2008. 역사적으로 볼 때, 땅따먹기, 술래잡기, 고무줄놀이 등 과거부터 현재에 이르기까지 이루어지고 있는 다양한 놀이들이 청소년들의 성장 및 발달과 함께 했다.

그런데, 오늘날 PC 통신이 등장하면서 인터넷 시대가 도래함에 따라 청소년들의 욕구가 새로운 차원에서의 게임으로 변화되기 시작했다. 특히, 국가적 차원에서 이루어지기 시작한 정보화정책으로 인하여 전국적으로 PC방과 인터넷 전용선이 설치되기 시작하면서 게임은 이제 오프라인에서의 기계와의 놀이가 아니라 온라인에서의 익명적 타인과 겨루는 차원으로 발전하게 되었으며, 새로운 유형의 문제들이 출현하게 되었다김진화와 유귀옥, 2008.

3.2. 게임 중독의 특성

3.2.1. 게임의 긍정적 측면

청소년들의 인터넷 게임에는 긍정적인 측면과 부정적인 측면이 함께 포함되어 있다 오윤선, 2008. 지금까지 인터넷 게임의 긍정적인 측면을 살펴본 연구들을 보면, 인터넷 게임은 학습동기, 학업 성취도에 긍정적인 영향을 주며강운선, 1999, 상상력과 추리력을 증진시키는 좋은 놀이가 될 수 있다는 것이다최유찬, 2002; 권재원, 2004. 그리고 인터넷의 사용 양상을 '몰입'이라는 개념으로 접근할 때 긍정적이라는 것인데, 이를테면, 호프만Hoffman과 노바크Novak, 1996에 의하면 사이버 환경에서 일어나는 게임 몰입이란 인터넷을 이용하면서 최적경험optimal experience을 하게 될 때 나타날 수 있는 것으로, 최적의 몰입 경험은 높은 수준의 실력을 가진 사람이 난이도가 있는 과제를 접할 때 나타난다. 이런 점에서 볼 때 인터넷 게임의 몰입은 주어진 과제에 대한 도전의 정도를 높이고 자신의 기술과 능력을 발달시켜 때로 총체적인 만족감을 느끼게 할 수 있다이희경, 2003. 그리고 남궁명선2002은 인터넷 게임에서 참여자 간의 대인관계 및 자기 정체성과 이타행동에 대한 공동체성을 강조하였으며, 양철진2006은 온라인 게임이 청소년들의 삶에 즐거움을 제공하는 요소로서의 장점과 더불어 광범위한 상호작용과 커뮤니티의 형성이 지니는 정서적 유대와 개별화된 사회 속에서 공동체를 경험할 수 있게 한다고 주장하였다.

3.2.2. 게임의 부정적 측면

정보통신기술의 발달로 인하여 온라인 게임은 청소년부터 성인까지 즐기는 여가생활의 일부로 그 활용도가 높아지고 있지만, 이런 인터넷 게임이 개인의 여가활용 수준을 넘어서 과도한 몰입으로 나타나게 되면 우울과 불안 등이 발생하여 학교 및 사회에 부적응하게 되는 다양한 부작용들이 나타나게 된다지영주 등, 2014. 특히, 인터넷 게임 중독의 심각성은 청소년들에게 더욱 심각하게 나타나고 있다는 문제가 있다전대성과 김동욱, 2016.

하지만 인터넷을 과다하게 사용함으로써 인터넷 사용에 대한 금단과 내성을 가지고 있으며, 이로 인해 일상생활에 장애가 유발되는 상태를 의미하는 인터넷 중독이란 개념은 아직 학문적으로 명확하게 정의되어 있지 못하고 인터넷 과다사용, 인터넷 의존, 인터넷 과몰입 등의 용어와 혼용되어 사용되고 있는 실정이다.

김진화와 유귀옥2008은 몰입과 중독을 구분하며, 몰입이란 중독개념과는 명확히 구분되는 의미를 지닌 것으로 어떤 활동에 강하게 집중하는 현상으로서 부정적인 결과보다는 긍정적인 결과가 대다수 수반되는 반면, 중독이란 어떤 활동에 지나치게 몰두하여 강박적 태도가 동반되고 정상적인 생활을 유지하기 어렵게 되는 등의 부정적 결과가 나타나는 현상을 의미하며, 지나친 몰두, 의존, 조절능력 상실 등이 대표적으로 나타나는 현상이라고 말한다. 그러나 많은 학자들은 인터넷 중독을 물질중독이나 도박중독과 유사한 특성을 가지는 행위중독behavioral addiction으로 간주하고 있다윤명숙과 송행숙, 2011.

인터넷 게임중독은 인터넷 중독의 하위 유형에 속한다. 그리피스Griffiths, 1991는 인터넷 게임중독을 '충동적인 행동을 유발하고, 다른 사람에 대한 흥미를 상실시키며, 다른 중독 현상들과도 관련되고, 게임을 그만두려고 하면 신체적, 심리적 증상이 나타나는 행위적 중독의 한 형태'라고 정의하였다. 인터넷 게임중독의 일반적인 증상은 조절능력의 상실, 내성에 따른 지속적 사용 증가, 금단증상, 강박적 집착 또는 의존 등이다Griffiths 등, 2004; 윤명숙과 송행숙, 2011.

중학교에 재학 중인 청소년 560명을 대상으로 수행한 김진화와 유귀옥2008의 연구에 의하면, 온라인 게임 중독과 공격성 간에 상관성이 있었다. 이 연구 결과에 의하면, 남학생이 여학생보다 온라인 게임 중독 위험이 높게 나타났으며, 고학년보다는 저학년들의 온라인 게임 중독성이 높게 나타났다. 청소년 온라인 게임 중독의 분포를 보면, 보통 게이머 집단이 31%, 중독 가능 집단이 48%, 온라인 게임 중독이 심각한 집단은 21%였다. 성별 차이를 살펴본 결과 남학생의 경우 심각한 중독 집단은 무려 28%로 나타난 반면에 여학생의 경우 8.9%에 불과했다. 온라인 게임 중독 수준과 청소년 공격성의 관계를 조사한 결과 정적으로 상관관계가 관찰되었는데(크론바하 상관계수 값: 0.32), 온라인 게임 중독 수준이 높을수록 공격성이 높은 것으로 나타났다. 이러한 측면에서 볼 때 청소년들의 공격적인 성향이 온라인 게임 중독과 관련이 있다고 할 수 있을 것이다.

또한 620명의 중·고등학생을 대상으로 한 오윤선2008의 연구에 의하면, 인터넷 게임 중독 고위험군 범주에 속한 청소년의 우울 수준이 남녀 모두에서 비중독군이나 잠재적 위험군에 비해 가장 높게 나타났고, 비중독군 청소년의 우울 수준은 가장 낮게 나타났다. 또한 고위험군 범주에 속한 청소년의 공격성 수준이 남녀 모두에서 가장 높게 나타났고, 비중독군 청소년의 공격성 수준은 가장 낮았다. 한편 비중독군 범주에 속한 청소년의 자아존중감 수준이 남녀 모두에서 가장 높게 나타났고, 고위험군 청소년의 자아존중감 수준은 가장 낮게 나타났다.

3.3. 청소년들의 게임 중독에 미치는 영향에 대한 연구

여기서 청소년들의 게임 중독에 어떤 요인들이 영향을 미치는지 살펴볼 필요가 있다. 그 요인으로는 첫째, 스트레스가 인터넷 게임 중독에 영향을 미친다. 즉, 청소년들의 스트레스는 인터넷 게임 중독에 직접적으로 정적인(+) 영향을 미치는 것으로 나타난다박병선과 박수지, 2016. 특히, 청소년들의 학업 스트레스는 게임 중독 집단 청소년들의 게임 중독 수준을 악화시키는 경향이 있다김재엽 등, 2015. 남자 고등학생들을 대상으로 수행한 장정남과 최연희2012의 연구에서도 스트레스가 인터넷 중독에 직접적으로 영향을 미치는 요인임이 밝혀졌다.

둘째, 부모와의 관계가 인터넷 게임 중독에 영향을 미치고 있다. 일반적으로 부모의 양육스타일과 가족의 기능은 청소년들이 인터넷 중독에 영향을 미치는 매우 중요한 요소이다Huang 등, 2010. 이를테면, 경제적으로 어려운 가정은 부모-자녀 간의 폐쇄적 의사소통으로 인해 자녀의 온라인 게임 중독을 증가시키는 것으로 나타났다김석환과 정혜주, 2015. 또한 부모와 애착이 약할수록 게임 중독 성향이 높게 나타났다정승민, 2014. 청소년 자녀를 둔 부모를 대상으로 한 연구에서도 부모의 애정적 양육태도나 모순불일치적인 양육태도가 청소년의 게임 중독을 예측하는 주요 변인으로 나타났다. 장정남과 최연희2012의 연구에서도 인터넷 중독에 가장 큰 영향을 미치는 변수는 스트레스로 직접적 효과가 있었으며, 가족건강성과 회복 탄력성은 스트레스를 통한 간접 요인으로 인터넷 중독과 관련성이 있었다. 회복 탄력성은 심각한 위험에 노출되었음에도 불구하고 성공적으로 다시 회복하는 능력이다. 장정남과 최연희2012의 연구 결과에 의하면 가족건강성과 회복 탄력성이 클수록 스트레스를 덜 받고 인터넷 중독 점수도 낮아졌다.

셋째, 이외에도 학교폭력 피해경험과 우울감이 인터넷 게임 중독에 영향을 미치는 것으로 나타났다이서원, 2012. 또한 아동의 가정폭력 경험이 높을수록 게임 중독에 영향을 미친다김나예, 2015. 그리고 초등학생들의 학교폭력 경험과 사이버 불링cyber bullying, 사이버 상에서 특정인을 집단적으로 따돌리거나 집요하게 괴롭히는 행위 피해수준이 인터넷 게임 중독 수준을 높이는 것으로 나타났다최진오, 2013. 뿐만 아니라 청소년의 여가활동 제약도 게임 중독에 영향을 미치는 것으로 나타났는데, 이는 오프라인 여가활동 참여의 제약이 결국 컴퓨터 게임이란 온라인 여가활동을 선택하게 만드는 것으로 여겨진다류성옥과 이훈, 2013. 그리고 청소년들의 욕구만족이 낮을수록 인터넷 게임 중독에 빠져드는 것으로 나타났다이영훈과 유수현, 2012.

4. 음란물 중독

우리나라 청소년들을 대상으로 수행된 연구결과를 보면, 연구자들마다 그리고 기준에 따라 통계 결과가 다르지만, 청소년들의 음란물 중독은 심각하다. 이를테면, 김진숙2000의 연구에서는 65%에 이르는 청소년들이 중독경향성을 보였으며, 김순태2001의 연구에서는 64.6%가 중독성향으로 보고되었다. 또한, 이정윤과 이상희2004에 따르면 연구대상자들의 41.1%에 해당하는 청소년들이 인터넷 중독척도에서 중독성향이 있는 것으로 나타났다.

영Young, 1999은 인터넷 중독의 하위유형을 사이버섹스중독, 사이버관계중독, 네트워크 강박증, 정보과부하, 컴퓨터 중독의 다섯 가지로 구분하였는데, 이중 사이버섹스중독은 자기존중감이 낮고 자신의 신체에 대한 이미지가 나쁘거나, 성기능 장애나 성도착증과 같은 성적인 문제가 있는 사람들에게 나타날 가능성이 높다고 하였다. 영Young, 1999에 의하면 전체 인터넷 중독자 가운데 약 20%는 이 유형에 속하는데, 남성은 주로 사이버 포르노 사이트를 찾고, 여성은 주로 에로틱한 채팅을 하는 경향이 높다고 한다. 어기준2000은 인터넷 중독을 통신중독, 게임중독, 음란물중독으로 구분하였는데, 이 가운데 음란물중독은 특히 청소년에게서 많이 발견되는 것으로 음란물에 대한 잦은 접촉으로 인해 학습에 지장을 받거나 부모와 갈등이 생길 수 있으며, 성에 대한 왜곡된 인식을 갖게 될 수 있다고 주장하였다.

이해경2002은 고등학생들을 대상으로 음란물중독집단과 비중독집단을 비교한 결과, 음란물중독집단이 충동성이나 공격성이 높고, 자극 추구성향 가운데 경험추구와 탈억제 성향(쾌락적인 활동을 통해 욕구를 억제하지 못하고 충족시키려는 성향)이 높았으며, 대인 간 스트레스는 더 많이 받았으나 사회적 지지는 덜 받는 것으로 나타났다. 이정윤과 이명화2003는 중학생을 대상으로 연구를 실시한 결과 음란물을 자주 접촉한 중학생들이 그렇지 않은 학생들에 비해 자기존중감이 낮고 학교생활에 대한 적응에 어려움을 겪고 있는 것으로 나타났으며, 친구 관계에서 소외감을 많이 겪고 있는 것으로 나타났다. 한편 주리애 등2002은 음란물을 자주 찾는 대학생들을 대상으로 조사한 결과 남녀 대학생 모두 인터넷 음란물을 자주 접할수록 성적사고의 빈도가 높았다. 또한 대체로 성적자극에 대한 불편감이 적고 외향적인 사람들이 인터넷 음란물을 자주 접하는 것으로 나타났으며, 죄책감은 음란물 접촉과 아무런 상관이 없는 것으로 밝혀졌다.

이정윤과 이상희2004는 중고등학생과 대학생 1,015명(남자 647명, 여자 368명)을 대상으로 연구를 수행한 결과, 음란물중독집단은 비중독집단에 비해 우울과 충동성이 높았으나 외로움은 두 집단 간에 차이가 없는 것으로 나타났다. 감각추구성향은 탈억제와 권태민감성(반복되고 지루함을 견디지 못하는 성향) 하위척도에서 음란물중독집단이 비중독집단에 비해 높게 나타났다. 현실세계에서의 자기효능감은 음란물중독집단이 비중독집단에 비해 낮았지만, 이와 반대로 가상세계에서의 자기효능감은 음란물중독집단이 비중독집단에 비해 높았다. 한편 현실세계나 가상세계에서의 대인관계 효능감에서는 두 집단 간에 유의한 차이가 없는 것으로 나타났다.

5. 알코올 중독

술은 기호식품으로서 우리 생활 주변에 가까이 있지만, 과도한 음주는 때로 사회적으로 큰 문제를 일으키기도 한다. 2013년 보건복지부의 통계에 따르면 자살시도자의 44%가 음주상태였으며, 과도한 음주로 인한 골괴사증, 만성질환 등이 증가하고 있다고 보고하였다보건복지부, 2013. 특히 알코올 중독은 자신뿐만 아니라 타인에게도 피해를 입힐 수 있기 때문에 중대한 문제가 될 수 있다.

알코올 남용과 의존의 원인을 설명하는 데에는 정신역동 이론, 사회문화적 이론, 그리고 행동 및 학습 이론 등이 있다. 생물학적 이론으로는 유전적 요소가 관심의 초점인데, 심한 알코올 남용의 가족력이 있는 경우 3~4배 위험도가 증가하고, 쌍생아 연구나 입양 연구 결과도 이러한 유전적 요인을 지지하고 있다. 한 개인이 정상적인 기능을 유지하기 위해서 상당한 양의 음주를 매일 해야만 하는 경우, 주말 등 특정 시간에 집중하여 과음을 하는 패턴을 규칙적으로 보이는 경우, 수주에서 수개월 폭음을 한 후 일정기간 금주를 하는 패턴을 반복하는 경우 등은 알코올 남용이나 의존을 의심해보아야 한다김대진, 2008.

생활 주변에서 경험하는 스트레스 역시 음주 및 알코올 중독에 영향을 미칠 수 있다. 이를테면, 쿠퍼Cooper 등 1995은 스트레스를 많이 받는 상황에 처했을 때, 알코올에 의한 긴장감소에 대한 기대가 큰 사람일수록 중독에 빠질 위험성이 높다고 하였다. 국내 대학생의 음주행동에 대한 연구결과에서도 생활 스트레스와 대인관계 스트레스가 높은 대학생일수록 음주문제가 높게 나타났다김미선, 김명식, 2010.

음주와 같은 남용 약물에 대한 갈망craving은 중독적인 행동을 지속하는 데 있어 중요하다. 갈망은 중독자들이 약물 사용을 중단하려는 시도를 막아버리는 강력한 장애물이 되기도 한다Burton과 Tiffany, 1997. 박미숙 등2007은 알코올 사용 장애를 가진 집단과 비의존 집단을 대상으로 연구한 결과 알코올 사용 장애 집단은 알코올 자극을 포함한 모든 제시된 자극에 대하여 정상인 집단보다 높은 알코올 갈망 수준을 나타내었다. 이러한 결과는 알코올 사용 장애자들은 알코올 자극에 의해 유발된 심리적 갈망 수준이 정상인과 다른 것으로 이것이 알코올 중독 행동을 지속하는 데 큰 역할을 한다는 것을 시사한다.

한편, 알코올 남용 및 의존 상태에 이르게 되면 직업이나 사회적 기능을 수행하는 데 있어서 장해가 발생하고 법적인 문제나 교통사고를 자주 일으키고 가족 구성과의 마찰이 커지게 된다. 이러한 변화는 신경계에서의 변화로 나타날 수 있다.

알코올 중독과 연관되어 있다고 간주되는 두뇌의 장애는 다양한 지각, 정서, 인지기능의 장애와도 높은 관련성을 가지고 있다김대진 2008. 두뇌의 좌반구는 말하거나 기록된 단어를 이해하는 등의 기능에 더 우세하고, 반면에 우반구는 공간지각의 기능이 더 우세하다. 좌우반구의 상이한 기능적인 역할은 서로 보상적인 측면이 있는데, 이는 어떠한 인지적 혹은 지각적인 과제수행에 따라 결정된다. 대체적으로 보면 좌반구는 분석적, 순차적인 정보 처리에 있어 우세하다고 생각되며, 우반구는 종합적인 정보의 통합처리에 우세하다고 여겨진다Oscar-Berman과 Schendan, 2000. 이와 관련하여 오스카-베르만Oscar-Berman과 쉔단Schendan, 2000, 그리고 오스카-베르만Oscar-Berman과 마르코빅Marinkovic, 2003은 좌우반구 중 특히 우반구가 좌반구보다 알코올 중독에 영향을 받아 우반구의 통제를 받는 기능이 더 크게 손상된다는 것을 보고하였다. 알코올 중독 혹은 알코올 의존적 환자들은 우반구 손상환자와 유사하게 인지과제 수행에 문제점이 있다고 한다. 이와 더불어 알코올 의존성 환자는 정서적인 측면에 있어서도 우반구 손상환자와 유사한 문제점을 보인다. 이러한 증거들로 볼 때 알코올 남용은 좌반구보다는 우반구에 더 많은 영향을 미친다고 할 수 있다.

알코올 중독환자들과 정상인의 뇌영상을 비교한 연구에서 윤효운2012은 확산 텐서

영상diffusion tensor imaging을 분석한 결과, 환자군의 신경다발 연결이 일반인들보다 확연히 적다는 것을 관찰하였다(그림 19-1). 이러한 결과는 알코올 중독이 뇌의 신경다발을 손상시킴으로써 뇌의 내부에서 일어나는 정보의 전달 과정을 심각하게 손상시킬 수 있다는 것을 보여준다.

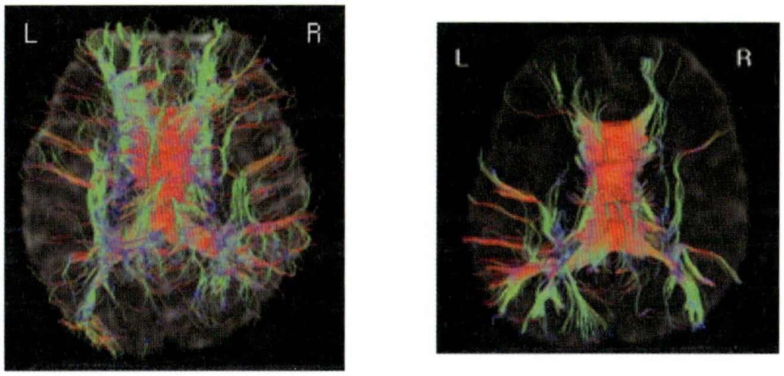

[그림 19-1] 알코올 의존 환자(우)와 일반인 그룹(좌)의 확산 텐서 영상. 뇌 신경 연결 다발들이 각각의 방향으로 교차하는 것이 RGB로 나타나있는데, 정상인에 비해 환자의 뇌에서 신경연결이 현격하게 감소한 것을 알 수 있다. (출처: 윤효운, 2012)

6. 도박

우리나라의 도박 산업 규모는 복권, 카지노, 경마, 경륜, 경정과 같은 합법적 사행산업만 2017년 기준 한 해 21조 7천억 원에 이르며, 불법 도박은 2015년 기준 한 해 84조원에 이르는 것으로 추산되고 있다. 이러한 도박 산업의 성장은 그동안 여러 가지 부작용을 유발하였다. 도박 행위자의 개인적인 측면에서는 도박 중독, 그리고 도박 중독에 수반되는 우울, 자살, 약물의존 등 심각한 문제를 유발하였으며, 사회적인 측면에서는 이혼과 가정 파탄, 신용불량자의 양산, 불법 사행산업의 성장, 범죄의 증가 등으로 인한 사회적 비용이 급격히 증가한 것으로 나타났다Lesieur와 Rosenthal, 1991.

도박은 미래의 불확실한 결과에 돈이나 가치 있는 것을 걸고 참여하는 활동이며 놀이인 동시에 재정적 위험 부담을 가지는 행위이다Caillois, 1994. 도박은 게임이나 놀이와 연관되어 있고Abt와 McGurrin, 1984, 이러한 놀이는 도박의 요소인 돈, 운, 기술, 경쟁, 내기 등과 결합하여 발전한다(그림 19-2).

도박 행동에도 스트레스가 유발 요인이 있다. 제이콥Jacob, 1986에 의하면 인간은 심각한 스트레스 상황으로부터 탈출하기 위해 반복적인 행동을 하게 되는데, 음주, 도박, 과식, 쇼핑과 같은 중독 행동은 모두 해리상태를 가져옴으로써 신체적, 심리적 고통에서 벗어나도록 하는 특성을 갖게 된다. 사람들은 현재의 스트레스 상황으로부터 탈출하기 위해 이러한 중독행동을 발전시키고 유지하는데, 여기에는 신체적, 심리적 특성이 관여하게 된다. 도박, 음주, 쇼핑과 같은 대안적 활동에 참여하게 되면, 이러한 참여가 카타르시스적인 역할을 하여 과도한 각성상태를 가라앉히거나 반대로 각성이 적은 상태에서 흥분을 가져오기도 한다. 이와 관련하여 김영경2012의 연구에 의하면, 스트레스가 높을수록 인터넷 중독, 비합리적 도박신념, 현재 도박행동, 미래 도박행동 가능성이 높은 것으로 나타났다.

한편, 장동석과 남장현2011은 537명의 대학생들을 대상으로 연구한 결과, 13% 정도가 중증 중독자로 판정될 정도로 우리나라 대학생들의 성인도박 중독 실태가 매우 심각한

〔그림 19-2〕 합법적 사행산업으로서의 도박

상황이라는 것을 보고하였다. 또한 성인도박에 대한 지식과 비합리적 도박신념은 미래의 도박 의사와 도박 심각도에 직접적으로 영향을 미치는 것을 밝혔다.

제6부

제 20 장

감성 치료

고도로 발달한 과학 기술 시대를 살아가고 있는 우리는 바쁜 일상과 복잡한 사회 관계망 속에서 생활하고 있다. 생활의 편리성과 즐거움 이면에는 많은 정신적 문제가 도사리고 있다. 특히 인간의 수명이 늘어나는 고령화 시대에 접어든 지금은 더욱 많은 문제들이 파생되고 있다. 이러한 문제는 감성과 관련된 것으로, 이들 문제를 해결하는 데에는 감성과학적 접근이 필요하다.

본 장에서는 인간의 감성과 관련된 문제를 해결하는 데 있어서 감성 치료가 어떠한 역할을 수행하는지 알아보고자 한다.

이를 위해, 우선 감성치료의 개념을 알아보고, 대표적인 감성병리로서 스트레스와 중독의 치료를 살펴본 후 감성치료에 활용되는 다양한 방법론에 대하여 알아보기로 한다.

1. 감성치료의 중요성

1.1. 현대생활과 감성치료

현대인들은 바쁜 일상생활과 복잡한 인간관계 속에서 많은 정신적 문제를 안고 살아가고 있다. 경제적 성장과 사회문화적 환경의 발달에 따라 삶을 영위해 가는 방식도 다양해진 이면에 정신병리적인 문제도 도사리고 있다. 이에 따라 때로는 향락적 소비를 즐기기도 하고 때로는 우울 속에서 무기력함을 느낀다. 이러한 상황에서 앞 장에서 살펴본 바와 같이 인간의 감성적인 측면에서 많은 병리적인 현상이 발생할 수 있게 된다. 이러한 문제를 해결하기 위해 현대인들은 대안적인 세계를 찾게 되는데, 그것은 바로 감성치유가 필요하기 때문이다. 이에 따라 우리 생활 곳곳에는 이미 많은 종교시설이 자리하고 있고, 마음공부와 감성치유를 목적으로 하는 기도원, 명상센터, 요가원 등이 성업 중이다. 또한 의료기관에 한정되었던 '치료'와 '치유'라는 말은 '심리치료', '문학치료', '미술치료', '음악치료', '인문학치료', '철학치료' 등과 같은 새로운 영역으로 확대되고 있다김경호, 2011.

1.2. 치료에서 감성의 역할

인간의 정신문제를 치료하는 데 있어서 감성의 역할에 주목하기 시작한 것은 1980년대에 들어서면서부터다. 인간의 인지 작용에 대한 연구가 늘어나면서 감성에 대한 연구도 같이 진행되게 되었다. 1995년 미국의 심리학자 다니엘 골먼Daniel Goleman이 『감성지능Emotional Intelligence』이라는 책을 출간하면서 감성지능에 대한 관심이 폭발적으로 증가하게 되었다.

오늘날 감성은 미학 분야에서, 산업분야에서, 그리고 일상 생활에서 이전보다 훨씬 더 높아진 위상을 갖고 있다. 그리고 이러한 상황은 인간의 마음의 병을 다루는 치료 분야에서도 마찬가지이다. 예를 들어, 심리치료의 보조 작업 정도로 인식되던 예술치료가 심리치료와 대등한 입장에서 독립적인 위상을 차지하게 된 것도 이러한 감성적 가치의 위상 상승과 관계가 있다. 인간의 마음을 분석하고 언어를 통해 의식을 구상화 혹은 논리화하던 심리치료와 달리 예술치료는 기존의 심리치료가 다루지 않고 있던 창조적 표현활동을 치료적 가치로 승화시킴으로써 인간의 소통작용이 이성적 차원만이 아닌 감성적 차원에서도 진행되어야 한다는 점을 상기시켜주고 있다김익진, 2011.

2. 감성 조절

우리가 어떤 사람에게 화가 났을 때, 적절한 정도, 시기, 의도를 가지고 합당한 방식으로 화를 내는 것은 쉽지 않다Greenberg, 2002. 이처럼 감성을 적절하게 조절하는 것은 매우 어렵다. 따라서 자주 감성을 적절하게 조절하지 못하게 되는데, 그럴 경우 최소한 일시적으로 불안, 우울이나 수치심과 같은 불쾌하고 부정적인 감성을 느끼거나 고통을 경험하게 된다. 이러한 감성 조절의 실패가 계속해서 반복되고 만성화될 때 이는 개인의 지속적인 감성 조절 패턴으로 정형화될 수 있다. 그 결과 부정적인 감성이 해소되지 못하고 축적, 강화, 악화됨으로써 개인의 내적 기능뿐만 아니라 사회적 기능이 방해를 받고 손상되며, 결과적으로 부적응을 초래하여 다양한 병리적 현상으로 발전할 수 있다. 이처럼 상황에 맞게 감성을 적절하게 조절하는 것은 적응 및 정신건강에 기여하지만, 감성 조절이 제대로 이루어지지 못할 때에는 자기파괴적 행동이나 문제행동을 일으키고 사회적 기능이 저하되는 등 병리적 현상을 야기할 수 있다이지영과 권석만, 2006.

치게티Cicchetti 등 1995은 감성조절부조感性調節不調, emotion dysregulation, 감성조절장애와 감성 조절에서의 문제problems in emotion regulation를 구분하였는데, 전자는 감성조절방략을 부적절하거나 부적응적으로 사용하는 것을 일컫는 반면, 후자는 감성조절방략의 부재나 결함을 의미하는 것으로 감성 조절에 있어서 보다 근본적인 문제를 나타내는 것이다.

월든Walden과 스미스Smith, 1997에 의하면 감성조절부조emotion dysregulation는 특정 상황에서 개인에게 부적응적인 감성적, 인지적, 행동적 결과를 야기한다. 특히 감성에 대한 과도한 조절over-regulation과 부족한 조절under-regulation이 문제를 일으킬 수 있다. 이를테면, 죄책감을 조절하지 못하는 사람은 심한 우울을 경험하게 되고, 반대로 죄책감을 지나치게 억압함으로써 잘 느끼지 못하는 사람은 편집증paranoia이나 반사회적 인격장애 sociopath, 사회병질로 발전할 수 있다.

감성 조절에 대해서는 연구자에 따라 다양한 정의가 존재한다. 먼저 코프Kopp, 1989는 '감성 조절'이 '긍정적인 감성과 부정적인 감성의 고양된 수준을 경쟁하는 과정으로서, 긍정적인 감성과 부정적인 감성 사이에 조화를 이루어가는 것'이라고 정의하였다. 닷지Dodge,1989는 감성 조절을 '한 반응 영역의 활성화가 다른 반응 영역의 활성화를 조절하기 위해 작용하는 과정'이라고 정의하였다. 톰슨Thompson, 1994은 '자신의 목표를 성취하기 위해서, 감성적 반응 특히 감성적 반응의 순간적인 특징들을 관찰하고 평가하고 수정하는 내적 외적 과정'이라고 '감성 조절'을 정의하였다.

그로스Gross와 존John, 2003은 '감성 조절 과정'에 관한 모델을 제안하였는데, 이 모델에 따르면 감성은 감성적 단서에 대한 평가와 함께 유발되고, 감성적 단서는 반응 경향 세트

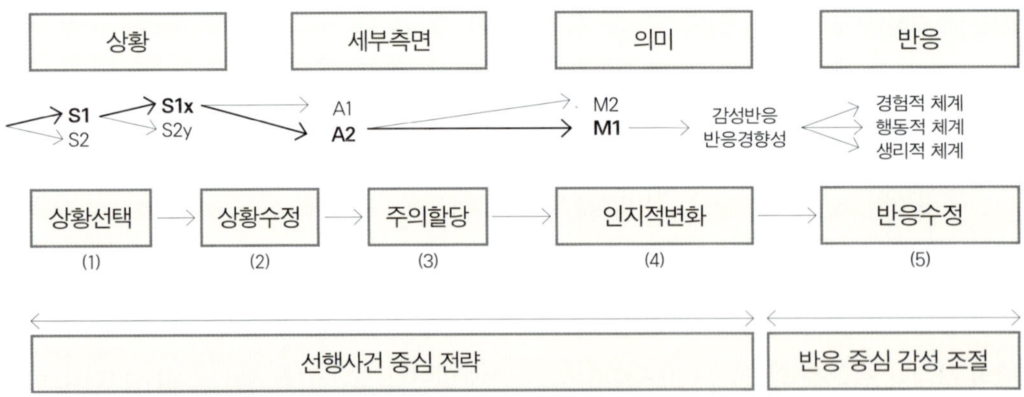

〔그림 20-1〕 Gross와 John(2003)의 감성 조절 과정 모델(S1, S2: 상황의 선택; A1, A2: 주의의 전개; M1, M2: 의미의 재평가)

를 촉발시킨다. 반응 경향이 발생되면, 감성은 다양한 방식으로 조절되는데, 우선 여러 상황 중에서 특정 상황을 선택함으로써 감성을 조절할 수 있고, 선택한 상황을 수정함으로써 조절이 가능하며, 상황을 더 이상 수정하기 어려운 경우 주의attention의 할당을 조정함으로써 조절할 수 있다. 다음에는 상황에 대한 의미를 변화시키는 인지적 평가 과정을 통해 감성을 조절할 수 있으며, 마지막으로 지금까지의 과정을 거친 결과로서 반응하게 되는 행동을 수정함으로써 조절할 수 있다. 그로스Gross와 존John, 2003은 감성 조절 양식을 크게 선행사건-중심antecedent-focused 전략과 반응--중심response-focused 전략으로 구분하였다(그림 20-1). 선행사건-중심 전략은 감성 반응 경향성이 활성화된 후에 취하는 것으로 억제suppression가 대표적인 예이다. 그로스Gross와 존John, 2003의 감성 조절 모델은 정신병리를 감성 조절 측면에서 이해하고자 하는 여러 연구자들에게 많은 주목과 지지를 받고 있다이지영과 권석만, 2006.

3. 스트레스의 감성 치료

스트레스는 다양한 질병의 원인이 될 수 있는데, 스트레스로 인해 발생할 수 있는 질병은 두통, 근육통, 전신통증 뿐만 아니라 고혈압, 위염, 복통, 우울증, 불안, 피부염, 당뇨 등 여러 가지가 있다. 이러한 질병은 스트레스가 원인이 될 수 있기 때문에, 이를 예방하는 방법은 스트레스를 적게 받는 방법이 있지만 오늘날 육체적 노동은 줄고, 정신적 노동이 증가함에 있어 스트레스를 적게 받는 것은 어려운 일이다. 하지만 스트레스를 완화시켜 줌으로써 각종 질병의 원인이 되는 근원적인 요인을 예방할 수 있을 것이다. 스트레스를 해소시키는 방법에는 감각 양상에 따라 시각, 청각, 미각, 후각, 촉각 등 여러 방법이 존재하는데, 심리치료 시 청각과 시각적 방법으로 MP3, 가전조명과 같이 일상생활에서 쉽게 접할 수 있는 전자기기는 좋은 도구가 될 수 있다.

청각의 경우 좋은 소리를 청취하면 좋은 분위기를 느끼고 좋은 감성이 표출되지만, 좋지 않은 소리를 청취하는 경우에는 좋지 않은 분위기를 느끼게 되고 좋지 않은 감성이 표출된다. 분위기 표현에 있어 가장 보편화된 방법 중 한 가지는 음악을 통한 방법이고, 음악은 일상에서 자주 접하는 소리 중 한 가지이기 때문에 좋은 음악의 청취는 스트레스 해소에 있어서 중요한 도구라 할 수 있을 것이다문창배 등, 2011.

청각과 마찬가지로 좋은 색상이나 그림들을 볼 때 좋은 분위기를 느끼거나 좋은 감성이 표출되지만, 그렇지 않으면 반대의 분위기를 느끼거나 반대의 감성이 표출된다. 시각적으로 쉽게 이용할 수 있는 것 중 한 가지는 조명을 통한 방법인데, 조명은 LED의 발전으로 여러 가지 색상을 다양하게 표현할 수 있기 때문에 스트레스 해소에 중요한 도구로 활용될 수 있다.

청각 또는 시각을 이용한 분위기 추출 및 표현방법들이 다양하게 개발되어 왔다 Hevner, 1936; Manav, 2007; Thayer, 1989. 그렇지만 청각과 시각을 모두 이용하여 실시간으로 분위기를 표현하는 방법은 아직 거의 없다. 따라서 음악과 조명의 관계를 정의하고 이를 바탕으로 음악에 맞는 조명을 연출해 준다면 그 효과가 매우 클 것이다. 음악 청취 시 음악의 분위기에 알맞은 조명을 제공받는다면 해당 음악의 감성을 최대한으로 제공받을 수 있을 것이고, 이는 심리치료 또는 스트레스 해소의 좋은 도구로 사용될 수 있을 것이다문창배 등, 2011.

이와 관련하여 신연숙과 조성희2012는 신체표현을 활용한 영상미디어 음악치료프로그램 모형을 개발하였는데, 이것은 음악에 의해 유도된 다양한 심상 경험을 통해 상징적 의미와 통찰로 자신을 이해하고 문제를 해결해가도록 하는 치료 방법으로서, 시각과 청각을 모두 사용하여 직접 몸으로 체험하는 능동적이고 적극적인 치료방법이라 할 수 있다.

4. 중독의 치료

청소년들의 게임 중독은 많은 사회적 문제를 야기한다. 이러한 게임 중독을 감소시키기 위한 방안에 대하여 전대성과 김동욱2016은 다음과 같이 '부모와 자녀 간의 긍정적인 관계', 그리고 '여가 만족'의 두 가지를 제안하였다.

첫째, '부모와 자녀 사이의 긍정적인 관계'는 청소년들의 게임 중독을 감소시킨다. 이를테면, 부모-자녀간의 긍정적인 의사소통은 남자 게임 중독 집단 청소년들의 게임 중독 수준을 완화시키는 것으로 나타났다김재엽 등, 2015. 뿐만 아니라 부모-자녀간의 의사소통이 수용적일수록, 그리고 대화의 수용성과 배려성이 높을수록 청소년들의 인터넷 중독은 더 낮아졌다권영길과 이영선, 2009. 이는 초등학생들의 경우에도 부모가 수용적이고 자율적인 태도로 자녀를 양육하고 격려하고 지지할 때 인터넷 게임 중독을 낮추는 것으로 나타났다장미경과 이은경, 2007; 김기숙과 김경희, 2009.

둘째, 청소년 자녀의 '여가 만족'은 온라인 게임 중독을 감소시키는 것으로 알려져 있다김석환과 정혜주, 2015. 또한 청소년들의 동아리 활동시간, 활동몰입, 또래관계는 인터넷 게임 중독 수준과 부(-)적인 상관관계를 나타냈다. 이는 인터넷 게임 중독을 예방할 수 있는 대안적 놀이문화로서 동아리 활동시간뿐만 아니라 활동몰입과 원만한 또래관계의 증대가 필요하다는 것을 의미한다유비, 2013.

한편, 인터넷 중독에 대해서는 인지행동적 치료가 유용한 것으로 알려졌다. 인지행동치료는 1960년대 초 미국 펜실베니아 대학의 아론 백Aaron T. Beck 등이 고안한 치료법으로, 효과적인 정신치료법으로 인정되면서 임상적 적용범위가 넓어지고 있다. 인지행동치료는 인지모델을 근거로 하며, 사람들의 감정이나 행동이 특정 사건에 대한 그들의 지각에 의해 영향을 받는다고 가정한다. 즉 사람들의 느낌이나 감정을 결정하는 것은 그 상황 자체가 아니고 그들이 그 상황을 어떻게 해석하느냐에 달려있다는 것이다. 비교적 짧은 치료기간 동안(1~3개월 정도) 치료자가 단계적으로 환자로 하여금 부정적으로 왜곡된 사고를 파악하고 재구성하도록 구조적으로 치료하고 교육해 나가는 치료법으로서, 현실에 초점을 맞춘 정신치료법이다성미나와 홍성화, 2010.

성미나와 홍성화2010의 연구에 의하면, 청소년들은 인지행동적 집단상담에 참여한 후, 인터넷을 과다 사용하는 행동이 줄어들었다. 따라서 인지행동적 집단상담 프로그램이 인터넷을 과다 사용하는 청소년들의 인터넷 중독 행동을 줄이는데 효과가 있는 것으로 볼 수 있다. 청소년들은 인지행동적 집단상담에 참여한 후 충동성 조절에 있어서도 유의미한 변화를 나타내었다. 이는 인지행동치료가 충동성을 완화시키는 데 중요한 효과가 있다는 것을 의미한다. 이러한 결과는 청소년들이 집단상담에 참여하여 인터넷 중독 행동에 대해 스스로 자각함으로써 인터넷 사용에 관한 자기 통제력을 증진시킨 결과라 생각된다.

5. 미술치료

5.1. 미술치료의 개념

미술치료라는 용어는 1961년 『Bulletin of Art Therapy』의 창간호에서 편집자인 울만Ulman에 의해 처음으로 사용되었다Ulman, 1961. 그 후 교육, 재활, 정신치료 등 다양한 분야에서 널리 사용되어왔다장선철 등, 2015.

미술치료는 미술과 치료가 접목된 것으로, 미술을 매개로 하여 내담자를 치료하는 것을 말한다. 미술치료에서 미술은 내담자의 작품 및 작품의 창작과정이나 창작 후의 과정을 지칭하며, 치료는 궁극적으로 인간의 삶의 질을 향상시키기 위한 행위와 과정으로 이루어지는 것을 의미한다기정희 등, 2011. 따라서 미술치료는 내담자의 미술작품과 창작과정 및 창작 후의 과정을 활용하여 내담자의 내적인 상태와 문제를 파악하고, 이를 경감시키고 개선함으로써 내담자의 적응적 상태를 형성해 가는 것이라고 할 수 있다주리애, 2000. 미술치료는 미술이라는 비언어적 수단을 사용함으로써 언어적 표현 능력이 부족한 내담자를 비롯하여, 모든 연령층의 사람들에게 적용할 수 있으며, 내담자가 스스로 구축한 방어벽을 낮출 수 있다는 장점이 있다. 뿐만 아니라 미술치료는 학술적, 임상적 차원에서 효과가 검증되면서 미술치료에 대한 관심과 적용이 확대되고 있다기정희 등, 2011.

미술치료에서 하나의 도구인 조형 활동은 개인의 갈등을 조정하고 동시에 자기표현과 승화작용을 통하여 자아성장을 촉진시킨다. 또한 자발적인 조형 활동은 개인의 내적 세계와 외적 세계간의 조화를 이룰 수 있도록 도와준다장선철 등, 2015.

5.2. 미술치료의 목적

미술치료의 목적은 심신의 어려움을 겪고 있는 사람들을 대상으로 하여 그들의 미술작업, 즉 그림이나 조소, 디자인기법 등과 같은 미술활동을 통해서 그들의 심리를 진단하고 치료하는 데 있다. 또한 자발적인 미술활동을 통해서 개인의 내적 세계와 외적 세계 간의 조화를 이룰 수 있도록 도와주는 미술치료는 비언어적 커뮤니케이션 기법으로서, 반복해서 시행함에 따라 언어적 이미지와 시각적 이미지를 통해 지금까지 지속되어왔던 자기의 상실, 왜곡, 방어, 억제 등의 상황에서 벗어나 보다 명확한 자기 동일시와 자기실현을 도모하게 한다. 이렇듯 미술활동은 내담자의 무의식을 의식화하는 데 있어서 매우 유용한 기법으로서 음악, 레크리에이션, 무용, 문학 등과 같은 다양한 예술 장르 중에서 미술이라는 기법을 통해 내담자를 이해하고 문제를 해결해가는 심리치료기법 중의 하나다장선철 등, 2015.

인간이 태어나서 무언가를 표현하고자 할 때 언어 이외의 첫 표현이 바로 미술이며, 성장해 가면서 미술이 인간의 심리적, 정서적, 교육적, 사회적 영역 등 전반적인 발달에 지대한 영향을 미치는 것이 사실이다. 미술이 가진 속성은 내면의 욕구가 그대로 의식화되는 것으로, 이는 밖으로 표현될 때 다듬어지고 걸러지는 성향이 많은 언어와는 차이가 있다. 미술의 속성이 임상장면에서 상담기법으로 적용되면서 미술치료art therapy, 혹은 미술심리치료art psychotherapy라는 용어가 등장하게 되었다.

궁극적으로 미술치료는 심신의 어려움을 겪고 있는 사람들을 대상으로 하여 미술작업을 통해서 그들의 심리를 진단하고 치료하여 심신이 병든 사람을 현실과 공상, 즉 의식과 무의식을 재통합시키는 데 목적이 있다장선철 등, 2015.

5.3. 미술치료의 기법

미술치료는 심리진단과 치료가 동시에 이루어진다. 진단을 위한 미술치료 기법으로는 그림이나 조소, 꼴라쥬, 핑거페인팅 등의 미술작업을 통하여 내담자의 심리상태를 진단하려는 노력이 있다. 또한 투사기법으로서 인물화에 의한 지능검사나 성격 검사, 집·나무·사람, 나무 그림검사, 가족화에 의한 성격진단 등에 대한 연구가 계속되고 있다. 감성적 치료를 위한 미술치료 기법은 미술작업을 통해서 심리상담이나 심리치료를 하는 것으로, 이러한 행위를 미술치료적 행위라고 할 수 있다장선철 등, 2015.

6. 색채치료

색채치료color therapy는 color와 therapy의 합성어로 색이 가지고 있는 고유의 에너지와 심리적 효과를 이용하여 의학과 심리치료에 적용하여 신체적 건강을 도와주며 스트레스를 완화하고 정서를 안정시켜 삶의 활력을 도와주는 치료방법이다오승진, 2015.

색채를 이용한 치료법은 원시인류에서부터 시작하여 제약 산업이 발달하기 전인 1950년대 이전까지 민간은 물론 의학계에서 활발하게 연구되고 사용되어온 분야이다. 특히 닐스 핀센Niels Ryberg Finsen, 1860-1904은 빛을 이용한 광선치료의 성과를 인정받아 1903년 노벨상을 수상하였다. 이와 같이 빛과 색을 이용한 치료법은 그 효과가 의학적으로 입증된 바 있다. 또한 색채의 활용은 개인적인 삶의 만족을 높이는 것은 물론 환경을 개선하며 아름다움을 가져다줌으로써 삶의 수준을 향상시키는 역할을 하고 있다. 색채 자체의 고유한 특성이 인간의 감성을 변화시킬 수 있기 때문이다. 이러한 원리를 이용하여 감성적인 문제를 안고 있는 사람들에게 색채치료법이 많이 활용되고 있다. 최근에는 특히 LED 조명 기법이 발달함으로써 이러한 방법을 이용한 치료법이 많이 사용되고 있다. 1950년대 약물 중심의 현대의학이 발달하면서 치료의 영역에서 도외시된 색채에 대한 연구는 최근 다시 대체 보완의학으로 미국은 물론 세계적으로 활발하게 연구되고 있다오승진, 2015.

7. 음악치료

인간은 살아가면서 많은 감정 변화를 겪게 되고 그 감정이 행동으로 표출되기도 한다. 정보화시대에 사는 오늘날 사람들은 수많은 정보의 홍수, 다양하고 복잡한 사회 구조와 현상으로 인해 많은 스트레스를 받으며 살고 있다. 특히 감수성이 예민한 학생들은 주위 환경에 매우 민감하여 감정의 지배를 쉽게 받을 수 있다. 이러한 상황에서 음악이 감정을 조절하는데 중요한 역할을 할 수 있다. 이에 음악을 듣고 격앙된 감정을 누그러뜨리는 것으로부터 차분하고 기쁜 마음을 가질 수 있는 음악, 불안을 해소할 수 있는 음악 등이 널리 소개되고 인터넷을 통해서도 널리 보급되고 있다김태식과 현혜정, 2007.

음악은 곡들마다 감정과 분위기가 다르다. 예를 들면, 음악은 크게 장조major, 단조minor나 느리고 빠른 음악 등으로 나누어 지는데, 슬플 때 빠른 음악 보다는 느린 음악이 좋고, 기쁠 때는 느린 음악보다는 빠른 종류의 음악이 좋다. 이러한 원리를 이용한 치료법이 음악치료이다김태식과 현혜정, 2007.

초창기의 음악치료는 음악을 감상하는 것이 기분전환이나 오락적인 목적 이상일 것이라는 생각에서 출발하였다. 이러한 생각을 전문음악치료사의 배출로 치료영역에 자리잡게 한 사람이 에버렛 다이어 가스통Everett Thayer Gaston, 1901-1970이었다. 초기 미국 음악치료 교육에서 그가 차지한 영향력은 매우 컸는데, 그는 음악과 인간행동 간의 관련성을 생물적, 심리적, 사회적인 면에서 강조하고 음악을 치료의 도구로 확립하고자 하였다Gaston, 1968.

예로부터 '음악과 의학'이란 주제는 사람들의 관심을 끄는 영역이었다. 특히 최근의 과학기술 발달과 의료에서의 적극적인 건강의 개념은 이와 관련된 연구를 더욱 활성화시켰다. 이에 따라 신경학적 음악치료neurologic music therapy가 모델로서 발달하였는데, 이 접근은 사람 신경계의 문제로 인한 인지, 감성, 운동 장애에 치료적 음악을 사용하는 것이다. 음악치료 기법은 대뇌와 행동 기능에 영향을 주는 음악의 인식에 기반을 두고 있다. 또 다른 이론적 토대를 마련한 것은 생체 의학적 음악치료biomedical music therapy인데, 이 이론은 많은 부분에서 음악적 행동의 생물학적 모델에 기초한 대뇌 기능에 주목하였다 Thayer, 1989. '적극적인 건강의 개념에서 삶의 질을 높이고 지속적인 건강을 유지하기 위해 음악치료를 다양하게 적용하는 것'을 '웰니스 음악치료wellness music therapy'라 부른다 Ghetti 등, 2004.

한편, 김태식과 현혜정2007은 웹 환경에서 음악치료시스템을 생성할 수 있는 도구를 개발하였는데, 이들은 이를 이용하여 심리검사 시스템을 생성할 수 있으며, 사용자들은 이 시스템을 이용하여 자신들의 심리상태를 가장 잘 묘사하는 이미지를 선택하고, 그 상황에 가장 적합한 음악을 들을 수 있다.

8. 놀이 치료

오늘날 정보통신기술의 발달에 따라 어린 아동들도 웹과 모바일에 익숙해지고, 조기교육 열풍에 따라 또래집단과의 상호작용이 현저하게 줄어들고 있다. 더욱이 결혼 가정에서도 다자녀를 양육하는 가정이 점차 줄어들고 있는 상황에서 아동들은 다른 아동들과 상호작용할 기회가 가속적으로 줄어들고 있는 상황이다. 이러한 사회적 환경에서 아동들은 대인관계에 어려움을 겪을 수 있으며, 극단적인 경우 사회적 문제를 일으키거나 자존감이 낮아지고 위축되어 사회적인 부적응 상태에 이를 수 있다.

이러한 문제를 해결하는 하나의 방안으로 나타난 것이 치료놀이theraplay이다. 치료놀이는 놀이play를 통해 치료자와 공감하며 메시지를 수용하는 방법을 인식하게 되는 원리를 이용한 것이다. 그러므로, 치료놀이는 아동과 치료자가 놀이를 매개로 직접적인 접촉을 수행함으로써 관계를 증진시키는 상호작용 중심의 접근방법이다Jernberg와 Booth, 1999. 중요한 것은 이러한 놀이 과정에 다감각적인 접촉이 이루어진다는 사실이다. 이러한 접촉은 아동의 입장에서 볼 때, 타인과 자신의 관계를 인식하게 해 주며, 타인과의 부드러운 접촉을 통해 자신이 소중한 존재하는 것을 인식하게 됨으로써 자존감이 고양될 수 있다.

9. 의상치료

의상치료fashion therapy는 의복을 중심으로 인체에 부가되는 모든 요소를 사용하여 손상된 자기존중감과 개인의 부정적 정서를 회복시켜 질병의 치료효과를 증진시키는 보조적 치료방법이다이인자 등, 2012. 의상치료는 직접적으로 질병을 완치시키는 것은 아니지만 의상을 통해 정신적, 육체적으로 안정감을 높여주고, 외모를 향상시켜 치료가 되도록 하는 심리치료방법이다. 신체적, 정신적 자기존중감을 긍정적으로 회복시켜 줌으로써 외모에서 문제를 가진 사람들을 기분이 좋게 하여 정서적 안정에 도움을 주고자 하는 것이다. 의상치료는 약물치료가 약물로, 놀이치료는 놀이로, 음악치료는 음악으로, 미술치료는 그림으로 치료하는 것과 마찬가지로 의상을 도구로 사용하는데, 의복을 중심으로 화장품이나 액세서리 등 의복과 관련된 모든 소도구를 활용하여 외모를 개선시킬 수 있는 방법을 사용한다.

신체적, 정신적 장애자를 대상으로 외모와 관련된 보편적 임상특징을 살펴보았더니 낮은 자기존중감, 정서적 고통, 무관심 등이 나타났으며, 이러한 증상은 정신장애자의 바람직하지 못한 외모를 통해 더욱 심화되고 있음을 쉽게 파악할 수가 있었다. 그리하여 여러 의류학자들은 의복이 신체적, 정신적 장애자를 위한 치료의 보조수단이 될 수 있으며, 정신장애자로 하여금 외모에 관심을 갖게 하여 외모의 관리를 잘 할 수 있도록 함으로써 치료효과를 기대할 수 있다이인자, 1984. 매력적인 외모를 지닌 정신장애 환자들이 퇴원 후에도 사회적응을 잘 하고 재발률도 낮다는 연구Farina 등, 1986의 결과에서 알 수 있듯이 정신장애자들은 증상이 호전됨에 따라 외모나 의복에 관심을 갖게 되므로 재발방지를 위해서도 의복을 적절히 사용하여 외모관리를 잘 할 수 있도록 해야 한다이인자 등, 2012.

10. 동물매개 치료

일상생활에서 발생하는 심리적 문제들을 치유해줄 수 있는 방법으로는 다양한 방식이 있는데, 이중 대표적인 것 중의 하나는 반려동물을 이용한 동물매개치료pet therapy이다. 동물매개치료는 동물과의 접촉을 통해 현대인의 결여된 정서적, 사회적, 신체적 기능을 회복시키는 방법이다. 브로디Brodie와 베일리Biley, 1999에 따르면, 동물매개치료는 동물과 접촉하고, 함께 생활하는 상호작용을 통해 심장장애 감소, 혈압 안정과 같은 신체적 효과와 외로움을 감소시키는 정신적 효과가 있다.

마영남2013에 의하면, 동물매개 치료의 효과는 다음과 같이 나타날 수 있다. 첫째, 반려동물은 스트레스를 겪고 있는 환경이나 정서적 문제에 처한 사람에게 정서적 완충기 역할을 하는 정신적 지지를 제공한다. 애완동물이 주는 사회적 지지는 인간이 주기에는 부족한 부분을 대신하여 보충하는 역할을 한다. 둘째, 특히 개들은 진정 효과calming effect를 제공해 주는 능력을 갖고 있으며 반려동물의 기본적 특징인 위협을 주지 않는다는 점에서 사람에게 안전을 제공하고 상황을 긍정적으로 인식하는 데에 기여한다. 셋째, 동물과의 상호작용은 조용한 상태에서 독서를 하는 것과 같은 이완 상태와 유사하기 때문에 불안을 감소시키며, 동물과 상호작용 시 스트레스를 감소시키는 호르몬인 옥시토신의 분비를 증가시킨다. 넷째, 동물의 요구를 인식할 때 일어나는 공감은 사람에게도 그 효과가 전이될 수 있다. 이와 관련하여 반려동물을 소유한 사람이 그렇지 않은 사람에 비해 비언어적 정보를 해석하는 능력의 척도에서 더 좋은 수행결과를 보였으며 공감 척도에서도 역시 더 높은 점수를 받는 경향이 나타났다마영남, 2013.

동물매개치료는 애완동물로부터 얻는 사회적 지지, 지지를 주는 대상과의 상호작용 시 일어나는 호르몬의 변화, 애완동물의 비언어적 정보를 해석하기 위해 사용하는 공감을 바탕으로 치유가 일어난다. 그러므로, 이러한 효과로 미루어 볼 때 동물매개치료는 감성치료의 하나로서 중요한 위치를 차지하게 될 것이다.

하지만 반려동물로 인해 벌어지는 유기, 소음으로 인한 이웃과의 갈등, 알레르기와 같은 건강상의 문제, 키우는 데 소요되는 비용과 같은 사회적 문제 등에 대한 고려가 있어야 한다.

11. 감성로봇의 치유 효과

11.1. 감성로봇

'감성로봇'은 '다양한 내면적 감성을 표정이나 행동을 통해 표현하거나 외부의 자극 또는 사람과의 인터랙션에 반응할 수 있는 로봇'으로 정의된다Shibata 등, 1996. 감성로봇은 '사람의 음성을 이해하고, 물건의 크기나 위치를 판단할 수 있는 기능을 가진 지능로봇'으로, 특히 사람의 감정을 읽어내고 반응하여 치유하는 사회적 로봇social robot, 반려로봇companion robot 등이 이 범주에 속한다두산백과사전. 사회적 로봇은 언어, 몸짓 등을 사용하여 사람과 교감하고 사회적으로 상호작용하는 자율 로봇을 말한다. 이와 유사하게 반려로봇은 일상생활에서 사용자와 교감하며 생활을 지원할 수 있는 로봇을 말한다오예전 등, 2017. 반려로봇은 이미 치료 효과를 인정받아 여러 나라에서 동물매개 치료의 단점을 보완하기 위한 개발이 진행되고 있다. 송정희2009는 반려로봇이 오락적 기능뿐만이 아니라 실제 동물과 같이 사람과의 상호작용을 통한 인터랙션 기능을 제공함으로써 신체적, 사회적 치유 효과를 보이는 치료용 로봇으로서의 역할을 수행하고 있다고 주장한다. 특히 치매노인에게는 반려로봇이 동물매개치료와 같은 사회적 활동의 증가, 스트레스와 외로움의 감소 등의 효과가 있는 것으로 나타났다임난영 등, 2009. 반려로봇은 동물매개 치료의 긍정적인 효과를 나타내면서도 단점을 보완하는 수단으로 활용될 수 있을 것으로 생각된다김세진과 전수진, 2014.

11.2. 애완감성로봇 코비(KOBIE)

코비KOBIE; KOala roBot with Intelligent Emotion는 한국전자통신연구원ETRI에서 개발한 코알라 형태의 감성로봇이다. 코비에는 머리와 등, 턱, 배, 다리에 있는 접촉센서와, 조도, 온도, 거리, 시각을 측정하는 센서, 스피커 등이 내장되어 있으며 감성엔진이 탑재되어 있어 사용자가 코비와 접촉하며 인터랙션을 하는 동안 즐거움과 정서적 안정을 제공한다. 코비는 다양한 센서 정보를 이용하여 접촉 행동을 인식할 수 있고, 감성모델을 이용하여 놀람, 두려움, 기쁨, 슬픔, 화남 등의 일곱 가지 감성을 생성할 수 있으며, 생성된 감성을 기반으로 고개를 흔들거나 발버둥치는 등 실제 애완동물이 제공하는 것과 유사한 감성적 공감을 제공한다. 코비는 시각적 요소로는 호감이 가는 귀여운 모습의 코알라를 선택했으며, 접촉을 통한 친밀한 감정 교류를 위한 촉각적 요소로 부드러운 외피를 씌워 제작되었다류정우 등, 2008.

코비는 접촉을 통한 자극을 읽어내어 사용자의 접촉 행동을 파악한 후 그에 따른 인터랙션이 즉각적으로 수행 가능한 모델이다. 코비는 세 가지 치유 요소인 감각, 감정, 인터랙션 요소를 균형적으로 충족시키고 있는 사례로서, 각각의 요소들을 통해 자극에 의한 일차원적 상호작용이 아닌 내면 상태와의 상호작용을 유발시켜 감성적인 측면에서의 상호작용이 가능하게 해준다김세진과 전수진, 2014; 류정우 등, 2008.

11.3. 감성치료로봇 파로(PARO)

파로PARO는 하프물범 형태를 한 것으로서 일본의 산업기술총합연구소AIST에서 2011년도에 개발한 세계 최초의 감성치료 로봇이다. 파로는 기술적으로 사람의 행동을 보조하는 역할보다 사람에게 정서적 안정과 마음의 즐거움, 평안함을 제공하는 방향으로 개발되어왔는데, 파로는 사용자(환자)와 이를 돌보는 사람들의 스트레스를 낮추고 치매환자를 돕는 효과가 있는 것으로 밝혀졌으며, 뛰어난 치료 효과를 인정받았다. 파로는 코비와 마찬가지로 접촉을 통한 자극을 접촉센서, 조도센서, 온도센서, 음향센서, 시각센서 등의 여러가지 센서로 감지하며, 이를 통해 사람과 외부 환경을 인식한다. 파로의 감각 요소를 살펴보면 시각적인 외형은 새끼 하프물범의 형태를 지니고 감촉이 좋은 인공모피로 덮여 있으며, 파로의 울음소리는 실제 새끼 하프물범의 울음소리를 사용하였다김세진과 전수진, 2014.

파로를 다정하게 어루만지거나 포옹을 하게 되면 긍정적인 반응을 나타내고, 반면에 때릴 때는 부정적 반응을 보인다. 수염을 만지면 부끄러워하고 고개를 돌리는 등의 다양한 감정표현을 나타냄으로써 사용자와의 공감적 상호작용이 가능하다. 파로는 세밀하게 설계된 행동시스템을 통하여 사용자의 스킨십을 감지하며 사람의 심리적 특성을 읽어내어 눈짓과 몸짓 및 소리로 반응한다. 이러한 시스템은 파로가 업무를 돕는 기능성 로봇이나 완구형식을 지닌 애완로봇에 비해 사람의 감정을 읽어내고 풍부한 공감과 소통의 기능을 갖고 있음을 보여주며, 이를 통해 애완로봇과 치료효과를 지닌 감성로봇의 차이를 알 수 있다김세진과 전수진, 2014.

파로는 치매노인의 치료뿐만 아니라 쓰나미 피해를 겪은 이재민들을 위로하기 위해 사용되기도 했다. 실제로 파로와 감정적 교류를 나눈 이재민은 파로를 통해 슬픔을 위로받고 기운을 낼 것이라 말하는 모습을 보이기도 했다고 한다김세진과 박수진, 2014.

11.4. 애완용 로봇강아지 아이보(AIBO)

일본 소니Sony는 1999년 로봇 강아지 아이보를 출시하였다. 당시에는 로봇이라는 느낌이 아주 강했는데, 실제 반려견과 비교하기에는 무리가 있었으며, 2006년 이 사업을 중단하였다. 그렇지만, 당시 은퇴한 노부부나 독거노인에게 감정을 교류하는 동반자로 큰 인기를 끌었다.

소니는 2017년 10월 아이보 2.0을 공개했으며, 2018년 미국에서 열린 '소비자가전전시회CES 2018'에서도 선보이게 되었다. 무게 2.2 kg, 크기는 30 cm이며, 이전 모델에 비해 좀 더 귀엽고 실제 강아지와 모습이 유사해졌으며, 4,000개 부품을 사용하여 반응성과 생동감을 높였다. 인공지능AI과 카메라를 탑재하여 주인을 알아보고 표정에 반응하는 등 감정을 흉내낼 수 있다. 두 개의 카메라가 장착되어 있으며, 머리, 턱 등에는 접촉 센서가 있고, 가슴에는 모션 센서가 있다. AI로 학습을 하며 주인의 성격이나 환경에 따라 고유의 성격을 가지게 된다. 또한, 주변 환경을 매핑함으로써 행동 반경을 점차 넓히고, 주인을 찾아가기도 한다. 아이보는 학습한 내용을 클라우드에 올려 다른 아이보와 공유하고 더 똑똑해진다. 음악을 들으면 춤을 추기도 하며, 칭찬하면 알아듣고 귀를 쫑긋하고 꼬리를 흔들기도 한다. 목소리로 주인을 알아보는데, 가족 중 자기와 가장 많이 놀아주고 시간을 많이 보낸 사람을 주인으로 인지한다.

용어 해설

가시광선: 인간이 볼 수 있는 시각 자극으로서 380 nm에서 760 nm 사이의 파장을 가짐

감성 생리 이론: 감성을 경험하는 데 있어서 필연적으로 수반되는 신체적 변화에 동반되는 생리적 현상과 감성 간의 관련성을 설명하는 이론

감성: 인간 본성 내지 의식의 감정적인 측면으로서 외부 자극에 대한 반응으로 나타나거나 내면에서 자생적으로 일어나는 감정상의 변화 내지 생리적, 행동적 변화로 나타날 수 있는 마음의 정동적 상태로서, 감수성, 정서, 감정을 포함한 개념

감성 정보: 제품이나 환경 또는 사람으로부터 감각기관을 통해 전달되어 오는 정보

감성 주입 모형(affect infusion model): 감성적 성격을 가진 정보가 판단에 영향을 주게 되어, 사람들은 대상에 대하여 의사결정을 하기 위한 정보로 자신의 감성 상태를 사용하는 경향이 있다는 이론 모형

감성공학: 감성의 원리를 이용하여 제품 개발 및 마케팅 등에 활용하는 응용학문 분야이며, 인간의 감성을 분석하여 이를 제품설계에 이용하여 사람에게 기쁨과 만족을 줄 수 있는 제품을 공학적으로 만드는 분야

감성과학: 인간의 정서와 감정을 비롯한 감성을 연구하는 과학으로서, 감성과 관련된 제반 원리를 규명하고 활용하는 학문 분야

감성디자인: 사용자의 내재적인 심리 상태를 현실화시키고, 외현화시키며, 가시화해주는 디자인 과정을 총체적으로 칭하는 것으로, 인간의 감성을 정량적으로 측정하고 분석하여 이것을 제품 개발이나 환경 설계에 적용함으로써 더욱 편리하고 쾌적한 삶을 도모하려는 활동

감성로봇: 다양한 내면적 감성을 표정이나 행동을 통해 표현하거나 외부의 자극 또는 사람과의 인터랙션에 반응할 수 있는 로봇

감성버튼법: 마우스를 사용하여 버튼을 클릭함으로써 감성 상태를 보고할 수 있게 하는 검사 방법

감성인식(emotional awareness): 자신과 타인의 감정과 기분을 이해하고 알아차리는 능력

감성적 전염(emotional contagion): 개인이 다른 사람들의 얼굴 표정이나 말투, 몸짓, 동작을 자연스럽게 모방하고 일치시킴으로써 타인과 감성적으로 일치하려는 경향성

감성 조절: 긍정적인 감성과 부정적인 감성 간에 조화를 이루는 것으로, 매 순간의 상황적 요구에 맞게 자신의 감성 패턴을 수정하는 지속적인 과정

감성조절부조(emotion dysregulation): 감성조절방략을 부적절하거나 부적응적으로 사용하는 것

감성지능(emotional intelligence): 사회지능의 한 하위요소로서 자신과 타인의 감정과 정서를 점검하고, 그 감정의 차이를 구별하며, 생각하고 행동하는 데에 이러한 정보를 이용할 줄 아는 능력

감성촉각수용기(emotional touch receptor, pleasant touch receptor): 전도속도가 느리며 수초화가 되지 않은 C 촉각 구심성 섬유가 매개하여 중추로 전달하는 것으로 애무와 같은 가벼운 힘으로 천천히 움직이는 자극에 반응함

감성표현(emotional expression): 자신과 타인이 느끼는 감정이나 기분을 적절하게 말로 잘 표현하고, 상황에 맞는 행동이나 표정으로 나타낼 수 있는 능력

감성품질(emotional quality): 디자이너가 의도한 감성을 사용자에게 전달하는 정도

감성활용(emotional application): 자신의 감성 또는 기분을 인식하거나 조절하는데 머물지 않고 여러 가지 문제를 해결하는 데에 이를 적극적으로 활용할 수 있는 능력

감수성: 감각 자극을 감지하거나 느끼는 능력

감정: 어떤 현상이나 일에 대하여 일어나는 마음이나 느끼는 기분

감정노동(emotional labor): 업무를 하는 과정에서 노동자가 자신의 감정 상태를 통제하고 고객에게 맞추는 것이 요구되는 형태의 노동

감정노동자: 상대를 위해 자신의 감정을 숨기는 것이 업무의 40% 이상이 되는 사람

감정이입(empathy): 타인의 감정을 이해함으로써 상대방이 느끼는 것과 똑같이 자신도 그 감정을 느낄 수 있는 능력

고유수용기(proprioceptor): 근육, 건, 관절에서 유래하는 운동을 인식하는 기관

골격근(skeletal muscle): 우리의 골격을 움직이게 하는 근육으로 행동을 발생시킴

공감각 현상: 특정한 감각 요소가 다른 감각 양상의 감성에 영향을 미침으로써 전달하려는 의미와 가치를 공유하고 이를 상승시키는 현상

과통증(hyperalgesia): 정상적으로도 통증을 일으킬 수 있는 강한 자극에 대해 더 심한 통증을 느끼는 증상

관능검사: 평가 대상이 갖고 있는 특성을 시각, 청각, 촉각, 미각, 후각 등 인간의 오감에 의하여 평가하는 검사 방법

관찰법: 안면표정이나 몸짓과 같이 겉으로 드러나는 신체 반응을 분석하여 감성을 연구하는 방법

광수용기(photoreceptor): 망막에 위치하여 빛 자극을 감지하는 수용기로서 간상체와 추상체가 존재함

구성주의 모형: 정형화된 반응을 가진 감성은 존재하지 않으며, 감성은 모두 더 작은 근본적인 심리적 생리적 구성요소로부터 만들어지는 것이라 보는 모형

그게-모두가-아니다 기법(that's-not-all technique): 첫 번째 요구에 대한 반응이 나타나기 전에 부가적 이득과 함께 미리 계획된 두 번째 요구가 제시되는 것

근전도(EMG): 근육의 움직임으로 발생하는 전기신호를 기록하는 방법

기계적 수용기(mechanoreceptor): 기계적 자극이나 압력에 반응을 나타내는 수용기

기능적 자기공명영상(fMRI): 자기공명영상 장치를 사용하여 oxyhemoglobin과 deoxyhemoglobin의 스펙트럼 차이에 근거하여 뇌 활동을 영상화하는 방법

기본 감성: 서로 다른 배경을 가진 사람들에 있어서도 일관성 있게 나타나는 감성으로서, 보편적이고 정형화된 방식으로 규정되는 감성

기본적 귀인 오류(fundamental attribution error): 다른 사람의 행동에 대한 원인으로 그 사람의 내적인 성향적 요인들은 과대평가하고, 외적인 상황적 요인들은 과소평가하는 경향

기분: 원인이나 대상이 없는 막연한 느낌으로, 정서보다는 오래 지속되고 느끼는 강도도 낮음

기분 회복 전략(mood repair strategy): 기분을 더 나아지도록 하기 위해 현재의 상황이 기분에 어떠한 의미를 가지는지 확인하는 분석적 처리 방식을 취하거나, 불쾌한 상태에서 현재의 기분을 전환하기 위해 주의를 의도적으로 기분 이외의 다른 것으로 돌리는 전략

기분일치효과(mood congruence effect): 감성이 긍정적일 때는 긍정적 기억이, 감성이 부정적일 때는 부정적 기억이 더 잘 떠오르는 현상

기분-특정적 기억(mood-specific memory): 정보를 습득할 때의 기분이 인출할 때 되살아나면서 향상되는 기억

낮은-공 기법(low-ball technique): 처음에 매력적이고 낮은 정도로 제시된 요구에 응종이 생기고, 그 이후에 보다 더 높은 수준의 요구에 대한 응종이 이어지게 되는 것

내수용기(interoceptor): 신체 내부(내장) 기관에 관한 정보를 감지하는 기관

넛지(nudge): 타인의 선택을 유도하는 부드러운 개입

네티켓(netiquette): 소셜미디어에서 의사소통할 때에는 지켜야 할 행동지침

뇌자도(MEG): 두개골의 표면에 많은 전극을 부착시켜 뇌의 신경세포에서 발생하는 전자기 신호를 관찰함으로써 뇌의 활동을 측정하는 방법

뇌전도(EEG): 두피에 부착된 전극 아래에서 발생하는 전기신호의 변화를 측정함으로써 뇌의 활동을

관찰하는 기술

느낌: 자극에 대한 지각과 이어서 나타나는 감정 상태와 사고의 복합체

대인관계: 사람을 대하는 개개인의 보편적인 심리적 지향성

도덕: 시공간의 맥락에 따라 집단 구성원들이 상호작용에 의해 구성한 협약 체계로서 구성원들에게 부여되는 당위적인 행위 규범

도덕감성: 타자 지향의 공동체 의식을 바탕으로 형성된 복합 감정체이기에 자신과 타자를 제3자 입장에서 성찰하는 공감, 배려, 호혜 등 사회연대의 기초를 이루는 감정

동물매개치료(pet therapy): 동물과의 접촉을 통해 현대인의 결여된 정서적, 사회적, 신체적 기능을 회복시키는 방법

동조(conformity): 개인이 집단의 규범을 따르기 위해 자신의 행동이나 신념, 또는 그 둘 다를 바꾸는 것

디자인(design): 라틴어 *designare*에서 유래한 말로, 넓은 의미로는 어떤 목적을 위하여 세밀하게 짠 계획이나 설계를 의미하며, 좁은 의미로는 시각 예술에 있어서의 스케치를 의미하거나 편리한 일상생활을 영위하기 위해 인공적인 환경을 만드는 조형 행위를 의미함

딥러닝(deep learning): 인공신경망의 한계를 극복하기 위해 제안된 기계학습 방법으로, 사물이나 데이터를 군집화하거나 분류하는 데 사용하는 기술이며, 컴퓨터가 사람처럼 생각하고 배울 수 있도록 하는 기술을 말하는데, 인간의 신경망을 닮은 패턴인식 기술로 기계의 자가 학습을 가능하게 함

로봇저널리즘: 로봇 기술과 언론이 합쳐진 말로 언론 매체에 로봇 시스템을 활용함으로써 로봇이 언론 업무를 보조하는 것

리커트 척도법: 평가 대상에 대하여 평가자가 느끼는 감성 특성의 정도를 척도로 표현하는 방법

망막 불일치(retinal disparity): 우리가 외부 물체를 볼 때 양쪽 눈의 망막에 맺히는 상이 동일하지 않고 약간 다르게 보이는 현상

망막대응지도(retinotopic map): 망막에 맺힌 상에 대응하는 피질 부위를 나타낸 지도

망막색소변성증(retinitis pigmentosa): 망막의 광수용체 세포의 기능에 문제가 생겨 시력이 상실되는 증상

면전의-문 기법(door-in-the-face technique): 크고 거절될 만한 비합리적인 요구에서 시작되고, 그 뒤에 첫 번째 요구보다 더 합리적이고 작은 요구들을 제시함으로써 응종이 이루어지는 것

모라벡의 역설(Moravec's paradox): 미국의 인공지능 연구자인 한스 모라벡이 컴퓨터와 인간의

능력 차이를 역설적으로 표현한 데서 유래한 것으로, 인간에게 쉬운 것은 컴퓨터에게 어렵고, 이와 반대로 인간에게 어려운 것은 컴퓨터에게 쉽다는 역설을 말함.

모조(mojo): 자신감에서 우러나오는 만족감이나 심리적 활력

몰입: 어떤 활동에 강하게 집중하는 현상

문간에-발-들여놓기 기법(foot-in-the-door technique): 먼저 제시된 받아들이기 쉬운 작은 요구들을 통해 큰 요구에 대한 응종이 이루어지는 것

미술치료: 미술과 치료가 접목된 것으로, 미술을 매개로 하여 내담자를 치료하는 행위

미적 형식원리(aesthetic principles of form): 미가 어떤 대상과 일정한 형식적인 관계에 있다고 보는데, 이러한 형식적인 관계 그 자체를 규정하는 공간적 또는 시간적인 원리

반고리관(semicircular canal): 골미로 속에 위치하며 머리가 회전할 때 변화하는 각가속에 반응

방관자 효과(bystander effect): 긴급 상황에서 다른 사람을 도울 다른 방관자가 있을 때보다, 방관자가 없을 때 개인이 도움을 받을 수 있는 확률이 더 큼

복종(obedience): 권위를 가진 사람의 명령을 따르는 것

사단: 측은, 수오, 사양, 시비의 마음으로서 각각 인, 의, 예, 지의 착한 본성에서 나오는 정감

사물인터넷(internet of things): 다양한 사물에 센서와 통신 기능을 장착하여 정보를 수집하고 제어 및 관리할 수 있도록 인터넷으로 연결하는 기술

사상유두(filiform papillae): 끝이 가늘고 혀 몸통 전체에 비교적 고르게 분포하며, 유두 중 가장 많은 수를 차지하고 있음. 미뢰가 없는데, 따라서 촉각을 담당하는 것으로 알려짐

사용자 경험(user experience, UX): 사용자가 어떤 시스템, 제품, 서비스를 직접적 내지 간접적으로 이용하면서 느끼고 생각하게 되는 총체적 경험

사이버 불링(cyber bullying): 사이버 상에서 특정인을 집단적으로 따돌리거나 집요하게 괴롭히는 행위

사회감성: 타인과의 관계에서 유발된 감성으로서 타인과의 사회적 행동이 감성 유발의 원인이 되며, 기본감성보다는 인간의 진화 이후 과정에서 나타난 복합감성으로, 구조적으로는 기본감성의 조합으로 구성됨

사회적 촉진(social facilitation): 사회적 자극의 결과 수행과제에 대해 우세한 반응이 촉진되는 현상

사회적 태만(social loafing): 사람들이 개인적으로 책임이 주어져 있을 때보다는 집단에서 공통된 목표를 향해 일할 때 노력을 더 적게 하게 되는 경향

삼원색 이론(trichromatic theory): 망막에는 특정한 파장의 단일 색상에 대하여 반응하는 세 가지 형태의 수용기가 존재하기 때문에 우리가 다양한 색채를 감지할 수 있다는 색채 지각 이론

상반과정 이론(opponent-process theory): 빨강과 초록, 노랑과 파랑이 대립적인 반응을 일으켜 색채가 지각된다는 색채 지각 이론

색채치료(color therapy): 색이 가지고 있는 고유의 에너지와 심리적 효과를 이용하여 의학과 심리치료에 적용하여 신체적 건강을 도와주며 스트레스를 완화하고 정서를 안정시켜 삶의 활력을 도와주는 치료 방법

생물학적 시계: 동물의 활동주기를 24시간 주야 리듬에 맞추어 수면/각성 주기를 조절하는 신경 기전

섬광 기억(flashbulb memory): 감성이 포함된 생생하고 매우 자세한 기억을, 아주 중요하거나 놀라운 사건을 경험했을 때, 이에 관한 내용에 대해 매우 자세하고 선명하며 사진처럼 기억함

소닉 브랜딩(sonic branding): 오감 중에서도 특히 청각을 활용하여 브랜드를 만들고 관리하는 전략

소리대응지도(tonotopic map): 같은 특성의 주파수를 가진 신경세포들이 함께 집단을 이루고 있으며, 인접한 특성의 주파수를 가진 신경세포들은 서로 가까이 위치한 청각 피질 상의 지도

소셜 미디어(social media): 멀리 떨어져 있는 사람들과의 커뮤니케이션을 가능하게 하는 모든 수단과 통로

수용야(receptive field): 특정 신경세포에 반응을 일으키는 그 신경세포 외부의 자극 영역

순위법: 특성이 조금씩 다른 여러 개의 평가대상을 무선적으로 제시하여 심리적 내지 감성적 크기나 강도에 따라서 순위를 매기는 연구 방법

스마트웨어(smart wear): 고기능성 섬유에 디지털 센서, 초소형 컴퓨터 칩 등이 내장되어 있어 의복 자체가 외부 자극을 감지하고 반응할 수 있는 최첨단 의류

신경마케팅(neuromarketing): 뇌 과학과 마케팅을 결합한 신종 학문으로, 소비자의 구매와 소비 행태를 뇌과학과 신경심리학으로 풀어내는 것으로서, 뇌의 활동을 분석하여 인간의 의사결정을 이해하는 연구 분야

신경학적 음악치료(neurologic music therapy): 사람 신경계의 질병으로 인한 인지, 감성, 운동 장애에 치료적 음악을 사용하는 것

신체대응지도(somatotopic map): 특정 신체 부위에서 들어오는 정보를 받는 체감각피질 영역의 지도

심전도(ECG): 심장을 구성하고 있는 심근세포에서 발생하는 전기신호를 피부표면에 부착된 전극을

통해 기록하는 방법

쌍별 비교법: 여러 개의 평가 대상을 평가항목에 따라 두 개씩 짝을 지어 비교하는 방법

안면 감성 부호 도식: 해부학적 지식을 바탕으로 안면표정을 관찰함으로써 감성을 평가하는 연구 방법

양전자방출단층촬영술(PET): 양전자를 방출하는 방사성 동위원소를 혈관에 주사한 후, 전신에 흡수된 양전자로부터 방출되는 감마선을 검출하여 영상을 얻는 방법

연발 원리(volley principle): 고주파 청각 자극에 대해 단일 신경세포는 그 자극의 매 주기마다 반응을 하지 못하더라도 각 신경세포가 음파의 특정 포인트에서 반응을 함으로써 여러 신경세포가 집단으로 작용하여 그 고주파를 부호화할 수 있는 원리

엽상유두(foliate papillae): 입사귀모양을 하고 있으며 혀의 후방 측면에 주로 분포하고, 유두의 상피 내에 미뢰를 가짐

오성: 사유의 능력으로서 개념을 만들어내고 사용하는 능력

온도 수용기(thermoreceptor): 피부의 표피와 진피층에 위치하며, 피부 온도에서의 변화를 감지함

외수용기(exteroceptor): 눈, 귀, 입, 피부와 같이 신체 외부로부터 정보를 받는데 관여하는 기관

용상유두(fungiform papillae): 버섯 모양을 하고 있으며 혀의 앞쪽 2/3에 분포하는데, 한 개의 유두에는 약 1~5개의 미뢰가 정상 부분에 존재

운동감각(kinesthesia): 신체의 위치와 움직임에 관한 정보를 제공해주는 것으로 관절과 건, 그리고 근육의 수용기에서 발생

운동단위(motor unit): 한 개의 알파운동뉴런과 그 축삭, 그리고 이의 신경지배를 받는 추외근섬유들을 일컫는 개념

웰니스 음악치료(wellness music therapy): 적극적인 건강의 개념에서 삶의 질을 높이고 지속적인 건강을 유지하기 위해 다양하게 적용하는 음악치료

위상 동기(위상 결속, phase locking): 우리의 청신경이 소리 자극의 주파수에 반응함에 있어서 음파의 특정한 위상에 동기화되어 반응하는 특성

유곽유두(circumvallate papillae): 성곽으로 둘러싸인 모양을 하고 있는데, 혀의 기저부를 향하는 V 형의 띠 주위에 주로 분포하고 있으며, 유두 측벽에 많은 미뢰를 가지고 있음

음고(pitch): 헤르츠(Hz)로 측정되는 주파수로 결정되는 소리 특성

음색(timbre): 특정 소리의 독특한 속성을 의미하는 것으로 진동수의 특정한 혼합 양상에 따라 결정

음성분석법: 감성과 관련된 음성의 특성을 분석하는 연구 방법

음향쇼크(acoustic shock): 귀의 기능이나 신경조직의 기능에 대한 일시적 또는 영구적 방해

응종(compliance): 타인이나 집단의 직접적인 요구에 부응해서 행동하는 것

의미미분 척도법: 의미공간에서 특정한 감성 특성의 위치를 상대적으로 비교하고 분석하기 위해 사용되는 척도

의상치료(fashion therapy): 의복을 중심으로 인체에 부가되는 모든 요소를 사용하여 손상된 자기 존중감과 개인의 부정적 정서를 회복시켜 질병의 치료효과를 증진하는 보조적 치료 방법

이모티콘(emoticon): 감정(emotion)을 나타내는 아이콘(icon)

이성: 사유 및 추론의 능력으로서 오성이 제공하는 규칙들을 통합함

이원론: 영혼과 육체가 분리되어 있다는 주장

이질통(allodynia): 정상적으로는 통증을 일으키지 않는 약한 자극에 대해 지각하는 통증

인공지능(artificial intelligence): 인간의 지능으로 할 수 있는 사고, 학습, 자기계발 등을 컴퓨터가 할 수 있도록 하는 방법을 연구하는 분야로서, 컴퓨터가 인간의 지능적인 행동을 모방할 수 있도록 함

인지(cognition): 정보를 습득하고 파지하고 활용하는 과정으로서 인간이 지각하고, 기억하고, 추리하고, 판단하며, 문제를 해결하는 데까지 이르는 제반 과정

인지공학(cognitive engineering): 인지과학의 성과와 방법론을 공학적인 목적으로 활용하고자 하는 학문

인지과학(cognitive science): 인간의 인지 과정을 연구하는 학문으로서, 인간의 지식의 본질은 물론 컴퓨터를 포함하는 각종 인공물에 포함된 지식체계의 본질을 연구하는 종합과학

인지이론(cognitive theory): 감성 유발에서 인지 처리 과정을 중시하기 때문에 붙여진 이름으로, 상황에 대한 평가 또는 해석에 따라 감성이 달라진다고 가정하므로 평가이론이라 불리기도 하는데, 우리는 어떤 상황에 처했을 때, 먼저 인지적 평가를 하고, 그 다음에 생리적 변화와 함께 감성이 나타난다고 함

인터넷 게임중독: 충동적인 행동을 유발하고, 다른 사람에 대한 흥미를 상실시키며, 다른 중독 현상들과도 관련되고, 게임을 그만두려고 하면 신체적, 심리적 증상이 나타나는 행위적 중독

인터넷 중독(internet addiction): 지나친 인터넷 사용으로 인한 일종의 중독 장애로 신체적, 심리적, 학업 및 직업적인 면에 심각한 손상을 가져오는 증후군

인터랙티브 미디어아트(interactive media art): 관객이 작품에 적극적으로 참여해서 작품과 교감하는 형태의 예술

일원론: 영혼과 육체가 분리되어 있지 않고 하나로 작용한다는 주장

자기본위적 편향(self-serving bias): 사람이 자기 자신에게 유리한 쪽으로 인식하도록 귀인하는 경향

자기존중감: 자기에 대한 긍정적이거나 부정적인 태도로 정의되며, 자기개념의 매우 중요한 요소로서 자기 자신을 좋아하는 정도를 의미

자기충족적 예언(self-fulfilling prophecy): 우리가 가지고 있는 기대가 그 사람으로부터 기대된 행동을 실제로 이끌어냄으로써 우리의 기대를 확인해 주는 것

자기평가 마네킹법: 마네킹을 사용하여 쾌, 각성, 지배의 세 가지 감성을 측정하는 것으로서, 절대적인 평가 기준을 활용하는 검사방법

자발적 통증(spontaneous pain): 외부 자극 없이 저절로 발생하는 통증

자세 균형(postural balance): 공간상에서 안정성과 정향성을 유지하기 위하여 신체의 위치를 제어하는 현상

장소 부호 이론(place code theory): 소리의 주파수에 따라 기저막이 움직이는 위치가 다르다는 이론

전정낭(vestibular sac): 골미로 속에 위치하며 중력에 반응하여 머리의 방향에 관한 정보를 뇌에 제공

전정 안구 반사(vestibulo-ocular reflex): 갑작스런 머리 움직임을 보상하기 위해 전정계가 안구 운동을 직접적으로 통제하는 반사 작용

정서: 외부 자극에 대한 반응과 내부에서 발생하는 현상을 포함하며, 감성에 내포되는 개념

중독: 어떤 활동에 지나치게 몰두하여 강박적 태도가 동반되고 정상적인 생활을 유지하기 어렵게 되는 등의 부정적 결과가 나타나는 현상

중심와(fovea): 망막의 중심부로서 추상체만 존재함

증강현실(augmented reality): 실제로 존재하는 사물이나 환경에 가상의 사물이나 환경을 덧입혀 마치 실제로 존재하는 것처럼 보여주는 컴퓨터 그래픽 기술 또는 그러한 기술로 조성된 현실

직물의 태(fabric hand, fabric handle): 옷을 입거나 만지는 과정에서 피부가 직물과 닿았을 때의 느낌

집단극화(group polarization): 특정 주제에 대해 집단토론이 전개되면 그 주제와 관련하여 집단 내에서 우세한 의견이 더욱 강화되는 경향

집단사고(groupthink): 바람직한 의사결정을 저해하는 사고 유형으로, 의사결정 과정에서 집단조화를 이루려는 욕구가 현실적인 평가를 하지 못하게 만듦

집단지능(collective intelligence): 생태계에서 다수의 개체들이 협동하여 하나의 집합적인 지능을 만들고, 그것이 어떤 지능적인 활동과 역할을 수행하는 것

차원 모형: 감성을 특정한 범주가 아니라 어떤 척도나 스펙트럼 상에 놓을 수 있는 개념으로 보는 모형

챗봇(chat bot): 인공지능을 사용해 인간의 대화를 흉내 내는 컴퓨터 프로그램으로 사용자가 컴퓨터와 상호작용하는 방식을 사람과의 대화처럼 바꿔주는 기술

초두효과(primacy effect): 타인에 대한 인상이 형성될 때 초기에 경험하는 정보가 나중에 경험하는 정보보다 더 큰 영향력을 끼침

치료놀이(theraplay): 치료자와 아동이 직접적인 접촉을 통해 관계를 증진시키는 상호작용 중심의 치료 방법

칠정: 인간의 본성이 사물에 접할 때 표현되는 감정으로서, 희, 노, 애, 구, 애, 오, 욕의 일곱을 나타냄

커뮤니케이션(communication): 사람과 사람 사이에 기호로 의미를 전달하는 과정으로, 넓은 의미로는 인간과 인간뿐만 아니라, 온갖 생물과 생물, 인간과 자연, 인간과 환경, 개체 내에서의 심리적 전달까지도 포함

큐 매니지먼트(cue management): 소비자들이 브랜드를 감정적으로 느낄 수 있도록 하는 판매 전략

크기 추정법: 물리적 자극에 대한 심리적 감성적 크기를 측정하기 위한 정신물리적인 측정방법

특이점(singularity): 기술 발전이 이어지면서 인공지능이 인간을 뛰어넘는 순간

표준색체계: 색채를 명명하거나 측정하기 위해 구체적이면서 정량적으로 색을 표시하는 표준화된 체계

풍미(flavor): 미각과 후각이 합쳐진 개념

피부분절(dermatome): 특정한 척수신경이 신경지배하는 신체의 피부나 심부조직 영역

피부전기활동(EDA): 피부의 전류, 전기저항, 전도율을 비롯하여 자율신경계의 활동을 나타내는 척도로 사용됨

행위중독: 물질이 개입되지 않은 상태에서 과식, 성행위, 운동, TV 및 컴퓨터 게임 등의 특정 행위에 대한 중독

향기요법(aroma therapy): 대체보완요법의 하나로서, 후각신경을 통해 두뇌에 전달된 향기 입자가 감정 상태에 영향을 미치는 원리를 이용한 치료 방법

혈량도(plethysmography): 교감신경계의 활동 억제와 흥분에 의해 발생하는 혈류량의 변화를 기록하는 방법

회복 탄력성: 심각한 위험에 노출되었음에도 불구하고 성공적으로 다시 회복하는 능력

후각수용기(olfactory receptor): 비강의 꼭대기에 있는 후각상피에 위치하며 냄새를 감지함

휴머노이드(humanoid): 인간을 닮은 로봇

참고문헌

강석기, 한상훈. (2005). 청소년 과잉행동과 대인관계가 인터넷 중독에 미치는 영향: 대전충남지역 대학생을 중심으로. 청소년복지연구, 7(1): 111-128.

강운선. (1999). 환경 영역의 교수-학습 과정에서 컴퓨터 시뮬레이션의 게임의 학습 효과. 시민교육연구, 28:171-199.

강인구. (1998). 한국의 감성과학: 지나온 길과 나아갈 길. 감성과학, 1(1): 1-2.

강정찬, 오영범, 이상수. (2015). 사회정서역량 향상을 위한 교과통합 설계원리. 교육공학연구, 31(1): 129-157.

강현수, 임기선, 한동균. (2010). 3.0T 자기공명영상장치를 이용한 사람의 간지럼자극과 감각중추 자극의 활성화 차이. 한국콘텐츠학회논문지, 10(2): 286-294.

경노훈, 윤민희. (2015). 디자인 문화와 생활. 예경.

구봉오, 김은영, 박미희, 박민철, 심제명. (2008). 뇌졸중 환자의 자가운동프로그램이 기능회복에 미치는 영향.

권영길, 이영선. (2009). 청소년이 지각하는 부모-자녀간 의사소통이 인터넷 게임중독에 미치는 영향. 한국컴퓨터게임학회논문지, 17: 127-135.

권윤나, 최승원. (2015). 청소년 인터넷 증독의 심리생리학적 특성: 휴식기 정량적 뇌파 연구. 한국심리학회지: 건강, 20(4): 893-912.

권재원. (2004). 청소년의 게임중독 치료에서 게임유형 대체 요법의 효과에 대한 사례 연구. 청소년학 연구, 11(3): 93-114.

기정희, 이숙미, 김춘경, 정종진, 최웅용. (2011). 한국 미술치료의 연구동향: 한국미술치료학회지 게재논문(1994-2010)을 중심으로. 미술치료연구, 18(2): 463-483.

김경태, 오승용, 유미, 유창호, 권대규. (2014). LED 면조명을 이용한 감성조명시스템의 인체생리학적 반응에 관한 연구. 감성과학, 17(3): 29-38.

김경호. (2011). 결핍과 치유: 관계성에 대한 성찰. 인문과학연구, 28: 337-359.

김광명. (1998). 감성과학에 대한 철학적 논의: 감성적 이식의 문제를 중심으로. 감성과학, 1(1): 3-11.

김광옥, 이영춘. (1998). 식품의 관능검사. 학연사.

김교헌, 최훈석. (2008). 인터넷 게임중독: 자기조절 모형. 한국심리학회지: 건강, 13(3): 551-560.

김기숙, 김경희. (2009). 초등학생의 인터넷 게임중독에 영향을 미치는 부모관련 변인. 아동간호학회지, 15(1): 24-33.

김나예. (2015). 가정폭력을 경험한 아동의 게임중독 연구. 한국컴퓨터정보학회논문지, 20(3): 145-156.

김대란, 허혜경. (2008). 체감각자극이 뇌졸중 환자의 인지기능과 일상활동 수행능력에 미치는 효과. 성인간호학회지, 20(2): 54-65.

김대식. (2007). 감성제품개발론. 형설출판사.

김대진. (2008). 알코올 중독의 생리적 기전 및 치료. 한국알코올과학회, 1: 15-19.

김미선, 김명식. (2010). 대학생의 생활스트레스가 스트레스 대처를 매개로 우울 및 알코올 사용에 미치는 영향. 한국심리치료학회지, 2(1): 25-37.

김미지자. (1998). 감성공학. 디자인오피스.

김민경, 류희욱. (2011). 눈 형태에 따른 스모키 메이크업의 감성 이미지. 감성과학, 14(2): 321-330.

김병성, 홍세중, 최현림, 원장원. (2008). 초등 및 중학생의 인터넷중독 실태와 관련 요인. 경희의학, 24(1): 30-40.

김세진, 전수진. (2014). 감성 로봇에 나타난 치유 요소 연구. 기초조형학연구, 15(3): 37-45.

김석환, 정혜주. (2015). 게임중독에 영향을 미치는 청소년의 가정환경요인분석: 가정내 경제, 문화, 사회자본을 중심으로. 보건과 사회과학, 38: 5-36.

김석환, 정혜주. (2015). 게임중독에 영향을 미치는 청소년의 가정환경요인분석: 가정내 경제, 문화, 사회자본을 중심으로. 보건과 사회과학, 38: 5-36.

김성숙. (2003). 미술교육과 문화. 학지사.

김수연, 조영식. (2014). 주체적, 능동적 감성디자인에서 선의 감성조성요인과 감성조절요인이 감성에 미치는 영향: 캘리그래피의 선을 중심으로. Design Convergence Study, 13(3): 217-234.

김수정, 권혜진, 안유진, 홍정인. (2011). 고추장 매운맛 5등급화 기준에 따른 연상색 연구. 한국색채학회지, 25(1): 33-46.

김순태. (2001). 고교생의 인터넷중독과 자기존중감, 우울, 감각추구성향과의 관계. 경남대학교 석사학위논문.

김연종, 오영근. (2009). 몸 움직임이 공간구축에 미친 영향에 관한 연구. 한국실내디자인학회논문집, 18(6): 124-132.

김영경. (2012). 청소년의 스트레스가 현재 도박행동과 미래 도박행동 가능성에 미치는 영향: 인터넷중독과 비합리적 도박신념의 매개효과. 한국심리학회지: 상담 및 심리치료, 24(1): 175-195.

김왕배. (2014). 도덕감정: 부채의식과 죄책감의 연대. In: 감성사회: 감성은 어떻게 문화 동력이 되었나, 최기숙, 소영현, 이하나(편), 글항아리.

김용재, 김건우, 정영주. (2015). 해양스포츠 참가자의 참여동기와 운동정서가 심리적 행복감에 미치는 영향. Journal of the Korean Data Analysis Society, 17(6): 3119-3130.

김원식, 장은혜, 이지혜, 이상태. (2005). 음향감성에 의한 전전두엽의 비대칭성과 심박동변이도. 감성과학, 8(1): 47-54.

김유진. (2008). 향수제품 디자인을 위한 색과 향의 교차-양상 연상관계. 감성과학, 11(3): 427-439.

김은수. (1996). 무용음악의 이해. 서울: 도서출판삼신각.

김익진. (2011). 인문치료의 구성요소로서의 감성. 호남문화연구, 49: 99-124.

김장순. (2007). 아로마테라피가 스트레스 관련 호르몬에 미치는 영향. 박사학위논문. 대구: 계명대학교.

김재엽, 이현, 김지민. (2015). 청소년의 학업스트레스가 인터넷 게임중독에 미치는 영향과 부모-자녀 긍정적 의사소통의 조절효과: 남자청소년 게임중독 집단을 중심으로. 가족과 문화, 27(3): 126-152.

김재엽, 정윤경. (2007). 부모의 양육태도와 청소년의 공격성 및 폭력행동과의 관계. 청소년학연구, 14(5): 169-197.

김주훈. (2010). 패키지디자인의 감성적 접근에 관한 연구. 정보디자인학연구, 13(1): 37-47.

김지수, 나영주. (2018). 주변에서 찾은 우리 색동의 기원과 감성에 대한 고찰. 감성과학, 21(1): 99-114.

김진숙. (2000). 청소년 PC중독 사례와 상담적 접근. 한국청소년상담원.

김진호, 한태륜. (2002). 재활의학. 서울 : 군자 출판사.

김진화, 유귀옥. (2008). 청소년의 온라인 게임중독과 공격성과의 관계연구. 청소년문화포럼, 17: 34-59.

김철중, 이남식. (1992). 감성공학과 인간공학. 감성공학기술 관련자료집.

김태식, 현혜정. (2007). 웹 환경에서 감성적 표현요소를 통한 음악 치료 시스템 개발: 시각요소를 중심으로. 한국콘텐츠학회논문지, 7(6): 177-184.

김형식, 민윤기, 김보성, 민병찬, 양재웅, 이수정, 최미현, 이정한, 탁계래, 이봉수, 전재훈, 정순철. (2010). E-Prime에 기반한 손가락 촉각 자극기의 개발. 감성과학, 13(4): 703-710.

나가마치 미주오. (1997). 감성공학: 감성을 디자인에 활용하는 테크놀로지(하재경 역), 상조사.

남궁명선. (2002). 온라인 게임 세계 속의 공동체 의식과 인간관계의 심리. 연세대학교 대학원 석사학위 논문.

남미정, 남미숙, 송향희, 윤미영, 진정화, 정광조. (2009). 향기흡입이 여자대학생의 스트레스 반응에 미치는 영향. 아시안뷰티화장품학술지, 7(4): 157-181.

두산백과. (2014). htpp://www.deepedia.co.kr.

러셀, 노빅. (2010). 인공지능: 현대적 접근방식(류광 역, 2016), 파주: 제이펍.

류근성. (2007). 맹자 도덕철학에서 이성과 감성의 문제(A problem of reason and emotion in the Mencious's ethics), 동양철학연구, 52:277-301.

류성옥, 이훈. (2013). 청소년의 여가제약이 게임중독에 미치는 영향. 관광·레저연구, 25(4): 289-305.

류정우, 박천수, 김재홍, 강상승, 오진환, 손주찬, 조현규. (2008). KOBIE: 애완형 감성로봇, 로봇공학회 논문지, 3(2): 154-163.

마영남. (2013). 동물매개중재프로그램이 위축된 초등학교 아동의 정서 및 사회적 상호작용에 미치는 영향. 원광대학교 박사학위논문.

문용린. (1996). 한국 학생들의 정서지능 측정연구, 새로운 지능의 개념, 감성지능, 삼성생명사회정신건강연구소·서울대 교육연구소.

문용린. (1997). EQ가 높으면 성공이 보인다. 글이랑.

문은배. (2002). 색채의 이해. 도서출판국제.

문창배, 김현수, 송민균, 김병만. (2011). 음악 장르에 따른 분위기와 색상 분포의 특성. 감성과학, 14(1): 59-72.

문창일, 유정인, 장정윤. (2011). 수영참가자의 운동행동 변화 단계에 따른 신체적 자기개념, 운동참여 동기, 운동정서 경험 비교. 한국웰니스학회지, 6(2): 225-238.

박미경, 정희윤, 이경화, 최정인, 이배환, 손진훈. (2001). 연령별 향 감성구조 및 향 감성에 따른 자율신경계 반응. 한국감성과학회지, 4(2): 39-45.

박미숙, 손선주, 박지은, 김숙희, 유인규, 손진훈. (2007). 알코올 사용 장애자의 알코올 단서에 의해 유발된 갈망 특성. 감성과학, 10(4): 603-611.

박병선, 박수지. (2016). 청소년의 스트레스가 인터넷 게임중독에 미치는 영향에 대한 가족, 친구, 교사관계의 다중매개효과. 보건사회연구, 36(1): 61-88.

박성배. (2012). 한국의 감성과학 연구참여분야 동향 분석. 감성과학, 15(1):29-36.

박세진, 오승빈, 이은주, 서형제. (2012). 천연향을 이용한 크림 제품의 심리생리적 평가. 감성과학, 15(1): 9-16.

박영순, 이현주, 이명은. (2007). Color Design Project. 교문사.

박은주, 하수진. (2001). 의류제품의 쾌락적 구매동기에 관한 연구. Journal of Global Academy of Marketing Science, 7(1): 303-320.

박은주. (1989). 색채조형의 기초. 미진사.

박준영, 강미희. (2008). 즉흥 춤이 생활경험예술로서 지니는 교육적 가치. 교육사상연구, 22(1): 45-59.

박창호, 곽호완, 김성일, 김영진, 김진우, 이건효, 이재식, 이종구, 한광희, 황상민. (2009). 인지공학심리학. 시그마프레스, 서울.

반홍우, 최종명. (2012). 한국과 중국 대학생의 빨간색 셔츠에 대한 시각적 감성 비교. 감성과학, 15(1): 57-64.

반홍우, 최종명. (2015). 한국과 중국 대학생의 빨간색 셔츠에 대한 시각적 감성 비교. 감성과학, 15(1): 57-64.

백대웅. (1997). 전통음악에 나타난 한국인의 감성. 민족문화연구 제30집, 고려대학교 민족문화연구원.

버뮤데스. (2010). 인지과학: 마음과학의 이해(신현정 역, 2012). 박학사, 서울.

보건복지부. (2013). 2008-2012년 지역사회건강조사 조사개요 및 주요결과.

서보경. (2014). 성인 인터넷중독 및 스마트폰 이용 특성. 한국콘텐츠학회논문지, 14(1): 305-317.

서승연. (2002). 일상적 스트레스, 몰두성향, 사회적 지지와 병리적인 인터넷 사용. 가톨릭대학교 대학원 석사학위논문.

서종환, 이건표. (2010). 사용자 경험 증진을 위한 감성 품질 디자인 프레임웍에 관한 연구: 사용자 인터페이스 디자인을 중심으로. 감성과학, 13(3): 523-532.

석문주, 최은식, 함희주. 권덕언. (2006). 음악교육의 이해와 실천. 교육과학사.

성미나, 홍성화. (2010). 인지행동적 집단상담이 청소년의 인터넷중독행동에 미치는 효과. 청소년상담연구, 18(2): 57-69.

성영신, 최민조, 정선주, 김채연. (2011). 소닉 브랜딩에 대한 신경 반응: fMRI 연구. 감성과학, 14(1): 93-100.

성영혜. (2002). 자폐성 아동을 위한 치료놀이(Theraplay: TP), 자폐성장애연구, 4(1): 103-119.

손선주, 박미숙, 박지은, 손진훈. (2012). 한국어 감정표현단어의 추출과 범주화. 감성과학, 15(1): 105-120.

손진훈, 박미경, 이배환, 민병찬. (2002). 향 감성평가 척도개발 및 향 감성구조 분석. 한국감성과학회지, 5(1): 61-70.

손진훈, 이임갑. (1998). 직물 촉감감성 연구의 심리-생리학적 접근. 섬유기술과 산업, 2(4): 439-450.

손진훈. (2011). 정서의 심리적 모델: 개별 정서 모델, 평가 모델, 차원 모델을 중심으로. Journal of the Ergonomics Society of Korea, 30(1): 179-186.

손현지. (2010). 디지털미디어를 기반으로 하는 디자인에서의 아날로그감성 커뮤니케이션. 한국콘텐츠학회논문지, 10(11): 146-153.

송명준, 권정혜. (2000). 인터넷중독이 대학생활 적응에 미치는 영향. 한국임상심리학회 하계학술대회 발표 논문.

송상협, 박우영. (2013). 피겨스케이팅 훈련이 평형감각조직 및 전정 안구 반사에 미치는 효과. 운동과학, 22(4): 319-327.

송원영. (1998). 자기효능감과 자기통제력이 인터넷 중독의 중독적 사용에 미치는 영향. 연세대학교 대학원 석사학위 논문.

송유정, 강수연, 임선영, 박영호. (2015). 맞춤형 감성뮤직플레이어를 위한 음악 분류 및 추천 기법 구현. 정보처리학회논문지, 4(4): 195-200.

송정희. (2009). 치매노인에 대한 동물로봇 매개 중재 프로그램의 효과. 대한간호학회지, 39(4): 562-573.

송주승, 정혜명. (2010). 청소년의 음악적 취향과 인식에 관한 현황 조사 연구: 18세-24세를 중심으로. 45: 115-130.

승윤희. (2000). 감성지능의 이해와 음악교육의 역할. 음악교육연구, 19: 109-130.

승윤희. (2016). 감성교육으로서의 음악교육의 의미 재고. 학습자중심교과교육연구, 16(8): 503-527.

신연숙, 조성희. (2012). 신체표현을 활용한 영상미디어 음악치료프로그램모형 개발: 색깔과 화음 및 다이나믹을 중심으로. 한국콘텐츠학회논문지, 12(8): 429-437.

싱. (2004). 죄책감(김숙진 역). 이제이북스.

안미자. (1997). 현대의 교육사상이 음악교육에 미친 영향. 음악연구, 16(1): 181-214.

안은영. (2012). 뇌활동 증진을 위한 손가락 운동용 기능성 게임 장치 및 콘텐츠 개발. Journal of Korea Multimedia Society, 15(11): 1384-1390.

안중호. (2013). 전정기능 소실 환자의 치료를 위한 다채널 인공 전정기의 개발. Korean Journal of Otorhinolaryngology: Head & Neck Surgery, 56:1-6.

안혜신. (2012). 미각정보의 시각표현 연구: 인쇄광고 사례를 중심으로. 디자인학연구, 25(2): 181-191.

안혜영. (2003). 초등학생의 인터넷 게임 중독과 감성지능 및 학교생활 적응간의 관계, 단국대학교 석사학위논문.

앤 뱀포드. (2007). 예술이 교육에 미치는 놀라운 효과: 세계 예술교육 현장 리포트(백령 역). 한길아트.

양돈규. (2003). 청소년의 인터넷중독 경향에 따른 대인관계활동 및 만족도의 차이. 청소년학연구, 10(3): 481-500.

양철진. (2006). 온라인 게임에 나타난 청소년의 공동체 문화에 관한 연구. 청소년학연구, 13(6): 385-408.

어기준. (2000). 청소년 PC중독의 유형과 문제점. 청소년의 PC중독. 한국청소년상담원.

여은아, 이규혜. (2006). 향기섬유제품의 향기감성 영향모형에 대한 성별비교 연구. 감성과학, 9(1): 19-26.

연희원. (2008). 섬유공예의 예술적, 미학적 가능성과 근거. 철학과 현상학 연구, 37: 113-136.

오상은, 이현주. (2010). 형태와 1차색인 빨강, 노랑, 파랑색이 감성에 미치는 상호작용 효과 : 동적인, 정적인, 부드러운, 딱딱한 감성에 미치는 상호작용 효과. 한국디자인포럼, 29(29): 277-286.

오승진. (2015). 색채심리. 동문사.

오예전, 신윤수, 이지항, 김진우. (2017). 감정 상태에 따른 컴패니언 로봇의 인터랙션 디자인: 공감 인터랙션을 중심으로. 디지털콘텐츠학회논문지, 18(7): 1293-1301.

오윤선. (2008). 청소년의 인터넷 게임중독이 우울, 공격성, 자아존중감에 미치는 영향. 한국청소년시설환경학회 논문집, 6(4): 3-15.

옥정석, 박우영, 김기홍. (2006). 고유수용성 운동이 노인여성의 평형감각기능에 미치는 영향. 운동과학, 15(1): 87-96.

옥정석. (2015). 피겨 스케이팅 선수의 전정기능. 운동학 학술지, 17(1): 9-15.

우광혁. (2004). 무용의 동작과 리듬. 서울: 예솔.

월터 아이작슨. (2011). 스티브 잡스(안진환 역). 민음사.

위키백과. (2014). http://ko.wikipedia.org.

유비. (2013). 청소년의 동아리 활동이 인터넷 게임중독 수준에 미치는 영향. 청소년복지연구, 15(2): 417-441.

유지현. (2002). 청소년의 인터넷 사용에 따른 대인관계 성향의 차이: 익명적 및 중독적 사용을 중심으로. 숙명여자대학교 대학원 석사학위논문.

윤명숙, 송행숙. (2011). 중학생의 충동성과 인터넷게임 중독관계에서 부모, 친구, 교차 애착변인들의 매개효과 검증. 사회과학연구, 27(1): 227-253.

윤호운. (2012). 저연령층 알콜중독 환자의 상이한 뇌영상 패턴. 특수교육재활과학연구, 51(1): 51-62.

이경희. (2012). 미각자극에 따른 감각 및 감성적 미각정보 처리과정의 기능적 매핑 비교. 감성과학, 15(4): 585-592.

이만제. (2009). 청소년의 인터넷 중독 수준에 따른 감성지능 및 대인관계성향 차이. 한국콘텐츠학회논문지, 9(11): 201-211.

이배환, 박형준, 박용구, 손진훈. (1997). 뇌파(electroencephalogram; EGG)의 전기적 모형. 전기학회지, 46(5): 3-10.

이배환, 손진훈, Watanuki, S., Yasukouchi, A., & Morita, T. (2007). 망막-시상하부 경로의 광반응 특성. 감성과학, 10(2): 253-261.

이병찬. (2013). 이성과 감성의 관계로 본 조선후기 문학론: 칸트와 헤겔의 미학 담론과 상관하여. 어문연구, 75:223-244.

이부연. (2013). 정서함양을 위한 예술교육의 실제 고찰. 우리춤과 과학기술, 22: 65-100.

이서원. (2012). 학교폭력 피해경험이 게임중독과 학교적응에 미치는 영향: 우울의 매개효과를 중심으로. 한국아동복지학, 40: 109-137.

이선영, 홍경희, 이정순, 이예진, 김정화, 최상섭, 손진훈. (2000). 환경에 따른 여성외의용 신합섬 폴리에스테르 직물의 접촉감성. 한국의류학회지, 24(1): 77-86.

이소연. (2009). 무용동작과 음악요소의 일치감에 관한 연구. 종합예술과 음악학회지, 3(2): 21-53.

이소영. (2013). 한복 전통 견직물의 촉감에 따른 인체생리반응. 한국디자인포럼, 40: 39-48.

이순요, 나가마치. (1996). 정보화 시대의 감성인간공학. 양영각.

이순요, 양선모. (1996). 감성공학. 청문각.

이순요. (1992). 미래지향적 인간공학. 박영사.

이애란. (2015). 홀리스틱 관점에서 본 향기요법의 효과 연구. 홀리스틱교육연구, 19(3): 225-241.

이애영, 이선화. (2012), 컬러가 인간의 생리 정서적 반응에 미치는 효과: 컬러 자극유형에 따른 뇌파분석을 중심으로. 상담학연구, 13(2): 779-798.

이영순, 손진훈, 장은혜, 이창규, 석지아. (2004). 아로마 처치가 초등학생의 발표불안에 미치는 영향. 감성과학, 7(2): 187-194.

이영옥. (2006). 시설아동의 위축 및 불안감소를 위한 미술치료 사례연구. 미술치료연구, 13(2): 199-225.

이영화, 신재욱. (2011). 미각(味覺) 이미지에서 오는 색채감성의 연관성 연구. 조형미디어학. 14(1): 217-226.

이영훈, 유수현. (2012). 중학생의 욕구불만족이 인터넷 게임중독에 미치는 영향에 대한 연구. 정신보건과 사회사업, 40(4): 57-85.

이우진, 홍성균. (2010). 운동선수 스트레스 관리를 위한 아로마테라피에 관한 고찰. 대한피부미용학회지, 8(4): 1-16.

이은주. (2007). 전통 견직물의 촉각적 감성요인. 감성과학, 10(1): 99-111.

이인자, 이경희, 신효정. (2012). 의상심리, 교문사.

이인자. (1984). 복식사회심리학, 수학사.

이재화, 석현정. (2008). 제품의 심미성이 제품의 사용시간, 몰입도, 정보 기억도에 미치는 영향. 감성과학, 11(2): 257-270.

이정민. (2013a). 현대 감성디자인의 표현유형 분석: 사회적 패러다임과의 연관성 분석을 중심으로. 한국콘텐츠학회논문지, 13(12): 168-183.

이정민. (2013b). 현대 감성디자인에서의 사용자 감성체험: 감성디자인의 프로그래밍을 위한 감성체험의 기본범주 및 관련요소 분석. 한국콘텐츠학회논문지, 13(12): 184-200.

이정옥, 박용군, 노방환, 홍철운, 김남균. (2004). 평형 감각 증진을 위한 새로운 훈련 장치의 개발. Journal of Biomedical Engineering Research, 25(6): 465-469.

이정윤, 이명화. (2003). 음란물을 자주 접촉하는 청소년의 성 및 심리사회적 특성. 청소년상담연구, 11(1): 32-41.

이정윤, 이상희. (2004). 청소년의 음란물중독과 우울, 외로움, 충동성, 감각추구 및 자기효능감과의 관계. 청소년상담연구, 12(2): 145-155.

이준환, 정성환, 노정옥, 박근호. (2013). 한국어 맛 평가 형용사에 관한 연구. 감성과학, 16(4): 493-502.

이지연, 이경원. (2007). 앰비언트 아트를 통한 감성커뮤니케이션에 관한 연구: 작품 City Forest 중심으로. 기초조형학연구, 8(2): 394-403.

이지영, 권석만. (2006). 정서조절과 정신병리의 관계: 연구 현황과 과제. 한국심리학회지: 상담 및 심리치료, 18(3): 461-493.

이충원, 김진호. (2018). LED 조명의 조도와 과제난이도가 장기기억에 미치는 영향. 감성과학, 21(4): 37-42

이해경. (2002). 청소년들의 음란물, 음란채팅 중독 경험에 있어서 사회심리적 예측변인들의 비교. 청소년학연구, 9(2): 165-190.

이현주, 주혜영, 오상은, 김남경, 김현민, 양세미, 정승진. (2011). 뉴실버세대를 위한 감성색채 커뮤니케이션에 관한 연구. 디자인학연구, 24(2): 287-298.

이희경. (2003). 청소년의 게임이용 요인과 개인·사회적 요인이 게임 몰입과 게임 중독에 미치는 영향. 청소년학연구, 10(4): 355-380.

임난영, 강현숙, 박영숙, 안동현, 오진환, 송정희. (2009). 동물로봇과의 상호작용에 따른 치매노인의 인지기능, 기분상태, 문제행동 및 반응의 변화. 기본간호학회지, 16(2): 223-231.

장건형. (1997). 식품의 기호성과 관능검사. 개문사.

장덕찬, 박상법. (2011). 시각 및 촉각 정보처리를 요구하는 손가락 운동이 대뇌피질의 활성화 패턴에 미치는 영향. 한국체육학회지, 50(3): 239-251.

장동석, 남장현. (2011). 대학생 성인도박 실태 및 도박의사와 도박심각도 영향요인에 관한 연구. 동북아관광연구, 7(4): 187-208.

장미경, 이은경. (2007). 초등학생의 인터넷 사용욕구와 부모관련변인이 게임중독에 미치는 영향.한국심리학회지: 상담 및 심리치료. 19(4): 1125-1138.

장선철, 이은지, 양대종. (2015). 미술치료의 이해. 서울: 태영출판사.

장인종. (2009). 한국전통음악의 음악적 요소가 정서반응에 미치는 영향. 한국콘텐츠학회논문지, 9(3): 152-163.

장정남, 최연희. (2012). 가족건강성과 탄력성이 남자 고등학생의 인터넷중독에 영향을 미치는 경로: 스트레스의 매개적 역할. 한국보건간호학회지, 26(3): 375-388.

장정윤. (2004). 체육미학의 현상학적 조명. 움직임의 철학: 한국체육철학회지, 12(1): 1-23.

전대성, 김동욱. (2016). 게임중독이 청소년들의 주관적 행복인식에 미치는 영향. 한국자치행정학보, 30(4): 57-75.

전천운. (2009). 청소년의 인터넷중독에 영향을 미치는 요인에 관한 연구. 한국자치행정학보, 23(2): 141-166.

전환성. (2004). 감성지능과 매체이용 행태간의 관계 연구. 커뮤니케이션학연구, 12(4): 44-72.

정경순. (2005). 초등학생의 컴퓨터 게임중독과 아동의 컴퓨터게임사용 특성, 대인관계성향, 정서지능의 관계. 경희대학교 석사학위 논문.

정면주, 손주영. (2011). 인터랙티브 미디어 아트와 관객과의 감성 커뮤니케이션에 관한 연구: 전시 해석매체가 미치는 영향을 중심으로. 감성과학, 14(3): 415-424.

정상훈, 이건표. (2005). 제품 사용 중 표출되는 사용자의 대표감성 추출에 관한 연구. 디자인학연구, 18(1): 69-80.

정상훈, 이건표. (2006). 제품 사용 중 표출되는 사용자의 감성 측정 도구 개발에 관한 연구, 디자인학연구, 19(2): 343-354.

정상훈. (2007). 제품 사용 중 사용자의 감성 측정을 위한 자기-보고 질문지형 척도 개발. 감성과학, 10(3): 403-410.

정승민. (2014). 게임중독으로 인한 공격성이 폭력비행에 미치는 영향. 한국치안행정논집, 10(4): 171-197.

정윤태, 오정아, 이영주. (2012). 인터넷중독정도에 따른 학교폭력가해행동에 영향을 미치는 요인에 관한 연구. 디지털정책연구, 10(1): 77-86.

정지원, 김돈한. (2004). 사용자 감성평가를 기초로 한 승용차 인테리어의 재질감 표현. 기초조형학연구, 5(3): 47-57.

정찬섭. (1998). 감성과학의 심리학적 측면. 감성과학, 1(1): 19-24.

제러미 리프킨. (2001). 소유의 종말. 민음사.

제러미 리프킨. (2005). 노동의 종말. 민음사.

조길수, 박혜준. (2012). 감성의류과학, 동서문화원.

조자영, 이은주, 손진훈, 조길수. (2001). 직물 마찰음에 대한 심리생리적 반응. 감성과학, 4(2): 79-88.

조주현. (2007). 발레 영재성 구성요인의 탐색과 상대적 중요도 산출. 한국스포츠심리학회지, 18(1): 15-31.

조한범, 우승주, 노도현. (2014). 수상스키 참가자의 운동정서, 운동몰입, 운동만족에 미치는 영향. 한국여가레크리에이션학회지, 38(1): 43-55.

주리애, 하승수, 권석만. (2002). 인터넷 음란물을 자주 찾는 남녀대학생의 심리적 특성과 성행동. 한국심리학회지: 임상, 21(4): 965-982.

주리애. (2000). 미술치료는 마술치료. 학지사.

지영주, 김경남, 김영혜. (2014). 초등학교 고학년 학생들의 인터넷 게임중독 영향요인 남녀비교.한국산학기술학회논문지, 15(8): 5023-5030.

진정식. (2012). 학교미술교육의 중요성 인식과 대안. 한국콘텐츠학회논문지, 12(12): 510-516.

짐멜. (2005). 짐멜의 모더니티 읽기(김덕영, 윤미애 역). 새물결출판사.

철학사전. (2009). 철학사전편찬위원회, 중원문화.

최단비, 박영경. (2014). 액체의 색과 농도에 따른 향 감성 연구. 한국색채학회 논문집, 28(2): 27-35.

최문희, 김익겸. (2006). 감성디자인 시대의 색채 이미지 특성. 시각디자인학연구, 1: 150-162.

최유찬. (2002). 컴퓨터 게임의 이해. 서울: 문화과학사.

최의창, 홍애령, 김나이. (2012). 발레교육의 내용으로서 "발레정신"의 개념과 구성요소. 한국스포츠교육학회지, 19(3): 47-67.

최의창. (2006). 가지 않은 길. 무지개사.

최진오. (2013). 초등학생의 학교폭력, 사이버불링이 인터넷 게임 중독에 미치는 영향. 지식정보기술논문지. 8(6): 175-184.

카이와. (1994). 놀이와 인간: 가면과 현기증(이상률 역). 서울: 문예출판사.

통계청. (2003). 2003년 사망원인 통계연보.

표인주. (2010). 감성의 발현양상으로 보는 축제의 이해와 활용. 공연문화연구, 21: 529-560.

한국감성과학회. http://koses.jams.or.kr.

한국미술교과교육학회. (1994). 미술교육학. 교육과학사.

한국표준협회. (2006). http://blog.naver.com/ksaqm?Redirect=Log&logNo=110005025962

한영환. (2012). 평형감각 측정 및 훈련 시스템 개발. 한국컴퓨터정보학회 논문지, 17(3): 27-32.

한지은, 현주석. (2011). 얼굴표정의 긍정적 정서에 의한 시각작업기억 향상 효과. 감성과학, 14(4): 605-616.

현혜정, 황민철. (2014). SNS내 사회감성의 어휘적 의미와 표현에 대한 유의성. Journal of The Korea Society of Computer and Information, 19(6): 37-48.

호소명. (1987). 체육미학(민영숙 역, 1992). 서울: 동문선.

홍승희, 김나현. (2014). 대학생의 인터넷중독 정도와 자율신경계 기능과의 관계. Journal of the Korean Data Analysis Society, 16(3B): 1699-1714.

황병용. (2002). 편마비 환자의 안정성 한계와 신체 요동의 특성. 자연과학연구, 7(1): 135-140.

휘트비. (2003). 인공지능: 지성을 향한 도전(변경옥 역, 2007). 서울: 유토피아.

Aalto, S., Naatanen, P., Wallius, E., Metsahonkala, L., Stenman, H., Niemi, P.M., & Karlsson, H. (2002). Neuroanatomical substrata of amusement and sadness: a PET activation study using film stimuli. NeuroReport, 13: 67-73.

Abelson, R.P. (1963). Computer simulation of 'hot' cognition. In: S.S. Tomkins and S. Messick (eds), Computer simulation of personality. New York: John Wiley and Sons.

Abt, V. & McGurrin, M.C. (1984). Gambling: The misunderstood sport - a problem in social definition. Leisure Sciences, 6(2): 205-220.

Adler, R.B. & Proctor II, R.F. (2014). Looking out, Looking in (14th Ed.). Wadsworth, a part of Cengage Learning.

Adolphs, R., Denburg, N. L., & Tranel, D. (2001). The amygdala's role in long-term declarative memory for gist and detail. Behavioral Neuroscience, 115: 983-992.

Al-Chang, M., Bresina, J. Charest, L., Chase, A., Hsu, J., Jonsson, A., Kanefsky, B., Morris, P., Rajan, K., Yglesias, J., Chafin, B., Dias, W., & Maldague, P. (2004). MAPGEN: Mixed-Initiative planning and scheduling for the Mars Exploration Rover mission. IEEE Intelligent Systems, 19(1): 8-12.

Anderson, J. (2010). The Future of Social Relations. Washington, DC: Pew Internet & American Life Project.

Armstrong, L., Phillips, J.G., & Saling, L.L. (2000). Potential determinants of heavier internet usage. International Journal of Human Computer Studies, 53(4): 537-550.

Arnold, M.B. (1960). Emotion and personality. Vol. 1. 2 Psychological aspects, Columbia University Press , New York.

Averill, J. R. (1980). A constructivist view of emotion. In R. Plutchik & H. Kellerman (Eds.), Theories of emotion. New York: Academic.

Averill, J.R. (1985). The social construction of emotion: with special reference to love. In: K.J. Gergen, K.E. Davis (eds) The Social Construction of the Person. Springer Series in Social Psychology. Springer, New York, NY.

Bard, P. (1934). Emotion: I. The neuro-humoral basis of emotional reactions. In C. Murchison (Ed.), International university series in psychology. A handbook of general experimental psychology (pp. 264-311). Worcester, MA, US: Clark University Press.

Bartlett, M.S., Littlewort, G.C., Frank, M.G., Lainscsek, C., Fasel, I.R., & Movellan, J.R. (2006). Automatic recognition of facial actions in spontaneous expressions. Journal of Mutlimedia, 1(6): 22-35.

Beidler, L.M. (1970). Physiological properties of mammalian taste receptors. In Taste and Smell in Vertebrates, edited by G.E.W. Wolstenholme. London: J.&A. Churchill.

Belin, P., Fillion-Bilodeau, S., & Gosselin, F. (2008). The Montreal Affective Voices: A validated set of nonverbal affect bursts for research on auditory affective processing. Behavior Research Methods, 40: 531-539.

Bellman, R.E. (1978). An Introduction to Artificial Intelligence: Can Computers Think? Boyd & Fraser Publishing Company.

Besson, J.M., Guilbaud, G., Abdelmoumene, M., & Chaouch, A. (1982). Physiologie de la nociception. Journal of Physiology (Paris), 78: 7-107.

Bilchick, K.C. & Berger, R.D. (2006). Heart rate variability, Journal of Cardiovascular Electrophysiology, 17: 691-694.

Billman, G.E. (2013). The LF/HF ratio does not accurately measure cardiac sympatho-vagal balance. Frontiers in Physiology, 4(26): 1-5.

Bishop, D.P. (1996). Fabric: Sensory and Mechanical Properties, The Textile Institute, Textile Progress, UK, Volume 6(3).

Bolte, A., Goschke, T., & Kuhl, J. (2003). Emotion and intuition: Effects of positive and negative mood on implicit judgments of semantic coherence. Psychological Science, 14: 416–421.

Bradley, M. & Lang, P.J. (1994). Measuring emotion: the self-assessment manikin and the semantic differential. Journal of Behavioral Therapy & Experimental Psychiatry. 25(1): 49-59.

Bradley, M.M. & Lang, P.J. (1999a). Affective Norms for English Words (ANEW): Instruction Manual and Affective Ratings. Technical Report C-1, The Center for Research in Psychophysiology, University of Florida.

Bradley, M.M. & Lang, P.J. (1999b). International Affective Digitized Sounds (IADS-1): Stimuli, Instruction Manual, and Affective Ratings (Technical Report No. B-2). Gainesville, FL: University of Florida, Center for Research in Psychophysiology.

Bradley, M.M. & Lang, P.J. (2007). The International Affective Digitized Sounds: Affective Ratings of Sounds and Instruction Manual (Technical Report No. B-3). Gainesville, FL: University of Florida, NIMH Center for the Study of Emotion and Attention.

Bradley, M.M., Greenwald, M.K., Petry, M.C., & Lang, P.J. (1992). Remembering pictures: Pleasure and arousal in memory. Journal of Experimental Psychology: Learning, Memory, and Cognition, 18: 379–390.

Branscombe, M. (2016). The lesson of Microsoft's Tay AI chatbot: Experiments are hard (but worth it). Microsoft's Tay bot is a perfect example of the tension between security, experimentation, permission and forgiveness.

Brants, T., Popat, A.C., Xu, P., Och, F.J., & Dean, J. (2007). Large language models in machine translation. EMNLP-CoNLL-2007: Proc. 2007 Joint Conference on Empirical Methods in Natural Language Processing and Computational Natural Language Learning, pp. 858-867.

Brodie, S.J. & Biley, F.C. (1999). An Exploration of the potential benefits of pet-facilitated therapy. Journal of Clinical Nursing, 8(4): 329-337.

Broekens, J. & Brinkman, W.-P. (2013). AffectButton: a method for reliable and valid affective self-report. International Journal of Human-Computer Studies, 71(6): 641-667.

Burton, S. M. & Tiffany, S.T. (1997). The effect of alcohol consumption on craving to smoke. Addiction, 92, 15-26.

Cain, W.S. (1988). Olfaction. In Stevens' Handbook of Experimental Psychology. Vol. 1. Perception and Motivation, edited by R.C. Atkinson, R.J. Herrnstein, G. Lindzey, and R.D. Luce. New York: John Wiley & Sons.

Calvo, M.G. & Avero, P. (2005). Time course of attentional bias to emotional scenes in anxiety: Gaze direction and duration. Cognition and Emotion, 19: 433–451.

Cannon, W.B. (1927). The James-Lange theory of emotions: a critical examination and an alternative theory. American Journal of Psychology, 39(1): 106-124.

Caplan, S.E. (2002). Problematic internet use and psychosocial well-being: development of a theory-based cognitive-behavioral measurement instrument. Computers in Human Behavior, 18: 553-575.

Carlson, N.R. (1997). Foundation of Physiological Psychology. Prentice-Hall.

Cela-Conde, C.J., Marty, G., Maestu, F., Ortiz, T., Munar, E., Fernandez, A., Roca, M., Rossello, J., & Quesney, F. (2004). Activation of the prefrontal cortex in the human visual aesthetic perception. Proceedings of the National Academy of Sciences, USA, 101: 6321-6325.

Cesta, A., Cortellessa, G., Denis, M., Donati, A., Fratini, S., Oddi, A., Policella, N., Rabenau, E., & Schulster, J. (2007). MEXAR2: AI solves mission planner problems. IEEE Intelligent Systems, 22(4): 12-19.

Charniak, E. & McDermott, D. (1985). Introduction to Artificial Intelligence Programming (2nd edition). Lawrence Erlbaum Associates.

Chen, K. & Owen, C.L. (1997). Form language and style description, Design Studies, 18(1): 249-274.

Chou, C., Condron, L., & Belland, J.C. (2005). A review of the research on internet addiction. Educational Psychology Review, 17(4): 363-88.

Cichetti, D., Ackerman, B.P., & Izard, C.E. (1995). Emotions and emotion regulation in developmental psychopathology. Development of Psychopathology, 7: 1-10.

Cooper, M.L., Frone, M.R., Russell, M., & Mudar, P. (1995). Drinking to regulate positive and negative emotions: a motivational model of alcohol use. Journal of Personality and Social Psychology, 69(5): 990-1005.

Cross, S.E. & Walker, E. (1994). DART: Applying knowledge based planning and scheduling to crisis action planning. In: Zweben, M., Fox, M.S. (Eds.), Intelligent Scheduling, pp. 711-729, Morgan Kaufmann.

Cunningham, M.R. (1979). Weather, mood, and helping behavior: Quasi experiments with the sunshine samaritan. Journal of Personality and Social Psychology, 37: 1947–1956.

Damasio, A. (1994). Descartes' error: emotion, reason, and the human brain, NY: Avon Books.

Dan-Glauser, E.S. & Scherer, K.R. (2011). The Geneva affective picture database (GAPED): a new 730-picture database focusing on valence and normative significance. Behavior Research Methods, 43: 468–477.

Darwin, C. (1872). The Expression of the emotions in man and animals (1988 edition: revised and with commentary by P. Ekman), Harper Collins - Oxford University Press: Oxford.

Davis, R.A. (2001). A cognitive-behavioral model of pathological internet use. Computers in Human Behavior, 77: 187-195.

Dewey, J. (1895). The theory of emotion. II. The significance of emotions, Psychological Review, 2: 13-32.

Dhinakaran M., Sundaresan S., & Dasaradan B.S. (2007). Comfort Properties of Apparels, The Indian Textile Journal, 32: 2-10.

Dodge, K.A. (1989). Coordinating responses to aversive stimuli: instruction to a special section on the development of emotion regulation. Developmental Psychology, 25: 339-342.

Duffy, E. (1934). Emotion: an example of the need for reorientation in psychology.

Ekman, P. & Friesen, W.V. (1978). Facial action coding system: a technique for the measurement of facial movement, Palo Alto, CA, USA: Consulting Psychologists Press.

Ekman, P. & Friesen, W.V. (1984). Unmasking the Face (2nd ed.). Palo alto, CA: Consulting Psychologists Press.

Ekman, P. (1992). An argument for basic emotions. Cognition and Emotion, 6(3-4): 169-200.

Evans, C.C. (1952). Comments on: Occipital sharp waves responsive to visual stimuli. Electroencephalography and Clinical Neurophysiology, 4:111.

Eysenck, M.W. & Calvo, M.G. (1992). Anxiety and performance: the processing efficiency theory. Cognition and Emotion, 6(6): 409-434

Farina, A., Burns, G.L., Austad, C., Bugglin, C., & Fisher, E.H. (1986). The role of physical attractiveness in the readjustment of discharged psychiatric patients. Journal of Abnormal Psychology, 95: 139-143.

Fiore, A.M, Xinlu, Y., & Yoh, E. (2000). Effects of a product display and environmental fragrancing on approach responses and pleasurable experiences, Psychology & Marketing, 17(1): 27-54.

Folstein, M.F., Folstein, S.E., & Mchugh, P.R. (1975). "Mini-Mental State": a practical method for grading the cognitive state of patients for the clinician. Journal of Psychiatry Research, 12(3): 189-198.

Foot, P. (1967). The Problem of Abortion and the Doctrine of Double Effect. Oxford Review 5: 5–15.

Forgas, J.P. (1995). Mood and judgment: The affect infusion model (AIM). Psychological Bulletin, 117: 39-66.

Forgas, J.P. (1998). On being happy and mistaken: Mood effects on the fundamental attribution error. Journal of Personality and Social Psychology, 75: 318–331.

Fredrickson, B. (2003). Cultivating positive emotions to optimize health and well-being. Prevention and Treatment, 3: 1-25.

Fredrickson, B.L. & Branigan, C. (2005). Positive emotions broaden the scope of attention and thought-action repertoires. Cognition and Emotion, 19: 313-332.

Fredrickson, B.L. (1998). What good are positive emotions? Review of General Psychology, 2(3): 300-319.

Fredrickson, B.L. (2004). Gratitude, like other positive emotions, broadens and builds. The Psychology of Gratitude.

Gastaut, Y. (1951). Un signe electroencephalographique peu conne: les pointes occipitales survenant pendant 1 ouverture des yeux. Review Neurologique, 84:640-643.

Gastaut, Y. (1952). Etude electrocorticographique de la reactivite des rhthmes rolandiques. Revue Neurologique, 87: 176-182.

Gaston, E.T. (1968). Music in Therapy, New York: MacMillan Company.

Gelernter, H. (1959). Realization of a geometry-theorem proving machine. Proc. an International Conference on Information Processing, pp. 273-282. UNESCO House.

Ghetti, C.M., Hama, M., & Woolrich, J. (2004). Music therapy in wellness. In: A. Darrow (Ed.), Introduction to Approaches in Music Therapy (pp. 127-141). Silver Spring, MA: American Music Therapy Association.

Goldberg, I.K. (1996). Internet addiction disorder. Electronic message posted to the Psychology of the Internet mailing list in July 1996. Retrieved from Internet Addiction Support Group at http://users.rider.edu/~suler/psycyber/supportgp (2019.01.20. 현재)

Goleman, D. (1995). Emotional Intelligence. Brockman, Inc., New York, USA.

Goodman, D. & Keene, R. (1997). Man versus Machine: Kasparov versus Keep Blue. H3 Publications.

Goodman, J. & Heckerman, D. (2004). Fighting spam with statistics. Significance, the Magazine of the Royal Statistical Society, 1: 69-72.

Greenberg, L.S. (2002). Emotion-focused therapy. Coaching clients to work through their feelings. Washington: American Psychological Association.

Greene, J.D., Cushman, F.A., Stewart, L.E., Lowenberg, K., Nystrom, L.E., & Cohen, J.D. (2009). Pushing moral buttons: The interaction between personal force and intention in moral judgment. Cognition, 111(3): 364–371.

Greene, J.D., Sommerville, R.B., Nystrom, L.E., Darley, J.M., & Cohen, J.D. (2001). An fMRI investigation of emotional engagement in moral judgment. Science, 293: 2105-2108.

Griffiths, M.D. (1991). Amusement Machine Playing in Childhood and Adolescence : A Comparative Analysis of Video Games and Fruit Machines, Adolescence, 14: 53-73.

Griffiths, M.D. (1995). Technological addictions. Clinical Psychology Forum, 76: 14-19.

Griffiths, M.D., Davies, M.N.O., & Chappell, D. (2004). Demographic factors and playing variables in online computer gaming. CyberPsychology & Behavior, 7(4): 479-487.

Gross, J.J. & John, O.P. (2003). Individual difference in two emotion regulation processes: implications for affect, relationships, and well-being. Journal of Personality and Social Psychology, 85(2): 348-362.

Harris, C.R. & Pashler, H. (2004). Attention and the processing of emotional words and names. Psychological Science, 15: 171-178.

Hassenzahl, M. (2007). Towards a UX Manifesto, In: Law, E., Vermeeren, A., Hassenzahl, M., & Blythe, M. (Eds.), COST294-MAUSE affiliated workshop, 10-14.

Haugeland, J. (1985). Artificial Intelligence: The Very Idea. MIT Press.

Häusel, H.-G. (2004). Brain View: Warum Kunden kaufen. Haufe Lexware Gmbh.

Hebb, D.O. (1949). The Organization of Behavior. Wiley.

Heider, F. (1958). The Psychology of Interpersonal Relations. Lawrence Erlbaum Associates, Inc., Hillsdale, New Jersey, USA.

Herrmann, C.S. & Demiralp, T. (2005). Human EEG gamma oscillations in neuropsychiatric disorders. Clinical Neurophysiology, 116(12): 2719-2733.

Hevner, K. (1936). Experimental studies of the elements of expression in music. The American Journal of Psychology, 48(2): 246–268.

Hevner, K. (1937). The affective value of pitch and tempo in music. American Journal of Psychology, 49: 621-630.

Hochberg, L.R., Bacher, D., Jarosiewicz, B., Masse, N.Y., Simeral, J.D., Vogel, J., Haddadin, S., Liu, J., Cash, S.S., van der Smagt, P., & Donoghue, J.P. (2012). Reach and grasp by people with tetraplegia using a neurally controlled robotic arm. Nature, 485:372-375,

Hoffman, D.L. & Novak. T.P. (1996). Marketing in hypermedia computer mediated environment: conceptual foundation.

Journal of Marketing, 60(7): 50-68.

Hong, P. Wen, Z., & Huang, T.S. (2002). Real-time speech-driven face animation with expressions using neural networks. IEEE Transactions on Neural Networks, 13(4): 916-927.

Hong, S.K., Nahm, S.H., Han, H.C., Suh, Y.S., Won, R., & Lee, B.H. (1991). Central projections of sensory information produced by topical application of capsaicin to the tongue in the cat. Korean Journal of Physiology, 25(1): 87-99.

Horowitz, L.M., Locke, K.D., Morse, M.B., Waikar, S.V., Dryer, D.C., & Tarnow, E. (1991). Self-derogations and the interpersonal theory. Journal of Personality and Social Psychology, 61(1): 68-79.

Huang, X., Zhang, H., Li, M., Wang, J., Zhang, Y. & Tao, R. (2010). Mental Health, Personality, and Parental Rearing Styles of Adolescents with Internet Addiction Disorder, Cyberpsychology, Behavior, and Social Networking, 13: 401-406.

Izard, C.E. (1971). The face of emotion. East Norwalk, CT, US: Appleton-Century-Crofts.

Izard, C.E. (1994). Innate and universal facial expressions: evidence from developmental and cross-cultural research. Psychology Bulletin, 115: 288–299.

Jackson, D. (2004). Sonic Branding: An Introduction, New York: Palgrave Macmillan.

Jacob, D. (1986). A general theory of addictions: A new theoretical model. Journal of Gambling Behavior, 2(1): 15-31.

Jager, J., & Henn, V. (1981). Habituation of the vestibulo-ocular reflex(VOR) in monkey during sinusoidal rotation in the dark. Express Brain Research, 41: 108-114.

James, W. (1884). What of an emotion? In: The heart of William James, by W. James & R.D. Richardson. Cambridge, Mass.: Belknap Press of Harvard University Press, 2010.

James, W. (1950). The principles of emotion (Vol. 2). New York: Dover Publications. (Original work published 1890)

Jeong, H.E. (2013). The effect of sports activities on internet game addiction students, Unpublished doctor's thesis, Chung-ang University, Seoul.

Jernberg, A.M. & Booth, B. (1999). Theraplay: Helping Parents and Children Build Better Relationship through Attachment-Based Play (2nd ed.). San Francisco: Jossey-Bass.

Jonsson, A., Morris, P., Muscettola, N., Rajan, K., & Smith, B. (2000). Planning in interplanetary space: theory and practice. AIPS-00, pp. 177-186.

Jordan, P.W. (2002). Designing Pleasurable Products, Taylor & Francis. pp.13-14.

Judge, J.O., Lindsey, C., Underwood, M., & Winsemius, D. (1993). Balance improvements in older women: effects of exercise training. Physical Therapy, 73(4): 254-262.

Jung, H.C., Kim, J.H., & Lee, C.W. (2017). The effect of the illuminance of light emitting diode (LED) lamps on long-term memory. Displays, 49: 1-5.

Jung, Y.G. (1997). The influence of sport participation motivation, arousal seeking and affects on the behavior of sport commitment. Doctoral thesis, Graduate School, Busan National University. (in Korean).

Kant, I. (1956). Kritik der reinen Vernunft. Felix Meiner: Hamburg.

Kawabata, H. & Zeki, S. (2004). Neural correlates of beauty. Journal of Neurophysiology, 91: 1699-1705.

Kawabata, S. (1980). The Standardization and Analysis of Hand Evaluation, Second Edition, The Hand Evaluation and Standardization Committee, The Textile Machinery Society.

Kayseri, G.Ö., ÖOzdil, N., & Mengüuçc, G.S. (2012). Sensorial Comfort of Textile Materials, In: Woven Fabrics edited by Han-Yong Jeon.

Kennedy, J.L. Gottsdanker, R.M., Armington, J.C., & Gray, F.E. (1948). A new electroencephalogram associated with thinking. Science, 108: 527-529.

Kensinger, E.A. & Corkin, S. (2003). Memory enhancement for emotional words: Are emotional words more vividly remembered than neutral words? Memory & Cognition, 31: 1169-1180.

Kim, J. (2008). A study on color marketing strategy by customer type. Unpublished doctoral dissertation, University of Dongshin, Naju.

Kim, S.Y. & Park, S.Y. (1999). A study of actual and potential consumers on benefit and risk factors at the electronic commerce. Journal of Korean Society of Consumer Studies, 79-114

Knasko, S.C. (1989). Ambient odor and shopping behavior. Chemical Senses, 14(5): 718.

Kong, J.H. & Kim, E.S. (2013). The effect of guided-imagery therapy on stress and heart rate variability of patients with coronary artery disease. Journal of the Korean Data Analysis Society, 15(1B): 199-210.

Kopp, C.B. (1989). Regulation of distress and negative emotions: a developmental review. Developmental Psychology, 25: 343-354.

Koshino, R. & Neidermeyer, E. (1976). Enhancement of rolandic mu rhythm by pattern vision. Electroencephalography and Clinical Neurophysiology, 38:535-538.

Krauth-Gruber, S. & Ric, F. (2000). Affect and stereotypic thinking: A test of the mood-andgeneral-knowledge-model. Personality and Social Psychology Bulletin, 26(12): 1587–1597.

Kringelbach, M.L. & Phillips, H. (2014). Emotion: pleasure and pain in the brain. Oxford University Press.

Kurdi, B., Lozano, S., & Banaji, M.R. (2017). Introducing the Open Affective Standardized Image Set (OASIS). Behavior Research Methods, 49(2): 457-470.

Kurzweil, R. (1990). The Age of Intelligent Machines. MIT Press.

Kwon, M., Han, J., Kim, U.J., Cha, M., Um, S.W., Bai, S.J., Hong, S.K., & Lee, B.H. (2017). Inhibition of mammalian target of rapamycin (mTOR) signaling in the insular cortex alleviates neuropathic pain after peripheral nerve injury. Frontiers in Molecular Neuroscience, 10(79):1-14.

Kwon, Y.G. & Lee, J.Y. (2003). Study on the signification and symbol of red in Korea, China, Japan: groping for 'Korea red.' Journal of Korean Society of Basic Design & Art, 7(4): 13-22.

Lang, P.J. (1980). Behavioral treatment and bio-behavioral assessment: computer applications. In: Technology in Mental Health Care Delivery Systems, J.B. Sidowski, J.H. Johnson, & T.A. Williams (Eds.), Norwood, NJ: Ablex, pp. 119-I 37.

Lang, P.J., Bradley, M.M., & Cuthbert, B.N. (1997). International Affective Picture System (IAPS): Technical Manual and Affective Ratings. N!MH Center for the Study of Emotion and Attention.

Lange. C. (1885). The emotions, Williams & Wilkins, Baltimore.

Lazarus, R.S. (2006). Toward a person-centered conceptualization of emotions and coping, Journal of Personality, 74(1): 9-46.

Lee, B.H., Lim, T.H., Yoon, Y.W., Yenari, M.A., & Jeong, Y. (2015). Postinjury neuroplasticity in central neural networks. Neural Plasticity (Editorial), Article ID 857085.

Lee, B.H., Won, R., Baik, E.J. Lee, S.H., & Moon, C.H. (2000). An animal model of neuropathic pain employing injury to the sciatic nerve branches, NeuroReport. 11(4): 657-661.

Lee, J.-H. & Han, K.-H. (2006). The analysis of sound attributes on sensibility dimensions. The Journal of Korean Society for Emotion & Sensibility, 9(1): 9-17.

Lee, J.H., Lee, J.H., Ji, S.O., & Lee, Y.J. (2013). Inductive biosignal detection sensor based on conductive tixtile. 10-1302600. Yonsei University-Industry Foundation, Konkuk University-Industry Foundation, A61B 5/053.

Lee, W.J. & Choi, Y.J. (2011). Analysis of stereoscopic video conversion process and design of stereoscopic conversion tools. The Fall Conference of Korea Information Processing Society, 18(2): 431-433.

Lee, W.J., Choi, Y.J., & Lee, J.-H. (2013). Stereoscopic effect of 3D images according to the quality of the depth map and the change in the depth of a subject. The Journal of Korean Society for Emotion & Sensibility, 16(1): 29-42.

Lesieur, H.R. & Rosenthal, R.J. (1991). Pathological gambling: a review of literature. Journal of Gambling Studies, 7: 5-39.

Leventhal, H. & Tomarken, A.J. (1986). Emotion: Today's problem. Annual Review of Psychology, 37: 565-610.

Levine, L.J., & Pizarro, D.A. (2004). Emotion and memory research: A grumpy overview. Social Cognition, 22: 530-554.

Lloyd, D.M., McGlone, F.P., & Yosipovitch, G. (2015). Somatosensory pleasure circuit: from skin to brain and back. Experimental Dermatology, 24: 321-324.

Loewenstein, W.R. & Mendelson, M. (1965). Components of receptor adaptation in a Pacinian corpuscle. Journal of Physiology (London), 177: 377-397.

Manav, B. (2007). Color-emotion associations and color preferences: a case study for residences. Color Research & Application, 32(2): 144-150.

Mandler, G. (1975). Mind and Emotion. New York: John Wiley & Sons, Inc.

Maslow, A.H. (2007). Motivation and Personality, Addison-Wesley.

Mathews, A. & Mackintosh, B. (2004). Take a closer look: Emotion modifies the boundary extension effect. Emotion, 4: 36-45.

Maulsby, R.L. (1971). An illustraion of emotionally evoked theta rhythm in infancy: hedonic hypersyn. Electroencephalography and Clinical Neurophysiology, 31: 157-165.

Mayer, J.D. & Salovey, P. (1990). Emotional Intelligence. Imagination, Cognition and Personality, 9(3): 185-211.

McCulloch, W.S. & Pitts, W. (1943). A logical calcules of the ideas immanent in nervous activity. Bulletin of Mathematical Biophysics, 5: 115-137.

McGlone, F., Vallbo, A.B., Olausson, H., Loken, L.S., & Wessberg, J. (2007). Discriminative touch and emotional touch. Canadian Journal of Experimental Psychology, 61: 173-183.

McKeown, G., Valstar, M.F., Cowie. R. Pantic, M., & Schroder, M. (2012). The SEMAINE database: annotated multimodal records of emotionally colored conversations between a person and a limited agent. IEEE Transactions on Affective Computing, 3(1): 5-17.

McLuhan. (2002). Understanding Media(민성기, 이한우 역), 민음사.

Mehl, M.R., Vazire, S., Ramírez-Esparza, N.. Slatcher, R.B., & Penneba, J.W. (2007). Are women really more talkative than men? Science, 317(5834): 82.

Morahan-Martin, J.M. & Schumacher, P. (1997). Incidence and correlates of pathological internet use. Paper presented at the 105th annual convention of the American Psychological Association, Chicago, Illinois.

Mountcastle, V.B. (1957). Modality and topographic properties of single neurons of cat's somatic sensory cortex. Journal of Neurophysiology, 20: 408-434.

Nafe, J.P. & Wagoner, K.S. (1941). The nature of pressure adaptation. Journal of General Psychology, 25: 323-351.

Nilsson, N.J. (1998). Artificial Intelligence: A New Synthesis. Morgan Kaufmann.

Nummenmaa, L., Tuominen, L., Dunbar, R., Hirvonen, J., Manninen, S., Arponen, E., Machin, A., Hari, R., Jääskeläinen, I.P., & Sams, M. (2016). Social touch modulates endogenous μ-opioid system activity in humans. Neuroimage, 138: 242-247.

Ohman, A. (1987). The psychophysiology of emotion: an evolutionary-cognitive perspective. Advance in psychophysiology, 2: 79-127.

Oscar-Berman, M. & Marinkovic, K. (2003). Alcoholism and the brain: an overview. Alcohol Research & Health, 27: 125-133.

Oscar-Berman, M. & Schendan, H.E. (2000). Asymmetries of brain function in alcoholism: relationship to aging. In: L.T. Connor & L.K. Obler (eds.), Neurobehavior of Language and Cognition: Studies of Normal Aging and Brain Damage. Kluwer Academic Publishers, New York, 213-240.

Osgood, C.E., Suci G.C., & Tannenbaum, P.H. (1957). The Measurement of Meaning. Urbana, IL : University of Illinois Press.

Pagani, M., Lombardi, F., Guzzetti, S., Rimoldi, O., Furlan, R., Pizzinelli, P., Sandrone, G., Malfatto, G., Dell'Orto, S, Piccaluga, E., Turiel, M., Baselli, G., Cerutti, S., & Malliani, A. (1986). Power spectral analysis of heart rate and arterial pressure variabilities as a marker of sympatho-vagal interactions in man and conscious dog. Circulation Research, 59: 178–193.

Pagani, M., Lombardi, F., Guzzetti, S., Sandrone, G., Rimoldi, O., Malfatto, G., Cerutti, S., & Malliani, A. (1984). Power spectral density of heart rate variability as an index of sympatho-vagal interactions in normal and hypertensive subjects. Journal of Hypertension, Supplement, 2(3): 383–385.

Panksepp, J. (1998). Affective neuroscience: the foundations of human and animal emotions. Oxford: Oxford University Press.

Pantic, M., Valstar, M.F., Rademaker, R., & Maat. L. (2005). Web-based database for facial expression analysis. In: IEEE International Conference on Multimedia and Expo, pp. 317-321.

Peirce F.T. (1930). Handle of cloth as a measurable quantity, Journal of Textile Institute, 21: 377-416.

Perlstein, W.M., Elbert, T., & Stenger, V.A. (2002). Dissociation in human prefrontal cortex of affective influences on working memory-related activity. Proceedings of the National Academy of Sciences of the United States of America, 99(3): 1736-1741.

Petrushin, K.R. (1996). Adding the affective dimension: a new look in speech analysis and synthesis. In: Proceedings of International Conference of Spoken Language Processing, Philadelphia, PA, pp. 1808-1811.

Petrushin, V.A. (1998). How well can people and computers recognize emotions in speech? In: Proceedings of 1998 AAAI Fall Symposium, pp. 141-145.

Petrushin, V.A. (2000). Emotion recognition in speech signals: Experimental study, development, and application. In: Proceedings of International Conference of Spoken Language Processing.

Petty, R.E., & Cacioppo, J.T. (1986). Communication and persuasion: Central and peripheral routes to attitude change. New York: Springer Verlag.

Plutchik, R. (1980). Emotion: a psychoevolutionary synthesis. New York, NY: Harper and Row.

Poole, D., Mackworth, A.K., & Goebel, R. (1998). Computational intelligence: a logical approach. Oxford University Press.

Postmes, T., Spears, R., Sakhel, K., & de Groot, D. (2001). Social influence in computer-mediated communication: The effects of anonymity on group behavior.Personality and Social Psychology Bulletin, 27: 1243-1254.

Postmes. T., & Spears, R. (1998). Deindividuation and antinormative behavior: A meta-analysis. Psychological Bulletin, 123: 238-259.

Purves, D., Augustine, G.J., Fitzpatrick, D., Hall, W.C., LaMantia, A.S., Mooney, R.D., Platt, M.L., & White, L.E. (2018). Neuroscience (6 Ed.), Sinauer Associates (Oxford University Press).

Quark, G. & Denise, P. (2005). Characteristic of reflex vestibulo-ocular in gymnastics. Neuroscience Letters, 87: 49-52.

Ramirez, A. & Zhang, S. (2007). When online meets offline: the effect of modality switching on relational communication. Communication Monographs, 74: 287-310.

Ramirez, I. (1990). Why do sugars taste good? Neuroscience and Biobehavioral Reviews, 14: 125-134.

Rich, E. & Knight, K. (1991). Artificial Intelligence (second edition). McGraw-Hill.

Roh, E.K. & Ryu, H.S. (2005). Visual texture image and preference of men's suit fabrics. Korean Journal of the Science of Emotion & Sensibility, 8(2): 117-128.

Rolls, E.T., Murzi, E., Yaxley, S., Thorpe, S.J., & Simpson, S.J. (1986). Sensory-specific satiety: Food-specific reduction in responsiveness of ventral forebrain neurons after feeding in the monkey. Brain Research, 368: 79-86.

Rosenberg, E.L., Ekman, P., & Blumenthal. J.A. (1998). Facial expression and the affective component of cynical hostility in male coronary heart disease patients. Health Psychology, 17(4):376-380.

Russell, J.A. & Mehrabian, A. (1977). Evidence for a three-factor theory of emotions. Journal of Research in Personality 11(3): 273–294.

Russell, J.A. (1980). A circumplex model of affect. Journal of Personality and Social Psychology, 39: 1161-1178.

Russell, J.A. (2003). Core affect and the psychological construction of emotion. Psychological Review 110(1): 145–172.

Sahami, M., Dumais, S.T., Heckerman, D., & Horvitz, E.J. (1998). A Bayesian approach to filtering junk E-mail. Learning for Text Categorization: Papers from the 1998 Workshop.

Schachter, S. & Singer, J. (1962). Cognitive, social, and physiological determinants of emotional state. Psychological Review, 69(5): 379-399.

Schaefer, H.-E. (2017). Music-evoked emotions: current studies. Frontiers in Neuroscience, 11: 600.

Scherer, K.R. (1987). Toward a dynamic theory of emotion: the component process model of affective states. Geneva Studies in Emotion and Communication.

Scherer, K.R. (2001). Appraisal considered as a process of multi-level sequential checking. In K.R. Scherer, A. Schorr, & T. Johnstone (Eds.), Appraisal processes in emotion: Theory, methods, research, Oxford University Press, New York, 92-

120.

Schmidt, S.R. (2002). Outstanding memories: The positive and negative effects of nudes on memory. Journal of Experimental Psychology: Learning Memory and Cognition, 28: 353-361.

Schupp, H.T., Öhman, A., Junghöfer, M., Weike, A.I., Stockburger, J., & Hamm, A.O. (2004). The facilitated processing of threatening faces; An ERP analysis. Emotion, 4: 189–200.

Sherrington, C.S. (1906). The integrative action of the nervous system. New Haven, CT: Yale University Press.

Shibata, T., Inoue, K., & R Irie, R. (1996). Emotional Robot for Intelligent System–Artificial Emotional Creature Project. Proceedings 5th IEEE International Workshop on Robot and Human Communication, Tsukuba, November 11-14, p. 466-471.

Shiota, M.N. & Kalat, J.W. (2015). Emotion (2nd Edition). Wadsworth, a part of Cengage Learning.

Shotton, M.A. (1991). The costs and benefits of computer addiction. Behavior and Information Technology, 10: 219-230.

Simon, H. (1967). Motivational and emotional controls of cognition. Psychological Review, 74: 29-39.

Sokhadze, E., Yi, I., Lee, K., & Sohn, J.-H. (1998). Passive and active touch of fabrics: psychophysiological responses modulation by the emotional preference of touched textures. Korean Journal of the Science of Emotion & Sensibility, 1(2): 13-22.

Spangenberg, E.R., Crowley, A.E., & HendersonP.W. (1996). Improving the store environment: Do olfactory cues affect evaluations and behaviors?, Journal of Marketing. 60(2): 67-80.

Sung, P.M. (2011). Study on industrializaing stereoscopic 3D image generated from 2D image. A master's thesis of Myongji University.

Surinder, K.S. & Cooper, R.B. (2003). Exploring the core concepts of media richness theory: the impact of cue multiplicity and feedback immediacy on decision quality. Journal of Management Information Systems, 20: 263-299.

Tanqemen, P.T., Banaitis, D.A., & Williams, A.K. (1990). Rehabilitation of chronic stroke patients: changes in functional performance. Archives of Physical Medicine and Rehabilitation, 71(11): 876-880.

Tatarkiewicz, W. (1980). A History of Six Ideas, University of Warsaw, Polish Academy of Science.

Thaler, R.H. & Sunstein, C.R. (2008). Nudge: Improving decisions about health, wealth, and happiness. Yale University Press, New Haven, CT, USA.

Thayer, R.E. (1989). The Biopsychology of Mood and Arousal, New York. Oxford University Press.

Thompson, R.A. (1994). Emotion regulation: a theme in search of a definition. In: M.A. Fox (Ed.), The Development of Emotion regulation: Biological and Behavioral Considerations (pp. 73-100). Monographs of the Society for Research in Child Development, 59(2-3, Serial No. 240).

Thompson, W. & Robitaille, B. (1992). Can composers express emotions through music?. Empirical Studies of the Arts, 10(1): 79-89.

Thomson, J.J. (1985). The Trolley Problem. The Yale Law Journal. 94(6): 1395-1415.

Thrun, S., Montemerlo,M., Dahlkamp, H., Stavens, D., Aron, A., Diebel, J., Fong, P., Gale, J., Halpenny, M., Hoffmann, G., Lau, K., Oakley, C. Palatucci, M., Pratt, V., Stang, P., Strohband, S., Dupont, C., Jendrossek, L.E., Koelen, C., Markey, C., Rummel, C., van Niekerk, J., Jensen, E., Alessandrini, P., Bradski, G., Davies, B., Ettinger, S., Kaehler, A., Nefian, A., & Mahoney, P. (2006). Stanley: the robot that won the DARPA Grand

Challenge. Journal of Field Robotics, 23(9): 661-692.

Tomkins, S.S. & Miner, J.B. (1957). The Tomkins-Horn Picture Arrangement Test, New York: Springer.

Tomkins, S.S. (1962). Affect imagery consciousness: the positive affects, Vol. 1. New York, NY: Springer.

Turner, J.H. & Stets, J.E. (2007). Moral Emotions. In: Stets, Jan E, and Turner, Jonathan H. Handbook of the Sociology of Emotions, Springer Science+Business Media, LLC.

Ulman, E. (1961). Bulletin of Art Therapy, Art in Education, Rehabilitation and Psychotherapy. Bulletin of Art Therapy, Washington, D.C.

Van Stone, J.K. (1959). The effects of instrumental tone quality upon mood response to music. In: E. Schneider (Ed.), Music Therapy. Lawrence, Kansas: Allen Press.

Vartanian, O. & Goel, V. (2004). Neuroanatomical correlates of aesthetic preference for paintings. NeuroReport, 15: 893-897.

Vieillard, S., Peretz, I., Gosselin, N., Khalfa, S., Gagnon, L.,& Bouchard, B. (2008). Happy, sad, scary and peaceful musical excerpts for research on emotions. Cognition and Emotion, 22: 720-752.

Wakshlag, J.J., Reitz, R.J., & Zillman, D. (1982). Selective exposure to and acquisition of information from educational television programs as a function of appeal and tempo of background music. Journal of Educational Psychology, 74: 666-667.

Walden, T.A. & Smith, M.C. (1997). Emotion regulation. Motivation and Emotion, 21(1): 7-25.

Walter, W.G. (1953). The living brain. New York: Norton.

Walther, J. & Ramirez, A. (2010). New technologies and new directions in online relating. In: S.W. Smith & S.R. Wilson (Eds.), New Directions in Interpersonal Communication Research (pp. 264-284). Los Angeles, CA: Sage.

Winston, P.H. (1992). Artificial Intelligence (Third edition). Addison-Wesley.

Wolfe, J.M., Kluender, K.R., & Levi, D.M., Bartoshuk, L.M., Herz, R.S., Klatzky, R., Lederman, S.J., & Merfeld, D.M. (2015). Sensation & Perception, Sinauer.

Wundt, W.M. (1897). Outlines of psychology. In: Classics in the history of psychology. http://psychclassics.asu.edu/index.htm Archived 2001-02-24 at the Wayback Machine, York University 2010, Toronto.

Yamamoto, T., Yuyama, N., & Kawamura, Y. (1981). Central processing of taste perception. In: Brain Mechanisms of Sensation, edited by Y. Katsuki, R. Norgren, and M. Sato, New York: John Wiley & Sons.

Yang, W., Makita, K., Nakao, T., Kanayama, N., Machizawa, M.G., Sasaoka, T., Sugata, A., Kobayashi, R., Hiramoto, R., Yamawaki, S., Iwanaga, M., & Miyatani, M. (2018). Affective auditory stimulus database: an expanded version of the International Affective Digitized Sounds (IADS-E). Behavior Research Methods, 50: 1415-1429.

Yoon, H.N. & Sawyer, L.C. (1984). Improved comfort polyester, Part II: mechanical and surface properties. Textile Research Journal, 54(6): 357-365.

Young, K.S. & Rogers, R.C. (1998). The relationship between depression and internet addiction. CyberPsychology and Behavior, 1(1): 25-28.

Young, K.S. (1996). Internet addiction: the emergence of a new clinical disorder. CyberPsychology and Behavior, 1(3): 237-244.

Young, K.S. (1999). Internet addiction: symptoms, evaluation, and treatment: innovations in clinical practice. http://netaddiction.com/articles/symptoms.htm

Young, T. (1802). On the theory of light and colours. Philosophical Transactions, 92: 12-48.

Yuki, M., Maddux, W.W., & Masuda, T. (2007). Are the windows to the soul the same in the East and West? Cultural differences in using the eyes and mouth as cues to recognize emotions in Japan and the United States. Journal of Experimental Social Psychology, 43(2): 303-311.

Zaidel, D.W. (2005). Neuropsychology of Art: Neurological, Cognitive and Evolutionary Perspectives. Psychology Press, a member of the Taylor & Francis Group.

Zeng, Z., Pantic, M., Roisman, G.I., & Huang, T.S. (2009). A survey of affect recognition methods: audio, visual, and spontaneous expressions. IEEE Transactions on Pattern Analysis and Machine Intelligence, 31(1):39-58.

Zimbardo, P.G. (1980). Essentials of psychology and life (10th ed.). Glenview, Illinois: Scott, Foresman.

Zins, J.E., Bloodworth, M.R., Weissberg, R.P. & Walberg, H.J. (2004). The scientific base linking social and emotional learning to school success. In: J.E. Zins, R.P. Weissberg, M. C. Wang, & H. J. Walberg (Eds), Building academic success on social and emotional learning. What does the research say? (pp. 3-22). New York: Teachers College Press.

인터넷 자료

1. http://news.joins.com/article/21540377 (위모지)
2. http://www.wowtv.co.kr/NewsCenter/News/Read?articleId=A201702220002&resource= (인공지능번역기)
3. https://news.joins.com/article/23130159 (바이오해킹)
4. http://news.joins.com/article/21540356 (하비슨-뇌 안테나)
5. http://news.joins.com/article/21540352?cloc=joongang|article|tagnews (웨어러블로봇)
6. http://jmagazine.joins.com/forbes/view/316783 (휴머노이드)
7.https://news.naver.com/main/read.nhn?mode=LSD&mid=sec&sid1=004&oid=050&aid=0000042213 (챗봇)
8.http://www.zdnet.com/article/the-lesson-of-microsofts-tay-ai-chatbot-experiments-are-hard-but-worth-it/ (테이)
9. http://www.joongdo.co.kr/main/view.php?key=20181212010004467 (로봇저널리즘)
10. https://www.yna.co.kr/view/AKR20160415176300030?input=1195m (익스피디아 UX)
11. http://www.dailycar.co.kr/content/news.html?type=view&autoId=30986 (감성자동차)
12. http://jmagazine.joins.com/forbes/view/318332 (감성필기구)
13. http://www.daejonilbo.com/news/newsitem.asp?pk_no=1211106 (스토리텔링 마케팅)

찾아보기

감성과학

초판 1쇄 2019년 5월 31일
2쇄 2019년 12월 9일

지은이 이배환
펴낸이 유성권
편집장 이재선
기 획 윤희영
마케팅 임태완, 김호철, 최성규, 정명한, 한태수, 박만근, 김모란, 김성환, 김지현, 김민애, 김소연
판 형 190mm x 240mm

펴낸곳 범문에듀케이션
서울시 양천구 목동서로 211 범문빌딩, 우 07995
전 화 02) 2654-5131
팩 스 02) 2652-1500
웹사이트 www.medicalplus.co.kr

출판등록 2011년 1월 3일 제 2011-000001호
ISBN 979-11-5943-147-0 (93180)
디자인 design86

이 도서의 국립중앙도서관 출판예정도서목록(CIP)은 서지정보유통지원시스템 홈페이지
(http://seoji.nl.go.kr)와 국가자료종합목록시스템(http://kolis-net.nl.go.kr)에서 이용하실 수 있습니다.
(CIP제어번호 : CIP2019019552)